"十四五"时期国家重点出版物出版专项规划项目

深中通道建设关键技术丛书

国家重点研发计划项目（项目编号：2018YFC0809603）

# 超宽特长海底沉管隧道通风排烟及防灾救援关键技术

邓小华　陈伟乐　张　琦　宋神友　曹正卯◎著

人民交通出版社股份有限公司

北京

## 内 容 提 要

本书依托深中通道工程,总结了超宽特长海底沉管隧道通风排烟及防灾救援技术的主要成果和经验。全书共分6章。第1章主要介绍隧道火灾事故特点及沉管隧道排烟方式;第2章主要介绍沉管隧道通风技术标准与火灾设计规模;第3章主要介绍超宽特长海底沉管隧道火灾排烟技术;第4章主要介绍超宽特长海底沉管隧道火灾排烟模型试验;第5章主要介绍沉管隧道火灾应急疏散及救援技术;第6章主要进行超宽特长海底沉管隧道技术总结。

本书可供从事公路隧道设计、施工、建设和管理的工程技术人员参考,也可供隧道与地下工程相关专业的高等院校本科生、研究生学习和参考。

**图书在版编目(CIP)数据**

超宽特长海底沉管隧道通风排烟及防灾救援关键技术/邓小华等著. —北京:人民交通出版社股份有限公司,2023.10
 ISBN 978-7-114-18661-5

Ⅰ.①超… Ⅱ.①邓… Ⅲ.①特长隧道—水下隧道—沉管隧道—隧道通风②特长隧道—水下隧道—沉管隧道—烟气排放③特长隧道—水下隧道—沉管隧道—防火 Ⅳ.①U459

中国国家版本馆 CIP 数据核字(2023)第050048 号

Chaokuan Techang Haidi Chenguan Suidao Tongfeng Paiyan ji Fangzai Jiuyuan Guanjian Jishu

| 书　　名: | 超宽特长海底沉管隧道通风排烟及防灾救援关键技术 |
|---|---|
| 著 作 者: | 邓小华　陈伟乐　张　琦　宋神友　曹正卯 |
| 责任编辑: | 郭红蕊　钱悦良 |
| 责任校对: | 孙国靖　卢　弦 |
| 责任印制: | 张　凯 |
| 出版发行: | 人民交通出版社股份有限公司 |
| 地　　址: | (100011)北京市朝阳区安定门外外馆斜街3号 |
| 网　　址: | http://www.ccpcl.com.cn |
| 销售电话: | (010)59757973 |
| 总 经 销: | 人民交通出版社股份有限公司发行部 |
| 经　　销: | 各地新华书店 |
| 印　　刷: | 北京印匠彩色印刷有限公司 |
| 开　　本: | 787×1092　1/16 |
| 印　　张: | 22.25 |
| 字　　数: | 500千 |
| 版　　次: | 2023年10月　第1版 |
| 印　　次: | 2023年10月　第1次印刷 |
| 书　　号: | ISBN 978-7-114-18661-5 |
| 定　　价: | 75.00元 |

(有印刷、装订质量问题的图书,由本公司负责调换)

# 丛书编审委员会

总 顾 问：周 伟　周荣峰　王 太　贾绍明
主　　 任：邓小华　黄成造
副 主 任：职雨风　吴玉刚　王康臣
执行主编：陈伟乐　宋神友
副 主 编：刘加平　樊健生　徐国平　代希华　潘 伟　吕卫清
　　　　　吴建成　范传斌　钟辉虹　陈 越　刘亚平　熊建波
专家组成员：
　　综合组：
　　　　周 伟　贾绍明　周荣峰　王 太　黄成造　何镜堂
　　　　郑健龙　陈毕伍　李 为　苏权科　职雨风　曹晓峰
　　桥梁工程组：
　　　　凤懋润　周海涛　秦顺全　张喜刚　张劲泉　邵长宇
　　　　陈冠雄　黄建跃　史永吉　葛耀君　贺拴海　沈锐利
　　　　吉 林　张 鸿　李军平　胡广瑞　钟显奇
　　岛隧工程组：
　　　　徐 光　钱七虎　缪昌文　聂建国　陈湘生　林 鸣
　　　　朱合华　陈韶章　王汝凯　蒋树屏　范期锦　吴建成
　　　　刘千伟　吴 澎　谢永利　白 云
　　建设管理组：
　　　　李 斌　刘永忠　王 璜　王安福　黎 侃　胡利平
　　　　罗 琪　孙家伟　苏志东　代希华　杨 阳　王啟铜
　　　　崔 岗　马二顺

# 本书编写组

**组　　长**：邓小华　陈伟乐　张　琦　宋神友　曹正卯
**参与人员**（按姓氏笔画排序）：
　　**深中通道管理中心**
　　　　马二顺　刘　迪　刘　健　许晴爽　李伟聪　杨　阳
　　　　陈　越　金文良　郑沿辉　夏丰勇
　　**招商局重庆交通科研设计院有限公司**
　　　　刘　帅　吴小丽　陈建忠　赵清碧　蒋　犁　潘　勇

# 序 言

深中通道跨越珠江口内伶仃洋海域,是连接深圳、广州、中山的超大型过江通道,是国家高速公路网 G2518(深圳至广西岑溪)跨珠江口的关键性控制工程。深中通道由超大跨径桥梁、特长双向八车道海底沉管隧道、海中人工岛和水下互通组成跨海交通集群,是国家"十三五"重大工程,也是继港珠澳大桥之后又一世界瞩目的百年工程。深中通道的建成将对广东实现"四个走在全国前列"、当好"两个重要窗口"具有重要战略意义,对构建和完善粤港澳大湾区综合立体交通网络,对提高大湾区的"硬联通"和"软联通"水平具有重大意义。

沉管隧道作为穿越江河湖海的一种典型构筑物,具有预制化程度高、断面尺寸约束小、施工速度快、结构整体性好等特点。由于海底隧道属于狭长的封闭结构,一旦发生火灾,若烟气扩散得不到有效控制,隧道内温度将在极短的时间急剧升高,同时产生大量的有毒烟气,使隧道内环境急剧恶化,威胁隧道内人员及隧道结构安全,给隧道救援及灾后修复带来极大挑战。

深中通道海底隧道由"双向八车道特长沉管隧道 + 水下枢纽式匝道隧道"组合,属世界首例,面临饱和交通量、高货车比、无主线收费站、危化品车管控难等挑战;同时,超宽特长隧道通风排烟技术不成熟,海底互通式隧道交通流态势研判及智能管控技术属于空白,水下枢纽互通的隧道内存在多次分合流导致的行车视距受限等安全问题需要引起高度重视。合理的海底沉管隧道通风排烟及防灾救援方案是影响和制约水下沉管隧道总体建设方案的重要因素之一,也是运营期确保安全的重要措施。研究深中通道海底隧道火灾排烟与应急救援技术,对该类隧道的设计、建设与运营管理具有重要意义。

依托国家重点研发计划项目"涉水重大基础设施安全保障技术研究与工程示范"课题三"饱和交通下海底钢壳沉管和互通式隧道火灾防控及智能交通管控技术",以世界首例双向八车道海底沉管隧道工程——深中通道为背景,在深中通道沉管隧道建设中,对超宽特长海底沉管隧道的火灾设防标准、发生火灾时隧道的烟气与温度场演化规律、火灾下超宽特长海底沉管隧道的排烟技术及人员疏散开展了系统的理论分析、数值模拟、试验测试与验证研究,确定了该类隧道的火灾设防标准及通风排烟策略,建立了超宽特长海底沉管隧道火灾应急疏散及救援体系，为深中通道设计和安全运营提供了坚实的技术支撑。

  本书就是对这些研究成果和实践经验的系统提炼与总结，既是众多参与者的智慧结晶，也是我国在该领域研究水平的体现，理论性、实践性和创新性都较好。相信本书的出版将对类似超宽特长海底沉管隧道的通风排烟以及防灾救援技术提供重要参考和有益的借鉴。

交通运输部原总工程师
2023 年 3 月

# 前　言

火灾是公路隧道灾害的常见类型。隧道内一旦发生火灾事故，若不及时有效控制，造成的人员伤亡、经济损失和社会影响巨大。超宽特长海底沉管隧道由于其结构断面特殊，所处地理环境复杂，机电系统庞大，交通流及交通组成复杂，火灾排烟及应急救援技术是保障运营安全的重点。

本书依托深中通道工程，总结了超宽特长海底沉管隧道通风排烟及防灾救援技术的主要成果和经验，借鉴了国内外的大量文献资料，旨在为隧道与地下工程相关专业方向的高等院校本科生、研究生，以及从事公路隧道设计、施工、建设和管理的工程技术人员提供参考。

本书参编单位有广东省交通集团有限公司、深中通道管理中心、招商局重庆交通科研设计院有限公司。全书共分为6章，第1章主要介绍隧道火灾事故特点及沉管隧道排烟方式，由广东省交通集团有限公司邓小华负责编写，招商局重庆交通科研设计院有限公司张琦参与编写。第2章主要介绍沉管隧道通风技术标准与火灾设计规模，第2.1节和第2.2节由深中通道管理中心陈伟乐、杨阳负责编写，招商局重庆交通科研设计院有限公司曹正卯参与编写；第2.3节和第2.4节由深中通道管理中心宋神友、陈越负责编写，招商局重庆交通科研设计院有限公司陈建忠参与编写。第3章主要介绍超宽特长海底沉管隧道火灾排烟技术，第3.1节和第3.2节由招商局重庆交通科研设计院有限公司张琦负责编写，深中通道管理中心马二顺、金文良等参与编写；第3.3节和第3.4节由招商局重庆交通科研设计院有限公司曹正卯、陈建忠负责编写，深中通道管理中心刘健、夏丰勇等参与编写；第3.5节和第3.6节由广东省交通集团有限公司邓小华、深中通道管理中心宋神友负责编写，招商局重庆交通科研设计院有限公司刘帅、吴小丽等参与编写。第4章主要介绍超宽特长海底沉管隧道火灾排烟模型试验，第4.1节和第4.2节由深中通道管理中心陈伟乐、李伟聪负责编写，招商局重庆交通科研设计院有限公司刘帅、潘勇等参与编写；第4.3节和第4.4节由招商局重庆交通科研设计院有限公司张琦、曹正卯负责编写，深中通道管理中心郑沿辉、许晴爽等参与编写。第5章主要介绍沉管隧道火灾应急疏散及救援技术,第 5.1 节和第 5.2 节由招商局重庆交通科研设计院有限公司张琦、深中通道管理中心金文良负责编写,深中通道管理中心马二顺、许晴爽等参与编写;第 5.3 节和第 5.4 节由深中通道管理中心宋神友、刘迪负责编写,招商局重庆交通科研设计院有限公司吴小丽、赵清碧、蒋犁等参与编写。第 6 章主要进行超宽特长海底沉管隧道技术总结,由广东省交通集团有限公司邓小华和深中通道管理中心陈伟乐、宋神友负责编写,招商局重庆交通科研设计院有限公司张琦、曹正卯等参与编写。

本书在编写过程中参考了大量文献资料,并引用了国内部分学者著作的相关内容,在此向原作者表示衷心的感谢!招商局重庆交通科研设计院有限公司首席专家邓卫东研究员在本书编写过程中提出了大量宝贵意见,并给予了大力支持,在此表示衷心感谢!

由于作者水平有限,书中疏漏或不足之处在所难免,敬请同行和读者批评指正。

作　者

2023 年 3 月

# 目　　录

第1章　绪论 ································································· 1
　1.1　隧道建设概况 ······················································ 1
　1.2　隧道火灾事故分析 ················································ 2
　1.3　隧道火灾排烟方式 ················································ 4

第2章　通风技术标准与火灾设计规模 ································· 7
　2.1　概述 ·································································· 7
　2.2　隧道内污染物通风设计参数 ··································· 10
　2.3　超宽特长海底沉管隧道火灾设计规模 ······················· 56
　2.4　小结 ································································· 90

第3章　超宽特长海底沉管隧道火灾排烟技术 ······················· 91
　3.1　概述 ································································· 91
　3.2　超宽特长海底沉管隧道火灾人员疏散特性 ················· 91
　3.3　超宽特长海底沉管隧道侧壁排烟方式 ······················ 147
　3.4　超宽特长海底沉管隧道顶部横向联络道排烟方式 ······· 183
　3.5　超宽特长海底沉管隧道火灾排烟策略 ······················ 193
　3.6　小结 ································································ 220

第4章　超宽特长海底沉管隧道火灾排烟模型试验 ················ 222
　4.1　试验目的 ························································· 222
　4.2　1∶15 火灾模型试验 ············································ 222
　4.3　1∶1.2 大比尺火灾模型试验 ·································· 273
　4.4　小结 ······························································· 289

第5章　超宽特长海底沉管隧道火灾应急疏散及救援技术 ······· 291
　5.1　事故致灾机理及事故分级判定标准 ························ 291
　5.2　沉管隧道火灾人员疏散技术 ································· 298

I

  5.3　沉管隧道火灾交通疏散技术 …………………………………………… 304

  5.4　小结 ……………………………………………………………………… 335

**第 6 章　结论** ……………………………………………………………………… 336

**参考文献** …………………………………………………………………………… 338

# 第1章 绪　　论

## 1.1 隧道建设概况

隧道是一种用于交通联络的狭长通道,早在两千年前便出现了人工隧道的雏形。陕西汉中石门隧道为目前已知年代最久远的穿山隧道,建成于东汉年间。直到17世纪后,炸药和动力机械的广泛使用才使得隧道技术有了较快发展。1666年世界首条采用爆破方法施工的交通隧道——兰葵达克运河隧道在法国动工。20世纪汽车工业的发展使隧道内开始有汽车通行,公路隧道迎来大的发展。1942年日本关门海峡隧道建成通车,全长6.3km,是世界上第一条海底隧道。

我国隧道建设起步较晚,19世纪末台湾地区建成了国内首条铁路隧道——刘铭传隧道,长约261m。改革开放后,我国经济社会飞速发展,城市化建设带来不断增长的出行需求,国内隧道工程迎来了史无前例的大发展。尤其迈入21世纪以来,我国隧道工程的发展更是突飞猛进,2007年贯通的石太铁路太行山隧道使我国铁路隧道长度突破27km;2014年青藏铁路西宁—格尔木二线工程新关角隧道建成,使我国铁路隧道长度跃升至32km,该隧道也是人类历史上海拔最高、长度最长的铁路隧道;2018年投入运营的港珠澳大桥海底隧道长达5664m,是世界上长度最长、技术最难、精度最高的沉管隧道。截至2022年底,全国已投入运营公路隧道共计24850处、2678.43万延米,相比于2019年增加5783处、688.77万延米,其中特长隧道1752处、795.11万延米,长隧道6715处、1172.82万延米,取得了瞩目成就。目前,我国已经成为世界上隧道工程数量最多、最复杂、发展最快的国家,形成了以在建的深中通道钢壳沉管隧道、新疆天山胜利隧道,以及建成的秦岭终南山隧道、港珠澳大桥海底沉管隧道为代表的一批特长、超大断面、超复杂工程条件下具有国际影响力的世界级工程,为国民经济的快速发展发挥了重要作用,全面提升了我国隧道工程自主建造水平和国际影响力。

随着国内经济社会的迅猛发展,人们对于公路交通的出行需求不断提高,加上高新技术的推广应用,使得我国隧道工程应用领域的相关研究不断深入,在前期设计、建筑施工、工程管理等方面积累了大量经验,我国隧道和地下工程从业人员已具有解决诸多复杂问题的能力。基于此,我国现阶段的公路隧道越建越长、越建越宽,难度系数越来越大,扩建、新建的大断面公路隧道尤其是四车道及以上特大断面公路隧道不断涌现,频频刷新隧道工程建设的世界纪录。

今后我国特大断面公路隧道无论是在数量上,还是在运营里程上都将不断增长。与此同时,大断面及特大断面公路隧道工程的建设也对隧道中的消防安全提出了更高要求,隧道消防安全已成为社会公共安全的重点关注对象。

## 1.2 隧道火灾事故分析

伴随隧道数量及运营里程的不断增长,隧道内车流量不断增大,火灾事故时有发生。整体而言,虽然隧道内发生火灾的频率较低,但若不能有效控制,则极易导致群死群伤事故,造成巨额财产损失,带来不可估量的灾难性后果。表 1-1 给出近半个世纪国内外公路隧道典型火灾事故及伤亡情况。

国内外公路隧道典型火灾事故及伤亡情况　　　　表 1-1

| 年份 | 事故地点 | 事故原因 | 事故结果 |
| --- | --- | --- | --- |
| 1971 | 法国克洛次隧道 | 车辆相撞 | 死亡 2 人 |
| 1979 | 日本津轻隧道 | 货车碰撞 | 死亡 7 人,伤 1 人 |
| 1993 | 法国 Mont Blanc 隧道 | 货车自燃 | 死亡 41 人 |
| 1999 | 奥地利 Tauern 隧道 | 车辆相撞 | 伤亡 62 人 |
| 2001 | 瑞士 Gothard 隧道 | 车辆相撞起火 | 伤亡 21 人 |
| 2004 | 日本 Takayama 隧道 | 车辆追尾起火 | 伤亡 5 人 |
| 2005 | 法国 Frejus 隧道 | 货车自燃 | 死亡 2 人 |
| 2006 | 瑞士 Viamala 隧道 | 车辆相撞起火 | 伤亡 15 人 |
| 2006 | 中国青海响河隧道 | 车辆相撞 | 伤亡 5 人 |
| 2007 | 意大利 Sanmartino 隧道 | 车辆相撞起火 | 伤亡 12 人 |

续上表

| 年份 | 事故地点 | 事故原因 | 事故结果 |
|---|---|---|---|
| 2007 | 美国五号州际公路隧道 | 车辆相撞 | 死亡3人 |
| 2008 | 中国广东大宝山隧道 | 化学燃料起火 | 死亡2人 |
| 2009 | 澳大利亚 Arlberg 隧道 | 车辆追尾起火 | 伤亡3人 |
| 2010 | 中国江苏无锡惠山隧道 | 大客车起火 | 伤亡43人 |
| 2011 | 中国甘肃新七道梁隧道 | 罐车相撞 | 伤亡5人 |
| 2014 | 中国山西岩后隧道 | 车辆相撞 | 死亡40人 |
| 2019 | 澳大利亚 Rannersdorf 隧道 | 托运车起火 | 隧道表面混凝土爆裂 |
| 2019 | 荷兰 Benelux 隧道 | 车辆相撞 | 受伤2人 |
| 2020 | 中国湖南雪峰山隧道 | 半挂车起火 | 31辆车烧毁 |
| 2021 | 中国重庆真武山隧道 | 货车自燃 | 无伤亡,车辆烧毁 |

统计表明,公路隧道内发生火灾的原因主要有:
(1)车辆自身故障导致火灾,包括摩擦起火、漏油、电气线路短路等;
(2)车辆追尾或车辆与隧道壁之间的碰撞引发火灾;
(3)车辆装载易燃物(油、化学品、木材、生活用品)引发火灾;
(4)隧道内部电气设备或线路短路引发火灾;
(5)恐怖主义及人为放火的社会报复行为。

通过分析大量事故案例可知,隧道内部发生火灾常常带来严重的物质财产损失和人员伤亡。火灾发生后的救援期间,隧道内部通行中断,会在一定程度上影响社会生产生活的效率,同时隧道的维修及伤亡的灾后补偿也需投入大量资金和人力。此外,隧道火灾的发生可能会带来恶劣的社会反响,使公众产生对于隧道安全的质疑。因此,做好公路隧道的消防安全工作,对于增强应急管理能力,保障社会安全,实现经济平稳健康发展十分重要。

## 1.3 隧道火灾排烟方式

### 1.3.1 隧道常用火灾排烟方式

目前,纵向排烟和横向排烟是隧道排烟应用较多的两种排烟方式。近些年国内通车的隧道多数采用了纵向排烟方式,这主要是因为纵向排烟既无须设置专用排烟管道,也无须增大隧道断面面积。纵向排烟经济性优越,综合性价比相对较高,所以在国内得到了很好的推广。但纵向排烟的缺点是,火灾时高温气体在隧道主洞内的行程较远。横向排烟或集中排烟可很好地解决这个问题,但其缺陷是需要专门的风机房,同时其排烟管道也可能占据一部分隧道断面面积。下面对几种排烟方式分别进行说明。

(1) 纵向排烟

纵向排烟是利用排烟设备产生的不小于临界风速的纵向气流,沿行车方向,以合理的速度向排烟口方向排放的一种方式。这种方式在单向交通工况下比较有效,因为当排烟工况启动时,往往隧道下游的车辆已经安全离开隧道,烟气向下游排放时没有人员在前方。一方面,与横向排烟相比较,纵向排烟所需的隧道标准断面开挖量小得多,经济性很强。所以,这也是当前我国应用最多的一种隧道排烟方式。另一方面,如果采用纵向排烟,当高温气体沿隧道向出口处移动时,也会将氧气源源不断地向前推送,从而加大了火灾的危害性。如果不能很好地控制高温气体,其流经隧道时,也会造成能见度降低、空气稀薄等后果,非常不利于消防救援。而且,纵向排烟方式也存在一些严重的安全隐患,比如双向交通的情况下,当发生火灾后,由于两个方向都有交通量,对洞内人员进行及时的疏散和救援的难度较大,容易造成二次事故的发生。

(2) 横向排烟

从排烟效果来讲,横向排烟最好,其在隧道内设置了专门的送风道、排烟道,发生火灾时,火源附近的送风口和排烟口全部打开,其他位置送风口和排烟口关闭,火灾烟气在风流作用下,快速经排烟口进入排烟道被排出,能够有效地防止火灾蔓延。

(3) 集中排烟

集中排烟方式,近几年在国内被广泛采用。集中排烟方式在欧洲经常被用于解决双向交通公路隧道和特长单向交通隧道的排烟问题。集中排烟方式往往不是独立存在的,而是与横向排烟方式相结合使用的。在隧道顶部或侧面设置风道,正常状态下,轴流风机处于送风状态,向风道内输送新风,并通过电动风阀来控制送风口的启闭,实现隧道内横向排烟;当处于火灾状态下时,火灾点远处的风阀全部关闭,火灾点附近的电动风阀打开,此时高温气体立即通过开启的电动组合风阀进入排烟通道中,缩短了高温气体在隧道主洞内的行程。集中排烟方式能使火灾烟气得到更有效的控制,一旦隧道内发生火灾,消防人员可以从任意方向进行救援,消防救援效率大大提高。

单向隧道各主要排烟方式特点,见表1-2。

单向隧道各主要排烟方式特点　　　表1-2

| 排烟方式 | 基本特征 | | 适用长度 | 火灾处理 | 工程造价 | 技术难度 | 运营费用 |
|---|---|---|---|---|---|---|---|
| 纵向排烟 | 烟气沿隧道纵向流动 | 全射流风机式 | 5000m以内 | 排烟不便 | 低 | 一般 | 低 |
| | | 集中送排式 | 5000m以内 | 排烟较方便 | 一般 | 一般 | 一般 |
| | | 竖井送排式 | 不受限制 | 排烟较方便 | 一般 | 稍难 | 一般 |
| 横向排烟 | 分别设有送风道、排烟道,烟气在隧道内横向流动 | | 不受限制 | 能有效排烟 | 高 | 难 | 高 |
| 集中排烟 | 由隧道排烟道排烟,由洞口沿隧道纵向送风 | | 3000m左右 | 排烟方便 | 较高 | 稍难 | 较高 |
| | | | 3000m左右 | 排烟方便 | 较高 | 稍难 | 较高 |

## 1.3.2　沉管隧道火灾排烟方式

水下隧道常用的施工方法为矿山法、盾构法、沉管法、围堰明挖法。与其他几种施工方式相比,沉管隧道具有其独特的优势,比如对于地基的稳定性及刚度要求比较小、上覆土深度较浅、管节横断面形式比较灵活、管节质量易控制、预制管节可与多种工序同时加工,从而大大节省工期,而且处于水下施工作业环境,对于周围的建筑物影响比较小。由于沉管隧道独特的优势,使得沉管隧道在实际工程中的应用越来越广泛。但是,沉管隧道也存在造价高、防水挑战较大、接头重要部件难以替换等缺点。

特长沉管隧道通常设置专用排烟道,正常运营一般采用纵向通风,火灾工况采用集中排烟方式。采用纵向排烟的沉管隧道,火灾工况一般通过调节隧道内风速达到临界风速来控制烟气回流;采用集中排烟的沉管隧道,火灾工况通过开启火源附近一定区域内的排烟口进行集中排烟,控制烟气扩散区域。

在火灾非阻滞工况下,火源下游的车辆继续行驶,快速驶离隧道。火源上游的驾乘人员弃车,通过隧道口及安全门进入安全通道进行逃生。在人员疏散阶段,通过控制隧道内的射流风机保证隧道内纵向风速大于其临界风速,防止烟气发生逆流,烟气由隧道洞口或排烟口排出。安全通道内开启加压风机进行通风,保证安全通道对事故隧道正压在 30～50Pa,防止烟气进入安全通道。对向隧道开启射流风机,保证对安全门开启区域的正压,减少压力损耗。

  隧道内交通阻滞工况下,仅采用射流风机控制烟气回流不能满足人员疏散和救援的需要。在此工况下需要保持烟气分层,并控制在一定区域之内。开启专用排烟风机,通过火源附近一定区域内的排烟口进行排烟,烟气经专用排烟道排出。安全通道内开启加压风机进行通风,保证安全通道对事故隧道正压在 30～50Pa,防止烟气进入安全通道。对向隧道开启射流风机,保证对安全门开启区域的正压,减少压力损耗。

# 第 2 章 通风技术标准与火灾设计规模

## 2.1 概述

### 2.1.1 项目背景

深圳至中山跨江通道(以下简称"深中通道")北距虎门大桥约 30km,南距港珠澳大桥约 38km。项目东接机荷高速公路,向西跨越珠江口,在中山市马鞍岛登陆,与规划的中开、中山东部外环高速公路对接,通过连接线实现在深圳、中山及广州南沙登陆。

深中通道是国务院批复的《珠江三角洲地区改革发展规划纲要(2008—2020 年)》中确定实施的重大交通基础设施项目,也是国家高速公路 G2518(深圳至广西岑溪)跨珠江口关键性工程,是广东自由贸易试验区(广州南沙、深圳前海和珠海横琴)的交通纽带,其建设对贯彻"一带一路"倡议,完善国家高速公路网络和珠三角地区综合交通运输体系,实现珠三角东西两岸产业互联以及各类要素的高效配置,促进珠三角协同发展、加快广东省产业转型升级、增强发展后劲都具有重要的战略意义。

深中通道全线采用高速公路技术标准,双向八车道,主线桥梁和隧道采用 100km/h 设计速度,匝道隧道采用 60km/h 设计速度,主线隧道采用沉管方案。

隧道全长 6845m,其中沉管段长 5035m、岛上明筑段长 1810m。受平面线位的控制,隧道西人工岛侧采用直线,东人工岛侧采用曲线。隧道平面布置见图 2-1。

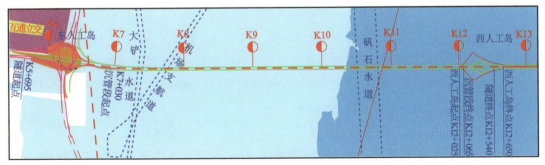

图 2-1 隧道平面布置

隧道最大纵坡 2.98%,最小纵坡 0.4%,最低路面设计高程 -33.786m。沉管段共 32 个管节,其中标准管节 27 节、管节长 165m,西人工岛侧首个管节长度 123m,东人工岛侧因横断面变宽而布置 5 个长 123m 的管节,见图 2-2 ~ 图 2-5。

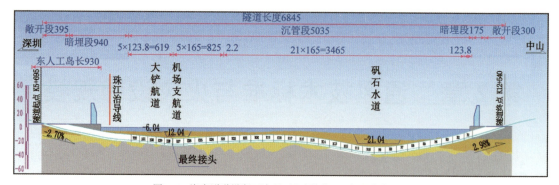

图 2-2　海底隧道纵断面布置(尺寸单位:m;高程单位:m)

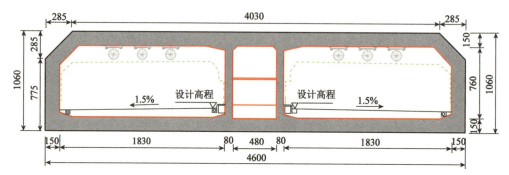

图 2-3　钢壳混凝土管节横断面布置(尺寸单位:cm)

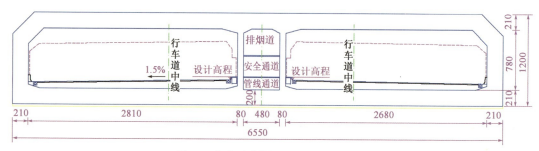

图 2-4　超宽隧道横断面(尺寸单位:cm)

深中通道工程是我国又一世界级"隧、岛、桥、水下互通"集群工程,项目工程规模宏大、建设条件非常复杂,技术难度大,具有交通量大且大货车比例高、主线隧道与机场互通立交多次分合流、桥隧转换纵坡长等特点,隧道运营安全及防灾救援问题突出。本项目在超宽特长海底沉管隧道通风防灾方面主要技术特点如下:

(1)双向八车道高速公路海底沉管隧道没有先例,技术上面临挑战。

本项目隧道推荐采用沉管工法,隧道长度约 6.8km,双向八车道高速公路技术标准,采用两孔一管廊的断面形式,断面宽度达到 46.0m(比港珠澳大桥双向六车道沉管隧道宽约 9m),特别是在深圳侧加减速车道段,达到双向十二车道。类似规模的海底隧道国内外没有先例,在隧道结构体系、断面形式、通风与防灾救援等方面存在较大技术挑战。

(2)交通量大且货车比例很高,隧道运营安全及防灾面临巨大挑战。

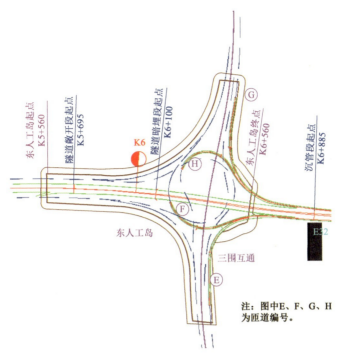

图 2-5 岛上段隧道平面布置

本项目为高速公路,两岸接线均与高速公路相接、主线无收费站,通过机场互通立交(东)、横门东互通立交(西)直接与周边高速公路实现快速交通转换,隧道长度达到 6.8km。项目远景年限设计交通量达到 93006pcu/d,其中重型货车比例较高,达到 9.4%~12.2%。虽然本工程禁止危化品车辆通行,但有大量的重型货车通行,且货物种类多样,火灾热释放速率较大,一旦发生火灾,其规模难以控制,将给隧道运营安全及防灾带来巨大挑战。

(3)双向八车道超宽特长海底沉管隧道通风及防灾方面,没有明确规范指导。

国内外现行规范中没有明确指导,主要体现在以下几个方面:①通风、消防及防灾救援设施设计方面没有明确规范指导,如双向八车道沉管隧道通风技术标准、火灾排烟设防标准(火灾热释放速率)、超宽特长海底沉管隧道排烟设计参数、超长海底隧道疏散通道通风参数等;②对大规模隧道火灾通风防灾尚无统一标准;③如何保障火灾时疏散通道通风防灾安全尚无明确规范指导。

(4)机场互通渐变段隧道截面变化显著,匝道多、排烟气流疏散困难。

本项目隧道东侧机场互通立交与主线隧道交汇,隧道内多处分合流,渐变段隧道断面截面变化显著,机场互通地下枢纽渐变段为双向十二车道,且纵坡较大,气流组织复杂,匝道段曲率半径小,排烟疏散难度大。

(5)大断面隧道火灾探测及灭火难度大。

深中通道主线隧道为双向八车道隧道,断面大,一方面,利用现有技术实现火灾探测灭火难度大;另一方面,深中通道为海底隧道,一旦发生火灾,疏散救援以及后期维护难度大。因此其防灾等级高,对火灾探测、灭火以及结构耐火保护提出更高要求。

(6)超长海底隧道疏散救援难度大。

深中隧道为特长海底隧道,疏散距离长,救援难度大,应急救援涉及部门众多,沟通协调难度大。

### 2.1.2 开展隧道防灾通风标准研究的必要性

对于特长水下隧道,运营通风及排烟方式是影响或制约隧道总体建设方案的重要因素之一,也是运营期确保安全的重要措施。本工程需要解决的关键技术问题之一体现在通风方案和防灾方案的设计上。我国特长公路隧道,特别是水下隧道运营通风、防灾方面的经验仍很少,对其通风、防灾技术应开展专项攻关,以确保运营通风、防灾系统的安全、经济、合理,从而避免设计上的浪费和不安全因素。

隧道运营通风方案主要根据隧道需风量及防灾要求等确定,隧道运营通风系统装机功率和运行功率 $W_1$ 与隧道设计风量 $Q_r$ 的 3 次方成正比,即有 $W_1 = k \cdot Q_r^3$,因此,隧道需风量确定是否合理将决定隧道运营安全与经济性。隧道需风量的计算取决于多种因素及参数取值,主要包括纵坡对汽车有害气体排放的影响值 $f_{iv}$、有害气体基准排放量 $q_{CO}$(一氧化碳)和 $q_{VI}$(烟尘)、有害气体基准排放量递减率 $i$、车型系数 $f_m$、不同服务水平分级下的实际行车速度 $v_t$ 等。对于这些关键技术参数,日本、瑞士、法国等针对自己国家的汽车技术与交通状况开展了专门研究;PIARC 也利用每两年一次的年会,发布世界各国公路隧道运营通风计算关键参数的研究结果。

《公路隧道通风设计细则》(JTG/T D70/2-02—2014)提出"本规范采用的基准排放量,是以 2000 年为起点,并按每年 2% 的递减率计算获得的排放量作为设计年限的基准排放量",其所规定的有害气体基准排放量是针对全国的平均水平作出的。由此带来了部分隧道通风系统设计、运营中出现的系统规模偏大、维护管理费用高等问题,引起了业界的关注。

广东省等经济发达地区,汽车排放特性与全国平均水平有一定差异。因此,结合项目所处地理区域和深中通道海中特长隧道特点,通过开展通风、防灾关键技术参数的专项技术研究,为后续设计提供技术支撑,达到在保证安全的前提下,合理控制工程投资、减少运营费用、提高运营效率、节约能源、保护环境的目的。

## 2.2 隧道内污染物通风设计参数

### 2.2.1 我国汽车污染物排放标准

为了保护环境、大气的清洁,各国相继对大气中各种污染物的排放提出控制要求,制定强制性排放标准(排放法规),以控制汽车污染物排放量。随着汽车排放法规的实施,汽车生产企业采用了相应的汽车排放控制技术。汽车生产企业根据排放限值的目标要求,与政府、高校和科研部门一起研究和应用这些技术。控制技术的发展为排放法规的制定提供了依据和保证,排放法规的实施又推动了控制技术的发展和应用。

美国和日本于20世纪60年代起就开始控制汽车排放,美国排放法规要求最严,日本一直紧跟美国。1994年起美国执行极其严格的低污染汽车法规(LEV)后,日本与美国之间的差距略为拉开。欧洲控制汽车排放比美国、日本晚,而且标准要求较松,但是到1992年实施欧洲第1阶段(欧Ⅰ)排放法规后,步伐加快,已超过日本,接近美国 LEV 计划。美国、日本和欧洲的汽车排放法规形成当今世界三大汽车排放法规体系,随之世界上许多国家不同程度地采用了这些标准。

在世界三大排放标准体系中,欧洲法规相对较适合我国的实际情况,故我国汽车排放标准主要采用欧洲的模式。我国在充分吸收欧美的经验后,全面等效采用了欧盟(EU)指令、联合国欧洲经济委员会汽车法规(ECE)技术内容和部分欧共体(EEC)法规,在此基础上形成了中国汽车排放法规体系。

我国机动车污染控制工作始于1979年《中华人民共和国环境保护法(试行)》的颁布。到目前我国的汽车污染物排放标准已经经历了九个阶段,见表2-1。

我国汽车污染物排放标准体系  表2-1

| 阶段 | 时间 | 说明 | 执行标准 |
| --- | --- | --- | --- |
| 一 | 1983年 | 首次颁布了关于汽车污染物排放限值和测量方法的国家标准,其主要是针对发动机急速工况而言 | GB 3842—1983 汽油车急速污染物排放标准<br>GB 3843—1983 柴油车自由加速烟度排放标准<br>GB 3844—1983 汽车柴油机全负荷烟度排放标准<br>GB 3845—1983 汽油车急速污染物测量方法<br>GB 3846—1983 柴油车自由加速烟度测量方法<br>GB 3847—1983 汽车柴油机全负荷烟度测量方法 |
| 二 | 1989年 | 采用了变工况(15工况)测量方法,比较客观地衡量发动机的总体排放 | GB 11340—1989 汽车曲轴箱排放物测量方法及限值<br>GB 11641—1989 轻型汽车排气污染物排放标准<br>GB 11642—1989 轻型汽车排气污染物测试方法 |
| 三 | 1993年 | 对汽车污染物排放标准进行了修编,除轻型车外还对不同车型的汽车污染物排放限值进行了要求,接近美国20世纪70年代的水平 | GB 14761.1—1993 轻型汽车排气污染物排放标准<br>GB 14761.2—1993 车用汽油机排气污染物排放标准<br>GB 14761.3—1993 汽油车燃油蒸发污染物排放标准<br>GB 14761.4—1993 汽车曲轴箱排放污染物排放标准<br>GB 14761.5—1993 汽油车急速污染物排放标准<br>GB 14761.6—1993 柴油车自由加速烟度排放标准<br>GB 14761.7—1993 汽车柴油机全负荷烟度排放标准<br>GB/T 14762—1993 车用汽油机排气污染物试验方法<br>GB/T 14763—1993 汽油车燃油蒸发污染物的测量　收集法<br>GB/T 3845—1993 汽油车排气污染物的测量　急速法<br>GB/T 3846—1993 柴油车自由加速烟度的测量　滤纸烟度法 |

续上表

| 阶段 | 时间 | 说　明 | 执 行 标 准 |
|---|---|---|---|
| 四 | 1999年 | 进一步强化对汽车排放污染物的限制,相继制定并颁布了一系列新的汽车排放污染物标准,达到欧洲20世纪90年代初期的水平 | GB 14761—1999 汽车排放污染物限值及测试方法<br>GB 17691—1999 压燃式发动机和装用压燃式发动机的车辆排气污染物限值及测试方法<br>GB 3847—1999 压燃式发动机和装用压燃式发动机的车辆排气可见污染物限值及测试方法<br>GB/T 17692—1999 汽车用发动机净功率测试方法<br>GWPB 1—1999 轻型汽车污染物排放标准<br>HJ/T 26.1～26.5—1999 轻型汽车排放污染物测试方法 |
| 五 | 2000年 | 《在用汽车排气污染物限值及测试方法》(GB 18285—2000),该标准的实施,标志我国排放标准达到欧洲20世纪90年代中期的水平 | GWPB 6—2000 车用压燃式发动机排气污染物排放标准<br>HJ 54—2000 车用压燃式发动机排气污染物测量方法<br>GB 18285—2000 在用汽车排气污染物限值及测试方法 |
| 六 | 2001—2002年 | 2001年4月11日颁布了相关汽车污染物排放标准 | GB 18352.1—2001 轻型汽车污染物排放限值及测量方法(Ⅰ)<br>GB 18352.2—2001 轻型汽车污染物排放限值及测量方法(Ⅱ)<br>GB 17691—2001 车用压燃式发动机排气污染物排放限值及测量方法<br>GB 14762—2002 车用点燃式发动机及装用点燃式发动机汽车　排气污染物排放限值及测量方法 |
| 七 | 2005—2008年 | 2005—2008年颁布的相关标准,明确了国Ⅲ、国Ⅳ标准的实施年限及排放限值 | HJ/T 240—2005 确定点燃式发动机在用汽车简易工况法排气污染物排放限值的原则和方法<br>GB 18352.3—2005 轻型汽车污染物排放限值及测量方法(中国Ⅲ、Ⅳ阶段)<br>GB 17691—2005 车用压燃式、气体燃料点燃式发动机与汽车排气污染物排放限值及测量方法(中国Ⅲ、Ⅳ、Ⅴ阶段)<br>GB 18285—2005 点燃式发动机汽车排气污染物测量方法(双怠速法及简易工况法)<br>GB 3847—2005 车用压燃式发动机和压燃式发动机汽车排气烟度排放限值及测量方法<br>GB 14762—2008 重型车用汽油发动机与汽车排气污染物排放限值及测量方法(中国Ⅲ、Ⅳ阶段) |
| 八 | 2009—2015年 | 《轻型汽车污染物排放限值及测量方法(中国第五阶段)》(GB 18352.5—2013),明确了国Ⅴ标准的实施年限及排放限值 | GB 18352.5—2013 轻型汽车污染物排放限值及测量方法(中国第五阶段) |
| 九 | 2016年 | 《轻型汽车污染物排放限值及测量方法(中国第六阶段)》(GB 18352.6—2016)于2016年12月发布,2020年7月实施 | GB 18352.6—2016 轻型汽车污染物排放限值及测量方法(中国第六阶段)(GB 18352.6—2016 代替 GB 18352.5—2013) |

1)第一阶段

1983年,我国首次颁布了六项关于汽车排放污染物限值和测量方法的国家标准,即《汽油车怠速污染物排放标准》(GB 3842—1983)。四冲程汽油车怠速排放污染物、柴油车自由加速烟度、柴油车全负荷烟度等排放标准见表2-2~表2-4。该标准仅规定汽车污染物的CO、HC和烟度,由于该标准仅限制了汽油机或柴油机个别运转条件的排放值,因此对车辆排放的评价是不全面的。当时,我国的国家标准还没有强制性标准和推荐性标准之分。

四冲程汽油车怠速污染物排放限值　　　　　　　　　　　　　　表2-2

| 项　目 | 类　别 | 限　值 |
|---|---|---|
| CO | 新生产车 | ≤5% |
|  | 在用车 | ≤6% |
|  | 进口车 | ≤4.5% |
| HC | 新生产车 | ≤2500ppm |
|  | 在用车 | ≤3000ppm |
|  | 进口车 | ≤1000ppm |

注:ppm为百万分率,1ppm即百万分之一。

四冲程柴油车自由加速烟度污染物排放限值　　　　　　　　　表2-3

| 项　目 | 类　别 | 烟度值 $R_b$ |
|---|---|---|
| 烟度 | 新生产车、进口车 | 5.0 |
|  | 在用车 | 6.0 |

四冲程柴油车全负荷烟度污染物排放限值　　　　　　　　　　表2-4

| 项　目 | 类　别 | 烟度值 $R_b$ |
|---|---|---|
| 烟度 | 新生产车、进口车 | 4.0 |
|  | 在用车 | 4.5 |

2)第二阶段

1989年我国又颁布了《汽车曲轴箱污染物排放测量方法及限值》(GB 11340—1989)、《轻型汽车排气污染物排放标准》(GB 11641—1989)、《轻型汽车排气污染物测试方法》(GB 11642—1989),采用变工况(15工况)测量方法,比较客观地衡量发动机的总体排放标准,见表2-5。

型式认证试验排放限值　　　　　　　　　　　　　　　　　　表2-5

| 基准质量RM(kg) | CO(g/试验) | CO(g/km) | HC(g/试验) | HC(g/km) | $NO_x$(g/试验) | $NO_x$(g/km) |
|---|---|---|---|---|---|---|
| RM≤750 | 65.00 | 5.91 | 10.80 | 0.98 | 8.50 | 0.77 |
| 750＜RM≤850 | 71.00 | 6.45 | 11.30 | 1.03 | 8.50 | 0.77 |
| 850＜RM≤1020 | 76.00 | 6.90 | 11.70 | 1.06 | 8.50 | 0.77 |
| 1020＜RM≤1250 | 87.00 | 7.90 | 12.80 | 1.16 | 10.20 | 0.93 |

续上表

| 基准质量 RM(kg) | CO(g/试验) | CO(g/km) | HC(g/试验) | HC(g/km) | NO$_x$(g/试验) | NO$_x$(g/km) |
|---|---|---|---|---|---|---|
| 1250＜RM≤1470 | 99.00 | 8.99 | 13.70 | 1.24 | 11.90 | 1.08 |
| 1470＜RM≤1700 | 110.00 | 9.99 | 14.60 | 1.33 | 12.30 | 1.12 |
| 1700＜RM≤1930 | 121.00 | 10.99 | 15.50 | 1.41 | 12.80 | 1.16 |
| 1930＜RM≤2150 | 132.00 | 11.99 | 16.40 | 1.49 | 13.20 | 1.20 |
| 2150＜RM | 143.00 | 12.99 | 17.30 | 1.57 | 13.60 | 1.24 |

3）第三阶段

1993年，我国制定了11项汽车排放标准，保留了《汽车柴油机全负荷烟度测量方法》（GB 3847—1983）、《轻型汽车排气污染物测试方法》（GB 11642—1989）、《汽车曲轴箱污染物排放测量方法及限值》（GB 11340—1989）等标准，并将其修改为推荐标准。因此，到1999年3月我国的汽车排放标准有14项，其中7项为强制性标准，7项为推荐性标准，这些标准接近美国20世纪70年代的水平。

GB 14761—1993系列标准是我国1993年前制定的标准中最为全面的一套（也可称为中国0号标准）。它规定污染物的限值与汽车质量有关，污染物为CO、HC、NO$_x$。该套标准分为型式认证试验排放限值和产品一致性试验排放限值。该套标准在我国排放标准体系中第一次提到了产品生产一致性的概念。产品一致性试验是指从获准成批生产的车辆中进行足够数量的随机抽查试验，目的是检查成批生产车辆的排气排放和蒸发排放部件与型式认证车辆部件的一致性。

该套标准除规定了汽车的工况排放试验限值外，还规定了汽油车的燃油蒸发排放、曲轴箱排放、急速污染物排放和柴油车的自由加速烟度排放，见表2-6～表2-10。

GB 14761.1—1993 轻型汽车生产一致性试验排放限值　　　　　　表2-6

| 基准质量 RM(kg) | CO(g/试验) | CO(g/km) | HC(g/试验) | HC(g/km) | NO$_x$(g/试验) | NO$_x$(g/km) |
|---|---|---|---|---|---|---|
| RM≤750 | 78.00 | 7.09 | 14.00 | 1.27 | 10.20 | 0.93 |
| 750＜RM≤850 | 85.00 | 7.73 | 14.80 | 1.35 | 10.20 | 0.93 |
| 850＜RM≤1020 | 91.00 | 8.27 | 15.30 | 1.39 | 10.20 | 0.93 |
| 1020＜RM≤1250 | 104.00 | 9.45 | 16.60 | 1.51 | 12.20 | 1.11 |
| 1250＜RM≤1470 | 119.00 | 10.82 | 17.80 | 1.62 | 14.30 | 1.30 |
| 1470＜RM≤1700 | 132.00 | 12.00 | 18.90 | 1.72 | 14.80 | 1.35 |
| 1700＜RM≤1930 | 145.00 | 13.18 | 20.20 | 1.84 | 15.40 | 1.40 |
| 1930＜RM≤2150 | 158.00 | 14.36 | 21.20 | 1.93 | 15.80 | 1.44 |

续上表

| 基准质量 RM(kg) | CO(g/试验) | CO(g/km) | HC(g/试验) | HC(g/km) | $NO_x$(g/试验) | $NO_x$(g/km) |
|---|---|---|---|---|---|---|
| 2150 < RM | 172.00 | 15.64 | 22.50 | 2.05 | 16.30 | 1.48 |

**GB 14761.2—1993 重型汽车型式认证试验排放限值** 表2-7

| 实施期限 | 排气污染物排放限值(g/km) | |
|---|---|---|
| | CO | HC + $NO_x$ |
| 1995年1月1日—1997年12月31日 | 54 | 22 |
| 1998年1月1日起 | 34 | 14 |

**GB 14761.2—1993 重型汽车生产一致性试验排放限值** 表2-8

| 类别 | 实施期限 | 排气污染物排放限值(g/km) | |
|---|---|---|---|
| | | CO | HC + $NO_x$ |
| 1995年1月1日起型式认证的汽油机 | 1996年1月1日—1998年12月31日 | 65 | 26 |
| | 1999年1月1日起 | 41 | 17 |
| 1994年12月31日以前经过型式认证的汽油机 | 1996年1月1日—1998年12月31日 | 96 | 38 |
| | 1999年1月1日起 | 54 | 22 |

**柴油车全负荷烟度污染物排放限值** 表2-9

| 类别 | 烟度值 $R_b$ |
|---|---|
| 定型柴油机 | 4.0 |
| 新生产柴油机 | 4.5 |

**柴油车自由加速烟度污染物排放限值** 表2-10

| 类别 | 烟度值 $R_b$ |
|---|---|
| 1995年7月1日以前的定型汽车 | 4.0 |
| 1995年7月1日以前的新生产汽车 | 4.5 |
| 1995年7月1日以前生产的在用汽车 | 5.0 |
| 1995年7月1日起的定型汽车 | 3.5 |
| 1995年7月1日起生产的汽车 | 4.0 |
| 1995年7月1日起生产的在用汽车 | 3.5 |

4) 第四阶段

为了进一步强化对汽车排放污染物的限制,国家质量技术监督局和国家环境保护总局在1999年3月后相继制定并颁布了一系列新的汽车排放污染物标准(见表2-11),其达到了欧洲20世纪90年代初期的水平。

《汽车排放污染物限值及测试方法》(GB 14761—1999)于1999年3月颁布,比GB 14761—1993标准加严了80%,限值为欧洲20世纪90年代初期水平,与欧洲1992年7月生效的标准限值相同(欧Ⅰ),也就是中国Ⅰ阶段法规。该标准适用于整备质量400kg以上,设计车速50km/h以上的轻型汽车(包括燃用普通级无铅汽油和优质无铅汽油的M1、M2和N1、N2类的所有车辆,以及至少有四个车轮的装压燃式发动机的M和N1类的所有车辆),并且按试验车辆基准质量不同规定了不同的限值。

《汽车排放污染物限值及测试方法》(GB 14761—1999)对工况试验曲线做了修改,改为ECE(市内循环) + EUDC(市郊循环)。该标准的特点是点燃式发动机限制污染物$CO$、$HC + NO_x$,明确提出了柴油车的限制污染物为($CO$、$HC$、$NO_x$、$PM$),对污染物控制装置耐久性提出了要求,认证项目划分详细,见表2-11。该标准分为型式认证试验排放限值(见表2-12)和生产一致性试验排放限值(见表2-13)。

GB 14761—1999 车辆型式认证试验项目  表2-11

| 型式认证试验 | 燃用普通级无铅汽油的车辆 A类认证 | 燃用优质级无铅汽油的车辆 B类认证 | 燃用柴油的车辆 C类认证 |
| --- | --- | --- | --- |
| | M类车辆、N类车辆 | M类车辆、N类车辆 | M类车辆、$N_1$类车辆 |
| Ⅰ型试验 | $M_1$、$N_1$类车辆进行 | $M_1$、$N_1$类车辆进行 | $M_1$、$N_1$类车辆进行 |
| Ⅱ型试验 | 进行 | $M_2$、$N_2$类车辆进行 | 不进行 |
| Ⅲ型试验 | 进行 | 进行 | 不进行 |
| Ⅳ型试验 | $M_1$、$N_1$类车辆进行 | $M_1$、$N_1$类车辆进行 | 不进行 |
| Ⅴ型试验 | 不进行 | $M_1$、$N_1$类车辆进行 | $M_1$、$N_1$类车辆进行 |
| 认证扩展 | 有条件进行 | 有条件进行 | 有条件进行 |

GB 14761—1999 型式认证试验排放限值  表2-12

| 车辆类型 | | 基准质量RM (kg) | 排放限值 | | |
| --- | --- | --- | --- | --- | --- |
| | | | $CO$(g/km) | $HC + NO_x$(g/km) | $PM$(g/km) |
| $M_1$ | | 全部 | 2.72 | 0.97 | 0.14 |
| $N_1$ | Ⅰ类 | RM≤1250 | 2.72 | 0.97 | 0.14 |
| | Ⅱ类 | 1250 < RM≤1700 | 5.17 | 1.40 | 0.19 |
| | Ⅲ类 | 1700 < RM | 6.90 | 1.70 | 0.25 |

GB 14761—1999 生产一致性试验排放限值  表2-13

| 车辆类型 | | 基准质量RM (kg) | 排放限值 | | |
| --- | --- | --- | --- | --- | --- |
| | | | $CO$(g/km) | $HC + NO_x$(g/km) | $PM$(g/km) |
| $M_1$ | | 全部 | 3.16 | 1.13 | 0.18 |
| $N_1$ | Ⅰ类 | RM≤1250 | 3.16 | 1.13 | 0.18 |
| | Ⅱ类 | 1250 < RM≤1700 | 6.0 | 1.60 | 0.22 |
| | Ⅲ类 | 1700 < RM | 8.0 | 2.0 | 0.29 |

5）第五阶段

2000年12月28日，国家质量技术监督局颁布了《在用汽车排气污染物限值及测试方法》（GB 18285—2000），并于2001年7月1日实施，其达到了欧洲20世纪90年代初期的水平。此间原在用汽车四项排放标准没有作废，形成了我国在用汽车排放污染物标准体系，见表2-14。《在用汽车排气污染物限值及测试方法》（GB 18285—2000）规定了在用汽油车急速排放污染物、柴油车自由加速烟度、柴油车全负荷烟度等排放标准（见表2-15~表2-17）。

**我国2000年构建的在用车排放污染物标准体系** 表2-14

| 标 准 号 | 标 准 名 称 |
|---|---|
| GB 18285—2000 | 在用汽车排气污染物限值及测量方法 |
| GB 14761.5—1993 | 汽油车急速污染物排放标准 |
| GB/T 3845—1993 | 汽油车排气污染物的测量 急速法 |
| GB 14761.6—1993 | 柴油车自由加速烟度排放标准 |
| GB/T 3846—1993 | 柴油机自由加速度测量 滤纸烟度法 |

**汽油车急速试验污染物排放限值** 表2-15

| 车 辆 类 别 | 轻 型 车 | | 重 型 车 | |
|---|---|---|---|---|
| | CO(%) | HC($10^{-6}$) | CO(%) | HC($10^{-6}$) |
| 1995年7月1日以前生产的在用车 | 4.5 | 1200 | 5.0 | 2000 |
| 1995年7月1日起生产的在用车 | 4.5 | 900 | 4.5 | 1200 |

**柴油车自由加速可见污染物排放限值** 表2-16

| 车 辆 类 别 | 光吸收系数（$m^{-1}$） |
|---|---|
| 1995年7月1日以前生产的在用车 | 2.5 |
| 1995年7月1日起生产的在用车 | 3.0 |

**柴油车自由加速烟度污染物排放限值** 表2-17

| 车 辆 类 别 | 烟度值 $R_b$ |
|---|---|
| 1995年7月1日以前生产的在用车 | 4.7 |
| 1995年7月1日起生产的在用车 | 4.0 |

6）第六阶段

1999年3月后我国的汽车污染物排放标准有国家质量技术监督局和国家环境保护总局的两套标准，这两套标准不完全吻合，造成了汽车污染物排放标准的混乱，给国家环保执法部门和汽车生产企业带来了不必要的人力和物力的浪费。因此，国家质量技术监督局和国家环境保护总局于2001年4月16日联合颁布了四个汽车污染物排放标准，保留了1999年的两个标准（表2-1），至此，我国构建的生产汽车排放污染物标准体系。

《轻型汽车污染物排放限值及测量方法（Ⅰ）》（GB 18352.1—2001）和《轻型汽车污染物排放限值及测量方法（Ⅱ）》（GB 18352.2—2001）是国家环境保护总局和国家质量监督检验检

疫总局于2001年4月16日联合发布的,也就是中国的Ⅰ、Ⅱ阶段的排放标准。中国的Ⅰ、Ⅱ阶段的主要区别在于标准的实施日期和排放限值的区别,Ⅰ阶段的实施日期为2000年1月1日,Ⅱ阶段的实施日期为2004年7月1日。

《轻型汽车污染物排放限值及测量方法(Ⅰ)》(GB 18352.1—2001)的主要内容等同于《汽车排放污染物限值及测试方法》(GB 14761—1999)的相应内容,GB 18352标准增加了气体燃料汽车的污染物排放认证试验,对直喷式和非直喷式的压燃式发动机车辆的Ⅰ型认证试验限值做了区分,对直喷式压燃式车辆的排放限值进行了放宽。

GB 18352标准适用于最大总质量不超过3.5t M1、M2、N1的轻型汽车,同时Ⅰ型认证试验的限值按"第一类车"和"第二类车"进行区分。第一类车是指设计成员数不超过6人(包括司机),最大总质量≤2.5t的M1类车辆;第二类车指标准适用范围内除第一类车以外的其他所有轻型汽车。

值得一提的是该标准提出了LPG/NG车辆和两用燃料车辆的认证项目要求,取消了《汽车排放污染物限值及测试方法》(GB 14761—1999)标准中Ⅱ型试验的认证要求,较《汽车排放污染物限值及测试方法》(GB 14761—1999)标准在压燃式发动机车辆的型式认证要求中增加了直喷式发动机和非直喷式发动机的区别。详细的认证项目和限值见表2-18 ~ 表2-21。

GB 18352 车辆型式认证试验项目　　　　表2-18

| 型式认证试验 | 装点燃式发动机的车辆 | | | 装压燃式发动机的车辆 |
|---|---|---|---|---|
| | 汽油车 | LPG/NG 车 | 两用燃料车 | |
| Ⅰ型试验 | M₁、N₁ 类车辆进行 | | | 进行 |
| Ⅲ型试验 | 进行 | | | 不进行 |
| Ⅳ型试验 | 进行 | 不进行 | 仅对汽油燃料 | 不进行 |
| Ⅴ型试验 | 进行 | | | 进行 |
| 认证扩展 | 有条件进行 | | | 有条件进行 |

GB 18352.1—2001 型式认证试验排放限值　　　　表2-19

| 车辆类型 | 基准质量 RM (kg) | 排放限值(g/km) | | | | | |
|---|---|---|---|---|---|---|---|
| | | CO | | HC + NO$_x$ | | PM | |
| | | 点燃式发动机 | 压燃式发动机 | 点燃式发动机 | 非直喷压燃式发动机 | 直喷压燃式发动机 | 非直喷压燃式发动机 | 直喷压燃式发动机 |
| 第一类车 | 全部 | 2.72 | | 0.97 | 1.36 | | 0.14 | 0.20 |
| 第二类车 | RM≤1250 | 2.72 | | 0.97 | 1.36 | | 0.14 | 0.20 |
| | 1250 < RM≤1700 | 5.17 | | 1.40 | 1.96 | | 0.19 | 0.27 |
| | 1700 < RM | 6.90 | | 1.70 | 2.38 | | 0.25 | 0.35 |

**GB 18352.2—2001 型式认证试验排放限值** 表 2-20

| 车辆类型 | 基准质量 RM (kg) | 排放限值(g/km) CO | | HC + NO$_x$ | | | PM | |
|---|---|---|---|---|---|---|---|---|
| | | 点燃式发动机 | 压燃式发动机 | 点燃式发动机 | 非直喷压燃式发动机 | 直喷压燃式发动机 | 非直喷压燃式发动机 | 直喷压燃式发动机 |
| 第一类车 | 全部 | 2.2 | 1.0 | 0.5 | 0.7 | 0.9 | 0.0.8 | 0.10 |
| 第二类车 | RM≤1250 | 2.2 | 1.0 | 0.5 | 0.7 | 0.9 | 0.08 | 0.10 |
| | 1250<RM≤1700 | 4.0 | 1.25 | 0.5 | 1.0 | 1.3 | 0.12 | 0.14 |
| | 1700<RM | 5.0 | 1.5 | 0.7 | 1.2 | 1.6 | 0.17 | 0.20 |

**GB 18352.1—2001 生产一致性试验排放限值** 表 2-21

| 车辆类型 | 基准质量 RM (kg) | 排放限值(g/km) CO | | HC + NO$_x$ | | | PM | |
|---|---|---|---|---|---|---|---|---|
| | | 点燃式发动机 | 压燃式发动机 | 点燃式发动机 | 非直喷压燃式发动机 | 直喷压燃式发动机 | 非直喷压燃式发动机 | 直喷压燃式发动机 |
| 第一类车 | 全部 | 3.16 | | 1.13 | | 1.58 | 0.18 | 0.25 |
| 第二类车 | RM≤1250 | 3.16 | | 1.13 | | 1.58 | 0.18 | 0.25 |
| | 1250<RM≤1700 | 6.00 | | 1.60 | | 2.24 | 0.22 | 0.31 |
| | 1700<RM | 8.00 | | 2.00 | | 2.80 | 0.29 | 0.41 |

《车用点燃式发动机及装用点燃式发动机汽车 排气污染物排放限值及测量方法》（GB 14762—2002)和《车用压燃式发动机排气污染物排放限值及测量方法》（GB 17691—2001)对重型车污染物排放限值进行了限定。型式核准试验和生产一致性试验排放限值见表 2-22 和表 2-23。

**GB 14762—2002 排放限值** 表 2-22

| 项目 | | 型式核准试验排放限值 | | 生产一致性试验排放限值 | |
|---|---|---|---|---|---|
| 实施日期 | | 2003 年 1 月 1 日 | 2003 年 9 月 1 日 | 2003 年 7 月 1 日 | 2004 年 9 月 1 日 |
| 排放限值 (g/km) | CO | 34.0 | 9.7/17.4[①] | 41.0 | 11.6/19.3[①] |
| | HC + NO$_x$ | 14.0 | 4.1/5.6[①] | 17.0 | 4.9/6.2[①] |

注：①仅适用于 $R_m$ >6350kg 的重型车。

**GB 17691—2001 排放限值** 表 2-23

| 项目 | | 型式核准试验排放限值 | | 生产一致性试验排放限值 | |
|---|---|---|---|---|---|
| 实施阶段 | | Ⅰ | Ⅱ | Ⅰ | Ⅱ |
| 实施日期 | | 2000 年 9 月 1 日 | 2003 年 9 月 1 日 | 2001 年 9 月 1 日 | 2004 年 9 月 1 日 |
| 排放限值(g/km) | CO | 4.5 | 4.0 | 4.9 | 4.0 |
| | HC | 1.1 | 1.1 | 1.23 | 1.1 |

续上表

| 项目 | | 型式核准试验排放限值 | | 生产一致性试验排放限值 | |
|---|---|---|---|---|---|
| 排放限值(g/km) | $NO_x$ | 8.0 | 7.0 | 9.0 | 7.0 |
| | PM ≤85kW[①] | 0.61 | 0.15 | 0.68 | 0.15 |
| | PM >85kW | 0.36 | 0.15 | 0.40 | 0.15 |

注：①发动机功率。

7）第七阶段

2005年4月15日国家环境保护总局和国家质量监督检验检疫总局发布了《轻型汽车污染物排放限值及测量方法(中国Ⅲ、Ⅳ阶段)》(GB 18352.3—2005)。标准的实施日期为2007年7月1日。北京市于2005年12月开始执行该标准，从2006年1月1日开始北京市申报的新生产车辆必须有OBD系统的认证试验。2008年7月1日起第一类汽油机车辆必须装有OBD系统，其他轻型汽车在2010年7月1日起也必须装有OBD系统。

《轻型汽车污染物排放限值及测量方法(中国Ⅲ、Ⅳ阶段)》(GB 18352.3—2005)标准的认证项目及排放限值分别见表2-24和表2-25。

GB 18352.3—2005 车辆型式认证试验项目　　　　　　　　　　表2-24

| 型式认证试验 | 装点燃式发动机的车辆 | | | 装压燃式发动机的车辆 |
|---|---|---|---|---|
| | 汽油车 | 两用燃料车 | 单一气体燃料车 | |
| Ⅰ型试验 | 进行 | 进行(两种燃料) | 进行 | 进行 |
| Ⅲ型试验 | 进行 | 进行(只试验汽油) | 进行 | 不进行 |
| Ⅳ型试验 | 进行 | 进行(只试验汽油) | 不进行 | 不进行 |
| Ⅴ型试验 | 进行 | 进行(只试验汽油) | 进行 | 进行 |
| Ⅵ型试验 | 进行 | 进行(只试验汽油) | 不进行 | 不进行 |
| 双怠速 | 进行 | 进行(两种燃料) | 进行 | 不进行 |
| OBD系统 | 进行 | 进行 | 进行 | 进行 |

GB 18352.3—2005 型式认证试验排放限值　　　　　　　　　　表2-25

| 阶段 | 车辆类型 | 基准质量RM (kg) | 排放限值(g/km) | | | | | | | | | |
|---|---|---|---|---|---|---|---|---|---|---|---|---|
| | | | CO | | HC | | $NO_x$ | | $HC+NO_x$ | | PM | |
| | | | 点燃式 | 压燃式 | 点燃式 | 压燃式 | 点燃式 | 压燃式 | 点燃式 | 压燃式 | 点燃式 | 压燃式 |
| Ⅲ | 第一类车 | 全部 | 2.30 | 0.64 | 0.20 | — | 0.15 | 0.50 | — | 0.56 | — | 0.05 |
| | 第二类车 | RM≤1250 | 2.30 | 0.64 | 0.20 | — | 0.15 | 0.50 | — | 0.56 | — | 0.05 |
| | | 1250<RM≤1760 | 4.17 | 0.8 | 0.25 | — | 0.18 | 0.65 | — | 0.72 | — | 0.07 |
| | | 1760<RM | 5.22 | 0.95 | 0.29 | — | 0.21 | 0.78 | — | 0.86 | — | 0.1 |

续上表

| 阶段 | 车辆类型 | 基准质量RM（kg） | 排放限值(g/km) | | | | | | | |
|---|---|---|---|---|---|---|---|---|---|---|
| | | | CO | | HC | | NO$_x$ | | HC+NO$_x$ | | PM |
| | | | 点燃式 | 压燃式 | 点燃式 | 压燃式 | 点燃式 | 压燃式 | 点燃式 | 压燃式 | 压燃式 |
| Ⅳ | 第一类车 | 全部 | 1.00 | 0.50 | 0.10 | — | 0.08 | 0.25 | — | 0.30 | 0.025 |
| | 第二类车 | RM≤1250 | 1.00 | 0.50 | 0.10 | — | 0.08 | 0.25 | — | 0.30 | 0.025 |
| | | 1250<RM≤1760 | 1.81 | 0.63 | 0.13 | — | 0.1 | 0.33 | — | 0.39 | 0.04 |
| | | 1760<RM | 2.27 | 0.74 | 0.16 | — | 0.11 | 0.39 | — | 0.46 | 0.06 |

《点燃式发动机汽车排气污染物排放限值及测量方法（双怠速法及简易工况法）》(GB 18285—2005)对点燃式发动机汽车的新生产和在用汽车在怠速和高怠速工况下排气污染物排放限值进行了规定。其新生产和在用汽车排放限值分别见表2-26和表2-27。

**GB 18285—2005 新生产汽车排气污染物排放限值**　　　表2-26

| 车 型 | 类 别 | | | |
|---|---|---|---|---|
| | 怠速 | | 高怠速 | |
| | CO(%) | HC($10^{-6}$) | CO(%) | HC($10^{-6}$) |
| 2005年7月1日起生产的第一类轻型汽车 | 0.5 | 100 | 0.3 | 100 |
| 2005年7月1日起生产的第二类轻型汽车 | 0.8 | 150 | 0.5 | 150 |
| 2005年7月1日起生产的重型汽车 | 1.0 | 200 | 0.7 | 200 |

**GB 18285—2005 在用汽车排气污染物排放限值**　　　表2-27

| 车 型 | 类 别 | | | |
|---|---|---|---|---|
| | 怠速 | | 高怠速 | |
| | CO(%) | HC($10^{-6}$) | CO(%) | HC($10^{-6}$) |
| 1995年7月1日前生产的轻型汽车 | 4.5 | 1200 | 3.0 | 900 |
| 1995年7月1日起生产的轻型汽车 | 4.5 | 900 | 3.0 | 900 |
| 2000年7月1日起生产的第一类轻型汽车① | 0.8 | 150 | 0.3 | 100 |
| 2001年10月1日起生产的第二类轻型汽车 | 1.0 | 200 | 0.5 | 150 |
| 1995年7月1日前生产的重型汽车 | 5.0 | 2000 | 3.5 | 1200 |
| 1995年7月1日起生产的重型汽车 | 4.5 | 1200 | 3.0 | 900 |
| 2004年7月1日起生产的重型汽车 | 1.5 | 250 | 0.7 | 200 |

注：①对于2001年5月31日以前生产的5座以下（含5座）的微型面包车，执行1995年7月1日起生产的轻型汽车的排放限值。

《重型车用汽油发动机与汽车排气污染物排放限值及测量方法（中国Ⅲ、Ⅳ阶段）》(GB 14762—2008)对重型汽油车污染物排放限值进行了规定。型式核准试验和生产一致性试验排放限值见表2-28。

GB 14762—2008 排气污染物排放限值　　表 2-28

| 实施阶段 | 实施时间 | 排放限值[g/(kW·h)] | | |
|---|---|---|---|---|
| | | CO | HC | $NO_x$ |
| Ⅲ | 2009 年 7 月 1 日 | 9.7 | 0.41 | 9.8 |
| Ⅳ | 2012 年 7 月 1 日 | 9.7 | 0.29 | 0.70 |

《车用压燃式、气体燃料点燃式发动机与汽车排气污染物排放限值及测量方法(中国Ⅲ、Ⅳ、Ⅴ阶段)》(GB 17691—2005)对重型柴油车污染物排放限值进行了规定。型式核准试验和生产一致性试验排放限值见表 2-29。

GB 17691—2005 排气污染物排放限值　　表 2-29

| 实施阶段 | 实施时间 | 排放限值 | | | | |
|---|---|---|---|---|---|---|
| | | CO [g/(kW·h)] | HC [g/(kW·h)] | $NO_x$ [g/(kW·h)] | PM [g/(kW·h)] | 烟度($m^{-1}$) |
| Ⅲ | 2007 年 1 月 1 日 | 2.1 | 0.66 | 5.0 | 0.10 | 0.8 |
| Ⅳ | 2010 年 1 月 1 日 | 1.5 | 0.46 | 3.5 | 0.02 | 0.5 |
| Ⅴ | 2012 年 1 月 1 日 | 1.5 | 0.46 | 2.0 | 0.02 | 0.5 |

8) 第八阶段

2013 年 9 月 17 日国家环境保护部和国家质量监督检验检疫总局发布了《轻型汽车污染物排放限值及测量方法(中国第五阶段)》(GB 18352.5—2013)。标准的实施日期为 2018 年 7 月 1 日。该标准规定了轻型汽车污染物排放第五阶段型式核准的要求、生产一致性和在用符合性的检查和判定方法。自 2018 年 1 月 1 日起,《轻型汽车污染物排放限值及测量方法(中国第五阶段)》(GB 18352.5—2013)代替《轻型汽车污染物排放限值及测量方法(中国Ⅲ、Ⅳ阶段)》(GB 18352.3—2005),自 2013 年 1 月 1 日起所有轻型汽车的"在用符合性检查"执行《轻型汽车污染物排放限值及测量方法(中国第五阶段)》(GB 18352.5—2013)的相关要求。型式认证试验排放限值见表 2-30。

GB 18352.5—2013 型式认证试验排放限值　　表 2-30

| 车辆类型 | 基准质量 RM (kg) | 排放限值(g/km) | | | | | | | | |
|---|---|---|---|---|---|---|---|---|---|---|
| | | CO | | HC | | $NO_x$ | | $THC + NO_x$ | | PM |
| | | 点燃式 | 压燃式 | 点燃式 | 压燃式 | 点燃式 | 压燃式 | 点燃式 | 压燃式 | 压燃式 |
| 第一类车 | 全部 | 1.00 | 0.50 | 0.10 | — | 0.06 | 0.18 | — | 0.23 | 0.0045 |
| 第二类车 | RM≤1250 | 1.00 | 0.50 | 0.10 | — | 0.06 | 0.18 | — | 0.23 | 0.0045 |
| | 1250 < RM≤1760 | 1.81 | 0.63 | 0.13 | — | 0.075 | 0.235 | — | 0.295 | 0.0045 |
| | 1760 < RM | 2.27 | 0.74 | 0.16 | — | 0.082 | 0.280 | — | 0.35 | 0.0045 |

综上所述,自 1983 年颁布第一批新生产汽车排放标准以来,我国逐渐对汽车污染物排放实施控制,从最初的怠速法、烟度法,到强制装置法和工况法,其控制污染物的项目逐渐完善,标准逐渐严格。2000 年全国实施了机动车国Ⅰ阶段排放标准,2004 年实施了国Ⅱ阶段排放标

准,2007年实施了国Ⅲ阶段排放标准,2010年实施了国Ⅳ阶段排放标准,2018年开始执行国Ⅴ阶段排放标准。国Ⅵ排放标准分为a、b两个阶段,国Ⅵa于2020年7月实施,国Ⅵb于2023年7月实施。随着排放标准的提高、排放限值的加严,单车污染物排放不断降低。以轻型车中的第一类汽油车为例,国Ⅲ阶段与国Ⅰ阶段相比,一氧化碳(CO)排放下降了44%,碳氢化合物(HC)排放下降了70%,氮氧化合物($NO_x$)排放下降了70%;国Ⅰ阶段与1993年相比,一氧化碳(CO)排放下降了47%,碳氢化合物(HC)排放下降了66%,氮氧化合物($NO_x$)排放下降了66%,如图2-6所示。

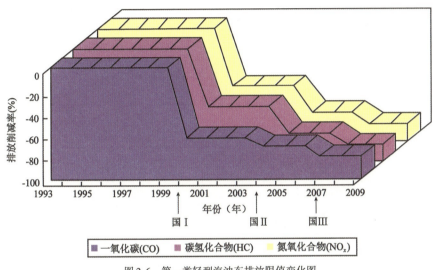

图2-6 第一类轻型汽油车排放限值变化图

随着国家排放标准逐渐严格,污染物的排放呈下降趋势,且下降趋势逐渐变缓。小型车国Ⅳ阶段和国Ⅴ阶段的CO排放限制值相同,而重型柴油车国Ⅳ阶段和国Ⅴ阶段的CO和PM排放限制值相同。

9) 第九阶段

我国目前实施国Ⅵ排放标准,分为国Ⅵa、国Ⅵb两个阶段,国Ⅵa早已在2020年7月实施,而国Ⅵb在2023年7月实施。国Ⅵ标准是指国家第Ⅵ阶段机动车污染物排放标准,国Ⅵb相对于国Ⅵa来说,对一氧化碳、非甲烷烃、氮氧化物以及PM细颗粒物的排放要求严格。国Ⅵ标准二氧化碳排放限值加严50%,总碳氢化合物排放下降50%,氮氢化物排放限值加严42%。

## 2.2.2 汽油车CO基准排放量

《公路隧道通风设计细则》(JTG/T D70/2-02—2014)中,考虑到汽车在隧道中CO排放对人员身心机能的影响,稀释汽车在隧道全长上CO排放量的需风量为:

$$Q_{\text{req(CO)}} = \frac{Q_{\text{CO}}}{\delta} \cdot \frac{P_0}{P} \cdot \frac{T}{T_0} \times 10^6 \tag{2-1}$$

式中:$Q_{req(CO)}$——隧道全长稀释 CO 的需风量,$m^3/s$;

$Q_{CO}$——通过隧道汽车 CO 的排放量,$m^3/s$;

$\delta$——一氧化碳设计浓度;

$P_0$——标准大气压,$kN/m^2$,取 $101.325kN/m^2$;

$P$——隧址设计气压,$kN/m^2$;

$T_0$——标准气温,K,取 293K;

$T$——隧道夏季的设计气温,K。

通过隧道的汽车 CO 排放量计算公式为:

$$Q_{CO} = \frac{1}{3.6 \times 10^6} \cdot q_{CO} \cdot f_a \cdot f_d \cdot f_h \cdot f_{iv} \cdot L \cdot \sum_{m=1}^{n}(N_m \cdot f_m) \tag{2-2}$$

式中:$Q_{CO}$——通过隧道的汽车在隧道全长上 CO 的排放量,$m^3/s$;

$q_{CO}$——单车 CO 基准排放量,$m^3/(辆·km)$;

$f_a$——考虑 CO 的车况系数;

$f_d$——车密度系数;

$f_h$——考虑 CO 的海拔高度系数;

$f_m$——考虑 CO 的车型系数;

$f_{iv}$——考虑 CO 的纵坡-车速系数;

$L$——隧道长度;

$n$——车型类别数;

$N_m$——相应车型的设计交通量,辆/h。

在《公路隧道通风照明设计规范》(JTJ 026.1—1999)中,CO 基准排放量采用 $q_{CO} = 0.01m^3/(辆·km)$ 的推荐值。主要参考车型是桑塔纳、奥迪等轿车。这个取值比 1985 年版的日本规范《道路隧道技术基准(昭和 60 年 10 月)》所规定的 $q_{CO} = 0.007m^3/(辆·km)$ 还高 0.003。我国相关研究机构对排放标准进行了深入研究,取得了一系列研究成果。我国于 2014 年发布了《公路隧道通风设计细则》(JTG/T D70/2-02—2014),对机动车排放量进行了修订。

汽油车 CO 的基准排放量一般通过台架试验和道路试验确定。各国台架试验测试流程虽不一致,但试验测试过程和分析相对比较规范;道路试验各国也采用了不同的测试方法,但结果误差控制在一定的范围内,适应了各国国情。本书采用了台架试验和道路试验相结合的方法,台架试验反映车辆在理想状态下的污染物排放情况,而道路试验反映车辆在实际运行环境下的污染物排放情况。

### 2.2.2.1 汽油车 CO 排放量台架试验研究

汽油车台架试验采用英国 HOFMANN 四驱底盘测功机和日本 HORIBA 生产的 MEXA7200LE 超低排放分析系统,设备能够完全满足国Ⅲ、国Ⅳ和欧洲、美国等排放法规的要求,可以对最大总质量 3.5t 以下的所有二驱汽车和四驱汽车进行常温状态和低温状态的排气排放试验,并可以根据企业要求自定义特殊的试验循环。在该台架上动态模拟道路运行工况,采用 CVS 采样技术,进行单车多工况台架排放量测试,以获取在不同车速下汽车的 CO 排放量。

1)试验车型

选择了三种类型的在用轻型汽车。基本情况如表 2-31 所列。

试验车基本情况                                表 2-31

| 试验车型 | SANTANA2000 | HFJ6350 | BJ1041 |
|---|---|---|---|
| 燃油供给形式 | 电控燃油喷射 | 化油器 | 化油器 |
| 排气净化装置 | 三元催化 | 无 | 无 |
| 发动机型号 | AFE | 462Q | 492QA |
| 发动机排量 | 1.8L | 0.445L | 0.797L |
| 最大输出功率 | 72kW | 28kW | 55kW |
| 最高车速 | 172km/h | 95km/h | 98km/h |
| 累计行驶里程 | 58730km | 18472km | 47628km |
| 是否大修 | 否 | 否 | 否 |
| 技术状况 | 良好 | 良好 | 良好 |

2)测试方法

试验时,对每种车型分别测试了在直接挡下车速分别为 40km/h、70km/h、100(90)km/h 时的污染物排放量。试验用英国 HOFMANN 四驱底盘测功机模拟实际道路运行工况,使用 CVS7100 定容采样系统采集被测汽车的尾气样品,然后送入日本 HORIBA 生产的 MEXA7200LE 超低排放分析系统分析测定样品中 CO、HC、$NO_x$ 的浓度,同时测定汽车尾气的排放量。测试装置如图 2-7 ~ 图 2-9 所示,汽车排气测试装置示意图如图 2-10 所示。

图 2-7 轻型汽车排气污染物测试系统

图2-8　CVS7100定容采样系统　　　　图2-9　MEXA7200H排放分析仪

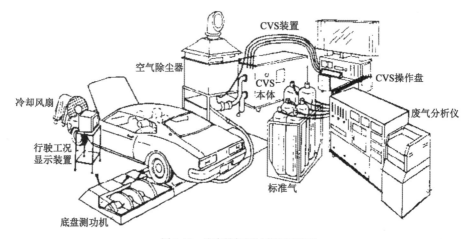

图2-10　汽车排气测试装置示意图

3）试验结果

根据测试数据，计算出在每一车速下汽车单位里程的排放量。计算模型如下：

$$M_{CO} = C_{CO} \cdot V_{mix} \cdot Q_{CO} \cdot \frac{1}{d} \tag{2-3}$$

式中：$M_{CO}$——一氧化碳的排放质量，g/km；

$C_{CO}$——所采集的样气中CO的校正浓度，$cm^3/m^3$；

$V_{mix}$——稀释排气容积（校正至标准状态），L；

$Q_{CO}$——在标准温度和压力下一氧化碳的密度，g/L；

$d$——试验车辆在每一车速下所行驶的实际里程，km。

其中：

$$V_{mix} = V \times \frac{T_0}{P_0} \times \frac{P_B - P_1}{T_P} \tag{2-4}$$

式中：$V$——稀释排气容积（校正前），L；

$T_0$——标准大气温度,293.2K;
$P_0$——标准大气压,kPa,取 101.325kPa;
$P_B$——试验室内大气压,kPa;
$P_1$——容积泵进口处相对于环境大气压的真空度,kPa;
$T_P$——试验期间进入容积泵的稀释排气平均温度,K。

校正浓度为:

$$C_{CO} = C_C - G_d \left(1 - \frac{1}{DF}\right) \quad (2-5)$$

式中:$C_C$——取样袋中稀释排气的 CO 浓度,cm³/m³;

$G_d$——稀释空气中 CO 浓度,cm³/m³;

$DF$——稀释系数。

$$DF = \frac{13.4}{C_{CO_2} + (C_{HC} + C_{CO}) \times 10^{-4}} \quad (2-6)$$

式中:$C_{CO_2}$、$C_{CO}$、$C_{HC}$——分别为取样袋中稀释排气的 $CO_2$(%)、CO(cm³/m³)、HC(cm³/m³)的浓度。

通过计算与分析得到三种车型的试验结果见表 2-32。

**三种车型不同速度下 CO 排放量** 表 2-32

| 车 型 | 速度(km/h) | | | | | |
|---|---|---|---|---|---|---|
| | 40 | | 70 | | 100(90) | |
| | 排放质量 (g/km) | 单车基准排放量 [m³/(辆·km)] | 排放质量 (g/km) | 单车基准排放量 [m³/(辆·km)] | 排放质量 (g/km) | 单车基准排放量 [m³/(辆·km)] |
| SANTANA2000 | 2.073 | 0.00166 | 0.642 | 0.000514 | 0.137 | 0.00011 |
| HFJ6320 | 1.67 | 0.00134 | 1.23 | 0.000984 | (1.11) | 0.00089 |
| BJ1040 | 1.67 | 0.00134 | 1.03 | 0.000824 | (0.89) | 0.000712 |
| 平均值 | 1.804 | 0.00144 | 0.967 | 0.000774 | 0.712 | 0.00057 |

试验结果表明,随着车速的增高,CO 的排放量呈减少趋势。汽油车 CO 排放量由汽车挡位、发动机转速以及负荷点的共同作用来决定。满负荷时,由于燃烧不完全,生成的 CO 量增加;中等负荷时,混合气略稀,燃烧效率最高,CO 减少;在急速和小负荷时,CO 显著增多。当发动机转速增加时,由于加强了燃烧室内混合气的紊流,改善了混合和燃烧,使排气中的 CO 浓度降低。当车速增加时,节气门开度增大,虽然排气量上升,但由于空燃比的增大,使得 CO 的生成减少,这时就有可能使 CO 的排放量减少。

但由于该结果是在"理想的规范条件下"获得的,且是等速运行,所以台架试验的 CO 排放量比较低。

**2.2.2.2 汽油车 CO 排放量道路试验研究**

1)试验方法

为了更好地探讨在用车在实际运行状态下 CO 的排放水平,试验完全在实际道路上进行。

试验车是从在用营运车中随机抽取技术状况一般的、运行里程已超过30万km的普通桑塔纳轿车。由于影响汽车CO排放量的主要因素有车辆的载荷、道路状况、燃油品质、车速以及气候条件等,因此在试验时对车辆按载质量的标准进行了配载。选择晴朗无风的天气以减少环境温度、湿度和大气压力变化对测量结果造成的影响。

(1)试验道路和装载

试验路段为一级公路(坡度不超过0.3%),试验路段长500m,试验时对车辆按载质量的标准进行了配载。

(2)试验测试

试验车辆以20km/h、30km/h、40km/h、50km/h、60km/h、70km/h的速度等速运行500m,连续检测其尾气排放中的CO浓度、空燃比和耗油量。选择了晴朗无风的天气以减少环境温度、湿度和大气压力的变化对测量结果所造成的影响,同时记录环境温度、湿度和大气压力。试验流程如图2-11所示。

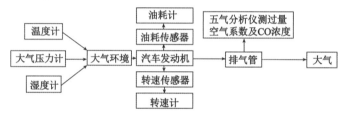

图2-11 汽油车CO排放道路试验流程图

2)试验车辆

试验时随机抽取了正在营运的两辆轿车进行了实车试验,试验车辆的基本情况见表2-33。

试验车辆基本情况　　　　　　　　表2-33

| 试验车型 | SANTANA 轿车(1) | SANTANA 轿车(2) |
|---|---|---|
| 燃油供给形式 | 化油器 | 化油器 |
| 排气净化装置 | 无 | 无 |
| 发动机型号 | JV | JV |
| 发动机排量 | 1.6L | 1.6L |
| 最大输出功率 | 62.7kW | 62.7kW |
| 最高车速 | 169km/h | 169km/h |
| 累计行驶里程 | 213547km | 245372km |
| 是否大修 | 发动机大修 | 发动机大修 |
| 技术状况 | 良好 | 良好 |

3)建立汽油车CO计算模型

为了探讨在实际道路运行状态下测试汽油车污染物排放状况,在对汽油车发动机燃烧过程进行分析的基础上,建立具有一定测试精度的计算模型。

(1)燃料燃烧后气态产物的总量 $M$:

$$M = \alpha L_0 + \frac{g_H}{4\alpha L_0} \tag{2-7}$$

式中：$L_0$——理论空燃比；

$\alpha$——过量空气系数；

$g_H$——1kg 燃料中氢的含量，kg。

（2）用尾气分析法确定空燃比 $\alpha L_0$

1965 年 Splindt R.S. 提出了在具有不完全燃烧（生成 CO 及存在 CH）的情况下，通过废气成分确定空燃比的计算方法，得到空燃比为：

$$\alpha L_0 = \frac{[CO]+[CO_2]}{[CO]+[CO_2]+[CH]} \times \left\{ 11.49 \times (1-g_H) \times \frac{1+\frac{1}{2}\frac{[CO_2]}{[CO]}+\frac{[O_2]}{[CO_2]}}{1+\frac{[CO_2]}{[CO]}} + \frac{119.8 \times g_H}{3.5+\frac{[CO_2]}{[CO]}} \right\} \tag{2-8}$$

式中：$[CO]$、$[CO_2]$、$[CH]$、$[O_2]$——CO、$CO_2$、CH、$O_2$ 的浓度。

（3）尾气排放流量的计算

根据上述分析，在测量了单位里程燃料消耗量 $G_{fuel}$、排气成分及各成分含量/浓度的基础上，可以获得排气流量 $G_{exhaust}$：

$$G_{exhaust} = G_{fuel} \left\{ \alpha L_0 + \frac{g_H}{4} \right\} / 1.29 \text{m}^3/\text{km} \tag{2-9}$$

式中：$\alpha$——过量空气系数；

$L_0$——理论空燃比；

$g_H$——燃料中氢元素的质量百分比。

（4）单车 CO 排放量的确定

设车辆的当量 CO 排放量为 $q_{CO}$：

$$q_{CO} = \varphi_{CO} \cdot G_{exhaust} \tag{2-10}$$

式中：$q_{CO}$——每辆汽油车行走 1km 时 CO 的排放量；

$\varphi_{CO}$——CO 排放浓度。

在测定了汽油车单位里程的油耗 $m_t$、过量空气系数 $\alpha$、CO 排放浓度 $\varphi_{CO}$ 以后，可以计算出单位车辆的当量 CO 排放量 $q_{CO}$。即：

$$dq_{CO} = \frac{1}{1.29} m_t \alpha L_0 \varphi_{CO} dt \tag{2-11}$$

$$q_{CO} = \int_0^t \frac{1}{1.29} m_t \alpha L_0 \varphi_{CO} dt$$

4）试验数据计算结果与分析

应用上面所建立的计算模型，对所记录的有关数据进行了计算，试验数据及处理结果见表 2-34 和表 2-35。

**SANTANA 轿车(1)道路试验 CO 排放试验结果** 表2-34

| 距离<br>(km) | 时间<br>(s) | 油耗量<br>(mL) | 过量空气<br>系数 α | CO<br>(%) | 尾气流量<br>($m^3/km$) | 车速<br>(km/h) | 当量排放量<br>[$m^3$/(辆·km)] |
|---|---|---|---|---|---|---|---|
| 0.5 | 87 | 39.4 | 1.043 | 0.44 | 0.768561787 | 20.68965517 | 0.00338167 |
| 0.5 | 87.9 | 40.6 | 1.049 | 0.5 | 0.796515972 | 20.4778157 | 0.00398258 |
| 0.5 | 62.4 | 31.2 | 0.985 | 1.03 | 0.574835447 | 28.84615385 | 0.00592081 |
| 0.5 | 61.3 | 32.9 | 0.99 | 0.89 | 0.609226608 | 29.36378467 | 0.00542212 |
| 0.5 | 46.4 | 31.7 | 0.99 | 0.74 | 0.587005577 | 38.79310345 | 0.00434384 |
| 0.5 | 45.9 | 32.9 | 0.995 | 0.66 | 0.612296607 | 39.21568627 | 0.00404116 |
| 0.5 | 35.7 | 34.5 | 0.995 | 0.54 | 0.64207395 | 50.42016807 | 0.00346720 |
| 0.5 | 34.9 | 32.1 | 0.998 | 0.38 | 0.599205145 | 51.57593123 | 0.00227698 |
| 0.5 | 31.7 | 31.7 | 0.995 | 0.38 | 0.5899636 | 56.78233438 | 0.00224186 |
| 0.5 | 31.6 | 32.3 | 1.02 | 0.38 | 0.65626271 | 56.96202532 | 0.00249380 |
| 0.5 | 26.3 | 34.9 | 1.003 | 0.29 | 0.654728886 | 68.44106464 | 0.00189871 |
| 0.5 | 27 | 32.1 | 0.991 | 0.43 | 0.595011657 | 66.66666667 | 0.00255855 |
| 0.5 | 22.9 | 39.2 | 1.016 | 0.32 | 0.744907953 | 78.60262009 | 0.00238371 |
| 0.5 | 23 | 32.7 | 0.996 | 0.35 | 0.609184707 | 78.26086957 | 0.00213215 |

**SANTANA 轿车(2)道路试验 CO 排放试验结果** 表2-35

| 距离<br>(km) | 时间<br>(s) | 油耗量<br>(mL) | 过量空气<br>系数 α | CO(%) | 尾气流量<br>($m^3/km$) | 车速<br>(km/h) | 当量排放量<br>[$m^3$/(辆·km)] |
|---|---|---|---|---|---|---|---|
| 0.5 | 81.1 | 29.5 | 1.168 | 0.11 | 0.644264378 | 22.19482 | 0.00070869 |
| 0.5 | 92.6 | 30.3 | 1.143 | 0.08 | 0.647599028 | 19.43844 | 0.00051808 |
| 0.5 | 62.3.3 | 22.5 | 1.162 | 0.06 | 0.488868633 | 27.95031 | 0.00029332 |
| 0.5 | 63.8 | 22.3 | 1.178 | 0.07 | 0.491181952 | 28.21317 | 0.00034383 |
| 0.5 | 46.3 | 23.2 | 1.046 | 0.12 | 0.453853066 | 38.87689 | 0.00054462 |
| 0.5 | 47.9 | 22.2 | 1.054 | 0.11 | 0.437604914 | 37.57829 | 0.00048137 |
| 0.5 | 36.5 | 23.8 | 1.016 | 0.21 | 0.452265543 | 49.31507 | 0.00094976 |
| 0.5 | 36.1 | 24.9 | 0.987 | 0.8 | 0.459692303 | 49.8615 | 0.00367754 |
| 0.5 | 29.1 | 28.8 | 0.994 | 0.58 | 0.535454684 | 61.85567 | 0.00310564 |
| 0.5 | 28.9 | 27.3 | 0.99 | 0.76 | 0.505528462 | 62.28374 | 0.00364202 |
| 0.5 | 25.6 | 27.9 | 0.99 | 0.72 | 0.516638978 | 70.3125 | 0.00371980 |
| 0.5 | 23.2 | 29.8 | 0.993 | 0.72 | 0.553490715 | 77.58621 | 0.00363164 |
| 0.5 | 27.7 | 28.6 | 0.99 | 0.79 | 0.559601246 | 79.64602 | 0.00358385 |

汽油车由于化油器的特性各异,不同类型的汽油车 CO 排放随汽车速度变化的规律是不相同的。图 2-12 为几种国产汽车在等速工况下 CO 排放量随车速的变化曲线。表 2-34、表 2-35 列出的是典型的普通桑塔纳的排放数据,主要是为了便于和《公路隧道通风设计细则》(JTG/T D70/2-01—2014)中的推荐数据进行比较。虽然汽油车 CO 排放量对化油器和发

动机负荷变化比较敏感,但 CO 的最大排放量,仍然没有超过 $q_{CO}=0.006\text{m}^3/(\text{辆}\cdot\text{km})$。这个数值也是汽车在隧道外道路上的试验结果,还应考虑在隧道污染环境下 CO 的增加量,才能确定 CO 基准排放量 $q_{CO}$。

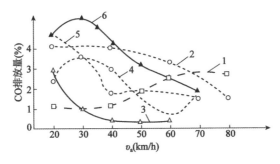

图 2-12　等速工况下 CO 与车速的关系
1—CA1091;2—EQ1091;3—NJ1040;4—BJ212;5—BJ130;6—SH130

#### 2.2.2.3　隧道环境下汽油车 CO 基准排放量的确定

汽油发动机模拟试验主要研究环境气体中 CO 浓度对发动机排放的影响。通过对解放 CA6102 发动机进行模拟试验,在 CA6102 发动机进气中控制不同 CO 浓度,测试发动机 CO 排放情况的变化。

1) 试验仪器

试验所用仪器和 2.2.2.2 道路试验所用仪器基本相同。测功机选用电涡流测功机。

2) 试验方法的确定

试验方法与柴油机基本相同,在室内发动机台架上模拟污染环境下的进气。按照预先设计的比例用专用设施控制发动机进气系统中的 CO 含量,所不同的是在柴油机试验时采用监测 $CO_2$,而汽油机试验则监测 CO。试验流程如图 2-13 所示。

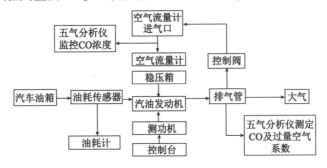

图 2-13　发动机台架试验测试流程图

3) 试验结果

试验结果如图 2-14 所示。可以看出,进气中 CO 浓度增加,尾气中 CO 排放也随之上升。

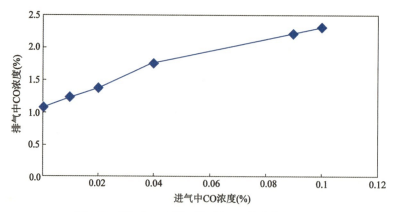

图 2-14　进气中 CO 浓度对发动机 CO 排放浓度的影响

### 2.2.3　柴油车烟雾基准排放量

《公路隧道通风设计细则》(JTG/T D70/2-01—2014)中考虑到柴油车烟雾排放对行车安全的影响,提出稀释装用柴油机汽车排放的烟雾需风量计算公式为:

$$Q_{\text{req(VI)}} = \frac{Q_{\text{VI}}}{K} \tag{2-12}$$

式中:$Q_{\text{req(VI)}}$——隧道全长稀释烟雾的需风量,$m^3/s$;

$Q_{\text{VI}}$——隧道全长上烟雾排放量,$m^2/s$;

$K$——烟雾设计浓度,$m^{-1}$。

通过隧道装用柴油机汽车烟雾排放量的计算公式为:

$$Q_{\text{VI}} = \frac{1}{3.6 \times 10^6} \cdot q_{\text{VI}} \cdot f_{\text{a(VI)}} \cdot f_{\text{d}} \cdot f_{\text{h(VI)}} \cdot f_{\text{iv(VI)}} \cdot L \cdot \sum_{m=1}^{n_{\text{D}}} (N_m \cdot f_{\text{m(VI)}}) \tag{2-13}$$

式中:$Q_{\text{VI}}$——通过隧道的柴油车在隧道全长上烟雾排放量,$m^2/s$;

$q_{\text{VI}}$——单车烟雾基准排放量,$m^2/(辆·km)$;

$f_{\text{a(VI)}}$——考虑烟雾车况系数;

$f_{\text{d}}$——车密度系数;

$f_{\text{h(VI)}}$——考虑烟雾的海拔高度系数;

$f_{\text{m(VI)}}$——考虑烟雾的车型系数;

$f_{\text{iv(VI)}}$——考虑烟雾的纵坡-车速系数;

$L$——隧道长度,m;

$n_{\text{D}}$——柴油车车型类别数;

$N_m$——相应车型的设计交通量,辆/h。

从上述计算模型可以看出,汽车污染物基准排放参数和环境因素影响的确定,是整个公路隧道通风设计计算的基础。只有比较准确地把握汽车污染物排放情况及环境因素影响的大小,才能确定隧道通风设计中需风量的计算,进而确定可行的隧道通风方案,以确保隧道运营的安全性和经济性。

柴油车烟雾基准排放量在现行规范中采用 $q_{VI}=2.5\mathrm{m}^2/(辆·\mathrm{km})$,其含义是每辆中型柴油载货汽车(满载质量9.5t)行走1km,排放浓度为 $1\mathrm{m}^{-1}$ 的烟雾 $2.5\mathrm{m}^3$。规范所给的量值单位是目前国际上通用的单位,用于公路隧道通风设计中考虑需风量时比较方便。

《柴油车自由加速烟度排放标准》(GB 14761.6—1993)、《汽油车排气污染物的测量 怠速法》(GB/T 3845—1993)中的柴油车排放限值如表2-36所示。

柴油车自由加速烟度污染物排放限值　　表2-36

| 类　　别 | 烟度值 $R_b$ |
| --- | --- |
| 1995年7月1日以前的定型汽车 | 4.0 |
| 1995年7月1日以前的新生产汽车 | 4.5 |
| 1995年7月1日以前生产的在用汽车 | 5.0 |
| 1995年7月1日起的定型汽车 | 3.5 |
| 1995年7月1日起生产的汽车 | 4.0 |
| 1995年7月1日起生产的在用汽车 | 4.5 |

以上测试方法和排放标准的计量单位,不能满足实际通风工程设计对柴油车烟雾排放量稀释计算的需要。国外在确定烟雾基准排放量的研究中,主要采用道路实际测试的方法。但在国内目前还没有进行过柴油车烟雾基准排放量的测试方法与相关计算模型的研究,因而在隧道通风设计规范的制定和现行隧道通风的实际计算中,只能选用国外的数据,有些是多年以前的。为了开展我国柴油车烟雾基准排放量方面的研究,关键是要创设一套方便实用的烟雾基准排放量的道路试验测试方法和相关的计算模型。

2.2.3.1　柴油车烟雾排放量计算模型

柴油车烟雾排放量决定于尾气排放的品质及流量。评价尾气排放品质的参数为排气中颗粒的数量和体积,《在用汽车排气污染物限值及测试方法》(GB 18285—2000)规定用透光式烟度计测得的消光系数 $k$ 来表征。尾气的排放数量是指燃料和空气在发动机气缸内燃烧后产物的体积流量。

1)尾气排放流量的计算

柴油车的排放尾气包括完全燃烧产物和不完全燃烧产物。完全燃烧产物有 $CO_2$、$H_2O$,以及在高温下形成的 $NO_x$;不完全燃烧产物有 CO、HC(未燃碳氢化合物)和没有参加反应的氧气和氮气。汽车尾气排放量与进入气缸的空气量和燃料燃烧前后的体积变化系数有关,在理想气体状态下,燃料燃烧前后的体积变化系数等于物质的分子数量变化系数。

(1)燃料燃烧前后的分子变化系数

根据化学反应式,1kg 燃料燃烧时所得到的燃烧产物有:

$$CO_2 : M_{CO_2} = (1 - \phi - \varphi)\frac{g_C}{12}$$

$$CO : M_{CO} = \frac{\varphi g_C}{12}$$

$$C(自由碳) : M_C = \phi \frac{g_C}{12}$$

$$H_2O : M_{H_2O} = \frac{g_H}{2}$$

$$N_2 : M_{N_2} = 0.79\alpha L_0$$

$$O_2 : M_{O_2} = 0.21(\phi_a - 1)L_0 + \frac{1}{2}\varphi \frac{g_C}{12} + \phi \frac{g_C}{12}$$

式中:$g_C$——1kg 燃料中碳的含量,kg;

$g_H$——1kg 燃料中氢的含量,kg;

$\phi$——碳元素中以自由碳状态排出的百分比;

$\varphi$——碳元素中燃烧成为 CO 的百分比;

$\alpha$——过量空气系数;

$L_0$——燃料的理论空燃比。

燃烧后气态产物的总量 $M$ 为:

$$M = M_{CO_2} + M_{CO} + M_{H_2O} + M_{O_2} + M_{N_2} = \frac{g_C}{12} + \frac{g_H}{2} + \varphi \frac{g_C}{24} + \alpha L_0 - 0.21L_0 \tag{2-14}$$

将 $L_0 = \frac{1}{0.21}\left(\frac{g_C}{12} + \frac{g_H}{4}\right)$ 代入式(2-14)可得:

$$M = \frac{g_H}{4} + \varphi \frac{g_C}{24} + \alpha L_0 \tag{2-15}$$

由于燃料液体体积与参加燃烧的空气的体积相比,体积很小,可以略去不计,这样燃烧前的工质数量只是空气的体积数值 $L = \phi_a L_0$。在开放环境下柴油机的排气中,CO 的浓度很低,平均仅有排气容积的 0.1%,因此,$\varphi \approx 0$。

于是,燃烧前后工质的分子变更系数 $\beta$ 为:

$$\beta = \frac{M}{\alpha L_0} = 1 + \frac{g_H}{4\alpha L_0} \tag{2-16}$$

(2)用尾气分析法确定过量空气系数 $\alpha$

空燃比 $\alpha L_0$ 的计算方法见前文中式(2-8)。

(3)尾气排放流量的计算

尾气排放流量的计算方法见前文中式(2-9),但对柴油,$g_H$ 取 0.13。

2)烟雾排放量的确定

(1)光吸收系数 $k$ 的概念

消光式烟度计的消光系数 $k$ 的定义为:

$$k \propto [\text{PM}] \times V_{\text{PM}} \tag{2-17}$$

式中:[PM]——排气中微粒的浓度;

$V_{\text{PM}}$——排气中微粒的体积尺度。

在一般情况下,可以认为排气中微粒的尺寸为一统计平均值,而微粒浓度则随着工况的不同而变化。在此条件下,消光系数与微粒浓度成线性关系。

(2)当量烟雾排放量的计算

定义单车当量烟雾排放量 $q_v$:

$$q_v = G_{\text{exhaust}} k \tag{2-18}$$

式中:$q_v$——每辆柴油车在海拔 400m 以下、纵坡为 0 的道路上行走 1km,排放浓度($k$ 值)为 $1\text{m}^{-1}$ 的烟雾排放量,$\text{m}^2/\text{km}$。

在测定了柴油车单位里程的油耗 $m_f$、过量空气系数 $\alpha$、烟雾消光系数 $k$ 以后,可以求得单车当量烟雾排放量 $q_v$。

$$\mathrm{d}q_v = \frac{1}{1.29} m_f \alpha L_0 \left(1 + \frac{0.13}{4\alpha L_0}\right) k \mathrm{d}t$$

$$q_v = \int_0^t \frac{1}{1.29} m_f \alpha L_0 \left(1 + \frac{0.13}{4\alpha L_0}\right) k \mathrm{d}t \tag{2-19}$$

3)计算模型的误差

为了验证上述模型的可行性和确定模型的计算精度,在发动机试验台架上按上述方法测定了尾气中的烟雾排放和排气成分,求得空气消耗量。同时用空气流量计测得空气消耗量,将计算值和测量值进行比较。

图 2-15 为空气消耗量的对比结果。可以看出:在相同的发动机转速和负荷点上,用两种方法所得的空气消耗量的相对误差最大为 5%。这说明可以使用尾气分析法确定空气消耗量,并进而确定排气流量。

依据上述试验结果分析可以看出,利用所建立的计算模型求得柴油车烟雾基准排放量可以满足工程的需要。

#### 2.2.3.2 柴油车实际道路试验

1)试验车辆

为了调查与研究我国在用柴油车烟雾排放水平,使试验所获数据能反映公路营运车辆污染物(烟雾)排放的实际情况,在正常营运车辆中随机选择了轻型和中型柴油客、货车共六辆,进行了实车道路运行试验。试验车的基本情况见表 2-37。

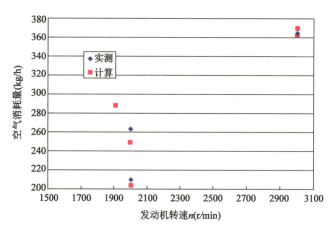

图 2-15 发动机台架试验对比

**试验车的基本情况**　　　　　　　　　　　　　　　　表 2-37

| 车型 | 轻型车 | 中型车 | | | | |
|---|---|---|---|---|---|---|
| | 全顺<br>JX6541D-H | 亚星<br>JS6820C32D1 | 亚星<br>JS6980 | 金龙 | 东风<br>EQ151D | 东风<br>EQ1091D |
| 发动机型号 | JX493ZQ | Phaser-160T | CY6105Q | CY4105Q | YC6105 | NC6102 |
| 输出功率 | 67.6kW | 118kW | 106.6kW | 74kW | 100kW | 88kW |
| 发动机排量 | 2.771L | 6.000L | 6.131L | 3.97L | 6.494L | 5.785L |
| 整备质量 | 2125kg | 6500kg | 7580kg | 4300kg | 5800kg | 4490kg |
| 乘员人数或载质量 | 15 人 | 30 人 | 45 人 | 28 人 | 5500kg | 5000kg |
| 总行驶里程 | 8300km | 25840km | 94280km | 38300km | 213097km | 263570km |
| 技术状况 | 良好 | 良好 | 良好 | 良好 | 一般 | 排放超标 |
| 备注 | — | — | 高压泵校验 | — | 高压泵校验 | 发动机大修 |

2）试验方法

试验在实际道路上进行，并对影响汽车烟雾排放量的车辆载荷、道路状况、车速以及天气条件等主要因素，进行了充分考虑。试验路段选择一级公路（坡度不超过 0.3%），试验路段长 500m，按照汽车基本性能试验规范对车辆进行配载。

每一部试验车辆分别以 20km/h、30km/h、40km/h、50km/h、60km/h、70km/h、80km/h 的速度等速运行 500m，连续检测其排放烟雾的消光系数 $k$、过量空气系数 $\alpha$ 和耗油量 $m_f$。考虑到温度等因素的影响，所有试验车辆的试验时间基本都控制在每天 11:00~16:00 的时间段。同时注意选择晴朗无风的天气以减少环境温度、湿度和大气压力的变化对测量结果所造成的影响。

3）试验数据及分析
(1) 试验数据计算结果
实际运行试验所获取的记录数据整理后，利用前述所建立的计算模型进行系统分析。结果见表 2-38 ~ 表 2-43。

全顺 JX6541D-H 客车试验及分析结果　　　　　　　　表 2-38

| 运行距离<br>（m） | 运行时间<br>（s） | 运行速度<br>（km/h） | 耗油量<br>（mL） | 过量空气<br>系数 $\alpha$ | 烟度值<br>（$m^{-1}$） | 尾气流量<br>（$m^3$/km） | 当量烟雾排放量<br>[$m^2$/(辆·km)] |
|---|---|---|---|---|---|---|---|
| 500 | 58.8 | 30.6 | 22.3.3 | 5.465 | 0.04 | 2.8 | 0.11 |
| 500 | 46.2 | 39.0 | 29.6 | 4.156 | 0.06 | 2.6 | 0.16 |
| 500 | 37.1 | 48.5 | 34.0 | 4.296 | 0.09 | 3.1 | 0.28 |
| 500 | 31.1 | 57.9 | 38.2 | 3.083 | 0.16 | 2.5 | 0.40 |
| 500 | 25.2 | 71.4 | 42.3.3 | 3.231 | 0.19 | 3.1 | 0.58 |
| 500 | 22.2 | 81.1 | 48.1 | 3.142 | 0.23 | 3.2 | 0.74 |
| 500 | 20.0 | 90.0 | 54.5 | 2.711 | 0.27 | 3.2 | 0.85 |

亚星 JS6820C32D1 客车试验及分析结果　　　　　　　　表 2-39

| 运行距离<br>（m） | 运行时间<br>（s） | 运行速度<br>（km/h） | 耗油量<br>（mL） | 过量空气<br>系数 $\alpha$ | 烟度值<br>（$m^{-1}$） | 尾气流量<br>（$m^3$/km） | 当量烟雾排放量<br>[$m^2$/(辆·km)] |
|---|---|---|---|---|---|---|---|
| 500 | 88.5 | 20.3 | 85.2 | 5.538 | 0.02 | 10.1 | 0.20 |
| 500 | 61.7 | 29.2 | 61.5 | 4.306 | 0.03 | 5.7 | 0.17 |
| 500 | 45.1 | 39.9 | 68.5 | 4.076 | 0.04 | 6.0 | 0.24 |
| 500 | 36.8 | 48.9 | 65.5 | 3.798 | 0.10 | 5.3 | 0.53 |
| 500 | 30.2 | 59.2 | 76.7 | 2.326 | 0.21 | 3.8 | 0.80 |
| 500 | 26.3 | 68.4 | 86.8 | 2.642 | 0.20 | 4.9 | 0.98 |
| 500 | 22.6 | 79.6 | 102.4 | 2.965 | 0.22 | 6.5 | 1.43 |

亚星 JS6980 客车试验及分析结果　　　　　　　　表 2-40

| 运行距离<br>（m） | 运行时间<br>（s） | 运行速度<br>（km/h） | 耗油量<br>（mL） | 过量空气<br>系数 $\alpha$ | 烟度值<br>（$m^{-1}$） | 尾气流量<br>（$m^3$/km） | 当量烟雾排放量<br>[$m^2$/(辆·km)] |
|---|---|---|---|---|---|---|---|
| 500 | 92.0 | 19.6 | 129.4 | 5.035 | 0.03 | 13.9 | 0.42 |
| 500 | 62.8 | 28.7 | 90.2 | 4.695 | 0.04 | 9.0 | 0.36 |
| 500 | 48.5 | 37.1 | 92.4 | 4.105 | 0.05 | 8.3 | 0.41 |
| 500 | 39.6 | 45.5 | 76.9 | 3.852 | 0.06 | 6.3 | 0.38 |

续上表

| 运行距离<br>(m) | 运行时间<br>(s) | 运行速度<br>(km/h) | 耗油量<br>(mL) | 过量空气<br>系数 $\alpha$ | 烟度值<br>($m^{-1}$) | 尾气流量<br>($m^3/km$) | 当量烟雾排放量<br>[$m^2/($辆$\cdot km)$] |
|---|---|---|---|---|---|---|---|
| 500 | 32.1 | 56.1 | 77.7 | 3.096 | 0.06 | 5.1 | 0.31 |
| 500 | 27.3 | 65.9 | 93.4 | 2.882 | 0.13 | 5.7 | 0.75 |
| 500 | 26.3 | 68.4 | 91.4 | 2.628 | 0.13 | 5.2 | 0.67 |

**金龙客车试验及分析结果**　　　　　　　　　　　　　　　　表 2-41

| 运行距离<br>(m) | 运行时间<br>(s) | 运行速度<br>(km/h) | 耗油量<br>(mL) | 过量空气<br>系数 $\alpha$ | 烟度值<br>($m^{-1}$) | 尾气流量<br>($m^3/km$) | 当量烟雾排放量<br>[$m^2/($辆$\cdot km)$] |
|---|---|---|---|---|---|---|---|
| 500 | 42.3 | 42.6 | 44.0 | 5.546 | 0.15 | 5.2 | 0.78 |
| 500 | 35.0 | 51.4 | 44.3 | 4.061 | 0.22 | 3.8 | 0.84 |
| 500 | 29.0 | 62.1 | 50.3 | 3.503 | 0.29 | 3.8 | 1.09 |
| 500 | 25.4 | 70.9 | 57.5 | 3.010 | 0.49 | 3.7 | 1.81 |

**东风 EQ151D 货车试验及分析结果**　　　　　　　　　　　　表 2-42

| 运行距离<br>(m) | 运行时间<br>(s) | 运行速度<br>(km/h) | 耗油量<br>(mL) | 过量空气<br>系数 $\alpha$ | 烟度值<br>($m^{-1}$) | 尾气流量<br>($m^3/km$) | 当量烟雾排放量<br>[$m^2/($辆$\cdot km)$] |
|---|---|---|---|---|---|---|---|
| 500 | 99.2 | 18.15 | 242.2 | 5.546 | 0.02 | 26.672 | 0.534 |
| 500 | 57.3 | 31.42 | 99.5 | 4.061 | 0.04 | 8.031 | 0.321 |
| 500 | 30 | 60.00 | 134.5 | 3.503 | 0.33 | 5.253 | 1.733 |

**东风 EQ1091D 货车试验及分析结果**　　　　　　　　　　　表 2-43

| 运行距离<br>(m) | 运行时间<br>(s) | 运行速度<br>(km/h) | 耗油量<br>(mL) | 过量空气<br>系数 $\alpha$ | 烟度值<br>($m^{-1}$) | 尾气流量<br>($m^3/km$) | 当量烟雾排放量<br>[$m^2/($辆$\cdot km)$] |
|---|---|---|---|---|---|---|---|
| 500 | 108 | 16.73 | 106.9 | 5.947 | 0.04 | 13.565 | 0.545 |
| 500 | 51.9 | 34.68 | 81.9 | 4.505 | 0.03 | 7.879 | 0.236 |
| 500 | 38.9 | 46.27 | 74.7 | 3.879 | 0.09 | 6.184 | 0.557 |
| 500 | 31.7 | 56.78 | 89.1 | 3.343 | 0.23 | 6.357 | 1.462 |
| 500 | 31.1 | 57.88 | 88.7 | 2.441 | 0.33 | 4.622 | 1.525 |

(2)结果分析

在不同运行车速下,试验所获柴油车的当量排放量汇总如图 2-16 和图 2-17 所示。

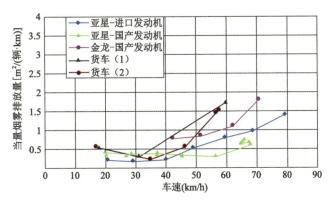

图 2-16　五部中型柴油车烟雾排放量与运行车速关系

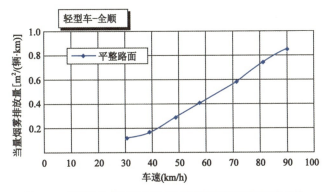

图 2-17　轻型柴油车平整路面试验烟雾排放量与运行车速关系

从试验结果可以看出,在实际道路环境下,柴油车等速运行时,随着车速增加,当量烟雾排放量不断增加,且低速时增加较少,高速增加较多。这说明低速段,车速对烟雾排放量影响不太明显,这是由于低速时,发动机的负荷小,过量空气系数很大,燃料燃烧完全,尾气排放中颗粒少、浓度低,从而使测得的烟雾消光系数 $k$ 很低。高速段,随着车速的增加,车辆的烟雾排放量呈现线性增加趋势。这是由于在较高的负荷下,燃料燃烧随着负荷的增加而恶化,负荷越大,燃烧生成的颗粒量越多,从而使烟雾浓度增加,导致当量烟雾排放量上升。

上述结果是汽车在隧道外环境下所获得的,车辆运行在一个开放的空间中。但车辆在公路隧道中运行时,是在一个受到严格限制的有限空间中,所以试验工作的环境空气质量和隧道外相差较大。在隧道中,发动机所吸入的空气中包括了成分比较多的 CO、HC、$NO_x$ 等尾气,即柴油机吸入的空气是污染较严重的。从发动机燃烧理论分析来看,显然污染空气对柴油机烟雾排放有一定影响。但污染环境下的空气和燃油所形成的可燃混合气,会导致碳烟排放量值如何变化?对此未查阅到相关的研究报告。本书针对公路隧道的特殊环境,对柴油机在污染空气环境下烟雾的排放量值进行了进一步的研究,以便确定烟雾基准排放量 $q_{VI}$。

#### 2.2.3.3　隧道环境下柴油车烟雾基准排放量的确定

1)进气状态的选定

研究污染环境下柴油车的烟雾排放量,首先要分析汽车排放污染物在隧道空间中浓度的

分布情况。一般情况下,公路上汽车车流的尾气排放在大气中形成的污染物浓度分布,可用连续线源大气扩散方程来描述:

$$\bar{u}\frac{\partial c_j}{\partial x} = \frac{\partial}{\partial y}\left(K_y\frac{\partial c_j}{\partial y}\right) + \frac{\partial}{\partial z}\left(K_z\frac{\partial c_j}{\partial z}\right) + q_j\delta(y)\delta(z-z_0) \qquad (2-20)$$

式中:$c_j(x,y,z)$——在大气中 $j$ 种污染物的浓度,$mg/m^3$;

$u$——沿 $x$ 轴向的平均风速,$m/s$;

$K_y$、$K_z$——$y$ 方向和 $z$ 方向的扩散系数,$m^2/s$;

$q_j$——单位长度道路上机动车排放 $j$ 种污染物的强度,$mg/m$;

$\delta(y)\delta(z-z_0)$——排放源的位置;$\delta(y)$ 为狄拉克 $\delta$ 函数,$1/m$;

$z_0$——排放源的高度,$m$。

若取隧道内平均气流方向为 $x$ 轴,气流进入隧道入口处为 $x$ 坐标的起点。由于隧道内的 $y$ 和 $z$ 方向的尺寸远小于 $x$ 轴向的尺寸,故汽车排入隧道内的污染物会在隧道的横截面上迅速扩散均匀,但由公路隧道通风的实际情况看,隧道横截面上污染物扩散的均匀是相对的,同时在不同的交通量情况下,隧道内污染物浓度的差异较大。本次研究在实验室台架上通过营造隧道的污染环境进行了模拟试验。

根据隧道卫生设计规范,模拟试验时进气中 CO 浓度控制为 $200mg/m^3$。保持进气中一定的 $CO_2$ 浓度,实现进气中尾气比例的控制。虽然由于隧道中运行车辆的活塞风、通风口、通风道布设等因素影响较为复杂,分布并非均匀,但从工程的实际应用来看,把尾气浓度在隧道横断面按均匀分布处理可获得较为满意的结果,同时会使问题大为简化。

2)测试仪器与方法

(1)测试仪器

为了使测试设备本身的精度水平与道路试验保持一致,试验所用仪器和道路试验所选用的仪器基本相同。测功机选用电涡流测功机。

(2)试验用发动机

试验选用珀金斯柴油发动机 Perkins 160T(118kW),各项性能指标均调整到标准要求。在天津珀金斯动力公司进行了试验。

(3)试验方法的确定

用室内发动机台架来模拟污染环境,设计安装了专用设备,按照预先设计的比例控制进气中的 CO 和 $CO_2$ 含量,符合隧道设计要求。同时保证均匀混合。

3)试验结果与分析

模拟隧道内平路运行工况,得到隧道环境对发动机烟雾排放影响的数据见图 2-18。

由试验结果可以看出,环境空气质量对柴油车烟雾排放有一定的影响。在隧道内 CO 浓度为 $200mg/m^3$ 时,与隧道外洁净空气相比,柴油车烟雾排放量平均增加 15%~20%。

综合考虑各种相关因素,在隧道污染环境下,在海拔 400m 以下、纵坡为 0 的道路条件下,柴油车的烟雾基准排放量可取值为 $q_{VI}=2.0\mathrm{m}^2/(辆\cdot\mathrm{km})$。

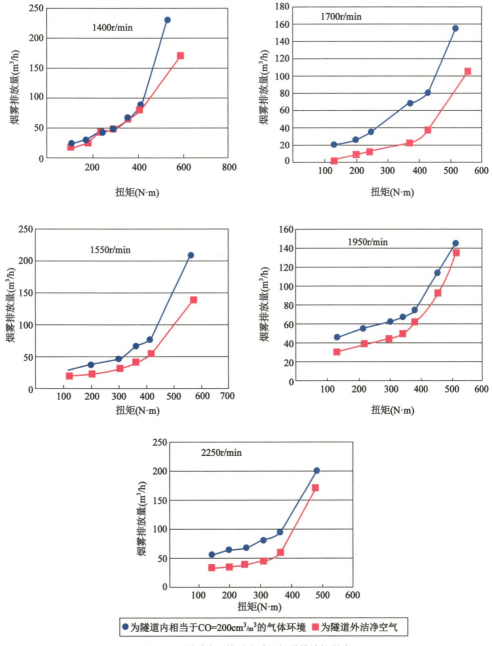

图 2-18　隧道内环境对发动机烟雾排放的影响

### 2.2.4　汽车污染物排放递减率

#### 2.2.4.1　CO 排放递减率

我国《公路隧道通风设计细则》(JTG/T D70/2-02—2014)中有害气体一氧化碳 $q_{CO}$ 基准排

放量主要参照车型小客车[即《轻型汽车污染物排放限值及测量方法（Ⅰ）》(GB 18352.1—2001)中的轻型汽车]，因此，在本章中主要研究轻型汽车 CO 排放参数。

1) 1999 年以前我国汽车 CO 排放状况

1983 年，我国首次颁布了 6 个关于汽车污染物排放限值和测量方法的国家标准，其主要是针对发动机怠速工况而言，对汽车在道路上的实际排放状况的指导意义不大。1989 年颁布的《轻型汽车排气污染物排放标准》(GB 11641—1989)国家标准，采用了变工况(15 工况)测量方法，比较客观的衡量发动机的总体排放，见表 2-44。1993 年，对汽车污染物排放标准进行了修编，除轻型车外还对的车型的汽车污染物排放限值进行了要求，其中《轻型汽车排气污染物排放标准》(GB 14761.1—1993)对 CO 排放的标准限值与(GB 11641—1989)一致。

表 2-44 中各污染物的限值是采用变工况(15 工况)测量方法制定的限值，主要是对新车针对新车型式认证制定的，与车辆在道路上实际排放值有差异。

Ⅰ 型式认证试验标准值　　　　　　　　　　表 2-44

| 基准质量 RM(kg) | CO(g/试验) | CO(g/km) | HC(g/试验) | HC(g/km) | $NO_x$(g/试验) | $NO_x$(g/km) |
|---|---|---|---|---|---|---|
| RM≤750 | 65.00 | 5.91 | 10.80 | 0.98 | 8.50 | 0.77 |
| 750 < RM≤850 | 71.00 | 6.45 | 11.30 | 1.03 | 8.50 | 0.77 |
| 850 < RM≤1020 | 76.00 | 6.90 | 11.70 | 1.06 | 8.50 | 0.77 |
| 1020 < RM≤1250 | 87.00 | 7.90 | 12.80 | 1.16 | 10.20 | 0.93 |
| 1250 < RM≤1470 | 99.00 | 8.99 | 13.70 | 1.24 | 11.90 | 1.08 |
| 1470 < RM≤1700 | 110.00 | 9.99 | 14.60 | 1.33 | 12.30 | 1.12 |
| 1700 < RM≤1930 | 121.00 | 10.99 | 15.50 | 1.41 | 12.80 | 1.16 |
| 1930 < RM≤2150 | 132.00 | 11.99 | 16.40 | 1.49 | 13.20 | 1.20 |
| 2150 < RM | 143.00 | 12.99 | 17.30 | 1.57 | 13.60 | 1.24 |

表 2-45 是根据南京市 2000 年的调查资料，计算得到各型车的各种平均速度时的现状排放因子，现状怠速排放因子见表 2-46。

南京市机动车污染物现状排放因子[单位:g/(辆·km)]　　　表 2-45

| 平均速度(km/h) | 污染物 | 汽油轿车 | 微型车 | 中型车 | 重型汽油车 | 重型柴油车 | 摩托车 | 吉普车 |
|---|---|---|---|---|---|---|---|---|
| 10 | HC | 12.37 | 16.89 | 26.21 | 23.57 | 11.70 | 9.03 | 18.14 |
| | CO | 122.93 | 71.30 | 118.65 | 357.79 | 45.24 | 41.29 | 87.15 |
| | $NO_x$ | 2.10 | 3.18 | 5.33 | 4.06 | 63.22 | 0.09 | 4.82 |
| 20 | HC | 7.58 | 10.18 | 15.80 | 14.28 | 8.75 | 5.69 | 10.93 |
| | CO | 76.97 | 45.79 | 76.20 | 221.23 | 29.11 | 19.48 | 55.97 |
| | $NO_x$ | 1.88 | 2.86 | 4.79 | 4.32 | 50.95 | 0.08 | 4.33 |

续上表

| 平均速度(km/h) | 污染物 | 汽油轿车 | 微型车 | 中型车 | 重型汽油车 | 重型柴油车 | 摩托车 | 吉普车 |
|---|---|---|---|---|---|---|---|---|
| 30 | HC | 5.92 | 7.91 | 12.30 | 9.24 | 6.77 | 4.65 | 8.50 |
| 30 | CO | 61.65 | 37.28 | 62.05 | 148.86 | 20.10 | 12.89 | 45.37 |
| 30 | NO$_x$ | 1.81 | 2.76 | 4.61 | 4.57 | 43.37 | 0.09 | 4.17 |
| 40 | HC | 4.57 | 6.25 | 9.71 | 6.39 | 5.40 | 4.13 | 6.71 |
| 40 | CO | 44.72 | 27.78 | 46.22 | 108.53 | 14.81 | 9.62 | 33.95 |
| 40 | NO$_x$ | 1.86 | 2.74 | 4.59 | 4.83 | 38.93 | 0.10 | 4.15 |
| 50 | HC | 3.72 | 5.22 | 8.10 | 4.77 | 23.38 | 3.78 | 5.60 |
| 50 | CO | 33.56 | 21.46 | 35.71 | 86.61 | 11.77 | 7.49 | 26.23 |
| 50 | NO$_x$ | 1.9 | 2.76 | 4.61 | 5.08 | 36.99 | 0.12 | 4.17 |
| 60 | HC | 3.15 | 4.53 | 7.03 | 3.78 | 3.84 | 3.52 | 4.87 |
| 60 | CO | 26.10 | 17.25 | 28.69 | 75.21 | 10.04 | 6.05 | 21.08 |
| 60 | NO$_x$ | 1.93 | 2.76 | 4.62 | 5.33 | 37.12 | 0.12 | 4.18 |
| 70 | HC | 2.74 | 4.04 | 6.26 | 3.18 | 3.40 | 3.38 | 4.34 |
| 70 | CO | 20.77 | 14.23 | 23.67 | 71.07 | 9.17 | 5.18 | 17.39 |
| 70 | NO$_x$ | 1.95 | 2.77 | 4.63 | 5.58 | 39.34 | 0.13 | 4.19 |
| 80 | HC | 2.50 | 3.75 | 5.82 | 2.84 | 3.12 | 3.33 | 4.03 |
| 80 | CO | 17.76 | 12.53 | 20.84 | 73.10 | 9.00 | 4.80 | 15.31 |
| 80 | NO$_x$ | 2.05 | 2.95 | 4.93 | 5.83 | 44.04 | 0.14 | 23.36 |
| 90 | HC | 2.56 | 3.84 | 5.95 | 2.70 | 2.96 | 3.43 | 4.12 |
| 90 | CO | 19.23 | 13.45 | 22.36 | 81.81 | 9.46 | 5.84 | 16.43 |
| 90 | NO$_x$ | 2.40 | 3.58 | 6.00 | 6.09 | 52.05 | 0.16 | 5.42 |

**南京市机动车污染物现状怠速排放因子[单位:g/(辆·km)]** 表2-46

| 污染物 | 汽油轿车 | 微型车 | 中型车 | 重型汽油车 | 重型柴油车 | 吉普车 |
|---|---|---|---|---|---|---|
| HC | 60.48 | 87.95 | 138.57 | 78.58 | 35.36 | 94.73 |
| CO | 647.38 | 367.09 | 610.85 | 1240.68 | 152.09 | 448.68 |
| NO$_x$ | 6.80 | 10.34 | 17.30 | 9.78 | 182.3.39 | 15.65 |

2)1999年以后我国汽车CO排放状况

随着我国经济的快速发展,汽车制造业水平的提高,人们对环保的重视程度的提高,国家逐步提高了对机动车排放的限制。国家质量技术监督局和国家环境保护总局在1999年3月后相继制定并颁布了一系列新的汽车排放污染物标准,见表2-47。

1999年3月10日,国家质量技术监督局批准了《轻型汽车污染物排放标准》(GWPB 1—1999),于2000年1月1日实施,随后1999年7月9日,中国国家环境保护总局发布了《轻型汽车污染物排放标准》(GWP B 1—1999),该标准于2000年1月1日实施。这两部标准达到欧洲20世纪90年代中期的水平,相当于Euro1标准(1995年实施),均规定了轻型汽车排放污染物的型式认证和生产一致性检查试验的排放标准值及排放控制装置的耐久性要求。在2001年出版了《轻型汽车污染物排放限值及测量方法(Ⅰ)》(GB 18352.1—2001)对之前标准进行了修订和补充,该标准于2000年1月1日实施,该标准的主要内容等同于《轻型汽车污染物排放标准》(GWPB 1—1999)的第一阶段的相应内容对,实施时间仍按《轻型汽车污染物排放标准》(GWPB 1—1999)的规定执行。由此可知,自2000年1月1日起生产的新车均是按照《轻型汽车污染物排放限值及测量方法(Ⅰ)》(GB 18352.1—2001)的汽车污染物排放限值要求进行生产的。

为了进一步强化对生产汽车排放污染物的限制,国家质量技术监督局和国家环境保护部相继制定出我国汽车污染物排放第二、第三、第四阶段的排放标准,见表2-47。

**我国各阶段轻型汽车控制排放限值(Ⅰ型试验)**  表2-47

| 阶段 | 实施时间 | 类别 | 级别 | 基准质量 RM(kg) | 限值(g/km) CO 汽油 | CO 柴油 | HC 汽油 | HC 柴油 | NO$_x$ 汽油 | NO$_x$ 柴油 | HC+NO$_x$ 汽油 | HC+NO$_x$ 柴油 | PM 柴油 |
|---|---|---|---|---|---|---|---|---|---|---|---|---|---|
| Ⅰ | 2000年7月 | 第一类车 | 一 | 全部 | 2.72 | 2.72 | — | — | — | — | 0.97 | 1.36 | 0.14 |
|  | 2001年10月 | 第二类车 | Ⅰ | ≤1305 | 2.72 | 2.72 | — | — | — | — | 0.97 | 1.36 | 0.14 |
|  |  |  | Ⅱ | 1305~1760 | 5.17 | 5.17 | — | — | — | — | 1.40 | 1.96 | 0.19 |
|  |  |  | Ⅲ | >1760 | 6.90 | 6.90 | — | — | — | — | 1.70 | 2.38 | 0.25 |
| Ⅱ | 2005年7月 | 第一类车 | 一 | 全部 | 2.20 | 1.00 | — | — | — | — | 0.50 | 0.70 | 0.08 |
|  | 2006年7月 | 第二类车 | Ⅰ | ≤1305 | 2.20 | 1.00 | — | — | — | — | 0.50 | 0.70 | 0.08 |
|  |  |  | Ⅱ | 1305~1760 | 4.00 | 1.25 | — | — | — | — | 0.60 | 1.00 | 0.12 |
|  |  |  | Ⅲ | >1760 | 5.00 | 1.50 | — | — | — | — | 0.70 | 1.20 | 0.17 |
| Ⅲ | 2008年7月 | 第一类车 | 一 | 全部 | 2.30 | 0.64 | 0.2 | — | 0.15 | 0.5 | — | 0.56 | 0.05 |
|  |  | 第二类车 | Ⅰ | ≤1305 | 2.30 | 0.64 | 0.2 | — | 0.15 | 0.5 | — | 0.56 | 0.05 |
|  |  |  | Ⅱ | 1305~1760 | 4.17 | 0.8 | 0.25 | — | 0.18 | 0.65 | — | 0.72 | 0.07 |
|  |  |  | Ⅲ | >1760 | 5.22 | 0.95 | 0.29 | — | 0.21 | 0.78 | — | 0.86 | 0.1 |
| Ⅳ | 2011年7月 | 第一类车 | 一 | 全部 | 1 | 0.5 | 0.1 | — | 0.08 | 0.25 | — | 0.30 | 0.025 |
|  |  | 第二类车 | Ⅰ | ≤1305 | 1 | 0.5 | 0.1 | — | 0.08 | 0.25 | — | 0.30 | 0.025 |
|  |  |  | Ⅱ | 1305~1760 | 1.81 | 0.63 | 0.13 | — | 0.1 | 0.33 | — | 0.39 | 0.04 |
|  |  |  | Ⅲ | >1760 | 2.27 | 0.74 | 0.16 | — | 0.11 | 0.39 | — | 0.46 | 0.06 |

注:第一类车指包括驾驶员座位在内,座位数不超过六座,且最大总质量不超过2500kg的M1类汽车。第二类车指本标准适用范围内除第一类车以外的其他所有轻型汽车。轻型汽车指最大总质量不超过3500kg的M1类、M2类和N1类汽车。M1类、M2类和N1类汽车的分类详见《机动车辆及挂车分类》(GB/T 15089—2001)。

3)CO排放状况研究

自1983年我国首次颁布汽车排放标准以来,我国逐渐对汽车污染物排放实施控制,从最初的怠速法、烟度法,到强制装置法和工况法,其控制污染物的项目逐渐完善,标准逐渐严厉。我国汽车排放标准对汽车主要污染物排放限值的递减趋势如图2-19所示。

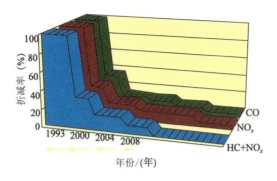

图 2-19　中国汽车排放限值递减趋势

由表 2-45、表 2-49 以及图 2-19 可以得知,我国汽车染物排放限值在 1999 年之前到 2000 年之后有较大的变化。

我国各阶段轻型汽车 CO 排放限值汇总,见表 2-48。

**1993 年以来我国各阶段轻型汽车排放标准 CO 排放限值汇总表**　　表 2-48

| 车辆类型 | | 基准质量 RM（kg） | 标准实施年份 | | | | |
|---|---|---|---|---|---|---|---|
| | | | 1993 年 | 2000 年 | 2004 年 | 2008 年 | 2011 年 |
| 第一类车 | | 全部 | 9.13[①] | 2.72 | 2.20 | 2.30 | 1.00 |
| 第二类车 | Ⅰ 类 | RM≤1250 | | 7.40 | 2.20 | 2.30 | 1.00 |
| | Ⅱ 类 | 1250＜RM≤1700 | | 9.49 | 4.00 | 4.17 | 1.81 |
| | Ⅲ 类 | 1700＜RM | | 11.99 | 5.00 | 5.22 | 2.27 |

注:①为表 2-44 第三列的平均值。

从表 2-48 和图 2-20 的数据可得:1993—2011 年轻型汽车的 CO 尾气排放限值下降比例非常大。

从图 2-20 可知,从 1993 年到目前已经实施的国标第四阶段(2011 年 7 月 1 日实施)轻型汽车的 CO 排放限制值的降幅达到了 83.35%,年平均递减率为 9.48%。

在前面报告中提到在用汽车受到使用年限和保养等方面的问题。其实际行驶污染物排放量与标准要求的排放限值是有差距的。

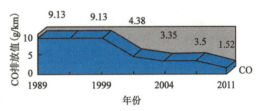

图 2-20　我国汽车 CO 排放限值递减趋势
注:数值为阶段的平均值。

因此,国家环境保护总局在 2005 年 12 月 12 日颁布了《确定点燃式发动机在用汽车简易工况法排气污染物排放限值的原则和方法》(HJ/T 240—2005),于 2006 年 1 月 1 日实施。该规范对在用汽车简易工况法排气污染物排放限值进行了规定,并按照在用汽车的生产时间划分了两部分。

对于 2000 年 7 月 1 日以前生产的第一类轻型汽车、2001 年 10 月 1 日以前生产的第二类轻型汽车,参考的瞬态工况法排放限值见表 2-49。

**瞬态工况法排气污染物排放限值 I**　　　　　　　　　　　　　　　　　　表2-49

| 基准质量 RM(kg) | CO(g/km) | HC(g/km) | $NO_x$(g/km) |
|---|---|---|---|
| RM≤750 | 19 | 3.5 | 2.5 |
| 750＜RM≤850 | 21 | 3.7 | 2.5 |
| 850＜RM≤1020 | 22 | 3.8 | 2.5 |
| 1020＜RM≤1250 | 26 | 4.1 | 3.0 |
| 1250＜RM≤1470 | 29 | 23.3 | 3.5 |
| 1470＜RM≤1700 | 33 | 4.7 | 3.7 |
| 1700＜RM≤1930 | 36 | 5.0 | 3.8 |
| 1930＜RM≤2150 | 39 | 5.2 | 3.9 |
| 2150＜RM | 42 | 5.6 | 4.0 |

对于2000年7月1日后生产的第一类轻型汽车、2001年10月1日后生产的第二类轻型汽车,参考的瞬态工况法排放限值见表2-50。

**瞬态工况法排气污染物排放限值 II**　　　　　　　　　　　　　　　　　　表2-50

| 车辆类型 | | 基准质量 RM(kg) | 限值(g/km) | |
|---|---|---|---|---|
| | | | CO | HC + $NO_x$ |
| 第一类车 | | 全部 | 3.5 | 1.5 |
| 第二类车 | I类 | RM≤1250 | 3.5 | 1.5 |
| | II类 | 1250＜RM≤1700 | 5.5 | 2.0 |
| | III类 | 1700＜RM | 8.5 | 2.5 |

注:简易瞬态法是一种带负荷的测试方法,检测结果能良好地反映车辆在道路上的实际排放状况,是科学、先进、实用的检测方法。与目前采用的双怠速检测方法相比,具有误判率较低,能有效防止调校作弊行为,同时也能对汽车的氮氧化物排放进行检测,可为在用汽车监管提供更加科学、客观的依据。详见《点燃式发动机汽车排气污染物排放限值及测量方法(双怠速法及简易工况法)》(GB 18258—2005)。

由表2-49和表2-50可知,2000年7月1日后生产的第一类轻型汽车、2001年10月1日后生产的第二类轻型汽车采用瞬态工况法排气污染物排放限值比2000年7月1日以前生产的第一类轻型汽车、2001年10月1日以前生产的第二类轻型汽车排放限制降低了70%~80%。

考虑了在用汽车实际排放状况,从1993年《轻型汽车排气污染物排放标准》(GB 14761.1—1993)规定轻型车CO平均排放限值为9.13g/km到2006年1月1日实施的《确定点燃式发动机在用汽车简易工况法排气污染物排放限值的原则和方法》(HJ/T 240—2005)规定轻型车CO平均排放限值为5.50g/km,CO限制值的降幅达到了39.76%,年平均递减率达到了3.82%。

（1）全国轻型汽车 CO 排放状况

截至 2009 年底,我国民用汽车拥有数量总共为 6280.61 万辆,其中 5175.02 万辆汽车是 2001 年 1 月 1 日后注册的新车,约占全国民用汽车保有量的 82.4%。而轻型车所占比例更高,约有 3865.13 万辆汽车是 2001 年 1 月 1 日之后注册的新车,占全国民用轻型车保有量的 84.18%,见表 2-51。

2000 年后新注册民用汽车所占比率（全国）　　　　表 2-51

| 年　份 | 民　用　汽　车 | | | 轻　型　汽　车 | | |
|---|---|---|---|---|---|---|
| | 总数量（万辆） | 新注册总数量（万辆） | 新注册汽车所占比率(%) | 总数量（万辆） | 新注册总数量（万辆） | 新注册汽车所占比率(%) |
| 2000 年 | 1608.91 | — | — | — | — | — |
| 2001 年 | 1802.04 | 234.17 | 12.99 | 834.93 | 119.43 | 14.30 |
| 2002 年 | 2053.17 | 571.37 | 27.83 | 1022.08 | 324.67 | 31.77 |
| 2003 年 | 2382.93 | 1005.11 | 42.18 | 1287.09 | 614.97 | 47.78 |
| 2004 年 | 2693.71 | 1456.30 | 54.06 | 1533.31 | 924.72 | 60.31 |
| 2005 年 | 3159.66 | 1984.92 | 62.82 | 1918.67 | 1319.99 | 68.80 |
| 2006 年 | 3697.35 | 2557.97 | 69.18 | 2395.24 | 1770.04 | 73.90 |
| 2007 年 | 4358.36 | 3165.89 | 72.64 | 2961.65 | 2253.73 | 76.10 |
| 2008 年 | 5099.61 | 3929.07 | 77.05 | 3595.34 | 2858.72 | 79.51 |
| 2009 年 | 6280.61 | 5175.02 | 82.40 | 4591.34 | 3865.13 | 84.18 |

由表 2-51 可知,截至 2009 年底,有 726.21 万辆轻型汽车于 2001 年 1 月 1 日之前注册,其排放限值应按《确定点燃式发动机在用汽车简易工况法排气污染物排放限值的原则和方法》(HJ/T 240—2005)中排放限制执行。约有 1319.99 万辆轻型汽车于 2001 年 1 月 1 日至 2005 年 12 月 31 日期间注册,这部分轻型汽车的排放标准是按照 2000 年 7 月 1 日实施的《轻型汽车污染物排放限值及测量方法（Ⅰ）》(GB 18352.1—2001)国家标准严格要求注册的,其排放限值应按《确定点燃式发动机在用汽车简易工况法排气污染物排放限值的原则和方法》(HJ/T 240—2005)中排放限制执行。约有 1538.74 万辆轻型汽车于 2006 年 1 月 1 日至 2008 年 12 月 31 日期间注册,这部分轻型汽车的排放标准是按照 2005 年 7 月 1 日实施的《轻型汽车污染物排放限值及测量方法（Ⅱ）》(GB 18352.2—2001)国家标准严格要求注册的,其排放限值应按《轻型汽车污染物排放限值及测量方法（Ⅱ）》(GB 18352.2—2001)中排放限制执行。约有 1006.40 万辆轻型汽车于 2009 年 1 月 1 日之后注册,这部分轻型汽车的排放标准是按照 2008 年 7 月 1 日实施的《轻型汽车污染物排放限值及测量方法（中国Ⅲ、Ⅳ阶段)》(GB 18352.3—2005)Ⅲ阶段国家标准严格要求注册的,其排放限值应按《轻型汽车污染物排放限值及测量方法（中国Ⅲ、Ⅳ阶段)》(GB 18352.3—2005)中排放限制执行。不同年份注册轻型汽车所执行的排放限值见表 2-52。

**不同年份注册轻型汽车所执行的排放限值一览表**(全国)　　　　表 2-52

| 项　目 | 年　份 | | | |
|---|---|---|---|---|
| | 2001 年之前 | 2001—2005 年 | 2006—2008 年 | 2009 年之后 |
| 轻型车保有量(万辆) | 726.21 | 1319.99 | 1538.74 | 1006.40 |
| 基准排放限值①(g/km) | 26.57 | 6.33 | 3.85 | 3.85 |
| 执行标准号 | HJ/T 240—2005 | HJ/T 240—2005 | GB 18352.2—2001 | GB 18352.3—2005 |

注:①基准排放限值为各阶段轻型汽车排放限值的平均值,在隧道环境下劣化系数为 1.15。

通过加权平均法计算得出 2009 年底我国在用民用汽车排放限值为 8.16g/km。与 3.2 节研究成果的 CO 基准排放量 $0.007m^3/(辆·km)$ 等同于 8.75g/km 相比,基准排放量下降了 6.78%,年平均递减率为 0.78%(以 2000 年为起点)。

目前,2001 年之前注册的轻型汽车数量占全国轻型汽车拥有量的 15.82%,其污染占全国轻型汽车排放总量的 51.52%。虽然这部分 2001 年之前注册的轻型汽车污染物排放会影响 CO 排放递减率和 CO 基本排放量,但是随着时间推移、我国排放标准的逐渐严厉以及国家加大对汽车环保治理力度,这部分汽车终将会被迫报废。因此这部分轻型汽车对 CO 排放递减率和 CO 基本排放量的影响是在逐年减弱的。

(2)广东省轻型汽车 CO 排放状况

截至 2014 年底,广东省民用汽车拥有数量总共为 1332.94 万辆,其中 1299.01 万辆汽车是 2001 年 1 月 1 日后注册的新车,约占广东省民用汽车保有量的 97.45%。轻型车约有 1082.0 万辆汽车是 2001 年 1 月 1 日之后注册的新车,占广东省民用轻型车保有量的 97.02%,见表 2-53。

**2002 年后新注册民用汽车所占比率**(广东省)　　　　表 2-53

| 年　份 | 民用汽车 | | | 轻型汽车 | | |
|---|---|---|---|---|---|---|
| | 总数量<br>(万辆) | 新注册总数量<br>(辆) | 新注册汽车<br>所占比率(%) | 总数量<br>(万辆) | 新注册总数量<br>(辆) | 新注册汽车<br>所占比率(%) |
| 2002 年 | 230.89 | 479136 | 20.75 | 104.32 | 277373 | 26.59 |
| 2003 年 | 257.96 | 939801 | 36.43 | 128.76 | 588370 | 45.70 |
| 2004 年 | 305.40 | 1475017 | 48.30 | 164.39 | 974184 | 59.22 |
| 2005 年 | 372.96 | 2047568 | 54.90 | 209.42 | 1413789 | 67.51 |
| 2006 年 | 428.95 | 2746819 | 64.04 | 264.14 | 1974250 | 74.74 |
| 2007 年 | 505.29 | 3584064 | 70.93 | 333.84 | 2667897 | 79.92 |
| 2008 年 | 573.46 | 4365589 | 76.13 | 400.00 | 3331787 | 83.29 |
| 2009 年 | 658.90 | 5317971 | 80.71 | 478.57 | 4140427 | 86.52 |
| 2010 年 | 783.50 | 6564020 | 83.78 | 600.74 | 5369560 | 89.38 |
| 2011 年 | 912.10 | 7850020 | 86.07 | 714.63 | 6512653 | 91.13 |
| 2012 年 | 1038.51 | 9375484 | 90.28 | 826.34 | 7689138 | 93.05 |
| 2013 年 | 1178.51 | 10987089 | 93.23 | 959.90 | 9075025 | 94.54 |
| 2014 年 | 1332.94 | 12990102 | 97.45 | 1115.18 | 10820016 | 97.02 |

由表2-53可知,截至2014年底,有33.18万辆轻型汽车于2001年1月1日之前注册,其排放限值应按《确定点燃式发动机在用汽车简易工况法排气污染物排放限值的原则和方法》(HJ/T 240—2005)中排放限制执行。约有141.38万辆轻型汽车于2001年1月1日至2005年12月31日期间注册,这部分轻型汽车的排放标准是按照2000年7月1日实施的《轻型汽车污染物排放限值及测量方法(Ⅰ)》(GB 18352.1—2001)国家标准严格要求注册的,其排放限值应按《确定点燃式发动机在用汽车简易工况法排气污染物排放限值的原则和方法》(HJ/T 240—2005)中排放限制执行。约有191.80万辆轻型汽车于2006年1月1日至2008年12月31日期间注册,这部分轻型汽车的排放标准是按照2005年7月1日实施的《轻型汽车污染物排放限值及测量方法(Ⅱ)》(GB 18352.2—2001)国家标准严格要求注册的,其排放限值应按《轻型汽车污染物排放限值及测量方法(Ⅱ)》(GB 18352.2—2001)中排放限制执行。约有203.78万辆轻型汽车于2009年1月1日至2010年12月31日期间注册,这部分轻型汽车的排放标准是按照2008年8月1日实施的《轻型汽车污染物排放限值及测量方法(中国Ⅲ、Ⅳ阶段)》(GB 18352.3—2005)Ⅲ阶段国家标准严格要求注册的,其排放限值应按《轻型汽车污染物排放限值及测量方法(中国Ⅲ、Ⅳ阶段)》(GB 18352.3—2005)中排放限制执行。约有545.05万辆轻型汽车于2011年1月1日之后注册,这部分轻型汽车的排放标准是按照2008年8月1日实施的《轻型汽车污染物排放限值及测量方法(中国Ⅲ、Ⅳ阶段)》(GB 18352.3—2005)Ⅳ阶段国家标准严格要求注册的,其排放限值应按《轻型汽车污染物排放限值及测量方法(中国Ⅲ、Ⅳ阶段)》(GB 18352.3—2005)中排放限制执行。见表2-54。

不同年份注册轻型汽车所执行的排放限值一览表(广东省) 表2-54

| 项目 | 年份 | | | | |
|---|---|---|---|---|---|
| | 2001年之前 | 2001—2005年 | 2006—2008年 | 2009—2010年 | 2011年之后[②] |
| 轻型车保有量(万辆) | 33.18 | 141.38 | 191.80 | 203.78 | 545.05 |
| 基准排放限值[①](g/km) | 26.57 | 6.33 | 3.85 | 3.85 | 1.75 |
| 执行标准号 | HJ/T 240—2005 | HJ/T 240—2005 | GB 18352.2—2001 | GB 18352.3—2005 | GB 18352.3—2005 |

注:①基准排放值为各阶段轻型汽车排放限值的平均值,在隧道环境下劣化系数为1.2。
②广东省于2010年6月1日提前实施第四阶段国家机动车大气污染物排放标准。

通过加权平均法计算得出2014年底广东省在用民用汽车排放限值为3.82g/km。与3.2节研究成果的CO基准排放量$0.007m^3/(辆·km)$等同于8.75g/km相比,基准排放量下降了56.42%,年平均递减率为5.39%(以2000年为起点)。

(3)PIARC技术报告汽车尾排建议值递减率趋势分析

PIARC技术报告提出采用欧盟排放标准的汽油小轿车的排放标准见表2-55。其他地区年可能会拥有不同的实施年限或不同的排放标准。在采用本报告中列出的排放标准前,用户必须检查并提供每个项目适用本标准的证明。

汽油小轿车欧盟排放标准(单位:g/km)　　表2-55

| 标　准 | 实施年限 | CO | HC | NO$_x$ | HC+NO$_x$ | 颗粒物 |
|---|---|---|---|---|---|---|
| 欧洲标准委员会报告15/03 | 1979年 | 21.5 | 1.8 | 2.5 | — | 烟度 |
| 欧洲标准委员会报告15/04 | 1982年 | 16.5 | — | — | 5.1 | 烟度 |
| 美国83标准 | 1987年 | 2.1 | 0.25 | 0.62 | 0.373 | — |
| 欧Ⅰ标准 | 1992年 | 2.72 | — | — | 0.97 | 0.14 |
| 欧Ⅱ标准 | 1997年 | 2.2 | — | — | 0.5 | — |
| 欧Ⅲ标准 | 2000年 | 2.3 | 0.2 | 0.15 | — | — |
| 欧Ⅳ标准 | 2005年 | 1.0 | 0.1 | 0.08 | — | — |
| 欧Ⅴ标准 | 2008年 | 1.0 | 0.1 | 0.6 | 0.068 | 0.005 |
| 欧Ⅵ标准 | 2014年 | 1.0 | 0.1 | 0.6 | 0.068 | 0.005 |

由表2-55数据可以看出:CO的欧Ⅰ排放标准较欧Ⅱ排放标准年平均递减率达到4.0%,欧Ⅳ排放标准较欧Ⅲ排放标准年平均递减率达到了15%,欧Ⅳ~欧Ⅵ排放标准则保持不变。

4)深中通道CO基准排放量取值

我国《公路隧道通风设计细则》(JTG/T D70/2-02—2014)明确规定,以2000年为起点,CO基准排放量取0.007m³/(辆·km),并按每年2%的递减率计算获得的排放量作为设计年限的CO基准排放量。作出如下规定:

(1)机动车尾排有害气体基准排放量均以2000年为起点,按每年2.0%的递减率计算至设计目标年份获得的排放量作为隧道通风设计目标年份的基准排放量,最大折减年限不超过30年。

(2)正常交通时,2000年机动车尾排有害气体中CO的基准排放量应按0.007m³/(辆·km)取值。

(3)交通阻滞时车辆按怠速考虑,2000年机动车尾排有害气体中CO的基准排放量应按0.015m³/(辆·km)取值。

鉴于广东省在全国属经济发达省份,在汽车尾排超标控制、在用车使用年限管理、超标车淘汰、新能源汽车的应用等方面的要求均高于全国其他地区,因此,在考虑汽车尾排对隧道内环境影响方面,较《公路隧道通风设计细则》(JTG/T D70/2-02—2014)基于全国公路交通运营及经济平均水平提出的污染物排放量有进一步优化的空间。

深圳至中山跨江通道作为广东省高速公路网"横四线"的重要组成部分,位于珠江三角区的核心区域,兼有跨市的区域性快速交通功能和疏导长途过境交通功能,交通量应以广东省内交通为主,故假设广东省内交通量占预测交通量的比例为80%,其他地区的为20%。通过加权平均法计算得出2014年底深圳至中山跨江通道汽车排放限值为4.81g/km。与2.2.2节研究成果的CO基准排放量0.007m³/(辆·km)等同于8.75g/km相比,基准排放量下降了45.03%,年平均递减率达到3.91%(以2000年为起点)。

我国汽车排放标准主要采用欧洲的模式。从欧洲已颁布的欧Ⅴ、欧Ⅵ标准可知,轻型汽车

CO 排放限值与欧Ⅳ(中国第四阶段)标准中的 CO 排放限值相同(欧Ⅴ标准实施时间为 2012 年,欧Ⅵ标准实施时间为 2016 年)。国内第五阶段的轻型汽车排放标准已于 2018 年实施。由此当时预测在未来一段时间内汽车排放标准的 CO 排放限值下降趋势趋于平缓。

综上所述,在综合考虑我国车辆生产实际情况、车辆实际运营与保养情况、燃料的质量状况、汽车排放要求逐渐严厉、隧道内卫生、舒适性标准的可能提高等因素,以及广东省经济发展水平,深中通道交通量及交通组成等特点后,设计年限的 CO 基准排放量可以 2000 年为起点的基准排放量值 $0.007 m^3/(辆·km)$,按每年 $2.0\% \sim 3.0\%$ 的递减率计算获得。

#### 2.2.4.2 烟雾排放递减率研究

我国《公路隧道通风设计细则》(JTG/T D70/2-02—2014)中有害气体基准排放量烟雾 VI 是针对中型柴油载货汽车(满载质量 9.5t)而言的,因此,在本章中主要研究中型柴油载货汽车排放参数。

1)柴油车发展现状

从 20 世纪 60 年代至今,世界车用动力的发展曾经历过三次向柴油机的转变,由最初只限于在城市外围使用和仅作为重型汽车动力扩展到广泛应用于重型汽车、轻型汽车和轿车领域,成为在用动力车中占主导地位的产品。柴油机具有热效率高、节能、低速扭矩大、可靠性好、排放低等优点,在汽车上的应用正日益扩大。

(1)世界柴油车

笨重、噪声大、喷黑烟,令许多人对柴油机的直观印象不佳。经过多年的研究和新技术应用,现代柴油机的现状已与往日不可同语。现代化的柴油轿车使用了电子控制燃油喷射技术、增压及增压中冷技术、尾气再循环技术等大量的先进技术,在加强柴油车省油、动力强劲等优势的同时,大幅提升了尾气排放标准,并大大降低了噪声和震动,达到了汽油机的水平。

在电控喷射方面柴油机与汽油机的主要差别是,汽油机的电控喷射系统只是控制空燃比(汽油与空气的比例),而柴油机的电控喷射系统则是通过控制喷油时间来调节负荷的大小。

柴油机电控喷射系统由传感器、ECU(控制单元)和执行机构三部分组成。其任务是对喷油系统进行电子控制,实现对喷油量以及喷油定时随运行工况的实时控制。采用转速、温度、压力等传感器,将实时检测的参数同步输入计算机,与 ECU 已储存的参数值进行比较,经过处理计算按照最佳值对执行机构进行控制,驱动喷油系统,使柴油机运作状态达到最佳。

为了使负荷调节更加精确,产生了共轨技术。共轨技术是指高压油泵、压力传感器和 ECU 组成的闭环系统。高压油泵把高压燃油输送到公共供油管,通过对公共供油管内的油压实现精确控制,可以大幅度减小柴油机供油压力随发动机转速的变化。柴油机的涡轮增压器已作过介绍。至于增压中冷技术就是当涡轮增压器将新鲜空气压缩经中段冷却器冷却,然后经进气歧管、进气门流至汽缸燃烧室。有效的中冷技术可使增压温度下降到 50℃以下,有助于减少尾气的排放和提高燃油经济性。

目前国外轻型汽车用柴油机日益普遍,奔驰、大众、宝马、雷诺、沃尔沃等欧洲名牌车都有采用柴油发动机的车型。

近 20 年来,世界柴油机业迅速发展,表现为以下特点:

①现代柴油机集合了当今汽车工业最先进的技术,在燃油消耗以及二氧化碳等有害物质排放方面在总体上优于汽油机。

②大量研究结果表明,柴油机是目前被产业化应用的各种动力机械中热效率最高、能量利用最好、最节能的机型。

③车用动力"柴油化"趋势已经形成。在美国、日本以及欧洲 100% 的重型汽车使用汽油机为动力。在欧洲,90% 的商用车为柴油车,46% 的轿车为柴油车;在美国,90% 的商用车为柴油车;在日本,38% 的商用车为柴油车,9.2% 的轿车为柴油车。在这些国家,政府均从税收、燃料供应等方面对柴油机的发展给予了高度重视。

④以德国大众汽车公司开发的当今世界柴油机技术发展最高水平的 3 升路波柴油轿车为代表,世界各大汽车公司都在其 3 升轿车开发中无一例外地使用了柴油机。

在 2001 年召开的"国际车用柴油机技术研讨会"上,专家们预测,在今后 20 年,甚至更长时间内柴油机将成为世界车用动力的主流。

(2) 中国柴油车

我国柴油机产业自 20 世纪 80 年代后有了较快发展,最新投产的柴油机产品排放水平已经达到了欧洲Ⅰ排放标准的要求,有的甚至达到了欧洲Ⅱ排放标准,但整体发展仍然面临诸多问题。

近几年,国内汽车工业的快速发展带动了国内柴油机的快速发展,国内几家骨干柴油机企业已发展到相当大的规模。虽然国产柴油机的产销量很高,但尚未掌握先进的电控燃油喷射技术、可变喷嘴涡轮增压器技术、尾气再循环技术、排气后处理技术、整机开发与匹配等关键技术。

①主要大型企业正在生产的多数产品从技术角度讲,也已应是被淘汰的产品,发展潜力不大。

②我国柴油机技术的落后、产品质量差以及车辆使用中维修保养措施不力,导致低性能、高排放柴油车使用中对城市环境和大气质量的不良影响,使社会产生"厌柴"心理。

③柴油品质差、柴油标准的修订严重滞后于汽车工业发展的需要,对柴油机技术的发展以及各种新技术、改善柴油机排放措施的应用造成障碍。

(3) 中国柴油车排放

在中国现有的能源状况下,在积极寻找石油替代资源的同时,我国正在大力推广现代柴油轿车,适度增加柴油轿车的比例。因为从节能、经济、环保、安全、耐用、性能、规模化等几个方面而言,柴油车都具有明显优势性。

尽管汽油车的排放高于柴油车,但是汽油车采用电控汽油喷射和三元催化转化器后,可以有效地控制 CO、HC、$NO_x$ 三种排放污染物。而柴油机无法使用像汽油机那样的三元催化转化器,主要是无法通过催化反应还原 $NO_x$;另外,柴油机还有比汽油机高很多的颗粒物(PM)排放,未采取控制措施的柴油机排出的颗粒物是带有催化转化器的汽油机的 50~70 倍,由于柴油机的空燃比较大,CO 和 HC 排放相对较少,又经过长期治理,CO 和 HC 的排放已控制在较低水平上。由此可见,降低柴油机的 $NO_x$ 和 PM 排放是今后控制汽车排放污染物的一个重要方向。

图 2-21 和图 2-22 分别给出了美国、欧洲和中国的中、重型货车柴油机 $NO_x$ 和 PM 排放指标值的降低趋势。从图中可看出,目前中国也对柴油机制订了较严格的排放标准,第一阶段从 2000 年 9 月 1 日起实施,相当于欧洲 I 排放标准;第二阶段将从 2004 年 9 月 9 日起实施,相当于欧洲 II 排放标准;2010 年左右达到与世界水平基本接轨的目标。

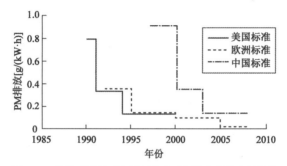

图 2-21　美国、欧洲和中国柴油机汽车颗粒物排放法规趋势

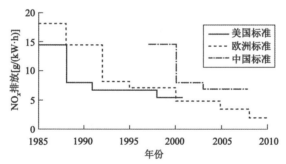

图 2-22　美国、欧洲和中国柴油机汽车氮氧化物排放法规趋势

欧美等发达国家在掌握了先进的电控燃油喷射技术、可变喷嘴涡轮增压器技术、尾气再循环技术、排气后处理技术、整机开发与匹配等关键技术后,柴油车的排放水平有了很大的改观。虽然中国柴油机行业发展很快,最新投产的柴油机产品排放水平已经达到了欧洲 I 排放标准的要求,有的甚至达到了欧洲 II 排放标准。

2)汽车尾排烟尘排放递减率研究

在我国陆续制定《车用压燃式发动机排气污染物排放限值及测量方法》(GB 17691—2001)和《车用压燃式、气体燃料点燃式发动机与汽车排气污染物排放限值及测量方法(中国 III、IV、V 阶段)》(GB 17691—2005)后,对柴油车的排放标准在不断接近国际水平,$NO_x$ 和 PM 排放削减趋势如图 2-23 所示。

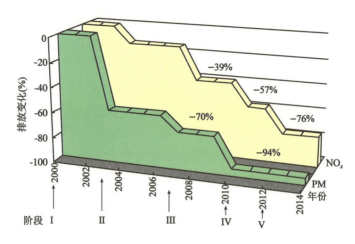

图 2-23 实施标准 GB 17691 后污染物排放削减趋势

课题组查阅了大量的标准和资料,从烟雾的组成、PIARC 的 $q_{VI}$ 推荐的值的变化、我国柴油汽车 PM 排放量限值的变化和科技的进步入手,得出以下结论:

在 2000—2012 年的 12 年间,柴油车的烟雾排放将累计下降至少 94%,年平均 20%。

(1)烟雾的组成

柴油汽车排放的尾气中主要污染有黑烟颗粒物——主要为细微颗粒物(PM)、一氧化碳(CO)、氮氧化物 $NO_x$、碳氢化合物(HC)、二氧化硫($SO_2$)等。其中影响基准排放量的最主要因素是 PM 的排放量,所以我们可以通过考虑柴油汽车 PM 量排放的变化趋势来考察柴油汽车基准排放量的变化。

(2)PIARC 的 $q_{VI}$ 推荐的值的变化

PIARC 推荐的烟雾基准排放量在 1987—2000 年间有很大变化,13 年中降幅达到 37.5%,年降幅高达 2.9%。具体值见表 2-56。

PIARC 推荐的烟雾基准排放量　　　　表 2-56

| 年份 | 1987 | 2000 |
|---|---|---|
| 排放量 $q_0(m^3/h \cdot t)$ | 16 | 10 |

(3)我国柴油汽车 PM 排放量限值的变化

我国的包括柴油车在内的所有机动车辆的排放体系都是采用欧盟的排放标准,我国制定的Ⅰ到Ⅳ阶段轻型汽车控制排放限值借鉴于欧盟制定的欧Ⅰ~欧Ⅳ排放标准。根据欧盟关于柴油车 PM 排放标准的实施进度,每隔四年将进行一次标准的加严,从欧盟的欧Ⅰ排放标准实施以来,目前已经在 2005 年实施欧Ⅳ排放标准。而我国国家的排放标准在 2000 年开始国Ⅰ标准等同采用欧Ⅰ排放标准,2005 年实施了国Ⅱ标准,并在 2005 年颁布了 GB 17691—2005 于 2008 年实施的我国国家排放标准第三阶段。我国国家排放标准与欧洲经济委员会(ECE)制定的欧盟轻型卡车排放标准的对照如表 2-57 所示。

**我国现行及将要实施的排放法规时间表**　　　　　　　　　　　　　　　　　　　　表 2-57

| 阶段 | 欧盟法规实施进度 | 我国的排放控制进度 | | 中、重型柴油车 | 我国相应的国家标准代号 |
|---|---|---|---|---|---|
| | | 轻型柴油车 | | | |
| | | 第 1 类车 | 第 2 类车 | | |
| 国Ⅰ/欧Ⅰ | 1994 年 | 2000 年 1 月 1 日 ~ 2004 年 6 月 30 日 | 2001 年 1 月 1 日 ~ 2005 年 6 月 30 日 | 2001 年 1 月 1 日 ~ 2004 年 8 月 31 日 | GB 18352.1—2001 GB 17691—2001 |
| 国Ⅱ/欧Ⅱ | 1998 年 | 2004 年 7 月 1 日 ~ 2007 年 6 月 30 日 | 2005 年 7 月 1 日 ~ 2007 年 6 月 30 日 | 2004 年 9 月 1 日 ~ 2007 年 6 月 31 日 | GB 18352.2—2001 |
| 国Ⅲ/欧Ⅲ | 2002 年 | 2007 年 7 月 1 日 ~ 2010 年 6 月 30 日 | 2007 年 7 月 1 日 ~ 2010 年 6 月 30 日 | 2007 年 7 月 1 日 ~ 2010 年 12 月 31 日 | GB 17691—2005 GB 18352.3—2005 |
| 国Ⅳ/欧Ⅳ | 2006 年 | 2011 年 7 月 1 日 ~ | 2011 年 7 月 1 日 ~ | 2013 年 7 月 1 日 | GB 17691—2005 GB 18352.3—2005 |

据了解,国Ⅳ排放标准原定 2011 年 1 月 1 日执行。2010 年 12 月 21 日,环保部表示,将 3.5t 以上柴油车国Ⅳ标准执行时间推迟一年,即 2012 年 1 月 1 日正式实施。由于目前满足国Ⅳ标准需求的车用柴油供应仍不到位,严重制约国Ⅳ标准实施进度,再次推迟到 2013 年 7 月 1 日。

具体来说,对于中、重型柴油车,2008 年 1 月 1 日起,所有销售车辆将必须符合国Ⅲ即欧Ⅲ标准,否则不予上牌;对轿车和轻型车而言,该时间为 2008 年 7 月 1 日。

我国各阶段柴油汽车 PM 排放标准汇总见表 2-58。

**我国柴油汽车 PM 排放标准限制值汇总表**[单位:g/(kW·h)]　　表 2-58

| 汽车类型 | 国Ⅰ | 国Ⅱ | 国Ⅲ | 国Ⅳ |
|---|---|---|---|---|
| 柴油轿车 | 0.14 | 0.08 | 0.05 | 0.025 |
| 轻型柴油汽车 N1 | 0.14 | 0.10 | 0.05 | 0.025 |
| 轻型柴油汽车 N2 | 0.19 | 0.15 | 0.07 | 0.04 |
| 轻型柴油汽车 N3 | 0.25 | 0.20 | 0.10 | 0.06 |
| 重型柴油车 <85kW | 0.61 | 0.15 | 0.10 | 0.02 |
| 重型柴油车 >85kW | 0.36 | 0.15 | 0.10 | 0.02 |

从表 2-59 的数据可知:在 2000—2010 年之间的 10 年,柴油车的尾气排放限制值下降比例非常大,具体数值见表 2-59。

**柴油车的尾气排放限制值下降比例表**　　　　　　　　　　　　　　　　　　　表 2-59

| 类型 | 2000 年 PM 限制值 [g/(kW·h)] | 2010 年 PM 限制值 [g/(kW·h)] | 下降百分比(%) |
|---|---|---|---|
| 柴油轿车 | 0.14 | 0.025 | 82 |
| N1 类轻型柴油汽车 | 0.14 | 0.025 | 82 |
| N2 类轻型柴油汽车 | 0.19 | 0.04 | 79 |
| N3 类轻型柴油汽车 | 0.25 | 0.06 | 76 |
| 发动机功率 <85kW | 0.61 | 0.02 | 97 |
| 发动机功率 >85kW | 0.36 | 0.02 | 94 |

从表 2-59 柴油车的尾气排放限制值下降比例表的计算结果来看,各类柴油车的 PM 限制值的降幅均大于 76%。柴油汽车的 PM 排放量的快速降低使得烟雾基准排放量也呈快速下降趋势。我国实行改革开放以来,汽车发达国家已在我国合资建厂制造新型车辆,且已大量投入生产和使用。根据我国最新的《汽车报废标准》规定,轻、微型载货汽车(含越野型)、带拖挂汽货车、矿山作业车及各类出租车使用 8 年,其他车辆使用 10 年均作报废处理。我国将于 2013 年实施国Ⅳ阶段的排放标准,而广东省已于 2010 年 6 月提前实施国Ⅳ阶段的排放标准,到 2020 年所有柴油车(包括在用汽车和新生产车)都将达到国Ⅳ阶段,综合考虑各型柴油车烟雾排放的下降比列,即:在 2000—2020 年的 20 年间,柴油车的烟雾排放将累计下降至少 76%,年平均 3.8%。

3)深中通道烟尘基准排放量取值

我国《公路隧道通风设计细则》(JTG/T D70/2-02—2014)明确规定,以 1995 年为起点,烟尘(Ⅵ)基准排放量取 $2.0 m^2/(辆·km)$,并按每年 2.0% 的递减率计算获得的排放量作为设计年限的Ⅵ基准排放量。作出如下规定:

(1)机动车尾排有害气体基准排放量均以 2000 年为起点,按每年 2.0% 的递减率计算至设计目标年份获得的排放量作为隧道通风设计目标年份的基准排放量,最大折减年限不超过 30 年。

(2)2000 年机动车尾排有害气体中烟尘的基准排放量应按 $2.0 m^2/(辆·km)$ 取值。

鉴于广东省在全国属经济发达省份,在汽车尾排超标控制、在用车使用年限管理、超标车淘汰、新能源汽车的应用等方面的要求均高于全国其他地区。因此,在考虑汽车尾排对隧道内环境影响方面,较《公路隧道通风设计细则》(JTG/T D70/2-02—2014)基于全国公路交通运营及经济平均水平提出的污染物排放量有进一步优化的空间。

综上所述,在综合考虑我国车辆生产实际情况、车辆实际运营与保养情况、燃料的质量状况、汽车排放要求逐渐严厉、隧道内卫生、舒适性标准的可能提高等因素,以及广东省经济发展水平,深中通道交通量及交通组成等特点后,设计年限的 $q_{Ⅵ}$(烟雾的基准排放量)可以 2000 年为起点的基准排放量值 $2.0 m^2/(辆·km)$,按每年 2.0%~2.5% 的递减率计算获得。

## 2.3 超宽特长海底沉管隧道火灾设计规模

### 2.3.1 国内外重大火灾案例调研

#### 2.3.1.1 国内外重大火灾事故案例

对公路水下隧道而言,除工程投资大、技术难度高而外,其运营安全管理也面临诸多困难,防火救灾就是其中之一。表 2-60 列举了国内外部分水下隧道火灾事故。

中外部分水下隧道运营事故 表2-60

| 时间 | 地点 | 事故原因 | 人员伤亡和经济损失 | 中断交通时间 |
|---|---|---|---|---|
| 1949年 | (美)纽约霍兰隧道 | 装载二硫化碳的货车发动机起火 | 56人死亡,48人受伤,9辆货车被烧毁 | 56小时 |
| 1976年 | (中)上海打浦路隧道 | 隧道内截流沟铁框架钢筋凿穿接送职工上下班客车的油箱,并与地面摩擦产生的火星引燃汽油 | 5人死亡,33人受伤 | |
| 1987年 | (中)上海打浦路隧道 | 因雨天潮湿,隧道内电气线路漏电起火 | | |
| 1987年 | (中)上海打浦路隧道 | 车辆电路故障起火 | | |
| 1991年 | (中)上海延安东路隧道 | 公交车辆电气线路故障起火 | | |
| 1996年 | (英/法)英吉利海峡隧道 | 列车尾部拖车上运载的一辆重型货车起火 | 9人中毒,大部分列车及载运的重型货车被毁,600m隧道完全毁坏 | 1个多月 |
| 2001年 | (丹麦)古尔德堡海峡隧道 | 一辆货车和数辆轿车在隧道内追撞起火 | 5死6伤 | |
| 2006年 | (英/法)英吉利海峡隧道 | 一辆货车发动机着火 | | 数小时 |
| 2007年 | (澳)伯恩利隧道 | 车辆连环相撞,造成爆炸 | 3人死亡,2人轻伤,数辆车被烧毁 | |
| 2008年 | (英/法)英吉利海峡隧道 | 货车制动系统过热而着火 | 6人轻微中毒,8人轻微受伤 | |

#### 2.3.1.2 国内外隧道火灾事故发生频率研究成果

世界道路协会(PIARC)研究报告 *Fire and Smoke Control in Road Tunnels*(1999)指出,公路隧道火灾通常涉及通行车辆,主要由以下原因造成:

(1)电路故障(轻型车辆居多);

(2)制动系统过热(法国统计资料显示,60%~70%的货车火灾由此引起);

(3)其他故障引起车辆自燃。

以下原因也会造成公路隧道火灾,但发生频率较低:

(1)撞车;

(2)机电设备故障;

(3)养护维修。

理论上,公路隧道火灾发生频率与隧道长度、交通量、设计速度和平纵线形等因素有关。PIARC研究报告(1999)指出:

(1) 公路隧道平均火灾发生频率不超过 25 次/($10^8$ 辆·km);

(2) 城市隧道的火灾发生频率比其他隧道高;

(3) 部分隧道(如勃朗峰隧道)货车火灾发生频率明显要高于小客车;

(4) 只有长隧道或交通量很大的隧道,或两者兼具的隧道中,火灾事故发生频率会达到 1 次/月 ~ 1 次/年。

法国一项研究分析了 26 座隧道中的货车火灾,并根据其对隧道环境影响的重要性进行了初步分类,其中对隧道造成部分破坏的火灾热释放率不超过 20MW,只有极少数破坏非常严重的火灾热释放率会超过 20MW。

在车辆引擎过热和制动系统过热(例如长大纵坡路段)的情况下,车辆火灾风险有增长趋势。此外,在公路隧道新通车的一段时间内,火灾发生的可能性比较大,当驾驶员对隧道环境熟悉后,火灾发生频率就降低了。

我国对公路隧道运营事故未开展过系统、全面的分析研究,有关公路隧道运营事故的统计数据极少。浙江省开展的"高速公路特长隧道及隧道群运营安全及防灾救援技术研究"(2005—2008)以甬台温高速公路隧道、金丽温高速公路隧道为对象,对其运营事故进行了调查研究,运营事故形态分布比例如图 2-24 所示,肇事车辆类型比例如图 2-25 所示,事故形态与车辆类型关系如图 2-26 所示。该项研究表明:

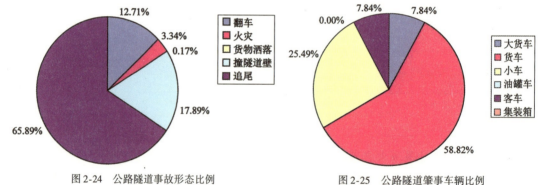

图 2-24 公路隧道事故形态比例　　图 2-25 公路隧道肇事车辆比例

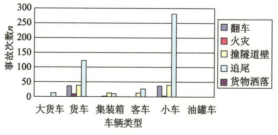

图 2-26 公路隧道事故形态与车辆类型关系

(1) 公路隧道平均火灾发生频率为 5 ~ 36 次/($10^8$ 辆·km);

(2) 公路隧道平均交通事故发生频率为 168.4 次/($10^8$ 辆·km),其中翻车事故发生频率为 34.8 次/($10^8$ 辆·km),撞壁事故发生频率为 45.9 次/($10^8$ 辆·km),追尾事故发生频率为 82.1 次/($10^8$ 辆·km);

(3)小客车或货车占肇事车辆的 80% 以上,重型车较少;

(4)交通量越大,事故发生数量越多,但增加最明显的是追尾事故;

(5)曲线隧道事故率比直线隧道低。

2.3.1.3　国外相关技术报告及国内典型隧道设计火灾规模

1)国外技术报告对隧道设计火灾规模的要求

PIARC 研究报告(1999)指出,根据隧道结构及其交通运输规定,原则上一座特定隧道的拱顶和侧壁可以考虑的火灾温度极限见表 2-61。

公路隧道火灾温度极限　　　　　　　　　　　　　　　　　　　表 2-61

| 燃烧车辆类型 | 温度(℃) |
| --- | --- |
| 小客车 | 400 |
| 公共汽车、小货车 | 700 |
| 载重货车(有燃烧物但不是汽油或其他危险物品) | 1000 |
| 油罐车(一般情况) | 1200 |
| 油罐车(特殊情况,例如泄漏严重、会发生水灾的沉管隧道) | 1400 |

注:如果火焰直接接触内壁,温度会更高。

PIARC 研究报告 *Systems and Equipment for Fire and Smoke Control in Road Tunnels*(2007)指出,小汽车引起的火灾事故概率最高。据估计,95% 的小汽车火灾是由汽车故障而不是交通事故引起的,因而大多数火灾仅涉及 1 辆小汽车。小汽车火灾规模并不是很大,但能产生大量的烟雾。尽管烟雾的温度不是很高,但产生的有毒气体却足够对人产生伤害。当货车发生火灾时,将会产生高温和大量有毒气体。如果引起火灾的原因是交通事故,涉及其中的就不止 1 辆汽车,在此情况下,火灾的规模一般是很大的,并且取决于涉及事故的车辆组成。

PIARC 研究报告 *Design Fire Characteristics for Road Tunnels*(2010 中间成果)列举了不同国家的公路隧道火灾设防规模,见表 2-62。

不同国家公路隧道火灾设防规模　　　　　　　　　　　　　　　　表 2-62

| 国家 | 火灾热释放率(MW) | 备　注 |
| --- | --- | --- |
| 澳大利亚 | 50 | 设置自动灭火系统,无危险品运输车辆通行 |
| 奥地利 | 30 | 高风险类别为 50MW |
| 法国 | 30/200 | 当隧道采用纵向通风系统且允许危险品运输车辆通行时为 200MW |
| 德国 | 30~100 | 取决于载重货车比例 |
| 希腊 | 100 | 通常隧道采用纵向通风系统 |
| 意大利 | 20~200 | — |

续上表

| 国家 | 火灾热释放率(MW) | 备注 |
|---|---|---|
| 日本 | 30 | — |
| 荷兰 | 200 | 通常隧道采用纵向通风系统 |
| 挪威 | 20~100 | 取决于风险类别,通常隧道采用纵向通风系统 |
| 葡萄牙 | 100 | — |
| 西班牙 | 30 | — |
| 瑞典 | 100 | 通常隧道采用纵向通风系统 |
| 瑞士 | 30 | — |
| 英国 | 30~100 | — |
| 美国 | 20~300 | 如果允许危险品运输车辆通行为300MW |

从表2-62中可以看出:

(1)大多数国家公路隧道基于火灾人员安全考虑,火灾设防规模取30MW;

(2)某些国家火灾设防规模为区间值,这取决于车辆类型以及对重型货车和危险品运输车辆发生火灾的认识程度;

(3)采用纵向通风系统的隧道通常采用更高的火灾设计规模;

(4)采用较大火灾设防规模的国家往往没有对隧道人员安全和隧道结构安全进行区分。

PIARC研究报告(2010)给出的建议是:

(1)典型的火灾设计场景是单独一辆重型车起火,火灾热释放率为30~50MW。考虑到火势的发展,在30MW火灾下,人员能够进行自救。此外,消防队员使用普通灭火技术不能完成30MW以上规模火灾的扑救。

(2)如果是横向通风系统,设计火灾场景是单独一辆货车起火(30MW)符合大多数情况,为了尽量减少火灾蔓延的风险,并优化横向通风系统排烟效率,主动控制纵向气流流动排烟已能够得到保证,相比于纵向通风系统,横向通风系统排烟降低了隧道内温度并因而减少了浮力效用。

当采用纵向通风系统排烟时,消防灭火阶段的目的是阻止烟雾逆流,即确保烟雾朝火灾下风方向流动,类似于横向通风系统,火灾设计规模设计为30MW一般也是足够的,但是相比于横向通风系统,在较大规模火灾下,纵向通风系统的成本略高。在实际风速下,与横向通风系统排烟相比,采用纵向通风系统排烟,隧道内温度较高。

2)国内规范要求及典型隧道设计火灾规模

(1)公路隧道消防技术规范

根据公安部四川消防研究所主编的《公路隧道消防技术规范》(报批稿),公路隧道火灾最大热释放量应按表2-63取值。

## 第2章 通风技术标准与火灾设计规模

**公路隧道火灾最大热释放量取值**(单位:MW)　　　　　　　　　　　　　表 2-63

| 隧道类别 | 通行方式 | 隧道长度 | 高速公路 | 一级公路 | 二级公路 |
|---|---|---|---|---|---|
| 山岭隧道 | 单向交通 | $L > 5000$m | 30 | 30 | — |
| | | $1000$m$< L \leqslant 5000$m | 20 | 20 | — |
| | 双向交通 | $L > 4000$m | — | — | 20 |
| | | $2000$m$< L \leqslant 4000$m | — | — | 20 |
| 水下隧道、城市隧道 | 单向交通 | $L > 3000$m | 50 | 50 | — |
| | | $1000$m$< L \leqslant 3000$m | 30 | 30 | — |
| | 双向交通 | $L > 1000$m | — | — | 30 |
| | | $500$m$< L \leqslant 1000$m | — | — | 20 |

根据该规范,长度大于 3000m 的水下单向交通高速公路隧道火灾最大热释放量应取 50MW。

(2)公路水下隧道设计规范

《公路水下隧道设计规范》(JTG/T 3371—2022)规定,应根据水下隧道的功能用途、预测交通量、交通组成等情况确定火灾事故设防规模(表 2-64)。

**《公路水下隧道设计规范》(JTG/T 3371—2022)火灾事故设防规模**　　　表 2-64

| 隧道功能用途、交通组成 | 最大热释放速率(MW) |
|---|---|
| 通行车辆主要为客车 | 20~30 |
| 高速公路、一级公路水下隧道 | 30~50 |

注:当隧道长度超过 3000m 时,应取高值。

(3)国内典型水下隧道设计火灾规模

根据调查,国内已建成通车或在建的江底/海底公路隧道火灾热释放率见表 2-65,均明确规定不允许危险品运输车辆通行,且部分隧道(如青岛胶州湾隧道)属于城市快速路,只允许通行小客车。

**国内部分公路水下隧道火灾设防规模**　　　　　　　　　　　　　　表 2-65

| 序号 | 隧道名称 | 热释放率(MW) | 备注 |
|---|---|---|---|
| 1 | 厦门翔安隧道 | 20 | — |
| 2 | 港珠澳海底隧道 | 50 | 禁止危险品运输车辆通行 |
| 3 | 青岛胶州湾隧道 | 20 | 只允许小客车通行 |
| 4 | 南京纬三路隧道 | 20 | 只允许小客车通行 |
| 5 | 上海外环隧道 | 50 | — |
| 6 | 上海长江隧道 | 50 | — |
| 7 | 上海大连路隧道 | 20 | 小客车和公交车通行 |
| 8 | 武汉长江隧道 | 20 | — |
| 9 | 南京长江隧道 | 20 | 总长 6.04km,双向六车道,设计车速 80km/h;通行车辆类型主要为载客车辆及一般厢式货车,中、大型货车所占比例非常小,且限制危险品运输车辆通行 |

续上表

| 序号 | 隧道名称 | 热释放率(MW) | 备 注 |
|---|---|---|---|
| 10 | 杭州过江隧道 | 20 | 车辆主要为客车和少量的货车,并且限制载有大量可燃物的车辆进入 |
| 11 | 长沙营盘路湘江隧道 | 20 | — |
| 12 | 南京玄武湖隧道 | 20 | — |

根据国内调研结果发现,目前国内的水下隧道设计火灾规模最大为50MW,特别是港珠澳大桥海底特长沉管隧道。港珠澳大桥跨越珠江口伶仃洋海域,是连接港、珠、澳的大型跨海通道工程,距本工程距离约为38km,由隧道、人工岛、桥梁组成。港珠澳沉管长5664m(隧道总长6265m),双洞六车道断面,最大纵坡2.98%。根据港珠澳大桥工可预测交通量,到2030年,港珠澳大桥交通量为55925pcu/d,厢式货车比为17.1%。可见,港珠澳大桥海底沉管隧道与本项目工程情况极为相似,其设计火灾规模对本工程设计火灾规模的确定有十分重要的借鉴意义。

### 2.3.2 超宽特长海底沉管隧道火灾事故预测分析

#### 2.3.2.1 深中通道交通量预测数据分析

**1)深中通道交通量工可预测数据**

从区域未来汽车需求以及销售市场发展趋势分析,由于珠三角地区经济发展水平较高,随着居民出行需求质量的不断提高,未来汽车需求将由公用型向私用型转变。根据近年来我国汽车生产和销售情况分析,未来小客车是汽车需求的主导车型,私人小客车数量在一定程度上仍将持续高速增长。随着珠三角产业向东西两翼及北部山区以及泛珠三角等外围地区的转移,珠三角与外围的经济联系更加密切,中长途货物运输比重有所增加。由于大型货车的运输效率明显高于中小型货车,因此大型货车的出行比重将有所增加。随着珠三角产业升级与优化调整,产品向高端化、轻型化方向发展,集装箱运输的比重也将不断上升。

深中通道海中特长隧道预测交通量见表2-66,交通组成见表2-67。从表中可以看出,深中通道海中特长隧道预测交通组成中重型货车比例较高,达到9.4%~12.2%。

**深中过江通道交通量预测结果**(单位:pcu/d)    表2-66

| 路 段 | 年 份 | | | | |
|---|---|---|---|---|---|
| | 2022年 | 2027年 | 2032年 | 2037年 | 2042年 |
| 机场互通—万顷沙互通 | 44914 | 59553 | 69119 | 81596 | 93006 |

**深中过江通道车型比例预测结果**(绝对数)    表2-67

| 年份 | 车 型 | | | | | | | 合计 |
|---|---|---|---|---|---|---|---|---|
| | 小货 | 中货 | 大货 | 拖挂车 | 集装箱 | 小客 | 大客 | |
| 2022 | 16.7% | 14.7% | 4.0% | 3.9% | 3.7% | 48.5% | 8.5% | 100.00% |
| 2027 | 16.4% | 13.7% | 4.2% | 2.3% | 4.1% | 49.0% | 8.2% | 100.00% |
| 2032 | 16.1% | 12.5% | 2.3% | 5.1% | 4.5% | 49.6% | 7.8% | 100.00% |
| 2037 | 15.8% | 11.6% | 4.7% | 5.7% | 4.7% | 50.1% | 7.4% | 100.00% |
| 2042 | 15.5% | 10.5% | 5.0% | 6.2% | 5.1% | 50.7% | 7.0% | 100.00% |

2）超限车辆通行分析

同为跨越珠江的重要通道——虎门大桥目前交通状况如图2-27所示。从图中可以看出，目前虎门大桥交通组成中型及以上型货车比例约为25%（采取治超措施后）。虎门大桥开展治理车辆超限超载工作以来，取得的成效如下：

(1) 限车占总车流的比例逐年下降，从2008年的1.7%下降至2011年的1.1%。显示超限车数量显著减少；由于珠三角两岸经济发展存在差异，原来东行线超限车数量和比例均高于西行线。在双向开展"治超"后，双向超限车数量和比例趋于平衡。

(2) 2011年日均查获超限车次从前三年日均不足10车次增加到13车次；目前经过大桥每天的超限车辆达数百车次，但日均查获和劝阻的超限车仅10余车次，每天仍有数百辆超限车通过大桥；最重超限车达129.1t（2010年西行线），超限74.1t。

(3) 2008—2011年累计劝阻4729车次超限车辆上桥，其中最重车辆达116.6t（2010年）；随着南沙B站入口劝阻为越来越多的驾驶员所熟知，被劝阻的车辆在2011年大幅减少。

(4) 开展"治超"以来，双向重车率在9%~12%之间，2011年东行线较西行线高出一倍；东行线重车率稳定提高，从2008年的11.6%提高至2011年的14.6%，西行线重车率从2008年的6.8%提高至2010年的10.5%，2011年则大幅降至7.2%。

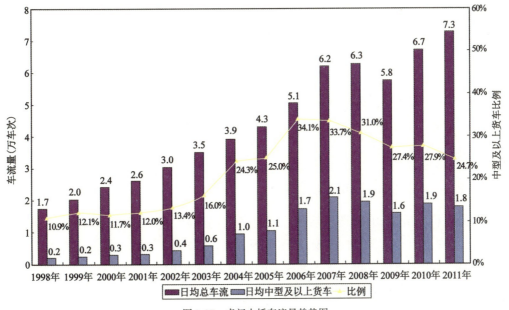

图2-27 虎门大桥车流量趋势图

珠三角地区另一重要通道——广深高速公路日均交通量达到74744pcu/d，已远远超过了六车道高速公路所能适应的最大交通量（图2-28）。

从超载货车占货车比例来看，深圳—广州方向所占比例为11.15%，要低于广州—深圳方向17.28%，相差近6个百分点，说明两个方向车辆荷载存在一定的差异，这也与实际情况相符合，因为广州—深圳方向的车辆主要是原材料等货物，而深圳—广州方向主要是生产出来的商品,这样相对来说重量要轻。从超载货车的平均超载率来看,广州—深圳方向平均超载率为30.70%,深圳—广州方向平均超载率为31.50%,双向平均超载率为31.00%。

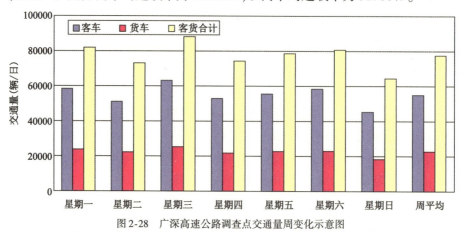

图 2-28　广深高速公路调查点交通量周变化示意图

深中通道海中特长隧道位于虎门大桥和港珠澳大桥之间,由于目前珠江口东西岸的陆路连通主要依靠虎门大桥,而车流量的不断增长使得虎门大桥即将进入饱和状态,而深中通道海中特长隧道的建设恰好能够满足虎门大桥车流量饱和后的巨大运输需求。因此,深中通道海中特长隧道建成后必然也面临超限车大量通行问题。

#### 2.3.2.2　深中通道隧道火灾发生频率及可能发生的火灾事故类型

到 2027 年,深中通道预测通行交通量将达 59553pcu/d,其中重型货车比例达 9.6%,且面临大量超限车通行的问题。

根据已有研究成果,平均火灾发生频率按 $5\sim36$ 次$/(10^8$ 辆$\cdot km)$ 考虑,到 2027 年,每年可能至少会发生 5 起火灾事故,且存在发生重型货车火灾事故的可能。因此,深中通道海中特长隧道防火安全压力很大。

### 2.3.3　不同火灾设计规模的影响

从前文分析看出,深中通道虽然禁止通行危化品车辆,但通行车辆中重型货车比例较大,且运送货物包括家具、塑料、橡胶、纸制品等火灾荷载加大货物,存在发生 50MW、100MW 甚至 200MW 火灾的可能。设计火灾规模是隧道通风、灭火设施以及防灾救援系统设计的基础。不同的火灾设计规模将对隧道建造成本和运营安全性带来较大的影响,本节将从隧道运营安全性和火灾防治成本角度,分别对 50MW、100MW、200MW 火灾设计规模的影响进行分析。

#### 2.3.3.1　火灾设计规模对隧道安全性影响

火灾对隧道安全性的影响主要有两方面:
(1)火灾烟气和温度对人员疏散的影响;
(2)火灾温度对结构安全的影响。

本小节将从这两方面对隧道安全性进行分析。

本小节采用 FDS + EVAC 数值计算软件分别对深中通道发生 50MW、100MW、200MW 规模的火灾场景进行,从人员安全所需最小时间和可用安全疏散角度,分析不同火灾规模下隧道运营安全度。

FDS 是美国 NIST(National Institute of Standards and Technology)研制开发的,是目前进行火灾过程模拟的权威程序。该软件用数值方法求解适合低速的热驱动流的 Navier-Stokes 方程,重点是火焰造成的烟气和热传递问题。用质量守恒、动量守恒和能量守恒的偏微分方程来近似有限差分,解决方法是实时校正三维直线网格的信息。

在人员疏散计算方面,目前,可与 FDS 配套使用的 FDS + EVAC 软件具有优势。FDS + EVAC 是当前应用较广泛的人员疏散计算机模拟软件之一,可以对诸如超市、医院、车站、学校、机场、地下车库、隧道等建筑的人员疏散过程进行模拟分析,其考虑人员特性的差异,将每个逃生人员的行进轨迹用独立的运动方程进行描述。人员运动方程用耗散颗粒动力学的方法进行求解,因此具有很高的精度。FDS + EVAC 的另一优势是其特别适于考虑高密度区域的人员疏散,并且充分考虑了人员逃生与火源之间的关系,因此适用于隧道火灾阻塞工况。同时,使用 FDS + EVAC 可以同时显示烟气运动、热量分布与人员逃生情况,使得整个三维动态过程清晰易懂,其具有其他疏散软件不具备的优势。因此,本研究采用 FDS + EVAC 进行疏散模拟。

1) 隧道火灾场景设置

(1) 隧道火灾功率与增长率设置

模拟火源功率及增长率参照 Runehamar 隧道火灾实验数据进行设置,工况 T1~T4 火灾热释放速率均超过了 50MW,从保守角度考虑,取到达 50MW 最快的 T2 工况热释放速率曲线(0~50MW 阶段)作为 50MW 模拟火灾的火源功率曲线;同理,取 T3 工况的热释放速率曲线(0~100MW 阶段)作为 100MW 模拟火灾的火源功率曲线;取 T1 工况的热释放速率曲线作为 200MW 模拟火灾的火源功率曲线。模拟火源功率增长曲线如图 2-29 所示。

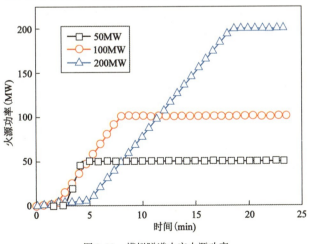

图 2-29　模拟隧道火灾火源功率

(2)隧道重点排烟排烟量选取

在重点排烟方式中,需确定风机排烟量的大小,采用美国 NFPA92B 提出的火灾产烟量的计算方法。

在定量模拟计算中,考虑峰值为 50MW、100MW 与 200MW 的火源,其对应的理论排烟量分别为 195m³/s、347m³/s 与 715m³/s(未考虑漏风量,仅考虑一定的新风混入量)。在利用重点排烟时,排烟风机的排烟量理论上原则上不应小于火灾功率峰值所对应的产烟量。在风机选型允许的条件下,宜尽量增大风机的排烟量。然而,当火源功率过大时(如 200MW),理论产烟量非常大,对风机选型提出了很高的要求。因此,排烟风机风量的确定也应结合实际风机选型的可行性,同时应考虑排烟产生的隧道断面风速应满足规范对隧道断面风速的要求。

(3)疏散口间距的确定

根据规范,地下建筑疏散口的间距一般应小于 120m。根据工程可行性报告,按每间隔 75m 设置一处人行横通道防火门方案,净宽 2.0m,净高 2.5m。

(4)疏散人数与疏散开始时间

疏散人员的数量是整个疏散策略中很重要的参数。若隧道起火未引起火源下游的车流阻塞,火源下游的人员利用车辆行驶进行疏散,火源上游的人员下车利用疏散通道逃生。若隧道起火的同时,其下游的车流发生阻塞而停滞,火源上游和下游的人员均须下车利用疏散通道进行逃生,因此,火源下游车流阻塞导致人员下车疏散的工况为隧道采用重点排烟方案时人员逃生的不利工况,也是疏散人数最多的工况。

在本报告中,通过估算堵车车辆数目来估算人员数量。该隧道为双车道,大型车和小型车比例大致为 1:6。每辆车的长度取一个综合值,设置为 7m,而每辆车之间的间距取为 3m。最后确定在不利工况下,四车道隧道每两个疏散口之间(即 75m)疏散的人数为 330 人。

横向疏散口的通过速度约为 1.3 人/s。

探测、报警与人员预动作时间总共为 180s。人员疏散开始至疏散结束的时间由步行时间 $T_s$(从最远疏散点至安全出口步行所需的时间)和出口通过排队时间 $T_q$(计算区域人员全部从出口通过所需的时间)构成,其由疏散模拟软件计算获得。

(5)隧道火灾安全判据

火灾安全的物理指标在不同资料中略有不同,采用其中较严格的指标,如表 2-68 所示。

火 灾 安 全 指 标　　　　　　　表 2-68

| 标　准 | 指标界定 |
|---|---|
| 温度 | 在离地面 1.8m 高处的温度小于 60℃ |
| 毒性气体 | 在离地面 1.8m 高处 CO 体积浓度小于 1500PPM |
| 烟气层高度 | 2m 以上 |
| 能见度 | 在离地面 1.8m 高处不小于 10m |

火灾安全的判据如图 2-30 所示。人员安全疏散所必需的安全疏散时间 $T_{RSET}$ 为人员疏散

开始时间与人员疏散行动时间之和:

$$T_{\text{REST}} = T_{\text{START}} + T_{\text{ACTION}}$$

人员疏散的开始时间为:

$$T_{\text{START}} = T_{\text{d}} + T_{\text{a}} + T_{\text{pre}}$$

图 2-30　火灾人员安全判据示意图

探测时间($T_{\text{d}}$):火灾发生、发展将触发火灾探测与报警装置而发出报警信号,使人们意识到有异常情况发生,或者人员通过本身的味觉、嗅觉及视觉系统察觉到火灾征兆的时间。

报警时间($T_{\text{a}}$):从探测器动作或报警开始至警报系统启动的时间。

人员的疏散预动作时间($T_{\text{pre}}$):人员的疏散预动作时间为人员从接到火灾报警之后到疏散行动开始之前的这段时间间隔,包括识别时间($T_{\text{rec}}$)和反应时间($T_{\text{res}}$)。识别时间($T_{\text{rec}}$)为从火灾报警或信号发出后到人员还未开始反应的这一时间段。反应时间($T_{\text{res}}$)为从人员识别报警或信号并开始做出反应至开始直接朝出口方向疏散之间的时间。与识别阶段类似,反应阶段的时间长短也与建筑空间的环境状况有密切关系。

$T_{\text{ACTION}}$即从疏散开始至疏散结束的时间,它由步行时间$T_{\text{s}}$(从最远疏散点至安全出口步行所需的时间)和出口通过排队时间$T_{\text{q}}$(计算区域人员全部从出口通过所需的时间)构成。

保证人员安全疏散的基本条件是:

$$T_{\text{ASET}} > T_{\text{RSET}}$$

2)火灾高温烟气对人员疏散的影响

(1)不同火灾规模的排烟及疏散情况对比

①50MW 火灾 +195m³/s 排烟量:

沉管四车道 + 横向疏散口逃生:由图 2-31 ~ 图 2-45 可以看出,对于峰值为 50MW 的火灾,在疏散完成之前,隧道中的温度、CO 体积浓度和能见度等参数不影响人员的安全疏散。利用横向疏散口逃生时,RSET 为 591s。而 ASET 至少大于 700s,能够保证人员的安全疏散。从温度、CO 体积浓度和能见度的分布情况来看,重点排烟区域以外的温度和 CO 浓度较排烟区域高,能见度较排烟区域低,这是因为重点排烟区域的横向排烟气流起主导作用,使得烟气的沉降较慢,烟气界面较高;而当剩余烟气蔓延到重点排烟区域以外以后,烟气沉降加剧,再加上水平补风气流的拖拽,使得烟气界面变低。

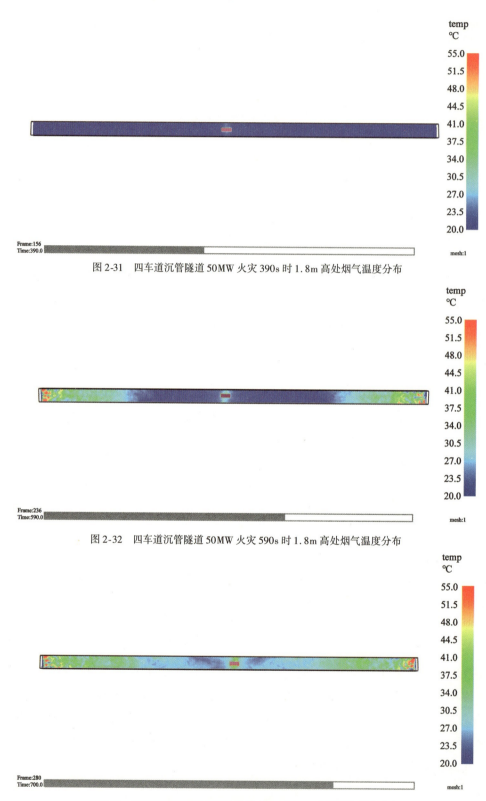

图 2-31　四车道沉管隧道 50MW 火灾 390s 时 1.8m 高处烟气温度分布

图 2-32　四车道沉管隧道 50MW 火灾 590s 时 1.8m 高处烟气温度分布

图 2-33　四车道沉管隧道 50MW 火灾 700s 时 1.8m 高处烟气温度分布

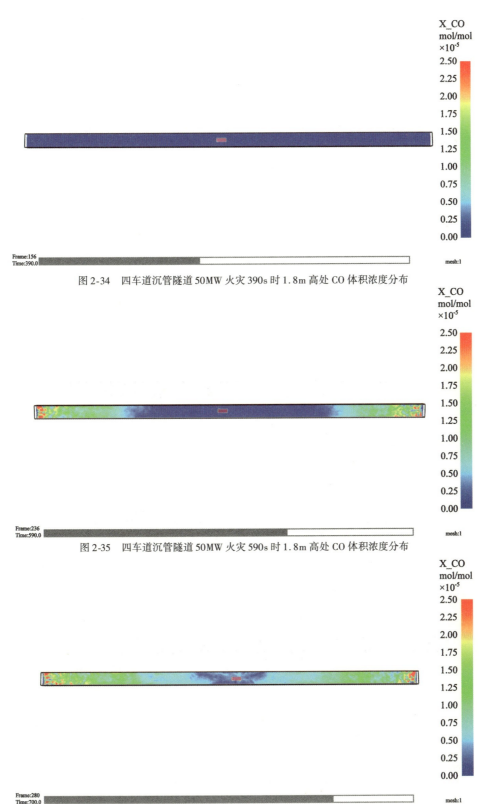

图 2-34　四车道沉管隧道 50MW 火灾 390s 时 1.8m 高处 CO 体积浓度分布

图 2-35　四车道沉管隧道 50MW 火灾 590s 时 1.8m 高处 CO 体积浓度分布

图 2-36　四车道沉管隧道 50MW 火灾 700s 时 1.8m 高处 CO 体积浓度分布

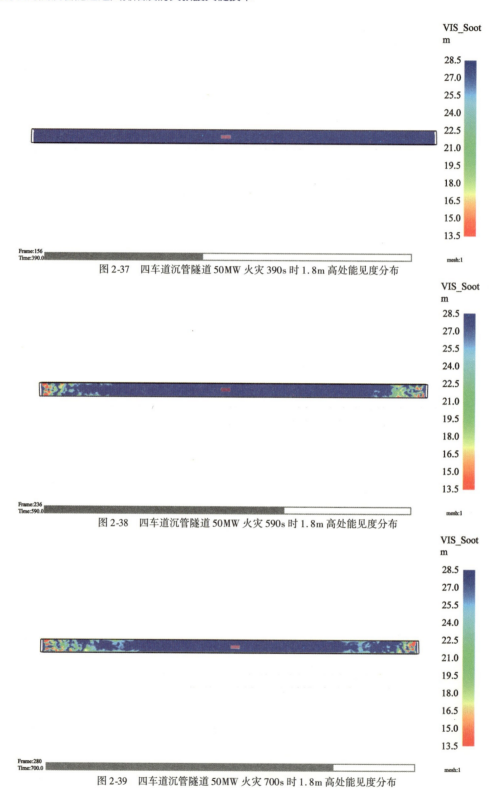

图 2-37 四车道沉管隧道 50MW 火灾 390s 时 1.8m 高处能见度分布

图 2-38 四车道沉管隧道 50MW 火灾 590s 时 1.8m 高处能见度分布

图 2-39 四车道沉管隧道 50MW 火灾 700s 时 1.8m 高处能见度分布

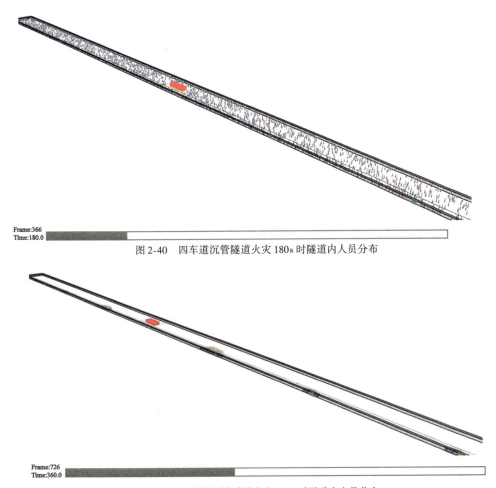

图 2-40　四车道沉管隧道火灾 180s 时隧道内人员分布

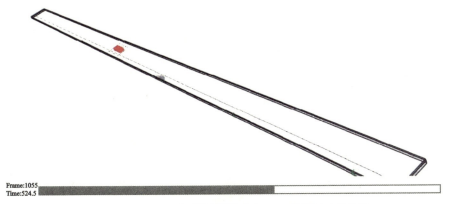

图 2-41　四车道沉管隧道火灾 360s 时隧道内人员分布

图 2-42　四车道沉管隧道火灾 525s 时隧道内人员分布

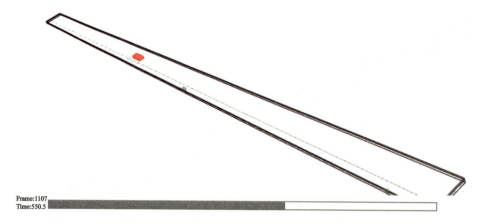

图 2-43　四车道沉管隧道火灾 551s 时隧道内人员分布

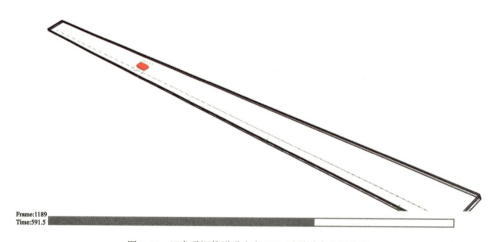

图 2-44　四车道沉管隧道火灾 592s 时隧道内人员分布

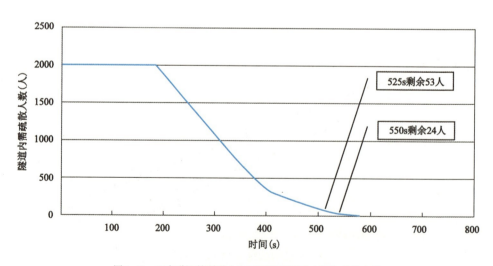

图 2-45　四车道沉管隧道火灾不同时刻隧道内剩余疏散人员

②100MW 火灾 +195m³/s 排烟量：

当火源功率达到 100MW 时，较多烟气向重点排烟区段以外的区域蔓延。在 550s 时，由于远端烟气沉降与补风拖拽的作用，重点排烟区域以外的 1.8m 高处的温度已经超过 60℃。因此，此工况的 ASET 约为 550s。而对于四车道沉管隧道，其疏散完成的时间 RSET 为 591s，RSET 比 ASET 大 40s 左右；在 550s 时，尚有 24 人未进入疏散通道。因此，当火灾功率达到 100MW 时，在排烟量按照 50MW 火灾设定时，不能保证人员的安全逃生（图 2-46 ~ 图 2-52）。

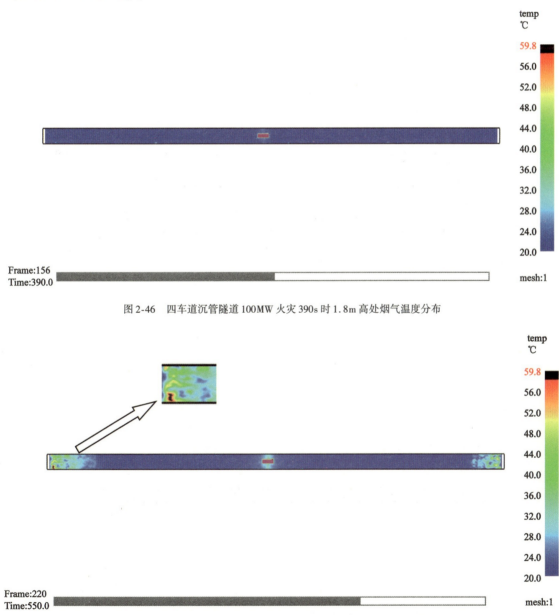

图 2-46　四车道沉管隧道 100MW 火灾 390s 时 1.8m 高处烟气温度分布

图 2-47　四车道沉管隧道 100MW 火灾 550s 时 1.8m 高处烟气温度分布

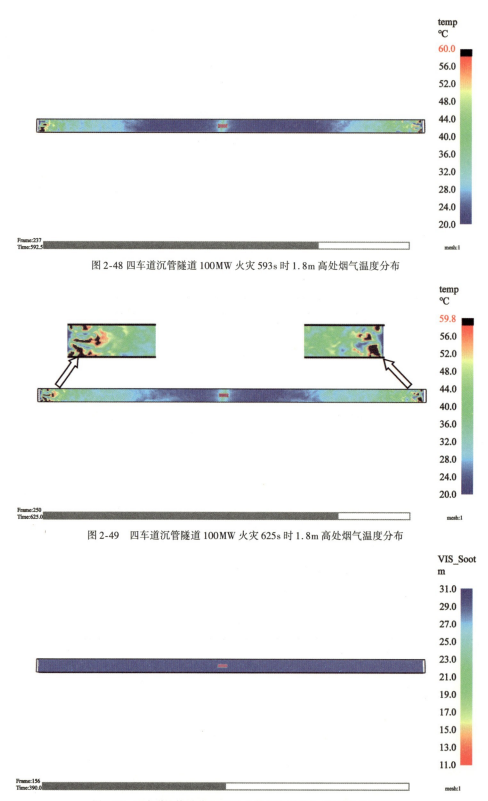

图 2-48 四车道沉管隧道 100MW 火灾 593s 时 1.8m 高处烟气温度分布

图 2-49 四车道沉管隧道 100MW 火灾 625s 时 1.8m 高处烟气温度分布

图 2-50 四车道沉管隧道 100MW 火灾 390s 时 1.8m 高处能见度分布

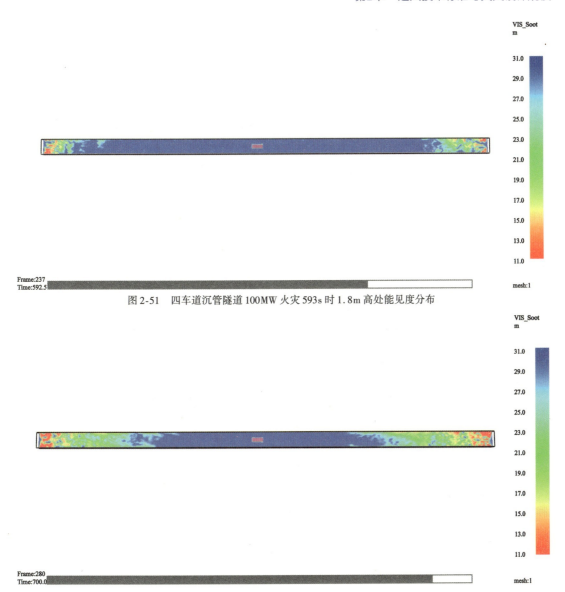

图 2-51　四车道沉管隧道 100MW 火灾 593s 时 1.8m 高处能见度分布

图 2-52　四车道沉管隧道 100MW 火灾 700s 时 1.8m 高处能见度分布

③200MW 火灾 +195m³/s 排烟量：

沉管隧道 +200MW 火源功率 +195m³/s 重点排烟量：当火源功率达到 100MW 时，由于排烟能力小于产烟量，大量烟气向重点排烟区段以外的区域蔓延。525s 时，重点排烟区域以外的 1.8m 高处的部分区域温度已经超过 60℃，且能见度已经小于 10m。572s 时，重点排烟区域以外的 1.8m 高处有大量区域的温度超过 60℃。因此，此工况的 ASET 约为 525s。而对于四车道沉管隧道，其疏散完成的时间 RSET 为 591s，RSET 比 ASET 大 66s 左右；在 525s 时，尚有 53 人未进入疏散通道。因此，当火灾功率达到 200MW 时，在排烟量按照 50MW 火灾设定时，不能保证人员的安全逃生（图 2-53～图 2-60）。

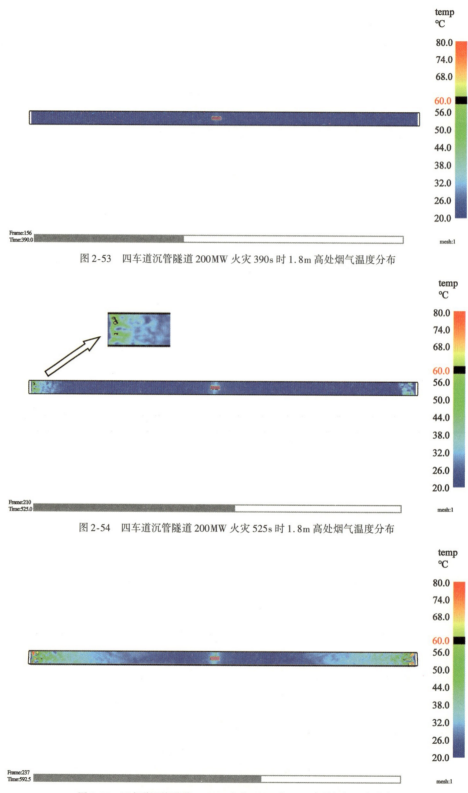

图 2-53　四车道沉管隧道 200MW 火灾 390s 时 1.8m 高处烟气温度分布

图 2-54　四车道沉管隧道 200MW 火灾 525s 时 1.8m 高处烟气温度分布

图 2-55　四车道沉管隧道 200MW 火灾 593s 时 1.8m 高处烟气温度分布

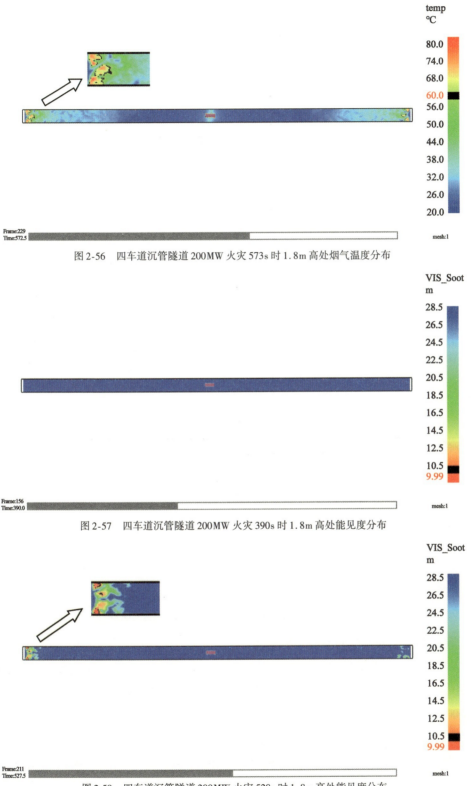

图 2-56　四车道沉管隧道 200MW 火灾 573s 时 1.8m 高处烟气温度分布

图 2-57　四车道沉管隧道 200MW 火灾 390s 时 1.8m 高处能见度分布

图 2-58　四车道沉管隧道 200MW 火灾 528s 时 1.8m 高处能见度分布

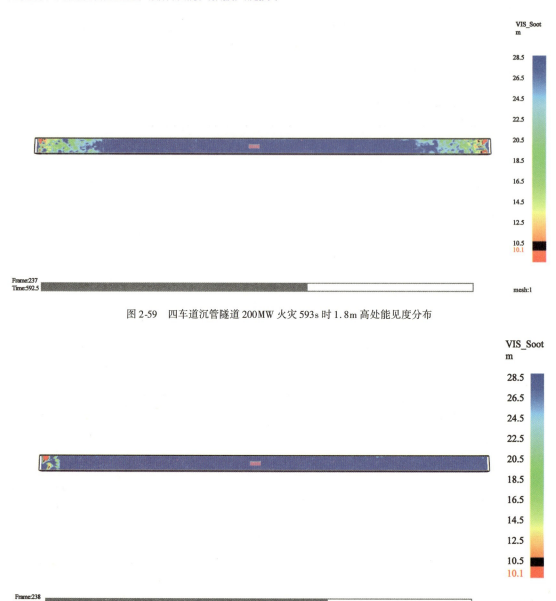

图2-59　四车道沉管隧道200MW火灾593s时1.8m高处能见度分布

图2-60　四车道沉管隧道200MW火灾595s时1.8m高处能见度分布

(2)增大排烟量对烟气控制效果的影响

本节考虑增大风机排烟量对峰值为100MW与200MW的火灾的烟气控制效果的影响。在本节中,风机排烟量增大到与100MW火源产烟量相等,即为347$m^3/s$。

①100MW火源功率+重点排烟量347$m^3/s$:

由图2-61~图2-66可知,当火源功率峰值为100MW时,在347$m^3/s$的排烟量条件下,ASET至少大于700s。相对于195$m^3/s$的排烟量的情况,此工况的烟气控制效果显著增强。

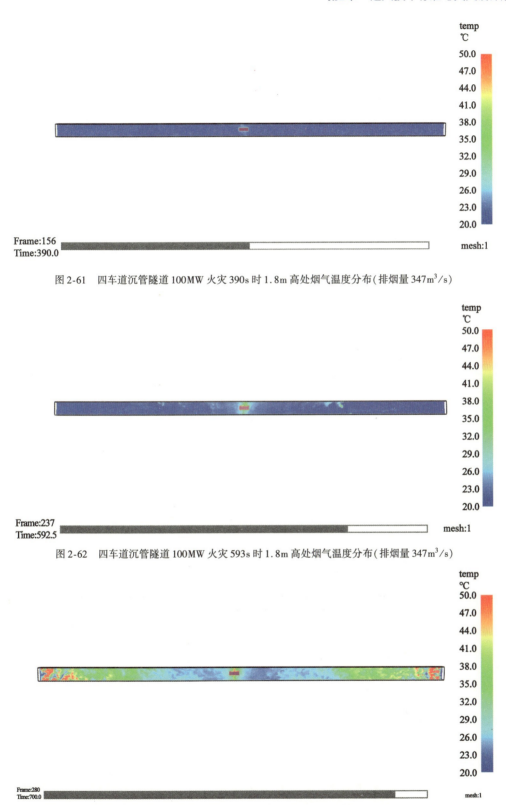

图 2-61　四车道沉管隧道 100MW 火灾 390s 时 1.8m 高处烟气温度分布（排烟量 347m³/s）

图 2-62　四车道沉管隧道 100MW 火灾 593s 时 1.8m 高处烟气温度分布（排烟量 347m³/s）

图 2-63　四车道沉管隧道 100MW 火灾 700s 时 1.8m 高处烟气温度分布（排烟量 347m³/s）

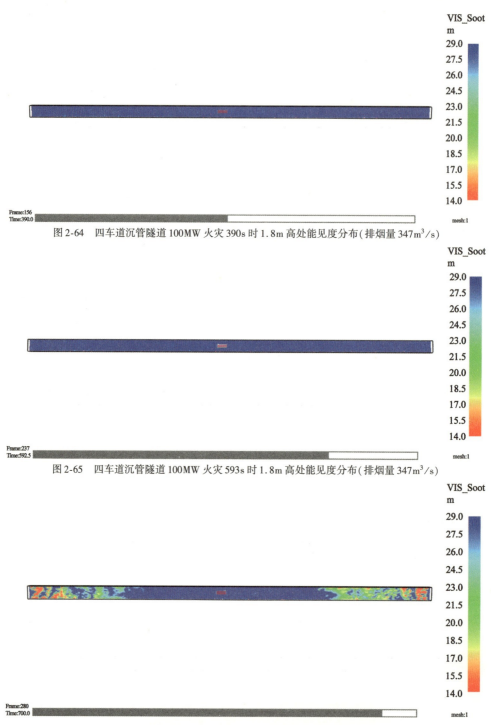

图 2-64　四车道沉管隧道 100MW 火灾 390s 时 1.8m 高处能见度分布（排烟量 347m³/s）

图 2-65　四车道沉管隧道 100MW 火灾 593s 时 1.8m 高处能见度分布（排烟量 347m³/s）

图 2-66　四车道沉管隧道 100MW 火灾 700s 时 1.8m 高处能见度分布（排烟量 347m³/s）

② 200MW 火源功率 + 重点排烟量 347m³/s：

由图 2-67～图 2-76 可知，在 347m³/s 的排烟量条件下，大约在 595s 时，在 1.8m 高处的温度开始大于60℃,能见度开始小于10m。因此,该工况的ASET约为595s;而排烟量为195m³/s(50MW火灾的设防标准)时的ASET约为525s。

由此可知,对于200MW的火灾,将排烟量在50MW火灾防控标准的基础上增大80.4%时,烟气控制效果的改善并不显著。

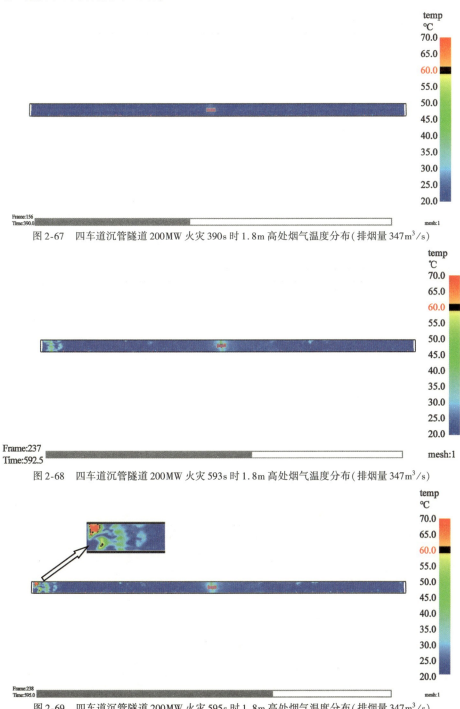

图2-67　四车道沉管隧道200MW火灾390s时1.8m高处烟气温度分布(排烟量347m³/s)

图2-68　四车道沉管隧道200MW火灾593s时1.8m高处烟气温度分布(排烟量347m³/s)

图2-69　四车道沉管隧道200MW火灾595s时1.8m高处烟气温度分布(排烟量347m³/s)

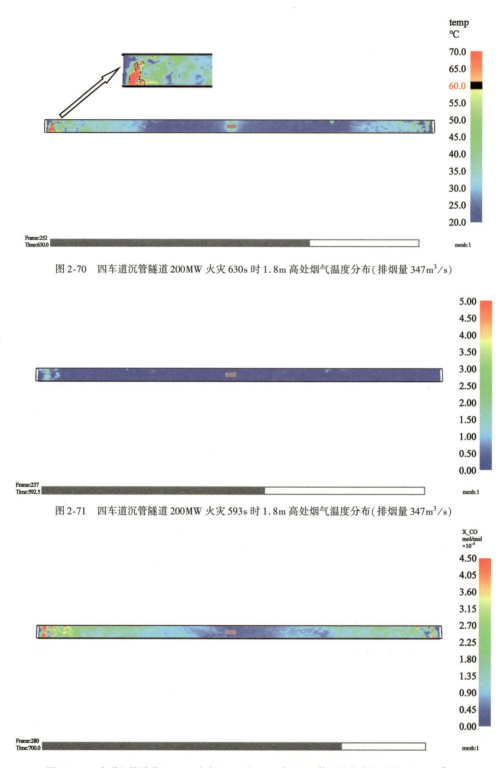

图 2-70　四车道沉管隧道 200MW 火灾 630s 时 1.8m 高处烟气温度分布（排烟量 347m³/s）

图 2-71　四车道沉管隧道 200MW 火灾 593s 时 1.8m 高处烟气温度分布（排烟量 347m³/s）

图 2-72　四车道沉管隧道 200MW 火灾 700s 时 1.8m 高处 CO 体积浓度分布（排烟量 347m³/s）

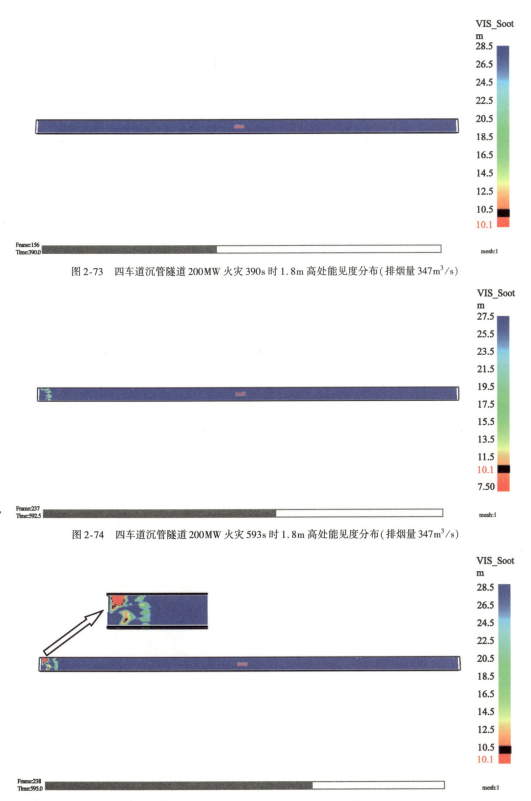

图 2-73　四车道沉管隧道 200MW 火灾 390s 时 1.8m 高处能见度分布（排烟量 347m³/s）

图 2-74　四车道沉管隧道 200MW 火灾 593s 时 1.8m 高处能见度分布（排烟量 347m³/s）

图 2-75　四车道沉管隧道 200MW 火灾 595s 时 1.8m 高处能见度分布（排烟量 347m³/s）

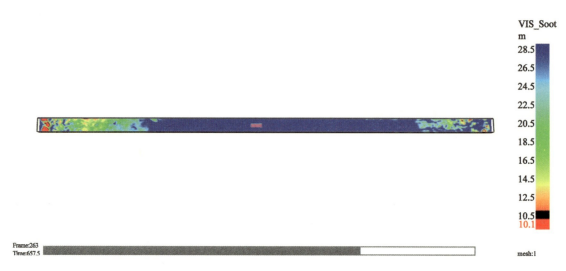

图 2-76　四车道沉管隧道 200MW 火灾 658s 时 1.8m 高处能见度分布（排烟量 347m³/s）

**小结：**在火灾的峰值功率为 100MW 时，在重点排烟的排烟量达到 347m³/s 的条件下，增大排烟量对于峰值功率为 100MW 的火灾的烟气控制效果改善作用明显。在火灾的峰值功率为 200MW 时，增大重点排烟的排烟量对于烟气控制效果的改善作用并不显著。同时，将排烟量在 50MW 火灾防控标准的基础上增大 80.4% 意味着风机数量可能增加一倍，造成风机与机房的投资增加将近一倍。

3）火灾烟气对隧道顶部结构表面温度影响

由图 2-77 可以看出：对于沉管隧道，峰值为 50MW 的火灾在 500s 时顶板下方气流温度上升到 600℃ 左右；峰值为 100MW 的火灾在 650s 左右时顶板下方气流温度可上升到 1000℃ 左右；峰值为 200MW 的火灾在 700s 左右时顶板下方气流温度可上升到 1300℃ 左右。

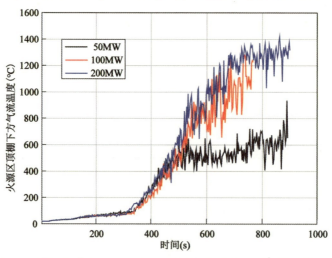

图 2-77　沉管隧道不同火灾功率对应的火源区隧道顶部的火焰温度随时间变化曲线

4) 小结

本小节利用数值模拟计算软件(FDS + EVAC),从隧道内人员安全疏散角度,对不同设计火灾规模对隧道安全性的影响进行分析。分析发现:在排烟量一定的情况下,火灾规模较小时,人员可用安全疏散时间更长。在排烟量为 195$m^3$/s 时(50MW 火灾烟气理论排烟量,未考虑排烟道漏风量),在 50MW 模拟火灾工况下,人员可用安全疏散时间大于 700s,能够保障人员完全疏散,而 100MW 和 200MW 的模拟火灾工况下,无法保障人员完全安全疏散。

增大排烟量(增至 347$m^3$/s)对于峰值功率为 100MW 的火灾的烟气控制效果改善作用明显,但其安全余量小于 50MW 火灾(排烟量 195$m^3$/s)的情况。而对峰值功率为 200MW 的火灾,烟气控制效果的改善作用并不显著。同时,该排烟量相对于 50MW 火灾(排烟量 195$m^3$/s)的情况,增大了 80.4%;这意味着风机数量可能增加一倍,造成风机与机房的投资增加将近一倍。

从隧道安全性的角度,当隧道发生 50MW 及下规模的火灾时,采用足够的排烟量能够保障隧道有较充足的人员安全疏散时间;当发生 100MW 的火灾时,增大排烟量,仍能保障一定的人员安全疏散时间,但安全余量小于发生 50MW 火灾的情况;若发生 200MW 的火灾,不能保障人员完全安全疏散。因此,在进行隧道防灾减灾设施设计时,应采取合理的安全保障措施,将火灾规模控制在 50MW 以内。

#### 2.3.3.2 火灾设计规模对火灾防治成本影响

1) 理论烟气生成量

本报告采用美国 NFPA92B 提出的火灾产烟量的计算方法,结合深中通道沉管隧道断面尺寸,当隧道火灾最大热释放率分别为 50MW 和 100MW 时,计算得出的理论烟气生成量分别为 177.70$m^3$/s 和 317.57$m^3$/s。

2) 烟道漏风量

烟道漏风量主要取决于排烟阀漏风量、排烟阀面积、排烟道与主隧道之间的压差、烟气温度等因素。排烟阀漏风量取值 0.1$m^3$/(s·$m^2$),排烟口面积采用设计单位提供的 6$m^2$,不考虑管节连接处的漏风量(要求结构设计单位对管节连接处进行密封处理),计算得出烟道漏风量为 38.4$m^3$/s。

3) 烟道排烟量

(1) 排烟口设置在隧道侧部时的烟道排烟量

根据业主提供的资料,深中通道为 4 车道断面,其排烟口初步考虑设置在隧道侧部,只在一侧设置,排烟口顶部距离隧道顶部约为 1.0m,考虑 10% 新风的吸入量。

故排烟口设置在隧道侧部时的烟道排烟量:

50MW　　177.70$m^3$/s + 38.4$m^3$/s + 177.70$m^3$/s × 0.3 = 269.41$m^3$/s

100MW　　317.57$m^3$/s + 38.4$m^3$/s + 317.57$m^3$/s × 0.3 = 451.25$m^3$/s

(2) 排烟口设置在隧道顶部时的烟道排烟量

当排烟口设置在隧道顶部时,考虑 10% 新风的吸入量,故烟道排烟量主要为烟气发生量

和烟道漏风量,即

$$50\text{MW} \quad 177.70\text{m}^3/\text{s} + 38.4\text{m}^3/\text{s} + 177.70\text{m}^3/\text{s} \times 0.1 = 232.31\text{m}^3/\text{s}$$

$$100\text{MW} \quad 317.57\text{m}^3/\text{s} + 38.4\text{m}^3/\text{s} + 317.57\text{m}^3/\text{s} \times 0.1 = 387.73\text{m}^3/\text{s}$$

4)通风烟道面积

根据《公路隧道通风设计细则》(JTG/T D70/2-02—2014)10.2.9 条文规定"排烟道内的设计风速不宜大于 15m/s",故排烟道内最大风速取 15m/s。

排烟口设置在隧道侧部时的烟道面积:

$$50\text{MW} \quad 269.41\text{m}^3/\text{s} \div 15\text{m/s} = 17.96\text{m}^2$$

$$100\text{MW} \quad 451.25\text{m}^3/\text{s} \div 15\text{m/s} = 30.08\text{m}^2$$

排烟口设置在隧道顶部时的烟道面积:

$$50\text{MW} \quad 232.31\text{m}^3/\text{s} \div 15\text{m/s} = 15.60\text{m}^2$$

$$100\text{MW} \quad 387.73\text{m}^3/\text{s} \div 15\text{m/s} = 25.85\text{m}^2$$

5)对沉管隧道断面的影响

(1)排烟口设置在隧道侧部

当隧道火灾最大热释放率为 50MW 时,烟道面积为 17.96$\text{m}^2$。当隧道火灾最大热释放率为 100MW 时,烟道面积为 30.08$\text{m}^2$,面积增大了 67.5%。按照设计单位提供的初测外业图纸中沉管隧道烟道为 4.2m×4.1m(宽×高)进行计算,如果隧道火灾最大热释放率为 100MW,则需要烟道加高至 7.3m 才能满足排烟需要。也就是说,沉管隧道断面需要加高约 3.2m。

(2)排烟口设置在隧道顶部

当隧道火灾最大热释放率为 50MW 时,烟道面积为 15.60$\text{m}^2$。当隧道火灾最大热释放率为 100MW 时,烟道面积为 25.85$\text{m}^2$,面积增大了 65.71%。按照设计单位提供的初测外业图纸中沉管隧道烟道为 4.2m×4.1m(宽×高)进行计算,如果隧道火灾最大热释放率为 100MW,则需要烟道加高至 6.3m 才能满足排烟需要。也就是说,沉管隧道断面需要加高约 2.2m。

### 2.3.4 超宽特长海底沉管隧道火灾设计规模

#### 2.3.4.1 火灾设计规模确定原则

火灾设计规模与隧道火灾荷载、通风系统、结构耐火保护措施、消防灭火系统等密切相关。火灾设计规模的大小将对隧道建造和运营成本产生巨大影响。火灾设计规模的确定,应由隧道投资者、消防队、工程标准制定者和设计人员共同商讨确定。

从系统安全角度,火灾事故发生具有必然性和偶然性两种特性。所谓必然性,是指系统的整个寿命期间,不存在绝对安全,事故必然发生。所谓偶然性,是指单一火灾事故的发生,存在偶然因素,并非持续发生,同时也无法预测。确定火灾设计规模应同时考虑火灾事故的必然性和偶然性。

火灾是不可避免的客观现象,但火灾同时也是可以预防和补救的。合理的预防和补救措施可以有效减少火灾事故损失。从经济学角度,火灾的预防和损失均存在成本。火灾预防成本是指能够对隧道火灾事故起到控制、预防、减弱等作用的花费,是为了有效地减少事故发生和降低事故损失的预先主动地投入。在建设期和生产经营期都会存在,该费用具有长期的效用。火灾损失成本则是指在隧道火灾事故发生产后的费用,分为直接损失成本和间接损失成本。火灾预防成本和火灾损失成本之和为火灾风险总成本。

从图 2-78 中可看出,预防成本(投资成本)和火灾损失成本的关系是呈此消彼长的。即:预防成本的增加可能使损失成本降低,而预防成本的减少最终会导致事故损失成本的增加。对于不同的安全度,预防成本和损失成本的大小及相差程度是不同的。在图 2-78 中,点 $A_1$ 和 $A_2$ 代表预防成本和损失成本的两种组合,在这两点上,火灾风险总成本是相等的,但两者的安全度却相去甚远。火灾预防成本和火灾损失成本之和最小,即火灾风险总成本值最小时,此时的火灾预防投入为最佳安全投入。也就是说,对于隧道火灾事故的预防投入,其最佳投入量并不是越多价值越大,应综合考虑火灾预防成本和火灾损失成本的总量。

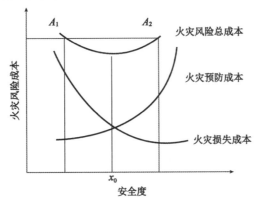

图 2-78 火灾风险成本与安全度关系图

火灾设计规模是隧道防火设计的根本标准,直接决定了火灾预防投入的大小。确定火灾设计规模时,应充分考虑火灾预防成本与火灾损失成本的关系,不应一味加大火灾预防投入,应设定合理的安全目标,寻找最佳投入点,将火灾设计规模控制在合理的范围,使得隧道火灾风险降低至可承受的水平。

2.3.4.2 消防防治措施对火灾规模的影响

1)隧道火灾发展过程分析

2.3.3 节中分析得出的深中通道隧道可能发生的火灾规模,是在极端情况下(火灾荷载足够大),火灾自由充分发展才能达到的火灾规模。而隧道实际发生火灾时,其火灾规模是逐渐增长的过程,增长规律可参照 Runehamar 隧道全尺寸火灾实验数据,如图 2-79 所示。

对于不同火灾荷载及可燃物种类的火灾,其火灾规模增长率略有不同,但其增长规律一致。以工况 T1(峰值火灾规模为 201.9MW)为例,模拟重型货车着火,火灾规模迅速增长,着火后 4min,火灾规模达到 50MW,7min 达到 100MW,13min 达到 150MW,18.5min 达到峰值 201.9MW。

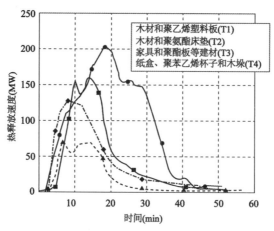

图 2-79 Runehamar 隧道火灾试验火灾规模随时间变化情况

从前文对不同火灾规模的影响知,当火灾规模发展到 100MW 及以上时,隧道的安全性大大降低,同时隧道火灾防治成本大大增加。因此,在实际运营过程中,必须采取合理的火灾防治措施,将火灾规模控制在一定范围之内。

2) 火灾自动探测报警系统

火灾自动报警系统在火灾初期发挥作用。在火灾发生的早期,准确地探测到火情并迅速发出报警,不仅可为人员的安全疏散提供宝贵的报警信息,而且可通过联动方式启动自动灭火系统来扑灭或控制早期火灾。目前成熟的火灾自动报警系统能够将报警时间控制在 20~60s 之内,同时也可通过设置多种火灾报警系统,进行复合探测报警,提高火灾报警准确度。也即是说,可以通过火灾自动报警系统实现在着火后 20~60s 之内采取火灾扑灭或控制措施。

3) 火灾自动灭火系统

目前,对于一些特殊隧道,尤其水底隧道,均配备有火灾自动灭火系统。火灾自动灭火系统作用如下:①通过喷洒水雾或水粒,有效降低火场温度,一方面阻止可燃物的链式反应,减缓火灾增长速率,甚至可以扑灭火灾;另一方面,可达到保护设备和隧道结构的目的。②一些自动灭火系统通过喷洒泡沫,阻止可燃物与新鲜空气接触,从而达到控火灭火的目的。通过这些作用方式,火灾自动灭火系统能够有效地将火灾规模控制在一定范围之内,甚至扑灭火灾。图 2-80 给出了澳大利亚西悉尼大学 Arnold Dix 的研究成果。当火灾规模较小时,立即启动自动灭火系统能够有效地控制火灾规模,甚至扑灭火灾。对于 20MW 左右的火灾,自动灭火系统最大能够减小 80% 火灾热释放速率。

从图 2-80 中可看出,当火灾自动灭火系统启动后,至少能够保障火灾规模不会进一步扩大,在一定条件下,还可能自动将火灾扑灭。当火灾自动报警系统与火灾自动灭火系统配合使用时,就能实现:①在早期发现火灾,并准确将火灾信息传递给自动灭火系统;②收到火灾报警联动启动信号后,打开着火分区内灭火喷头,控制火灾规模,使其不继续扩大。

根据《泡沫灭火系统设计规范》(GB 50151—2010)第 7.4.6 条:泡沫喷雾系统在自动控制

状态下,灭火系统的响应时间不应大于60s。

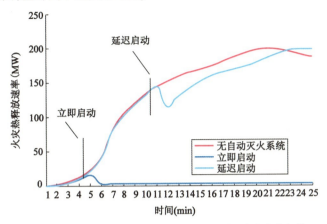

图2-80 火灾自动灭火系统作用下火灾热释放速率的变化规模

#### 2.3.4.3 深中通道隧道火灾设计规模

从前文对消防设施响应情况的分析结果看,隧道火灾自动报警系统发生报警需1min时间,火灾自动灭火系统从接收到启动信号到完全启动(满负荷运转)需1min时间,火灾确定时间按1min考虑。也就是说,从发生火灾到火灾自动灭火系统满负荷运转至少需要3min时间。

根据隧道火灾发展过程分析结果,在禁止通行危化品车辆的情况下,对于运送塑料、橡胶、纸制品、木材等普通货物的重型货车发生火灾,即使其峰值火灾规模可能达到200MW,在着火后3~4min内,其实际火灾规模仍在50MW以内。

结合消防设施对火灾规模的控制效果分析认为,实际运营过程中,合理使用火灾自动报警系统和自动灭火系统,能够有效地将隧道火灾规模控制在50MW内。

经对国内外重大隧道火灾及研究成果调研,参考国内外公路水下隧道尤其是沉管隧道(上海外环隧道、港珠澳隧道)火灾设计规模,以及考虑未来车辆机械性能的升级、交通监管技术的发展和消防灭火设施的进步,并对深中通道隧道不同火灾规模(50MW、100MW、200MW)情况下及人员逃生进行了数值分析,在禁止通行危化品车辆且配备完备的火灾自动报警系统和自动灭火系统的情况下(能够在火灾早期采取措施控制火灾规模),建议深中通道隧道火灾设计规模按50MW取值。

综合考虑深中通道海中特长隧道区域影响、交通状况、工程投资等基本条件,确定深中通道海中特长隧道防火目标、损失限度及设防要求见表2-69。

深中通道海中特长隧道防火目标、损失限度、设防要求　　　　表2-69

| 防火目标 | 损失限度 | 设防要求 |
| --- | --- | --- |
| ①保证人员生命安全;<br>②保证主体结构安全 | ①起火区域外无人员死亡;<br>②起火区域内尽量无人员死亡;<br>③隧道主体结构不遭受重大破坏 | ①确保起火区域外人员安全疏散至隧道出口;<br>②尽量确保起火区域内人员安全逃生;<br>③火灾热释放率低于50MW,隧道主体结构不受损坏或无须维修即可继续使用;<br>④火灾热释放率相当于50MW,隧道主体结构经维修后应能继续使用 |

## 2.4 小结

1)不同火灾设计规模对人员疏散的影响

本章利用数值模拟计算软件(FDS + EVAC),从隧道内人员安全疏散角度,对不同火灾设计规模对隧道安全性的影响进行分析。分析发现:在排烟量一定的情况下,火灾规模较小时,人员可用安全疏散时间更长。在理论排烟量为195$m^3$/s时(50MW火灾烟气理论排烟量,未考虑排烟道漏风量),在50MW模拟火灾工况下,人员可用安全疏散时间大于700s,能够保障人员完全疏散,而100MW和200MW的模拟火灾工况下,无法保障人员完全安全疏散。

增大排烟量增至347$m^3$/s(100MW火灾烟气理论排烟量,未考虑排烟道漏风量),对于峰值功率为100MW的火灾的烟气控制效果改善作用明显,但其安全余量小于50MW火灾(排烟量195$m^3$/s)的情况。而对峰值功率为200MW的火灾,烟气控制效果的改善作用并不显著。同时,该排烟量相对于50MW火灾(排烟量195$m^3$/s)的情况,增大了80.4%;这意味着风机数量可能增加一倍,造成风机与机房的投资增加将近一倍。

从隧道安全性的角度,当隧道发生50MW及下规模的火灾时,采用足够的排烟量能够保障隧道有较充足的人员安全疏散时间;当发生100MW的火灾时,增大排烟量,仍能保障一定的人员安全疏散时间,但安全余量小于发生50MW火灾的情况;若发生200MW的火灾,不能保障人员完全安全疏散。因此,在进行隧道防灾减灾设施设计,应采取合理的安全保障措施,将火灾规模控制在50MW以内。

2)隧道火灾规模

参考国外针对重型货车火灾开展的全尺寸实体隧道火灾试验成果,在火灾自由发展的情况下,深中通道特长隧道存在发生50MW以上火灾的可能。结合消防设施对火灾规模的控制效果分析认为,实际运营过程中,合理使用火灾自动报警系统和自动灭火系统,能够有效地将隧道火灾规模控制在50MW内。

经对国内外重大隧道火灾及研究成果调研,参考国内外公路水下隧道尤其是沉管隧道(上海外环隧道、港珠澳隧道)火灾设计规模,以及考虑未来车辆机械性能的升级、交通监管技术的发展和消防灭火设施的进步,并对深中通道隧道不同火灾规模(50MW、100MW、200MW)情况下及人员逃生进行了数值分析,本研究得出如下结论:在禁止通行危化品车辆且配备完备的火灾自动报警系统和自动灭火系统的情况下(能够在火灾早期采取措施控制火灾规模),深中通道隧道火灾设计规模建议按50MW取值。

3)隧道火灾排烟量及烟道面积

参考美国NFPA92B和《建筑防排烟技术规程》(DGJ 08-1988—2006)提出的火灾产烟量的计算方法,并考虑了烟道漏风量和新风吸入量,分别对侧部排烟和顶部排烟两种排烟方式的烟道排烟量和面积进行了分析和计算。在隧道火灾规模为50MW的情况下,当采用侧部排烟口进行侧部排烟时,烟道排烟量为258.33$m^3$/s,烟道净空面积应不小于17.22$m^2$;当采用顶部排烟口进行顶部排烟时,烟道排烟量为224.50$m^3$/s,烟道净空面积应不小于14.97$m^2$。

# 第3章 超宽特长海底沉管隧道火灾排烟技术

## 3.1 概述

公路隧道为公路交通运输提供便利条件的同时,众多潜在风险因素将制约其正常使用,火灾就是诸多因素中最常见的一种。隧道路段视野窄、能见度差,一旦发生事故,极易导致火灾。另外,电气系统缺陷、发动机过热或其他原因导致的汽车或所载货物的自燃起火、人为因素(如纵火、吸烟和恐怖主义)等也会引起隧道内发生火灾。隧道火灾造成的洞内高温具有相当大的危害性,其火灾具有烟气中毒性气体体积分数高、火灾规模大、发展迅速、火灾蔓延速度快、疏散救援困难、人员伤亡和经济损失严重等特点。

科学地对火灾过程进行试验分析是隧道火灾研究的重要内容之一。通过试验重现真实火灾场景,揭示燃烧现象及机制,与此同时利用各种测量技术全面记录试验数据,对隧道火灾进行深入分析与研究具有十分重要的作用。虽然国内已经进行了一些相关研究,但由于缺乏大型试验基地,主要以小尺寸模型试验为主,在数量以及规模上与国外相比均存在较大差距。另一方面,国内外试验主要针对山岭隧道,而针对沉管隧道的试验较少。沉管隧道因其断面大、四周受水压力、高温结构损伤后维修困难、应力接头多、止水带(条)不耐高温以及逃生救援困难等特点,使得火灾高温对水下隧道形成致命威胁。因此,沉管隧道火灾温度场成为研究者们亟须解决的重点问题。

## 3.2 超宽特长海底沉管隧道火灾人员疏散特性

### 3.2.1 人员疏散基本规律

对于火灾中人员疏散安全,通常比较可用的安全疏散时间(Available Safe Escape Time,ASET)和必需的安全疏散时间(Required Safe Escape Time,RSET),以此来评价疏散过程中人员的安全性。保证隧道内人员安全疏散的关键是 RSET 必须小于 ASET。

可用安全疏散时间 ASET 是指从起火时刻到火灾危急人员安全的极限状态的时间,主要取决于隧道结构、火灾探测、灭火设备、排烟设备等。必需的安全疏散时间 RSET 是指从起火时刻起到人员疏散到安全区域的时间,包括火灾探测时间($t_d$)、火灾报警时间($t_a$)、人员疏散

预动作时间($T_{pre}$)和人员疏散行动时间($t_e$),

$$RSET = t_d + t_a + t_{pre} + t_e$$

ASET 和 RSET 这两个时间对研究人员安全疏散具有重要意义,在隧道火灾安全工程中,当隧道的可用安全疏散时间大于必需安全疏散时间,认为人员疏散是安全的。ASET 和 RSET 相互关系详见图 3-1。

$$ASET \geqslant RSET$$

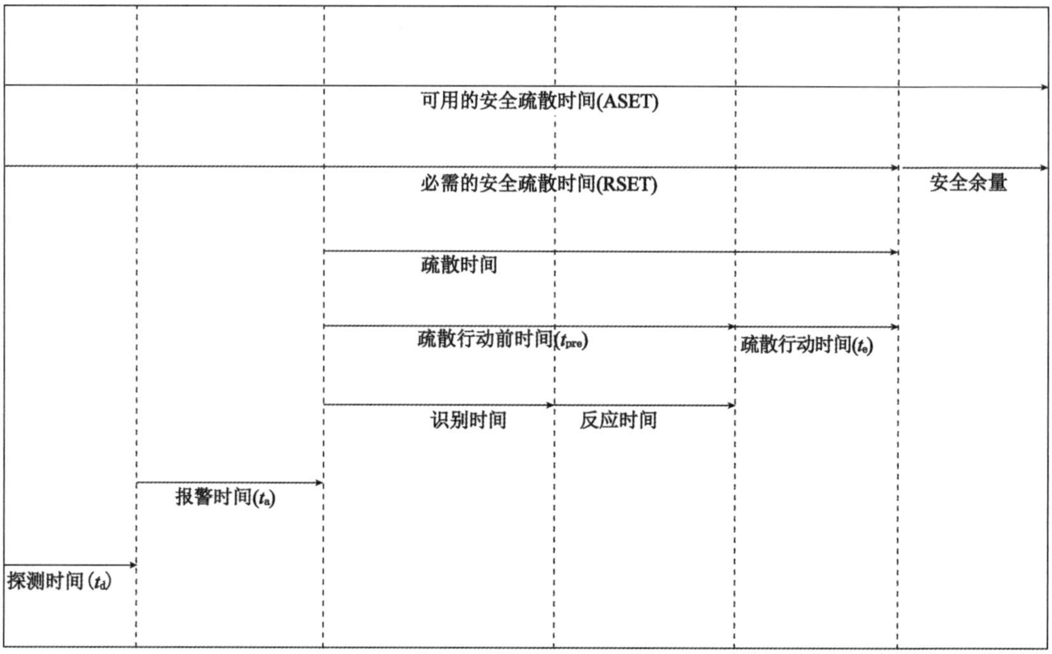

图 3-1 人员安全疏散的时间判据

(1)可用的安全疏散时间 ASET 分析

对于可用的安全疏散时间 ASET,本项目通过火灾动力学计算软件 FDS 获得,该软件可计算在设计的火灾场景下,不同的排烟方式,火灾烟气的运动情况。而可用的安全疏散时间 ASET 通过火灾安全指标判断获得,火灾安全指标详见表 3-1。超过任一安全指标,即认为到达安全疏散临界值,认为此时刻即为可用的安全疏散时间 ASET。

火 灾 安 全 指 标  表 3-1

| 项 目 | 判 定 标 准 |
| --- | --- |
| 温度 | 在离地面 1.8m 高处的温度小于 60℃ |
| 毒性气体 | 在离地面 1.8m 高处 CO 体积浓度小于 500$cm^3/m^3$ |
| 烟气层高度 | 2m 以上 |
| 能见度 | 在离地面 1.8m 高处不小于 10m |

(2)必需的安全疏散时间(RSET)

探测时间($t_d$):火灾发生、发展将触发火灾探测与报警装置而发出报警信号,使人们意识到有异常情况发生,或者人员通过本身的味觉、嗅觉及视觉系统察觉到火灾征兆的时间。

报警时间($t_a$):从探测器动作或报警开始至警报系统启动的时间。

人员的疏散预动作时间($t_{pre}$):人员的疏散预动作时间为人员从接到火灾报警之后到疏散行动开始之前的这段时间间隔,包括识别时间($t_{rec}$)和反应时间($t_{res}$)。识别时间($t_{rec}$)为从火灾报警或信号发出后到人员还未开始反应的这一时间段。反应时间($t_{res}$)为从人员识别报警或信号并开始做出反应至开始直接朝出口方向疏散之间的时间。与识别阶段类似,反应阶段的时间长短也与建筑空间的环境状况有密切关系。

探测时间($t_d$)、报警时间($t_a$)、人员的疏散预动作时间($t_{pre}$)与探测设备可靠性、隧道内人员受教育程度、反应能力密切相关,通常无法定量计算,根据以往工程经验及相关文献报道,本项目合计取180s。对于人员疏散行动时间($t_e$),本项目通过疏散模拟软件pathfinder定量计算获得。

### 3.2.2 隧道火灾时人员疏散行为

#### 3.2.2.1 隧道火灾时人员一般的行为特征

由于人的心理具有能动性,因此在火场中不同的心理将会导致各种各样的判断,进而产生各种行为表现。疏散人员的行为反应特征主要体现在以下几个方面。

(1)混乱性

混乱是一种丧失理智的非正常状态。隧道火灾时混乱的危害性很大,它会使得人的正常思维变得错乱,干扰正常的疏散和消防救援。在隧道中部由于受到过"管道"和"混响噪声"环境特征的影响,混乱性表现得非常明显。

(2)习惯性和回返性

习惯性指的是在火灾中人员总是习惯从经常使用的出入口进行疏散,只有此路被封死之后才会被迫去寻找其他出口。回返性是指人员在火场中在急于逃生的动机支配下奔向来时的路线,作逆向返回的逃生。它是人员在地理环境生疏的状况下的一种自然特性,在隧道中的各个阶段都有明显的表现。

(3)趋光性

向往光明是人类的共性。在隧道火灾发生时,大量的浓烟遮挡住了人员的视线,疏散人员就会感觉到不适应或者害怕。这时人员都习惯性地奔向可见度高且明亮之处躲避。处于隧道中间区段的人员具有趋光性这种可能的疏散行为反应。

(4)判断抉择

在火灾疏散的过程中,当人员选择逃生的路线逃生失败后,会马上重新开始判断抉择,这是人们有理智的一种体现。通常情况下,隧道火灾中人员的判断具有习惯性和偶然性。

(5)向群性

隧道发生火灾时,人员都具有人多壮胆、人多有依靠、人多安全感强的心理特征。因此在人员疏散过程中容易出现聚集或者随大流的特性,这种特性叫作向群性。向群性是人员在危险的过程中最容易产生的一种行为趋向。如果前面的人也具有向群性,则可能既耽误了自己又伤害道别人。对于向群性,需要一分为二看待,如果是正确的疏散指导,需要坚定不移的跟随,否则绝不随从。

(6)意向性

意向性是根据自己主观臆断支配自己行为的一种倾向,它容易发生在性格内向的人身上。火灾发生时由于他们对火势的实际情况了解较少,他们大多会根据主观臆断或不切实际的幻想指导自己行动,因此很容易让自己陷入危险的境地。因此在发生火灾时,应听从火场中广播指挥有序地进行疏散才最可取。

3.2.2.2 隧道火灾时人员行为的特殊性

经历过隧道火灾或者有成熟思考能力的人,他们能对火灾做出正确的处理,顺利地到达安全地带,或积极主动地等待和配合救援工作。这些人员他们应对火灾时的行为往往具有特殊性。他们也是火灾疏散人员当中的一小部分。这些人员往往具有一定的消防常识。他们有较强的心理承受能力和逻辑思维习惯。还有一点就是这类人员他们熟悉场所的基本情况,清楚隧道内的平面布局,了解安全出口的位置和数量、疏散通道的走向和消防设施的配备情况。在此基础上明确了自己的逃生路线,同时掌握了很多必要的自我保护措施。通过这些方式让自己疏散到安全地带。因此,平时多学习了解更多的消防常识,也是在火场中拥有良好心理素质和沉着冷静这种心态的基础条件。

### 3.2.3 超宽特长海底沉管隧道人员疏散数值仿真

3.2.3.1 疏散场景设置

隧道发生火灾后,如果人员能在火灾达到危险状态之前全部疏散到安全区域,便可认为该隧道的防火安全设计对于火灾中的人员疏散是安全的(图3-2)。

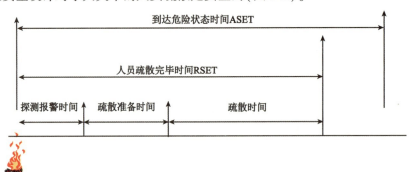

图3-2 隧道火灾人员安全判据示意图

在火灾过程中,探测到火灾并给出报警的时刻和火灾对人构成危险的时刻具有重要意义。根据现有研究成果,在消防安全工程分析中,一般将人员的消防安全疏散过程大致分为觉察火灾、疏散行为准备、逃生行动、到达安全区域等阶段。觉察到火灾的时刻可以从发出火灾报警信号时刻算起。

在沉管隧道发生火灾情况下,火灾隧道中的人员通过安全通道疏散到相邻的安全隧道中,安全通道不同间距情况下,人员疏散至安全区域的时间不同,根据深中通道沉管隧道实际尺寸,建立长580m的沉管隧道人员疏散模型进行人员疏散数值模拟计算,疏散门的净宽度取2m,对疏散门间距分别为40m、50m、60m、70m、80m、90m、100m工况进行计算,并同一间距下疏散门的净宽度分别为1.2m、1.5m、2m、2.5m的工况进行计算(图3-3)。

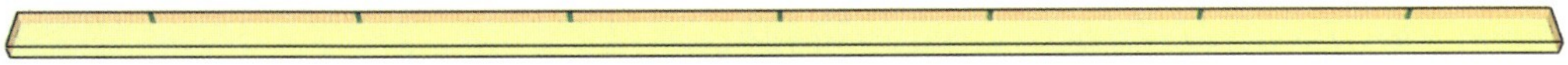

图 3-3 模拟疏散隧道示意图

疏散人员的数量是疏散时间计算中很重要的参数。若隧道起火引起沉管隧道中的车流阻塞,通过估算堵车车辆数目来估算人员数量。

在本报告中,通过估算堵车车辆数目来估算人员数量。采用表3-2和表3-3中近期设计年限2032年的车型组成。每辆车的长度取一个综合值,为$6\times16.1\%+8.5\times12.5\%+12.5\times4.4\%+20.5\times5.1\%+20.5\times4.5\%+5\times49.6\%+12\times7.8\%=7.9(m)$,而车间距取1.5m,因而每辆车占有的长度取为9.4m;每辆车乘坐人数的平均值:

$2\times16.1\%+2\times12.5\%+3\times4.4\%+2\times5.1\%+2\times4.5\%+5\times49.6\%+45\times7.8\%=6.9(人)$。

深中过江通道车型比例预测结果(绝对数)　　　　　　　表 3-2

| 车型 | 小型货车 | 中型货车 | 大型货车 | 拖挂车 | 集装箱 | 小客车 | 大客车 | 合计 |
| --- | --- | --- | --- | --- | --- | --- | --- | --- |
| 2022 年 | 16.7% | 14.7% | 4.0% | 3.9% | 3.7% | 48.5% | 8.5% | 100.00% |
| 2027 年 | 16.4% | 13.7% | 4.2% | 4.4% | 4.1% | 49.0% | 8.2% | 100.00% |
| 2032 年 | 16.1% | 12.5% | 4.4% | 5.1% | 4.5% | 49.6% | 7.8% | 100.00% |
| 2037 年 | 15.8% | 11.6% | 4.7% | 5.7% | 4.7% | 50.1% | 7.4% | 100.00% |
| 2042 年 | 15.5% | 10.5% | 5.0% | 6.2% | 5.1% | 50.7% | 7.0% | 100.00% |

深中过江通道2032年车型及其参数　　　　　　　表 3-3

| 车型 | 小型货车 | 中型货车 | 大型货车 | 拖挂车 | 集装箱 | 小客车 | 大客车 |
| --- | --- | --- | --- | --- | --- | --- | --- |
| 2032 年 | 16.1% | 12.5% | 4.4% | 5.1% | 4.5% | 49.6% | 7.8% |
| 承载量(人) | 2 | 2 | 3 | 2 | 2 | 5 | 45 |
| 车身长度(m) | 6 | 8.5 | 12.5 | 20.5 | 20.5 | 5 | 11 |

该沉管隧道标准段为双向八车道,则在580m隧道中最不利工况下,计算得隧道内的人员数量为$(580/9.4)\times6.9\times4=1703(人)$。

安全疏散场景设置如表3-4~表3-6所示。

疏散门不同间距疏散场景　　　　　　　表 3-4

| 工况序号 | 疏散门间距(m) | 疏散门的净宽度(m) |
| --- | --- | --- |
| 1 | 40 | 2 |
| 2 | 50 | 2 |

续上表

| 工况序号 | 疏散门间距(m) | 疏散门的净宽度(m) |
|---|---|---|
| 3 | 60 | 2 |
| 4 | 70 | 2 |
| 5 | 80 | 2 |
| 6 | 90 | 2 |
| 7 | 100 | 2 |

**疏散门不同宽度疏散场景**　　　　　　　　　　　　　　　　表3-5

| 工况序号 | 疏散门间距(m) | 疏散门的净宽度(m) |
|---|---|---|
| 1 | 80 | 1.5 |
| 2 | 80 | 2 |
| 3 | 80 | 2.5 |

**不同工况疏散场景**　　　　　　　　　　　　　　　　　　表3-6

| 工况序号 | 疏散门间距(m) | 火源位置 | 疏散门净宽度(m) |
|---|---|---|---|
| 1 | 60 | 两疏散门之间 | 2 |
| 2 | 81/84 | 两疏散门之间 | 2 |
| 3 | 100 | 两疏散门之间 | 2 |
| 4 | 60 | 疏散门处 | 2 |
| 5 | 81/84 | 疏散门处 | 2 |
| 6 | 100 | 疏散门处 | 2 |
| 7 | 60 | 两疏散门之间 | 1.2 |
| 8 | 81/84 | 两疏散门之间 | 1.2 |
| 9 | 100 | 两疏散门之间 | 1.2 |
| 10 | 60 | 疏散门处 | 1.2 |
| 11 | 81/84 | 疏散门处 | 1.2 |
| 12 | 100 | 疏散门处 | 1.2 |

#### 3.2.3.2 疏散门不同间距人员疏散计算

当火灾发生在两疏散门之间,建立计算模型,对疏散门纵向间距分别为40m、50m、60m、70m、80m、90m、100m工况进行计算,研究不同疏散门间距下人员疏散时间。

1)工况1(疏散门间距40m)

工况1计算模型长580m,横断面按深中通道实际尺寸建立,该长度内共设置14个安全疏散门,相邻疏散门间距40m,疏散门的净宽度2m,隧道内疏散总人数为1703人,计算模型如图3-4所示。

工况1疏散计算结果如图3-5所示。

# 第3章 超宽特长海底沉管隧道火灾排烟技术

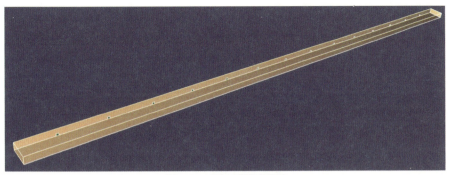

图 3-4 工况 1 模型示意图

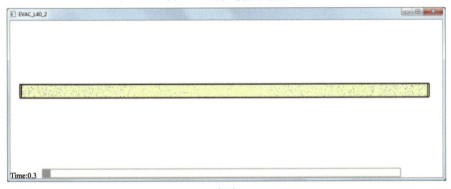

a) $t=0s$

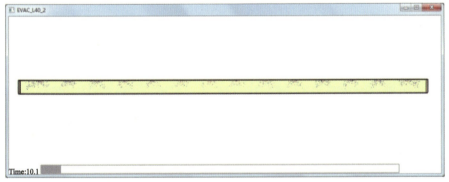

b) $t=10s$

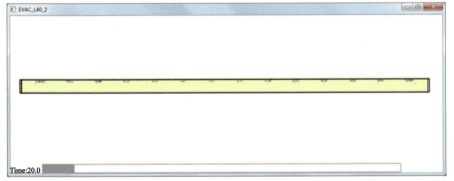

c) $t=20s$

图 3-5

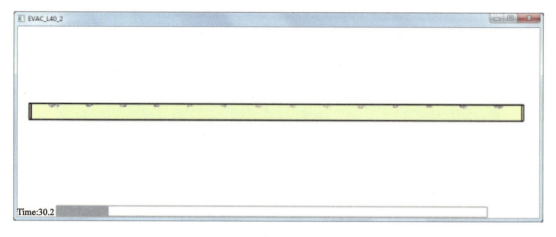

d) $t=30s$

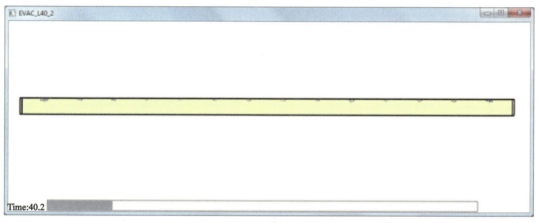

e) $t=40s$

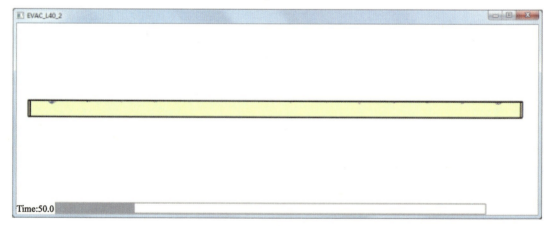

f) $t=50s$

图 3-5

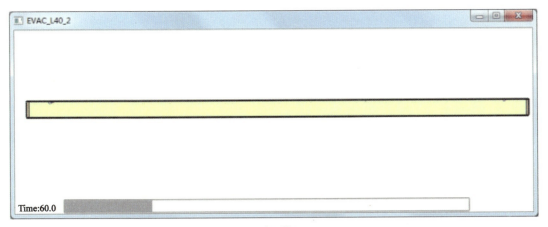

g) $t=60s$

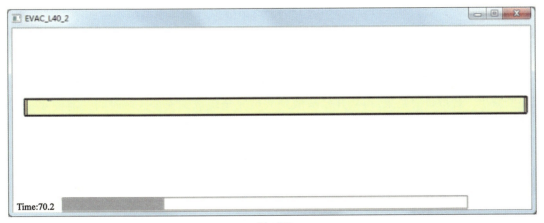

h) $t=70s$

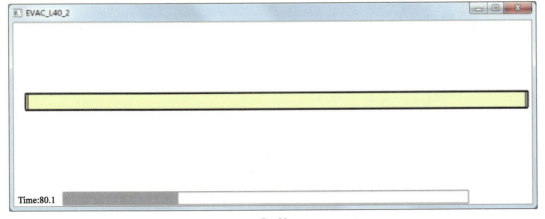

i) $t=80s$

图 3-5

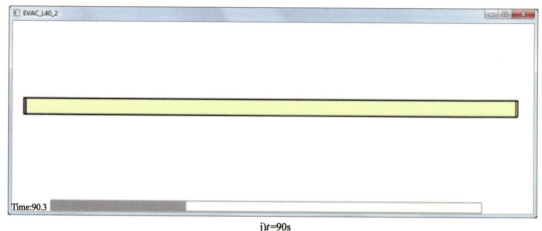

j) $t=90s$

图 3-5 工况 1 疏散计算结果

探测、报警与人员预动作时间总和为 180s。人员疏散开始至疏散结束的时间由开始疏散时间到通过安全出口进入相邻的安全隧道结束。

根据设置的疏散场景,得到疏散所需时间与隧道中疏散人数之间的关系,如图 3-6 所示。从图中可以看出,随着时间的增加,人员不断从隧道内经安全通道疏散至安全区域,隧道内人员不断减少。提取计算结果,得从开始疏散到人员完全疏散到安全区域时间共需要 47s。加上探测、报警与人员预动作时间,人员疏散的时间总共需要 227s。

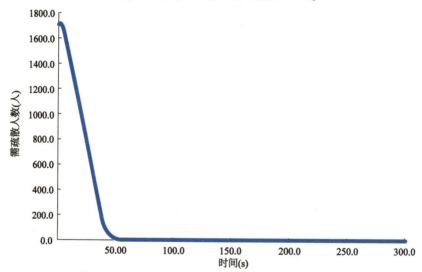

图 3-6 工况 1 所需疏散时间与隧道中疏散人数之间的关系

2) 工况 2(疏散门间距 50m)

工况 2 计算模型长 580m,横断面按深中通道实际尺寸建立,该长度内共设置 12 个安全疏散门,相邻疏散门间距 50m,疏散门的净宽度 2m,隧道内疏散总人数为 1703 人,计算模型如图 3-7 所示。

工况 2 疏散计算结果如图 3-8 所示。

# 第3章 超宽特长海底沉管隧道火灾排烟技术

图 3-7 工况 2 计算模型

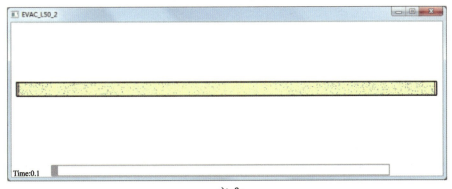

a) $t=0s$

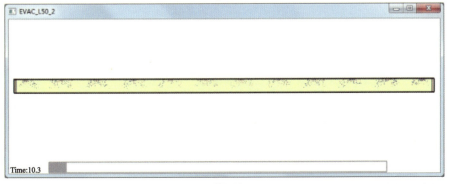

b) $t=10s$

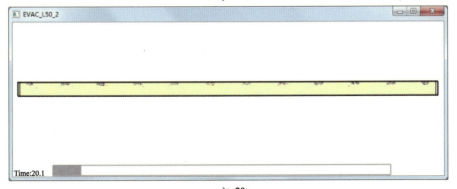

c) $t=20s$

图 3-8

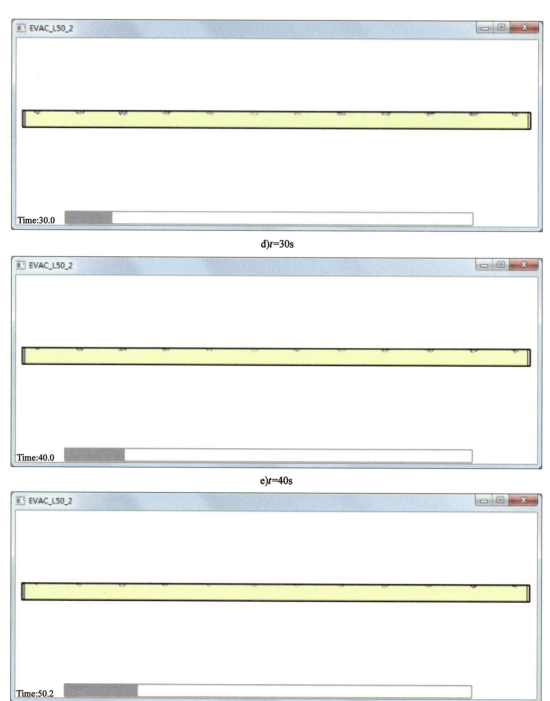

d) $t$=30s

e) $t$=40s

f) $t$=50s

图 3-8

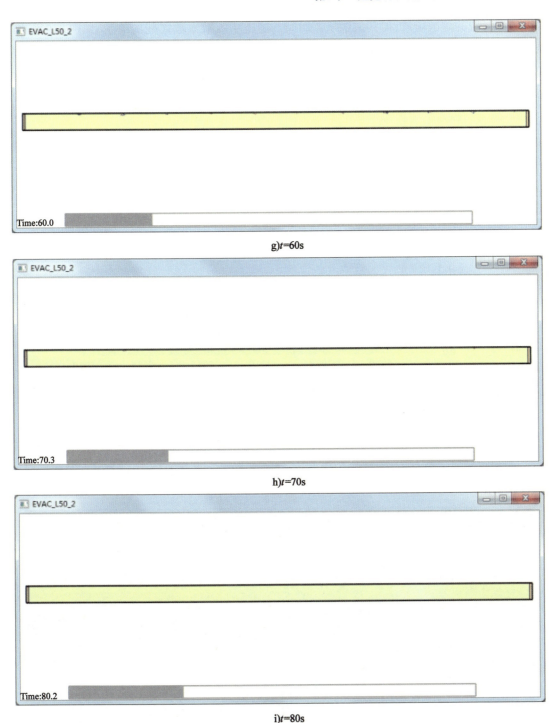

g) $t=60s$

h) $t=70s$

i) $t=80s$

图 3-8 工况 2 疏散计算结果

探测、报警与人员预动作时间总和为 180s。人员疏散开始至疏散结束的时间由开始疏散时间到通过安全出口进入相邻的安全隧道结束。

根据设置的疏散场景,得到疏散所需时间与隧道中疏散人数之间的关系,如图3-9所示。从图中可以看出,随着时间的增加,人员不断从隧道内经安全通道疏散至安全区域,隧道内人员不断减少。提取计算结果,得从开始疏散到人员完全疏散到安全区域时间共需要58s。加上探测、报警与人员预动作时间,人员疏散的时间共需要238s。

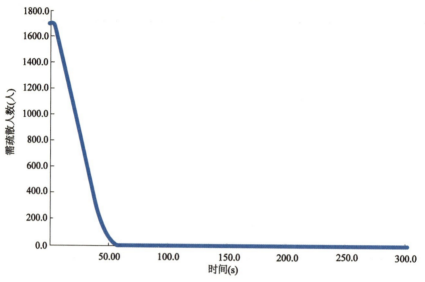

图3-9 工况2所需疏散时间与隧道中疏散人数之间的关系

3)工况3(疏散门间距60m)

工况3计算模型长580m,横断面按深中通道实际尺寸建立,该长度内共设置10个安全疏散门,相邻疏散门间距60m,疏散门的净宽度2m,隧道内疏散总人数为1703人,计算模型如图3-10所示。

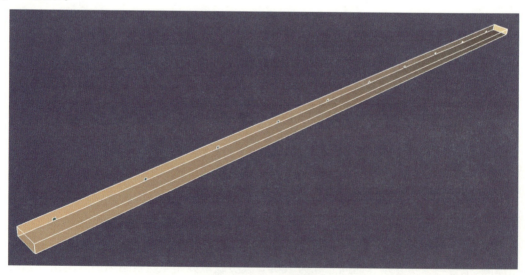

图3-10 工况3计算模型

工况 3 疏散计算结果如图 3-11 所示。

a) $t=0s$

b) $t=10s$

c) $t=20s$

图 3-11

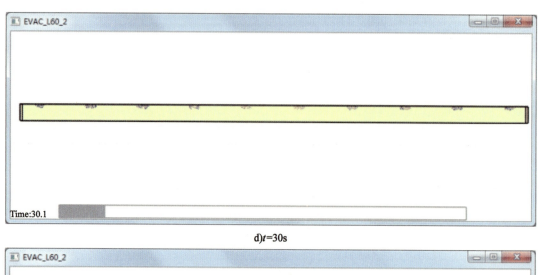

d) $t=30s$

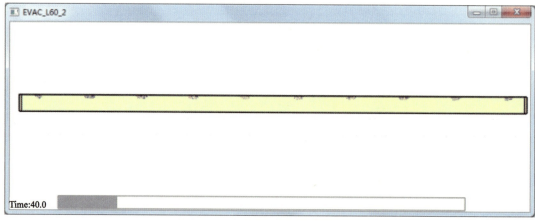

e) $t=40s$

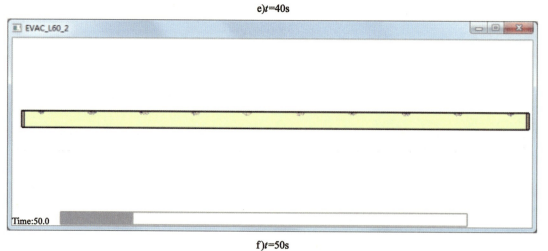

f) $t=50s$

图 3-11

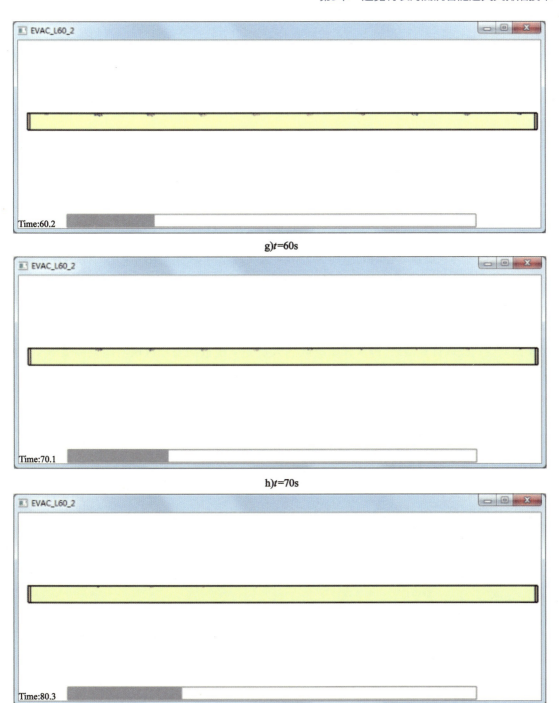

g) $t=60s$

h) $t=70s$

i) $t=80s$

图 3-11

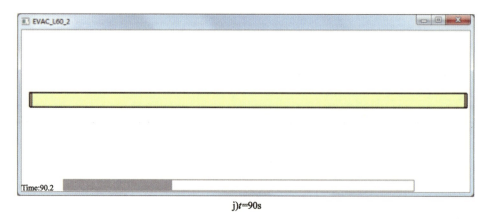

j)$t$=90s

图 3-11 工况 3 疏散计算结果

探测、报警与人员预动作时间总和为 180s。人员疏散开始至疏散结束的时间由开始疏散时间到通过安全出口进入相邻的安全隧道结束。

根据设置的疏散场景,得到疏散所需时间与隧道中疏散人数之间的关系,如图 3-12 所示。从图中可以看出,随着时间的增加,人员不断从隧道内经安全通道疏散至安全区域,隧道内人员不断减少。提取计算结果,得从开始疏散到人员完全疏散到安全区域时间共需要 67s。加上探测、报警与人员预动作时间,人员疏散的时间总共需要 247s。

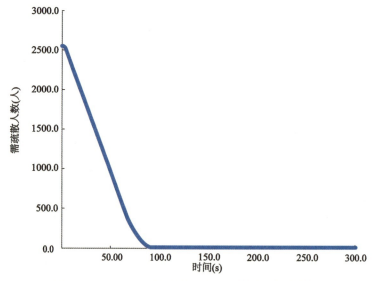

图 3-12 工况 3 所需疏散时间与隧道中疏散人数之间的关系

4)工况 4(疏散门间距 70m)

工况 4 计算模型长 580m,横断面按深中通道实际尺寸建立,该长度内共设置 8 个安全疏散门,相邻疏散门间距 70m,疏散门的净宽度 2m,隧道内疏散总人数为 1703 人,计算模型如图 3-13 所示。

工况 4 疏散计算结果如图 3-14 所示。

## 第3章 超宽特长海底沉管隧道火灾排烟技术

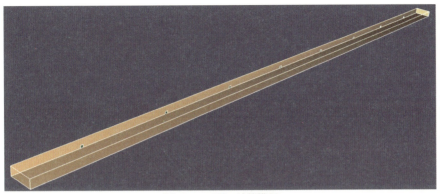

图 3-13 工况 4 计算模型

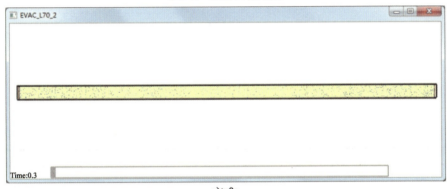

a) $t=0s$

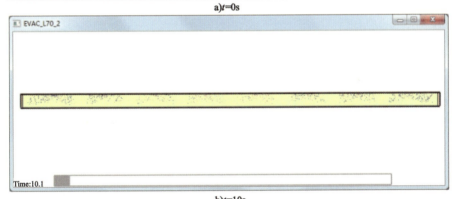

b) $t=10s$

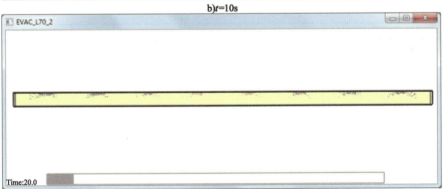

c) $t=20s$

图 3-14

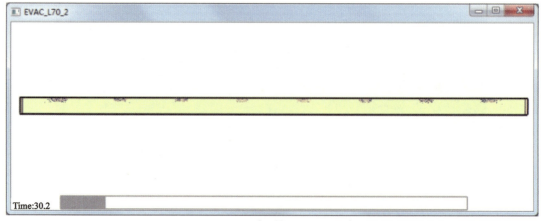

d) $t=30s$

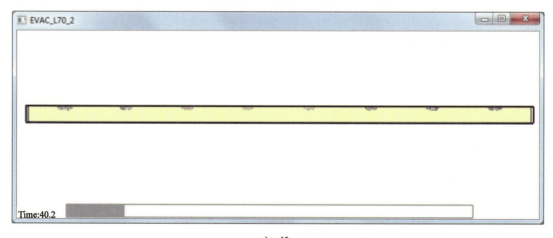

e) $t=40s$

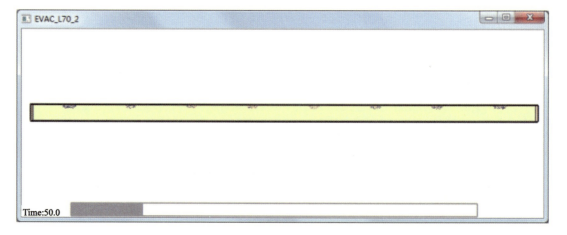

f) $t=50s$

图 3-14

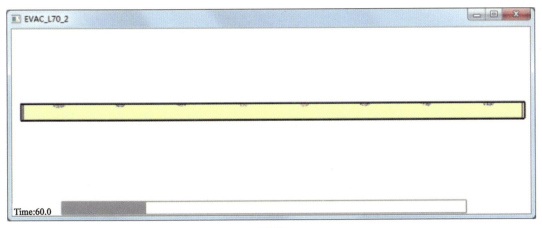

g) $t=60s$

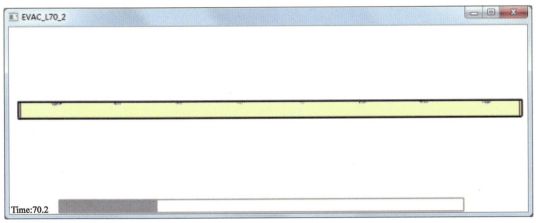

h) $t=70s$

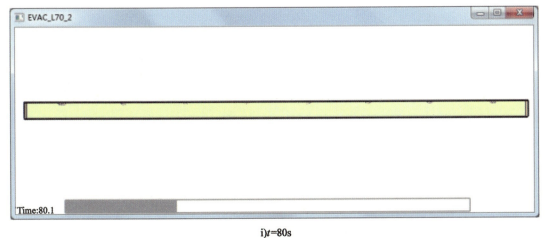

i) $t=80s$

图 3-14

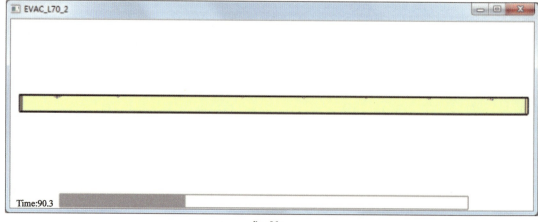

j) $t=90s$

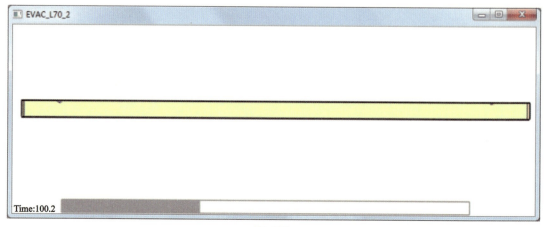

k) $t=100s$

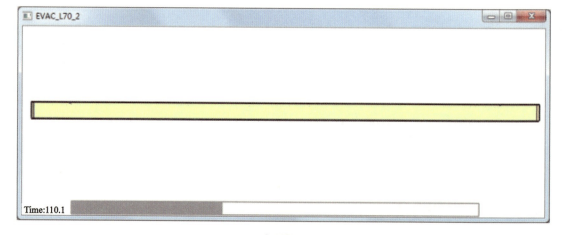

l) $t=110s$

图 3-14

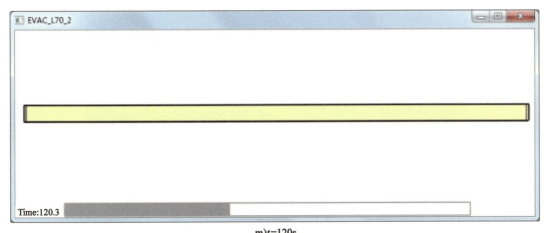

m) $t=120$s

图3-14 工况4疏散计算结果

探测、报警与人员预动作时间总和为180s。人员疏散开始至疏散结束的时间由开始疏散时间到通过安全出口进入相邻的安全隧道结束。

根据设置的疏散场景,得到疏散所需时间与隧道中疏散人数之间的关系,如图3-15所示。从图中可以看出,随着时间的增加,人员不断从隧道内经安全通道疏散至安全区域,隧道内人员不断减少。提取计算结果,得从开始疏散到人员完全疏散到安全区域时间共需要72s。加上探测、报警与人员预动作时间,人员疏散的时间总共需要252s。

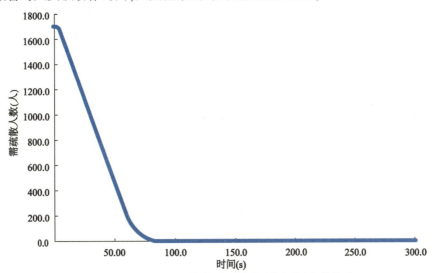

图3-15 工况4所需疏散时间与隧道中疏散人数之间的关系

5)工况5(疏散门间距80m)

工况5计算模型长580m,横断面按深中通道实际尺寸建立,该长度内共设置8个安全疏散门,相邻疏散门间距80m,疏散门的净宽度2m,隧道内疏散总人数为1703人,计算模型如图3-16所示。

工况5疏散计算结果如图3-17所示。

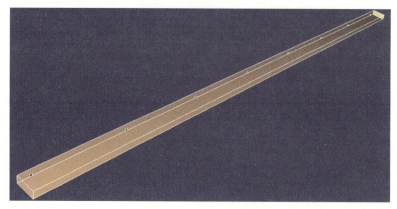

图 3-16　工况 5 计算模型

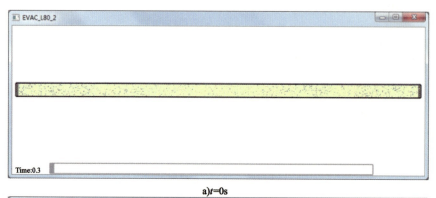

a) $t=0s$

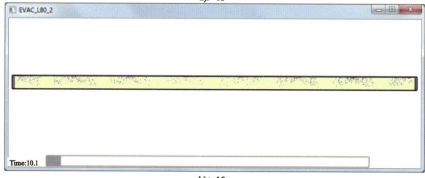

b) $t=10s$

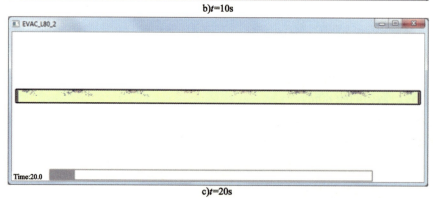

c) $t=20s$

图　3-17

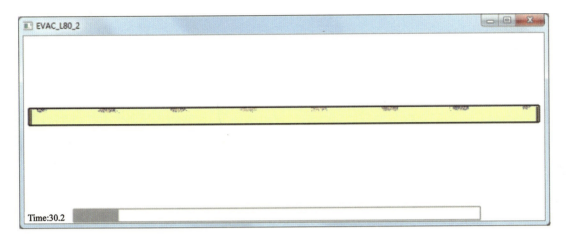

d) $t=30s$

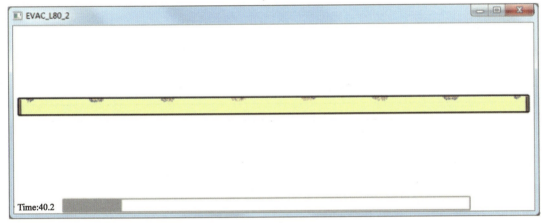

e) $t=40s$

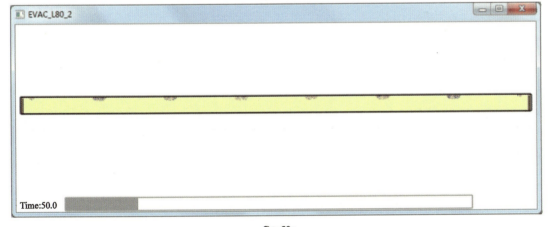

f) $t=50s$

图 3-17

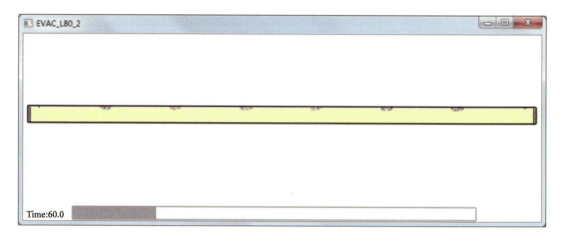

g) $t=60s$

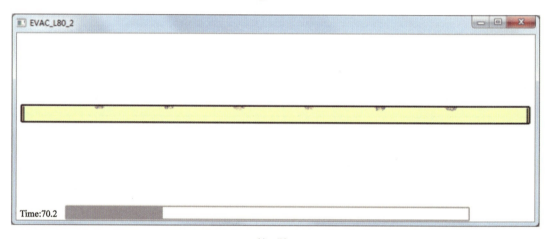

h) $t=70s$

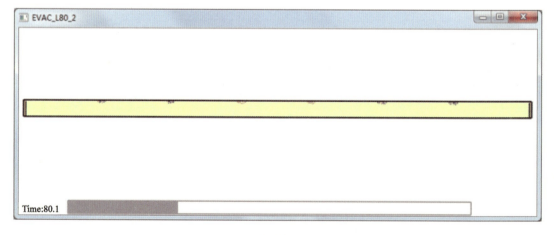

i) $t=80s$

图 3-17

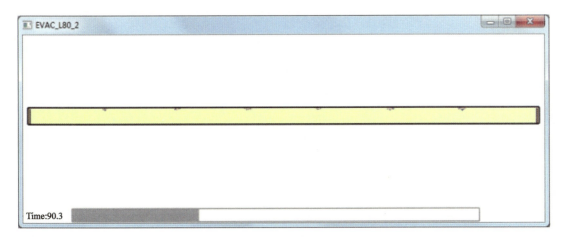

j) $t=90s$

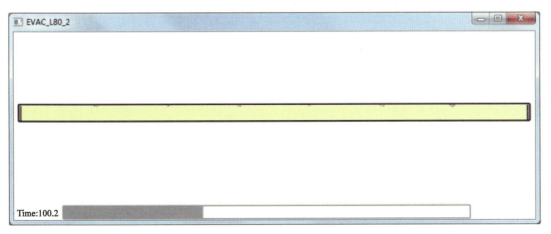

k) $t=100s$

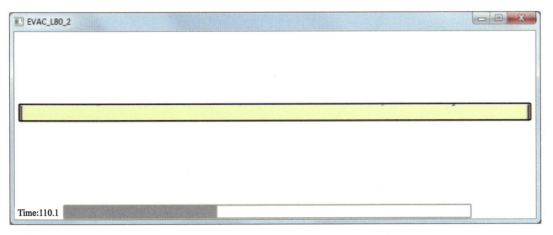

l) $t=110s$

图 3-17

m) $t=120$s

图 3-17　工况 5 疏散计算结果

探测、报警与人员预动作时间总和为 180s。人员疏散开始至疏散结束的时间由开始疏散时间到通过安全出口进入相邻的安全隧道结束。

根据设置的疏散场景,得到疏散所需时间与隧道中疏散人数之间的关系,如图 3-18 所示。从图中可以看出,随着时间的增加,人员不断从隧道内经安全通道疏散至安全区域,隧道内人员不断减少。提取计算结果,得从开始疏散到人员完全疏散到安全区域时间共需要 83s。加上探测、报警与人员预动作时间,人员疏散的时间总共需 263s。

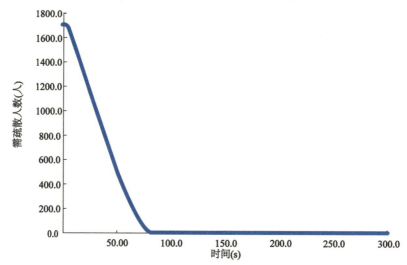

图 3-18　工况 5 所需疏散时间与隧道中疏散人数之间的关系

6)工况 6(疏散门间距 90m)

工况 6 计算模型长 580m,横断面按深中通道实际尺寸建立,该长度内共设置 6 个安全疏散门,相邻疏散门间距 90m,疏散门的净宽度 2m,隧道内疏散总人数为 1703 人,计算模型如图 3-19 所示。

工况 6 疏散计算结果如图 3-20 所示。

第3章　超宽特长海底沉管隧道火灾排烟技术

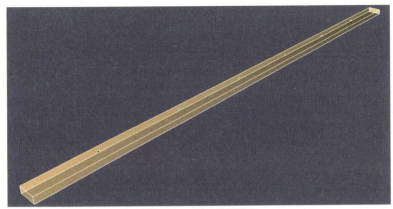

图 3-19　工况 6 计算模型

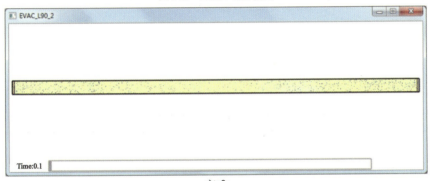

a) $t=0s$

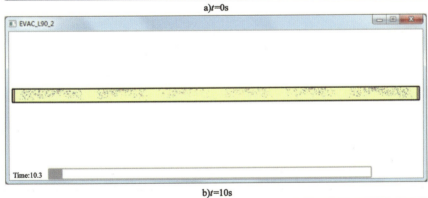

b) $t=10s$

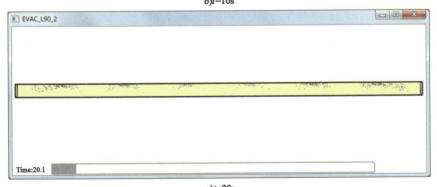

c) $t=20s$

图　3-20

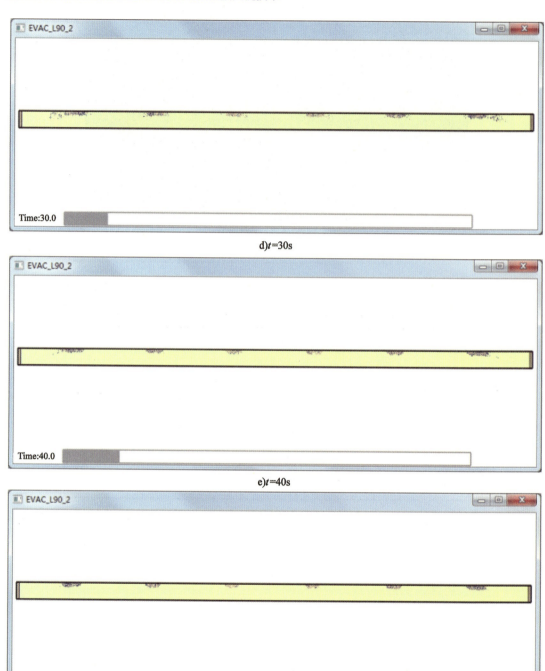

d) $t=30s$

e) $t=40s$

f) $t=50s$

图 3-20

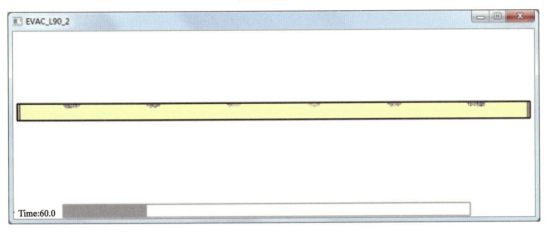
g) $t=60s$

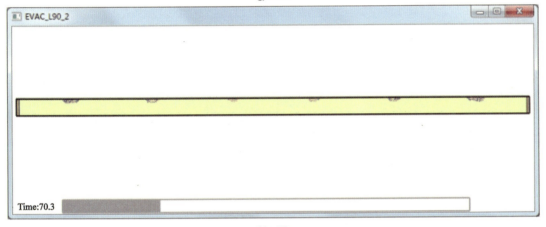
h) $t=70s$

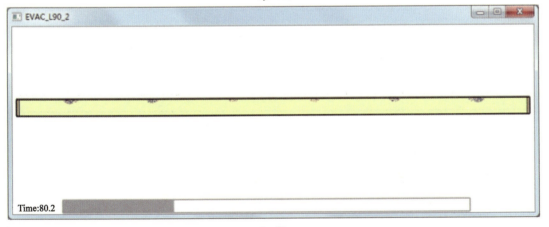
i) $t=80s$

图 3-20

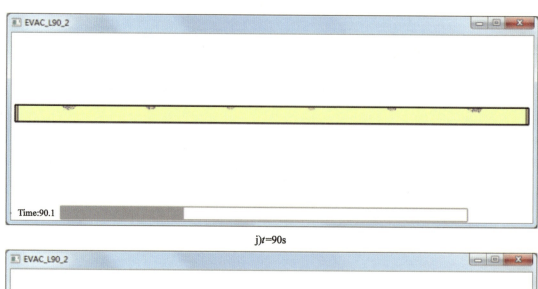

j) $t=90s$

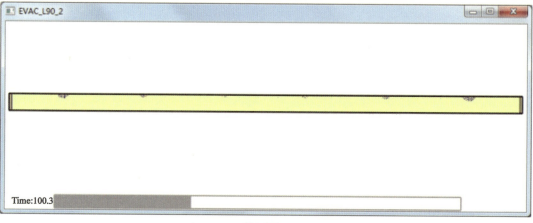

k) $t=100s$

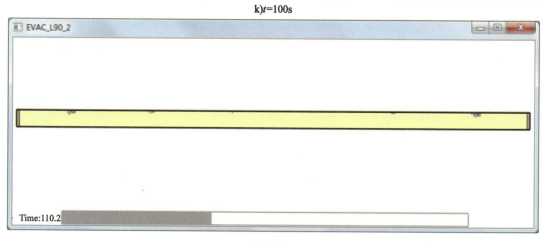

l) $t=110s$

图 3-20

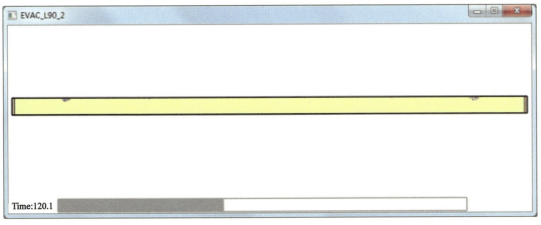

m) $t=120s$

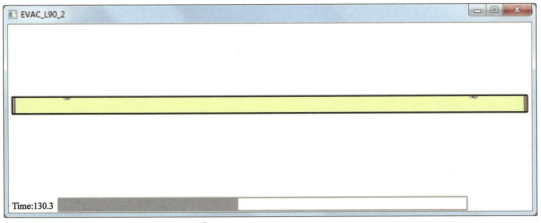

n) $t=130s$

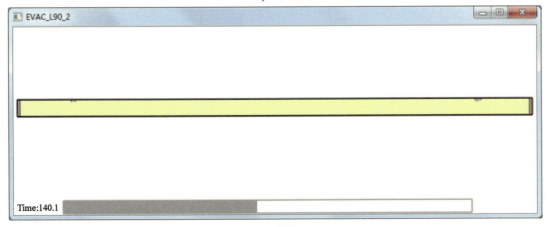

o) $t=140s$

图 3-20

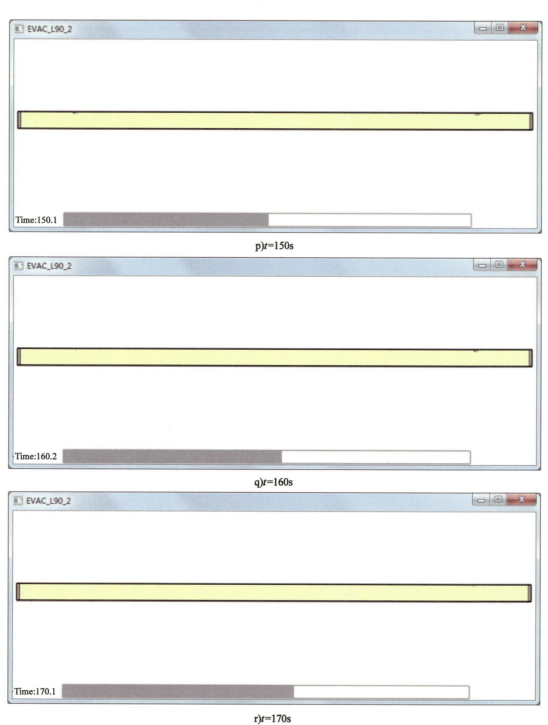

p) $t=150s$

q) $t=160s$

r) $t=170s$

图 3-20

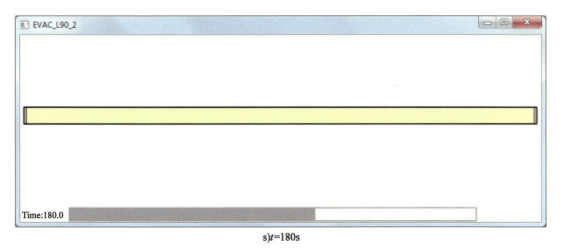

s) $t=180s$

图 3-20 工况 6 疏散计算结果

探测、报警与人员预动作时间总和为 180s。人员疏散开始至疏散结束的时间由开始疏散时间到通过安全出口进入相邻的安全隧道结束。

根据设置的疏散场景,得到疏散所需时间与隧道中疏散人数之间的关系,如图 3-21 所示。从图中可以看出,随着时间的增加,人员不断从隧道内经安全通道疏散至安全区域,隧道内人员不断减少。提取计算结果,得从开始疏散到人员完全疏散到安全区域时间共需要 91s。加上探测、报警与人员预动作时间,人员疏散的时间总共需 271s。

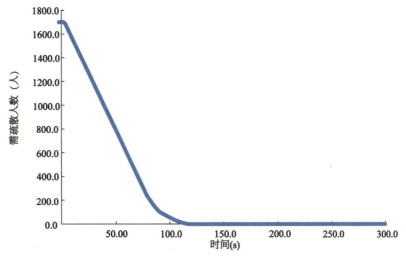

图 3-21 工况 6 所需疏散时间与隧道中疏散人数之间的关系

7) 工况 7(疏散门间距 100m)

工况 7 计算模型长 580m,横断面按深中通道实际尺寸建立,该长度内共设置 6 个安全疏散门,相邻疏散门间距 100m,疏散门的净宽度 2m,隧道内疏散总人数为 1703 人,计算模型如图 3-22 所示。

工况 7 疏散计算结果如图 3-23 所示。

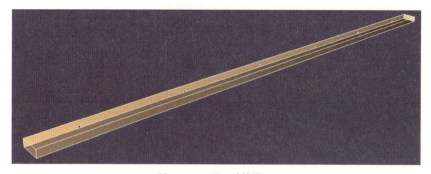

图 3-22　工况 7 计算模型

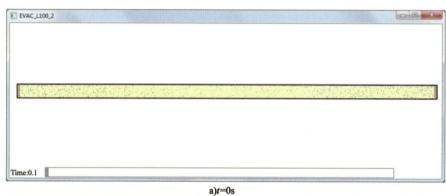

a)$t$=0s

b)$t$=10s

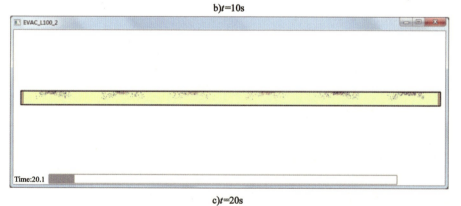

c)$t$=20s

图　3-23

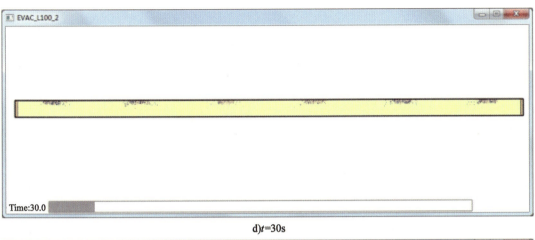

d) $t=30s$

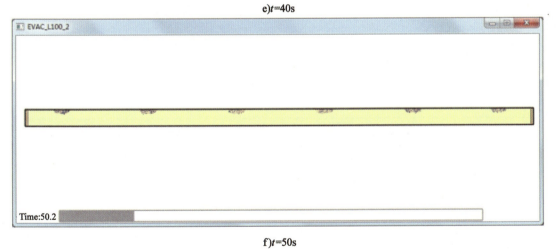

e) $t=40s$

f) $t=50s$

图 3-23

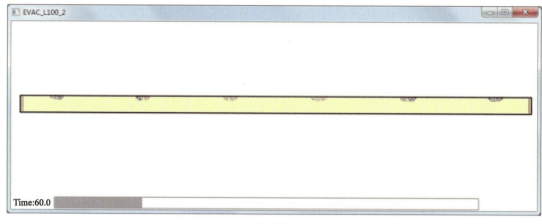

g) $t=60$s

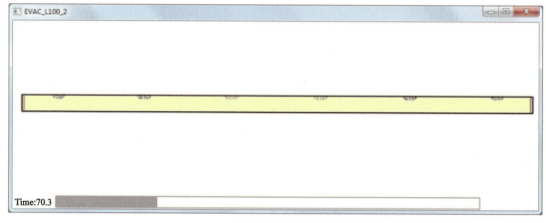

h) $t=70$s

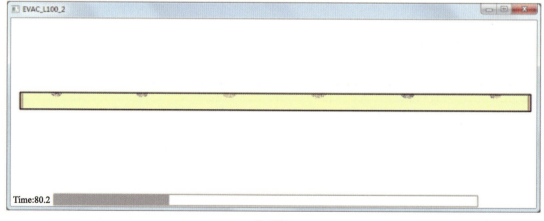

i) $t=80$s

图 3-23

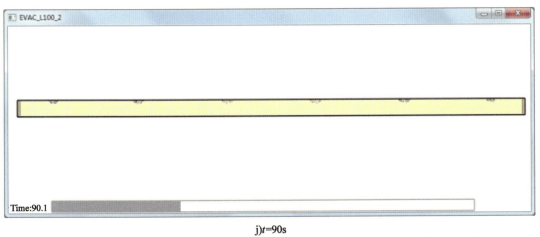

j)$t$=90s

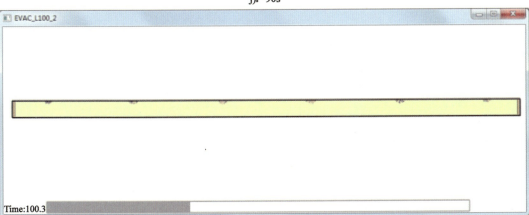

k)$t$=100s

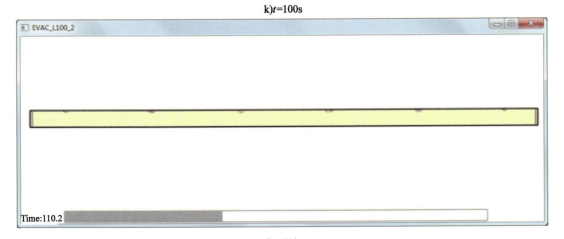

l)$t$=110s

图 3-23

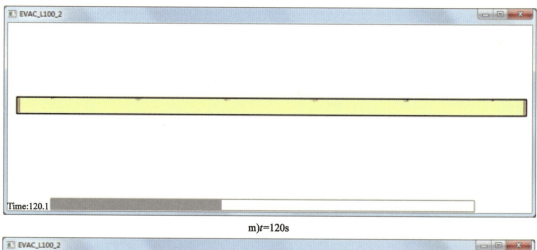

m) $t=120s$

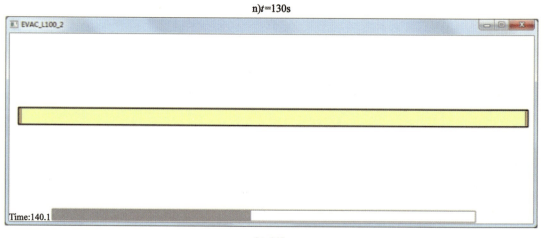

n) $t=130s$

o) $t=140s$

图 3-23

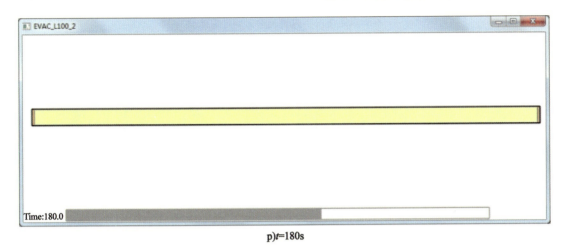

p) $t=180s$

图 3-23 工况 7 疏散计算结果

探测、报警与人员预动作时间总和为 180s。人员疏散开始至疏散结束的时间由开始疏散时间到通过安全出口进入相邻的安全隧道结束。

根据设置的疏散场景,得到疏散所需时间与隧道中疏散人数之间的关系,如图 3-24 所示。从图中可以看出,随着时间的增加,人员不断从隧道内经安全通道疏散至安全区域,隧道内人员不断减少。提取计算结果,得从开始疏散到人员完全疏散到安全区域时间共需 100s。加上探测、报警与人员预动作时间,人员疏散的时间总共需 280s。

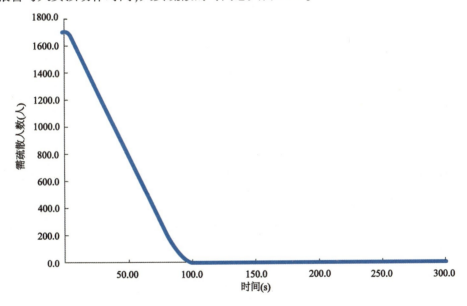

图 3-24 工况 7 疏散计算结果与隧道中疏散人数之间的关系

8) 不同疏散门间距人员疏散时间比较

根据计算结果,对各工况下人员疏散时间进行统计,结果如表 3-7 所示。

**不同间距情况下人员疏散时间计算结果**　　　　　　表 3-7

| 工况序号 | 疏散门间距（m） | 疏散门的净宽度（m） | 疏散净时间（s） | 疏散必需时间 $T_{RSET}$（s） |
|---|---|---|---|---|
| 1 | 40 | 2 | 47 | 227 |
| 2 | 50 | 2 | 58 | 238 |
| 3 | 60 | 2 | 67 | 247 |
| 4 | 70 | 2 | 72 | 252 |
| 5 | 80 | 2 | 83 | 263 |
| 6 | 90 | 2 | 91 | 271 |
| 7 | 100 | 2 | 100 | 280 |

注：火源位置在两疏散门之间。

#### 3.2.3.3 疏散门不同净宽度人员疏散计算

为得到疏散门不同净宽度对人员疏散时间的影响关系，建立计算模型，对疏散门的净宽度分别为 1.5m、2m、2.5m 工况进行计算，得到各工况下人员疏散时间。

1）工况 1（疏散门的净宽度 1.5m）

工况 1 计算模型长 580m，横断面按深中通道实际尺寸建立，该长度内共设置 8 个安全疏散门，相邻疏散门间距 80m，疏散门的净宽度 1.5m，隧道内疏散总人数为 1703 人，计算模型如图 3-25 所示。

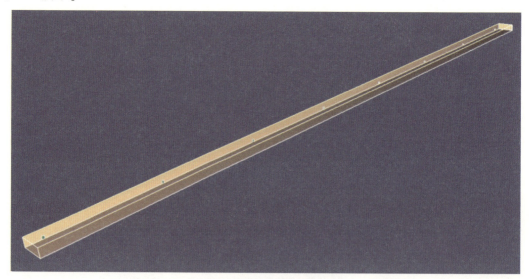

图 3-25　工况 1 计算模型

工况 1 疏散计算结果如图 3-26 所示。

第3章 超宽特长海底沉管隧道火灾排烟技术

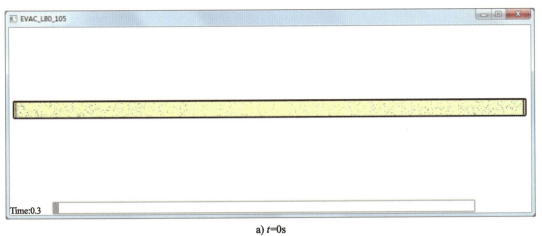

a) $t=0s$

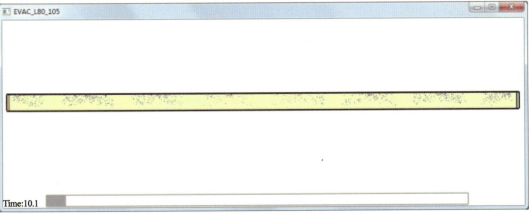

b) $t=10s$

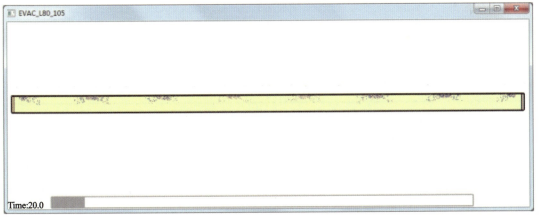

c) $t=20s$

图 3-26

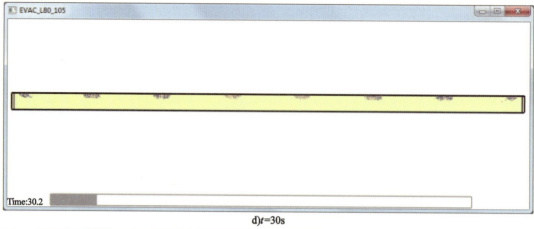

d) $t=30s$

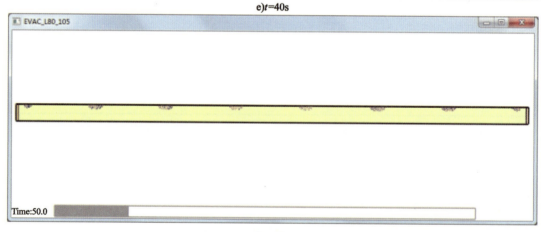

e) $t=40s$

f) $t=50s$

图 3-26

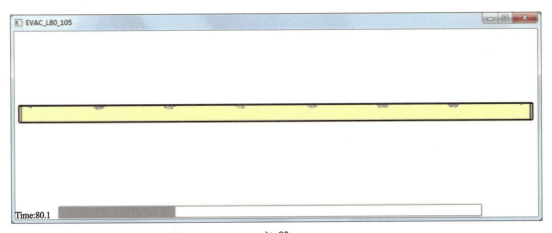
g) $t=80s$

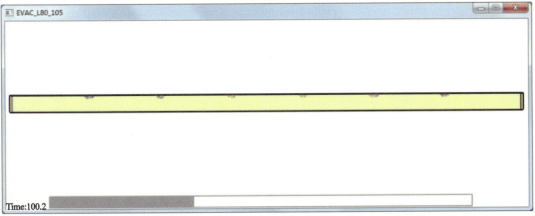
h) $t=100s$

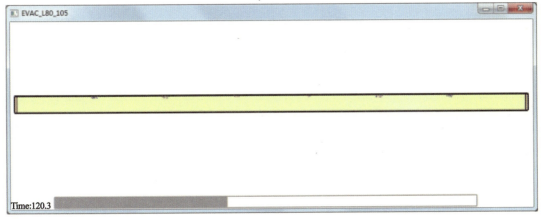
i) $t=120s$

图 3-26

j) $t=140s$

k) $t=160s$

l) $t=180s$

图 3-26 工况 1 疏散计算结果

探测、报警与人员预动作时间总和为 180s。人员疏散开始至疏散结束的时间由开始疏散时间到通过安全出口进入相邻的安全隧道结束。

根据设置的疏散场景,得到疏散所需时间与隧道中疏散人数之间的关系,如图 3-27 所示。

从图中可以看出,随着时间的增加,人员不断从隧道内经安全通道疏散至安全区域,隧道内人员不断减少。提取计算结果,得从开始疏散到人员完全疏散到安全区域时间共需要112s。加上探测、报警与人员预动作时间,人员疏散的时间总共需292s。

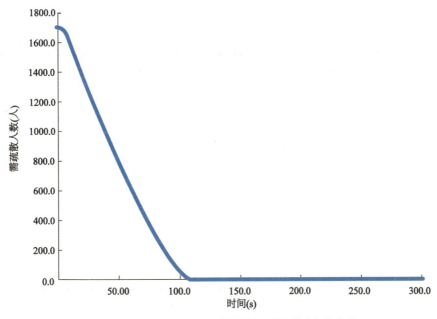

图 3-27 工况 1 所需疏散时间与隧道中疏散人数之间的关系

2) 工况 2 (疏散门的净宽度 2m)

工况 1 计算模型长 580m,横断面按深中通道实际尺寸建立,该长度内共设置 8 个安全疏散门,相邻疏散门间距 80m,疏散门的净宽度 2m,隧道内疏散总人数为 1703 人,计算模型如图 3-28 所示。

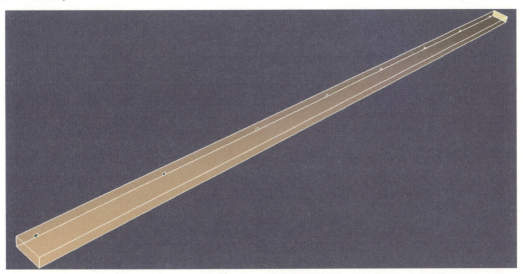

图 3-28 工况 2 计算模型

工况 2 疏散计算结果如图 3-29 所示。

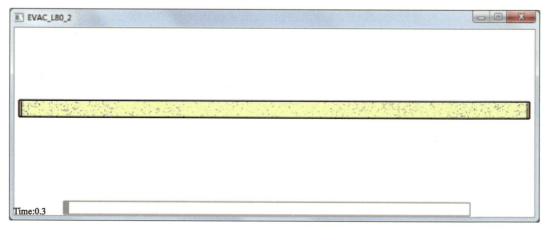

a) $t=0s$

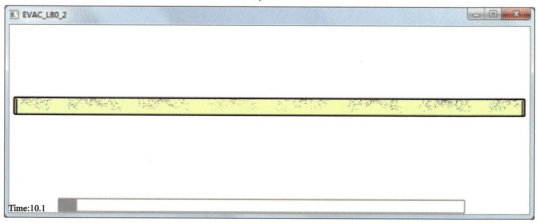

b) $t=10s$

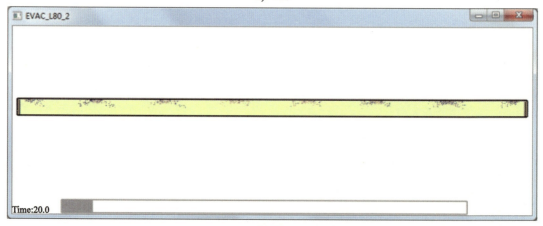

c) $t=20s$

图 3-29

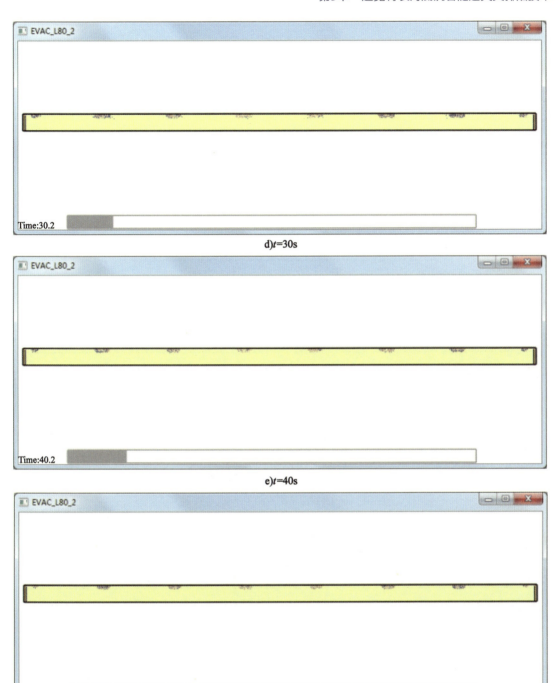

图 3-29

g) $t=60s$

h) $t=70s$

i) $t=80s$

图 3-29

图 3-29

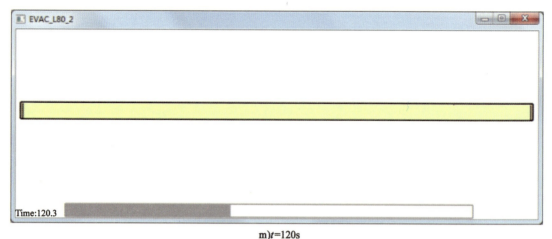

m) $t$=120s

图 3-29　工况 2 疏散计算结果

探测、报警与人员预动作时间总和为 180s。人员疏散开始至疏散结束的时间由开始疏散时间到通过安全出口进入相邻的安全隧道结束。

根据设置的疏散场景,得到疏散所需时间与隧道中疏散人数之间的关系,如图 3-30 所示。从图中可以看出,随着时间的增加,人员不断从隧道内经安全通道疏散至安全区域,隧道内人员不断减少。提取计算结果,得从开始疏散到人员完全疏散到安全区域共需要时间 83s。加上探测、报警与人员预动作时间,人员疏散的时间总共需 263s。

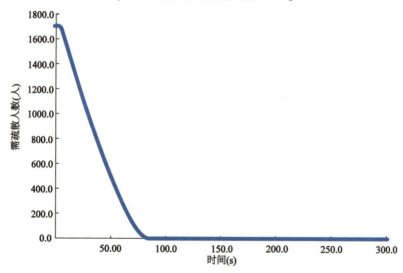

图 3-30　工况 2 所需疏散时间与隧道中疏散人数之间的关系

3) 工况 3(疏散门的净宽度 2.5m)

工况 3 计算模型长 580m,横断面按深中通道实际尺寸建立,该长度内共设置 8 个安全疏散门,相邻疏散门间距 80m,疏散门的净宽度 2.5m,隧道内疏散总人数为 1703 人,计算模型如图 3-31 所示。

工况 3 疏散计算结果如图 3-32 所示。

第3章 超宽特长海底沉管隧道火灾排烟技术

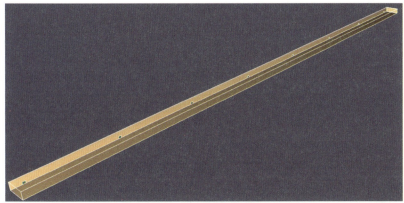

图 3-31 工况 3 计算模型

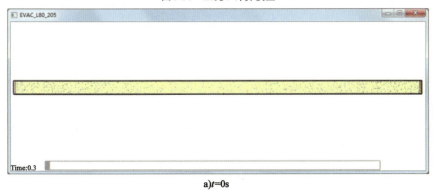

a) $t=0s$

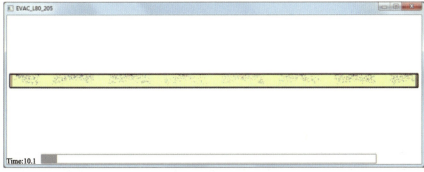

b) $t=10s$

c) $t=20s$

图 3-32

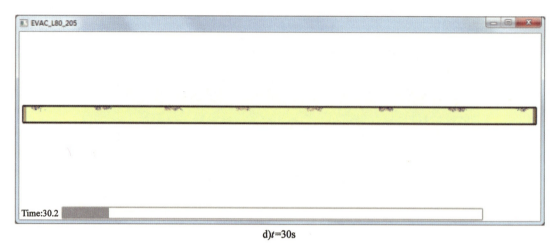

d) $t=30s$

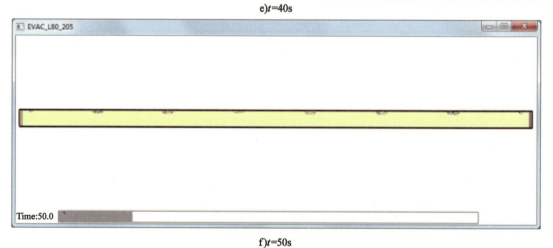

e) $t=40s$

f) $t=50s$

图 3-32

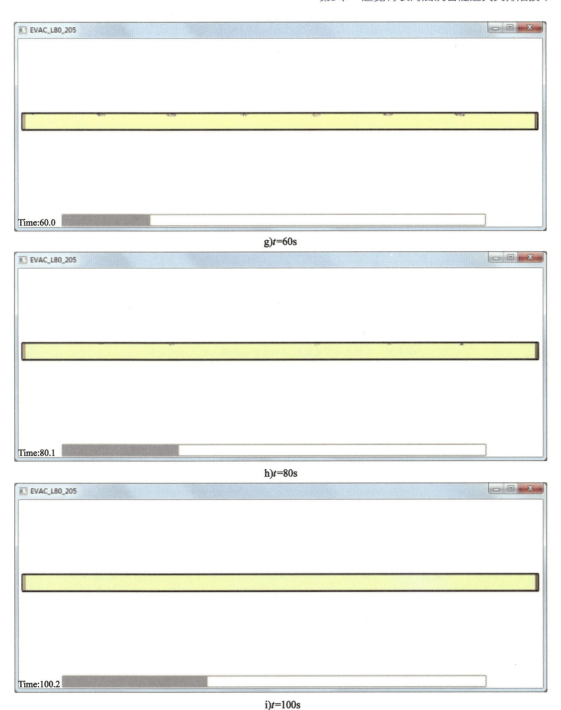

图 3-32　工况 3 疏散计算结果

探测、报警与人员预动作时间总和为 180s。人员疏散开始至疏散结束的时间由开始疏散时间到通过安全出口进入相邻的安全隧道结束。

根据设置的疏散场景,得到疏散所需时间与隧道中疏散人数之间的关系,如图 3-33 所示。

从图中可以看出,随着时间的增加,人员不断从隧道内经安全通道疏散至安全区域,隧道内人员不断减少。提取计算结果,得从开始疏散到人员完全疏散到安全区域时间共需要69s。加上探测、报警与人员预动作时间,人员疏散的时间总共需要249s。

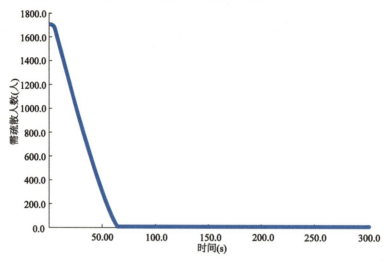

图3-33 工况3所需疏散时间与隧道中疏散人数之间的关系

4) 不同宽度人员疏散时间比较

根据计算结果,对各工况下人员疏散时间进行统计,结果如表3-8所示。

不同宽度情况下人员疏散时间计算结果 表3-8

| 工况序号 | 疏散门间距（m） | 疏散门净宽度（m） | 疏散净时间（s） | 疏散必需时间 $T_{RSET}$（s） |
|---|---|---|---|---|
| 1 | 80 | 1.5 | 112 | 292 |
| 2 | 80 | 2 | 83 | 263 |
| 3 | 80 | 2.5 | 69 | 249 |

5) 疏散门净宽度1.2m、2m疏散时间比较

针对疏散门净宽度1.2m、2m进行不同场景的人员疏散计算,计算结果见表3-9。

不同工况疏散场景 表3-9

| 工况序号 | 疏散门间距（m） | 火源位置 | 疏散门净宽度（m） | 疏散净时间（s） | 疏散必需时间 $T_{RSET}$（s） |
|---|---|---|---|---|---|
| 1 | 60 | 两疏散门之间 | 2 | 67 | 247 |
| 2 | 81/84 | 两疏散门之间 | 2 | 90 | 270 |
| 3 | 100 | 两疏散门之间 | 2 | 99 | 279 |
| 4 | 60 | 疏散门处 | 2 | 89 | 269 |
| 5 | 81/84 | 疏散门处 | 2 | 120 | 300 |
| 6 | 100 | 疏散门处 | 2 | 148 | 328 |

续上表

| 工况序号 | 疏散门间距（m） | 火源位置 | 疏散门净宽度（m） | 疏散净时间（s） | 疏散必需时间 $T_{RSET}$(s) |
|---|---|---|---|---|---|
| 7 | 60 | 两疏散门之间 | 1.2 | 109 | 289 |
| 8 | 81/84 | | 1.2 | 156 | 336 |
| 9 | 100 | | 1.2 | 180 | 360 |
| 10 | 60 | 疏散门处 | 1.2 | 158 | 338 |
| 11 | 81/84 | | 1.2 | 208 | 388 |
| 12 | 100 | | 1.2 | 264 | 444 |

注：表中疏散门间距为81/84m时，表示疏散门距离为81m、84m间隔布置。

#### 3.2.3.4 小结

根据对主隧道人员疏散数值模拟计算，得到以下结论：

（1）人员疏散时间随疏散门间距的增大而增加，疏散门间距为40m时，人员疏散总时间为260s；疏散门间距为100m时，人员疏散总时间为328s。根据《公路水下隧道设计规范（报批稿）》（JTG D71—2014）中13.9.5 沉管隧道中通向逃生通道的疏散门间距不宜大于100m，在顶部排烟方式下，疏散门间距100m时疏散时间远小于火灾达到危险判据时间，满足人员逃生要求。

（2）疏散门的净宽度增加，单位时间通过通道人员数量增加，随着疏散门的净宽度的增加，人员疏散总时间减小。当疏散门间距为80m时，疏散门的净宽度为1.5m时人员疏散总时间为292s；当疏散门的净宽度为2.5m时人员疏散总时间为249s。

（3）所有计算工况中，当疏散门间距为81或84m时，最不利工况为火灾发生在疏散门附近时，疏散门宽度为1.2m时人员疏散必需时间 $T_{RSET}$ 为388s。

## 3.3 超宽特长海底沉管隧道侧壁排烟方式

依托深中通道项目采用数值计算软件对主线沉管隧道内发生火灾时隧道内烟气扩散情况进行数值模拟计算，通过对不同排烟孔布置形式计算结果分析，拟得到不同排烟孔布置情况下的排烟效果。主线沉管隧道横断面尺寸如图3-34所示。

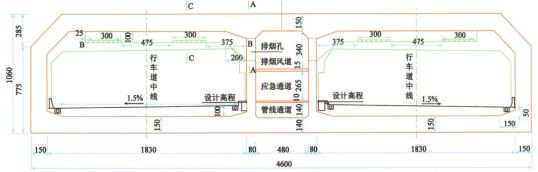

图3-34　隧道横断面(尺寸单位:cm)

### 3.3.1 火源参数设置

1)火灾热释放速率

对于隧道内火灾,因燃烧车辆的不同,隧道火灾热释放速率 $Q$ 有明显差异。深中通道为客运城市道路隧道,以小客车为主(远期小客车和中巴的比例高达94%)。根据美国国家防火协会(NFPA)、国际道路协会隧道委员会(PIARC)的相关推荐值,以及国内以客运为主的城市道路隧道选用火灾规模的调查结果,根据最新公路隧道消防技术规范,考虑不利工况,设计选用50MW 的火灾热释放速率作为设防标准。不同火灾类型及不同车辆情况下的最大热释放速率 $Q_{max}$ 和隧道内的最高温度如表3-10 所示。

表3-10 不同车辆火灾热释放速率

| 车辆类型 | 小汽车 | 大货车 | 载重卡车 | 列车车厢 |
| --- | --- | --- | --- | --- |
| 火灾最大热释放速率(MW) | 3~5 | 15~20 | 50~100 | 15~20 |
| 隧道内最高温度(℃) | 400~500 | 700~800 | 1000~1200 | 800~900 |

2)火灾发展速率

隧道内火灾场景是对火灾发展过程的描述,火灾并不是在一开始就处于很高的热释放状态,而是经一定时间,按一定规律变化。本次计算火灾按以下曲线发展,0~165s 间 6.12kW/s的增长率,165~295s 间 516.8kW/s 的增长率,$t=260s$ 达到 50MW(图3-35)。

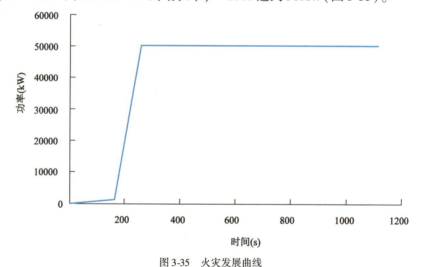

图3-35 火灾发展曲线

3)火源位置

假定只有一辆汽车燃烧,火源面积为车辆平面积,根据对常见油罐车、载重卡车参数的调研,取火源面积为 8m×2.5m,火源位置为隧道纵向 $y=250m$ 处,横向位置根据不同工况进行设置。火源在隧道纵向位置示意图如图3-36 所示。

4)火灾危险判据

火灾安全的物理指标在不同资料中略有不同,本研究采用如表3-11 所示指标。

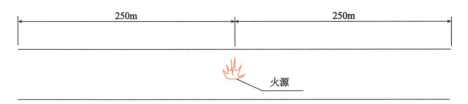

图 3-36 火源示意图

火灾安全指标　　　　　　　　　　　　　　　　　　　　　　表 3-11

| 温度 | 在离地面 1.8m 高处的温度小于 60℃ |
|---|---|
| 毒性气体 | 在离地面 1.8m 高处 CO 体积浓度小于 1500cm³/m³ |
| 烟气层高度 | 2m 以上 |
| 能见度 | 在离地面 1.8m 高处不小于 10m |

### 3.3.2 计算工况模型建立及参数

考虑隧道内只有一处发生火灾的情况,着重分析不同排烟孔布置方式时火灾主线沉管隧道内的烟气分布,在建立计算模型时进行以下假设:

(1)不考虑排烟道内的烟气分布;

(2)暂不考虑隧道内导流板的影响;

(3)模型横断面尺寸取隧道实际尺寸,着重考虑火源点 300m 范围内的烟气分布情况,为缩短计算时间,模型纵向长度取 500m。

模型横断面如图 3-37 所示。

隧道两端边界设置为开口边界,相对大气压为 0Pa;排烟孔设置为排风口边界,火灾发生后 $t=90s$ 时刻起进行通风排烟,计算火灾发展至稳定阶段隧道内的烟气分布。

主线沉管隧道侧壁排烟各计算工况参数设置如表 3-12 所示。各工况模型建立及参数详见《主线沉管隧道侧壁排烟方式数值分析报告》。

图 3-37 模型横断面示意图(尺寸单位:m)

计算工况汇总表　　　　　　　　　　　　　　　表 3-12

| 工况序号 | 排烟口/孔间距 (m) | 排烟口/孔数量 (组数/个数) | 单个排烟孔尺寸 (宽×高)(m²) | 排烟孔风速 (m/s) | 火源位置 | 纵向风速 (m/s) |
|---|---|---|---|---|---|---|
| 1 | 54、54、57 | 4/12 | 1×2=2 | 7.875 | 隧道正中 | 0 |
| 2 | 54、54、57 | 6/18 | 1×2=2 | 5.25 | 隧道正中 | 0 |
| 3 | 90 | 4/12 | 1×2=2 | 7.875 | 隧道正中 | 0 |
| 4 | 75 | 4/12 | 1×2=2 | 7.875 | 隧道正中 | 0 |
| 5 | 54、54、57 | 4/12 | 1.4×2=2.8 | 5.625 | 隧道正中 | 0 |

续上表

| 工况序号 | 排烟口/孔间距（m） | 排烟口/孔数量（组数/个数） | 单个排烟孔尺寸（宽×高）(m²) | 排烟孔风速（m/s） | 火源位置 | 纵向风速（m/s） |
|---|---|---|---|---|---|---|
| 6 | 54、54、57 | 6/18 | 1.4×2=2.8 | 3.75 | 隧道正中 | 0 |
| 7 | 20 | 16(均布) | 1×2=2 | 5.91 | 隧道正中 | 0 |
| 8 | 30 | 10(均布) | 1×2=2 | 9.45 | 隧道正中 | 0 |
| 9 | 54、54、57 | 4/12 | 1×2=2 | 7.875 | 排烟口远端16.5m | 0 |
| 10 | 54、54、57 | 6/18 | 1×2=2 | 5.25 | 排烟口远端16.5m | 0 |
| 11 | 20 | 16(均布) | 1×2=2 | 5.91 | 排烟口远端16.5m | 0 |
| 12 | 30 | 10(均布) | 1×2=2 | 9.45 | 排烟口远端16.5m | 0 |
| 13 | 54、54、57 | 6/18 | 1×2=2 | 5.25 | 隧道正中 | 1 |
| 14 | 54、54、57 | 6/18 | 1×2=2 | 5.25 | 隧道正中 | 2 |

### 3.3.3 侧壁排烟方式烟雾场与温度场分析

#### 3.3.3.1 试验工况

本次模型试验运用控制变量法，按照不同排烟方式分别设置了试验工况，模拟火源功率为20MW。隧道侧壁排烟方式共设置了8组工况，分别模拟侧壁排烟口60m、75m、84m、90m间距、火源位于相邻横向排烟道/排烟口[即2号排烟道(口)与3号排烟道(口)]之间与横向排烟道/排烟口[即3号排烟道(口)]下方、开启相邻4组排烟阀。具体工况设置如表3-13所示。

隧道侧壁排烟方式试验工况设置表　　　表3-13

| 序号 | 工况名称 | 火源纵向位置 | 模拟排烟口间距 | 排烟阀开启编号 |
|---|---|---|---|---|
| 1 | H20-L60-SC | 2号、3号排烟道(口)之间 | 60m | 2号、3号、4号、5号 |
| 2 | K20-L60-SC | 3号排烟道(口)下方 | 60m | 2号、4号、5号、6号 |
| 3 | H20-L75-SC | 2号、3号排烟道(口)之间 | 75m | 2号、3号、4号、5号 |
| 4 | K20-L75-SC | 3号排烟道(口)下方 | 75m | 2号、4号、5号、6号 |
| 5 | H20-L84-SC | 2号、3号排烟道(口)之间 | 84m | 2号、3号、4号、5号 |
| 6 | K20-L84-SC | 3号排烟道(口)下方 | 84m | 2号、4号、5号、6号 |
| 7 | H20-L90-SC | 2号、3号排烟道(口)之间 | 90m | 2号、3号、4号、5号 |
| 8 | K20-L90-SC | 3号排烟道(口)下方 | 90m | 2号、4号、5号、6号 |

#### 3.3.3.2 试验结果分析

1）工况 H20-L60-SC

(1) 工况概况

工况 H20-L60-SC，排烟方式为侧壁排烟，排烟口位于隧道侧壁，间距为4m（模拟间距为60m）。火源位置位于2号和3号横向排烟道间的中部。排烟阀开启编号为2号、3号、4号、5号排烟阀。实验前模型内空气温度为11℃（图3-38）。

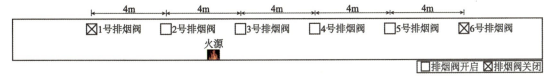

图 3-38　工况 H20-L60-SC 火源位置及排烟阀开启示意图

(2) 温度分布

在未开启排烟阀时,温度分布沿火源两端呈对称分布;开启 2 号、3 号、4 号、5 号排烟阀后,在排烟道负压作用下,火源上游端温度蔓延速度趋于减缓且呈下降趋势;火源下游端温度蔓延速度增大,分布范围增大但未超过 5 号横向排烟道;当纵向风速为 0.5m/s 时,火源上游端温度分布范围逐渐减小;火源下游端温度分布范围逐渐扩大,但分布范围仍未超过 5 号横向排烟道;当纵向风速为 0.8m/s 时,火源上游端温度分布范围明显减小,分布范围位于 2 号横向排烟道与火源之间;火源下游端温度分布范围明显扩大,蔓延至 6 号横向排烟道,见图 3-39 和图 3-40。

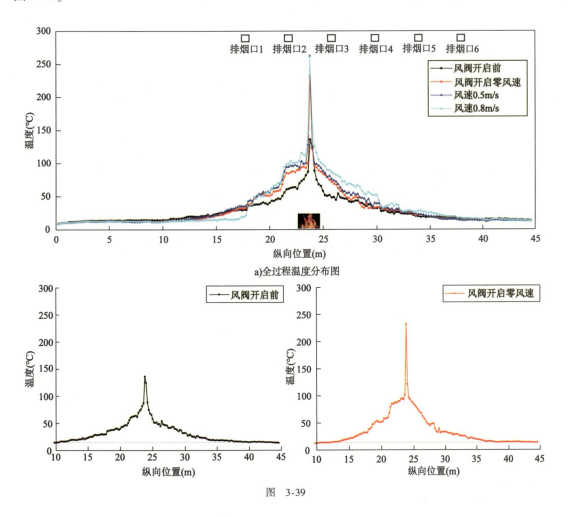

a) 全过程温度分布图

图　3-39

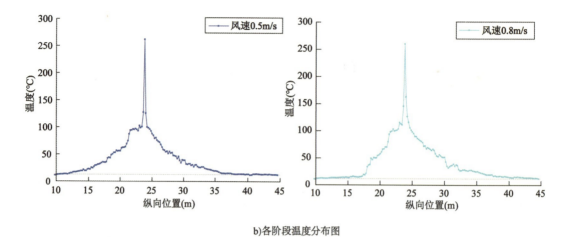

b)各阶段温度分布图

图 3-39 工况 H20-L60-SC 纵向温度分布图

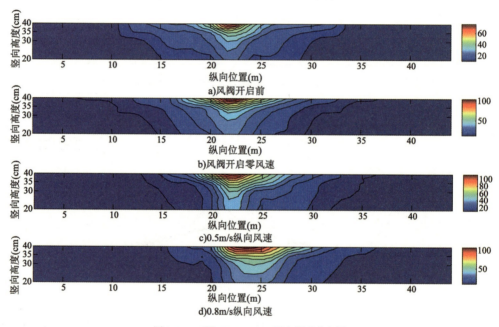

图 3-40 工况 H20-L60-SC 竖向温度分布图

(3) 烟气层高度

风阀开启前,烟气沿隧道纵向自由扩散,烟气层高度除火源位置以外均未下降至安全高度以下,随着烟量的持续增加,烟气在卷吸过程中发生下沉,有少量烟气下沉至安全高度以下。风阀开启后,烟气在排烟道负压作用下被排出主隧道,烟气流动较为紊乱,侧壁排烟系统无法对隧道另一侧烟气进行有效控制,烟气层高度在靠近排烟口位置时较高,在远离排烟口位置时较低,并低于安全高度。在0.5m/s 纵向风情况下,烟气层稳定状态遭到破坏,上游烟气迅速向下游移动,在火羽流作用下仍有部分烟气沿着隧道顶棚向上游移动,烟气层高度未低于安全高度;下游烟气沿着纵向风向下游移动,部分在排烟口作用下被排出。当纵向风速为0.8m/s时,火源处产生的烟气均向下游移动,上游无烟气蔓延,下游烟气较为混乱,无完整烟气层呈现,沿着纵向风方向向下游移动。工况 H20-L60-SC 烟气层高度图见图 3-41。

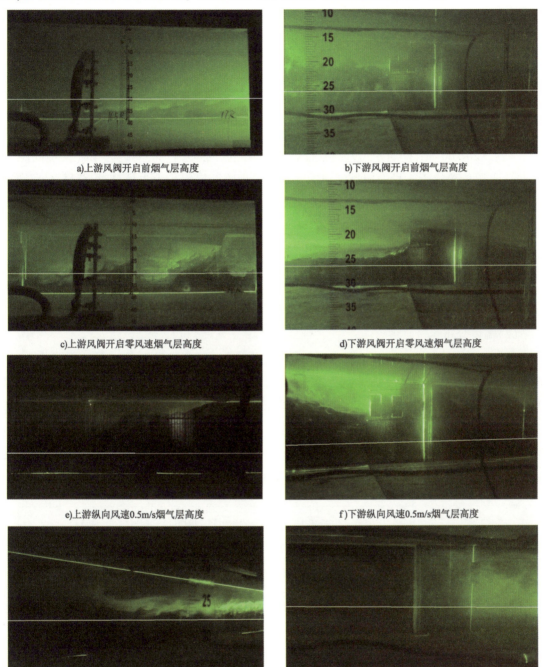

a) 上游风阀开启前烟气层高度　　　　　b) 下游风阀开启前烟气层高度

c) 上游风阀开启零风速烟气层高度　　　d) 下游风阀开启零风速烟气层高度

e) 上游纵向风速0.5m/s烟气层高度　　　f) 下游纵向风速0.5m/s烟气层高度

g) 上游纵向风速0.8m/s烟气层高度　　　h) 下游纵向风速0.8m/s烟气层高度

图 3-41　工况 H20-L60-SC 烟气层高度图

(4) 排烟效率

当火灾发生在相邻排烟阀中部,间距为4m(模拟间距为60m)时,排烟效率受隧道纵向风的影响较显著,纵向风速为 0m/s 时排烟效率约为 62.44%,纵向风速为 0.5m/s 时排烟效率值为 61.22%,纵向风速达到 0.8m/s 速时的排烟效率值为 60.19%(表 3-14)。

火灾发生在相邻排烟阀中部隧道侧壁排烟效率    表 3-14

| 工况名称 | 排烟阀编号 | 0m/s 纵向风 | 0.5m/s 纵向风 | 0.8m/s 纵向风 |
| --- | --- | --- | --- | --- |
| H20-L60-SC | 2、3、4、5 | 62.44% | 61.22% | 60.19% |

2)工况 K20-L60-SC

(1)工况概况

工况 K20-L60-SC,排烟方式为侧壁排烟,排烟口位于隧道侧壁,间距为 4m(模拟间距为 60m)。火源位置位于 3 号横向排烟道的底部。排烟阀开启编号为 2 号、4 号、5 号、6 号排烟阀。实验前模型内空气温度为 11℃(图 3-42)。

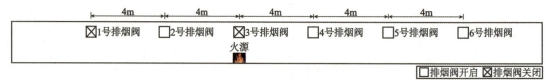

图 3-42  工况 K20-L60-SC 火源位置及排烟阀开启示意图

(2)温度分布

在未开启排烟阀时,温度分布沿火源两端呈对称分布。开启 2 号、4 号、5 号、6 号排烟阀后,在排烟道负压作用下,火源上游端温度蔓延速度趋于减缓且呈下降趋势;火源下游端温度蔓延速度增大,分布范围增大但未超过 6 号横向排烟道。当纵向风速为 0.5m/s 时,火源上游端温度分布范围逐渐减小;火源下游端温度分布范围逐渐扩大,但分布范围仍未超过 6 号横向排烟道。当纵向风速为 0.8m/s 时,火源上游端温度分布范围明显减小,分布范围位于 2 号横向排烟道与火源之间;火源下游端温度分布范围明显扩大,蔓延至 6 号横向排烟道,见图 3-43 和图 3-44。

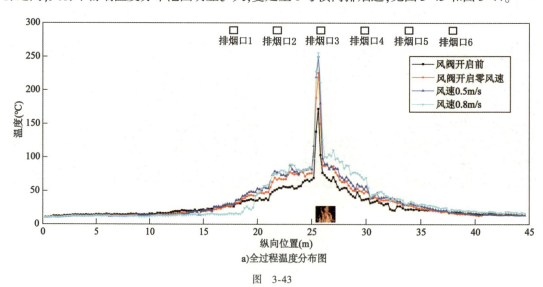

a)全过程温度分布图

图 3-43

第3章 超宽特长海底沉管隧道火灾排烟技术

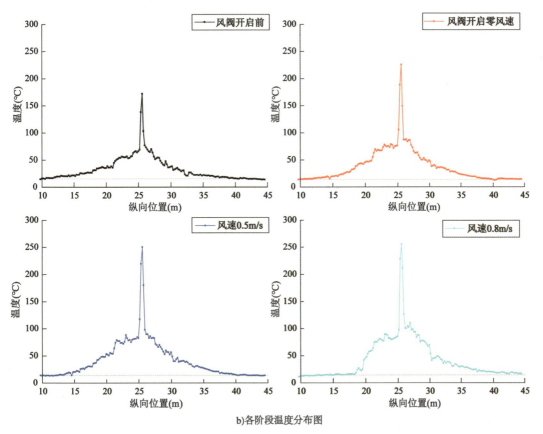

b) 各阶段温度分布图

图 3-43 工况 K20-L60-SC 纵向温度分布图

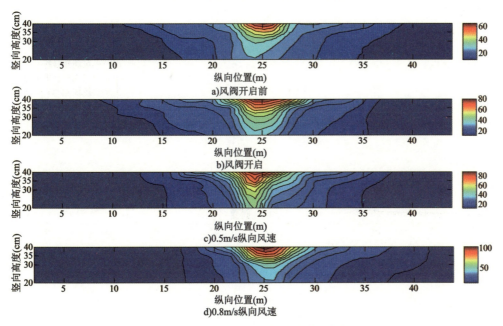

图 3-44 工况 K20-L60-SC 竖向温度分布图

3）工况 H20-L75-SC

（1）工况概况

工况 H20-L75-SC，排烟方式为侧壁排烟，排烟口位于隧道侧壁，间距为 5.0m（模拟间距为 75m）。火源位置位于 2 号和 3 号横向排烟道间的中部。排烟阀开启编号为 2 号、3 号、4 号、5 号排烟阀。实验前模型内空气温度为 10℃（图 3-45）。

图 3-45　工况 H20-L75-SC 火源位置及排烟阀开启示意图

（2）温度分布

在未开启排烟阀时，温度分布沿火源两端呈对称分布。开启 2 号、3 号、4 号、5 号排烟阀后，在排烟道负压作用下，火源上游端温度蔓延速度趋于减缓且呈下降趋势；火源下游端温度蔓延速度增大，分布范围增大但未超过 5 号横向排烟道。当纵向风速为 0.5m/s 时，火源上游端温度分布范围逐渐减小；火源下游端温度分布范围逐渐扩大，但分布范围仍未超过 5 号横向排烟道。当纵向风速为 0.8m/s 时，火源上游端温度分布范围明显减小，分布范围位于 2 号横向排烟道与火源之间；火源下游端温度分布范围明显扩大，蔓延至 6 号横向排烟道，见图 3-46 和图 3-47。

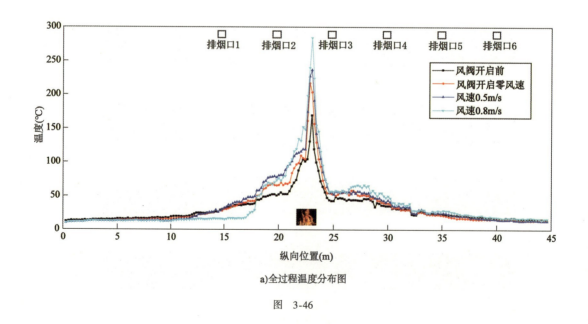

a) 全过程温度分布图

图 3-46

第3章 超宽特长海底沉管隧道火灾排烟技术

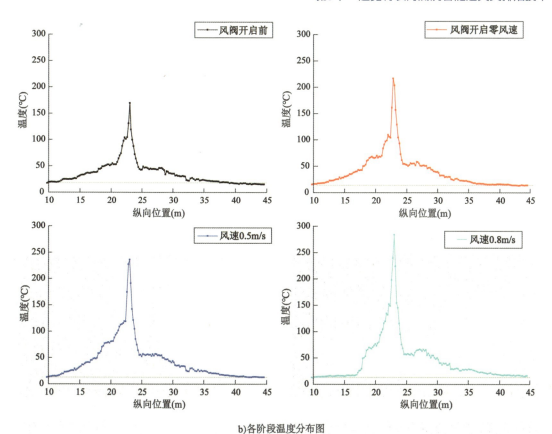

b)各阶段温度分布图

图 3-46 工况 H20-L75-SC 纵向温度分布图

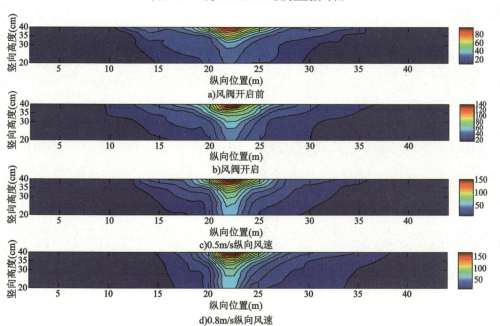

图 3-47 工况 H20-L75-SC 竖向温度分布图

(3) 烟气层高度

风阀开启前,烟气沿隧道纵向自由扩散,烟气层高度除火源位置以外均未下降至安全高度以下,随着烟量的持续增加,烟气在卷吸过程中发生下沉,有少量烟气下沉至安全高度以下。风阀开启后,烟气在排烟道负压作用下被排出主隧道,烟气流动较为紊乱,侧壁排烟系统无法对隧道另一侧烟气进行有效控制,烟气层高度在靠近排烟口位置时较高,在远离排烟口位置时较低,并低于安全高度。在 0.5m/s 纵向风情况下,烟气层稳定状态遭到破坏,上游烟气迅速向下游移动,在火羽流作用下仍有部分烟气沿着隧道顶棚向上游移动,烟气层高度未低于安全高度;下游烟气沿着纵向风向下游移动,部分在排烟口作用下被排出。当纵向风速为 0.8m/s 时,火源处产生的烟气均向下游移动,上游无烟气蔓延,下游烟气较为混乱,无完整烟气层呈现,沿着纵向风方向向下游移动。工况 H20-L75-SC 烟气层高度图见图 3-48。

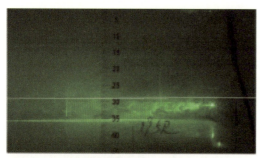
a) 上游风阀开启前烟气层高度

b) 下游风阀开启前烟气层高度

c) 上游风阀开启零风速烟气层高度

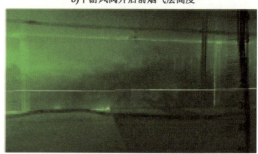
d) 下游风阀开启零风速烟气层高度

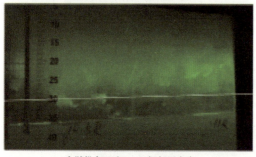
e) 上游纵向风速0.5m/s烟气层高度

f) 下游纵向风速0.5m/s烟气层高度

图 3-48

g)上游纵向风速0.8m/s烟气层高度

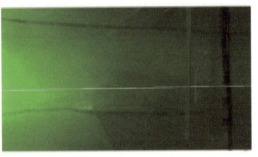
h)下游纵向风速0.8m/s烟气层高度

图 3-48 工况 H20-L75-SC 烟气层高度图

(4) 排烟效率

当火灾发生在相邻排烟阀中部,间距为5m(模拟间距为75m)时,排烟效率受隧道纵向风的影响较显著,纵向风速为0m/s时排烟效率约为72.09%,纵向风速为0.5m/s时排烟效率值为62.63%,纵向风速达到0.8m/s时的排烟效率值为64.77%(表3-15)。

火灾发生在相邻排烟阀中部隧道侧壁排烟效率  表 3-15

| 工况名称 | 排烟阀编号 | 0m/s 纵向风 | 0.5m/s 纵向风 | 0.8m/s 纵向风 |
| --- | --- | --- | --- | --- |
| H20-L75-SC | 2、3、4、5 | 72.09% | 68.63% | 64.77% |

风阀开启前,烟气沿隧道纵向自由扩散,烟气层高度除火源位置以外均未下降至安全高度以下,随着烟量的持续增加,烟气在卷吸过程中发生下沉,有少量烟气下沉至安全高度以下。风阀开启后,烟气在排烟道负压作用下被排出主隧道,烟气流动较为紊乱,侧壁排烟系统无法对隧道另一侧烟气进行有效控制,烟气层高度在靠近排烟口位置时较高,在远离排烟口位置时较低,并低于安全高度。在0.5m/s纵向风情况下,烟气层稳定状态遭到破坏,上游烟气迅速向下游移动,在火羽流作用下仍有部分烟气沿着隧道顶棚向上游移动,烟气层高度未低于安全高度;下游烟气沿着纵向风向下游移动,部分在排烟口作用下被排出。当纵向风速为0.8m/s时,火源处产生的烟气均向下游移动,上游无烟气蔓延,下游烟气较为混乱,无完整烟气层呈现,沿着纵向风方向向下游移动。工况 H20-L60-SC 烟气层高度图见图3-49。

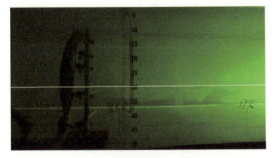
a)上游风阀开启前烟气层高度

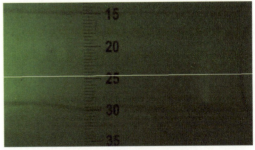
b)下游风阀开启前烟气层高度

图 3-49

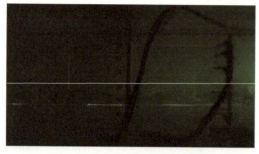
c) 上游风阀开启零风速烟气层高度

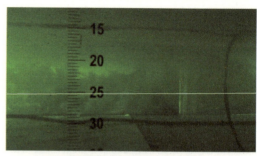
d) 下游风阀开启零风速烟气层高度

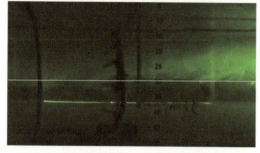
e) 上游纵向风速0.5m/s烟气层高度

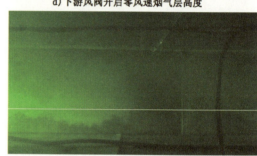
f) 下游纵向风速0.5m/s烟气层高度

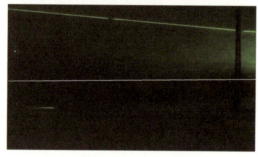
g) 上游纵向风速0.8m/s烟气层高度

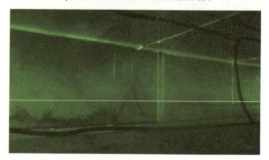
h) 下游纵向风速0.8m/s烟气层高度

图 3-49 工况 H20-L60-SC 烟气层高度图

当火灾发生在排烟道（口）下方，间距为 4m（模拟间距为 60m）时，排烟效率受隧道纵向风的影响较显著，纵向风速为 0m/s 时排烟效率约为 66.68%，纵向风速为 0.5m/s 时排烟效率值为 65.61%，纵向风速达到 0.8m/s 速时的排烟效率值为 64.98%（表 3-16）。

火灾发生在排烟道（口）下方隧道侧壁排烟效率 表 3-16

| 工况名称 | 排烟阀编号 | 0m/s 纵向风 | 0.5m/s 纵向风 | 0.8m/s 纵向风 |
| --- | --- | --- | --- | --- |
| H20-L60-SC | 2、4、5、6 | 66.68% | 65.61% | 64.98% |

4）工况 K20-L75-SC

(1) 工况概况

工况 K20-L75-SC，排烟方式为侧壁排烟，排烟口位于隧道侧壁，横向排烟道间距为 5m。火源位置位于 3 号横向排烟道的底部。排烟阀开启编号为 2 号、4 号、5 号、6 号排烟阀。实验前模型内空气温度为 11℃（图 3-50）。

图 3-50 工况 K20-L75-SC 火源位置及排烟阀开启示意图

(2) 温度分布

在未开启排烟阀时,温度分布沿火源两端呈对称分布。开启 2 号、4 号、5 号、6 号排烟阀后,在排烟道负压作用下,火源上游端温度蔓延速度趋于减缓且呈下降趋势;火源下游端温度蔓延速度增大,分布范围增大但未超过 5 号横向排烟道。当纵向风速为 0.5m/s 时,火源上游端温度分布范围逐渐减小;火源下游端温度分布范围逐渐扩大,但分布范围仍未超过 5 号横向排烟道。当纵向风速为 0.8m/s 时,火源上游端温度分布范围明显减小,分布范围位于 2 号横向排烟道与火源之间;火源下游端温度分布范围明显扩大,蔓延至 6 号横向排烟道,见图 3-51 和图 3-52。

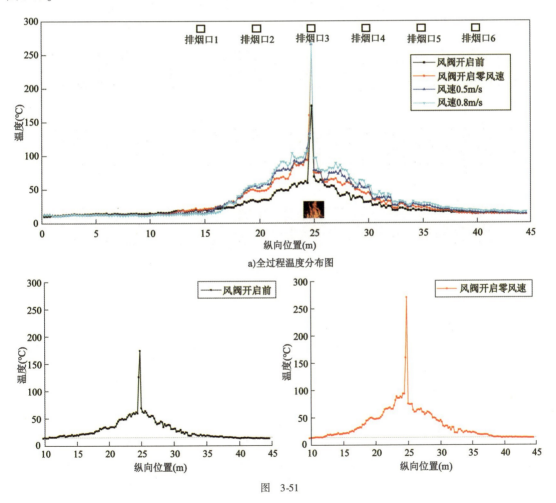

a) 全过程温度分布图

图 3-51

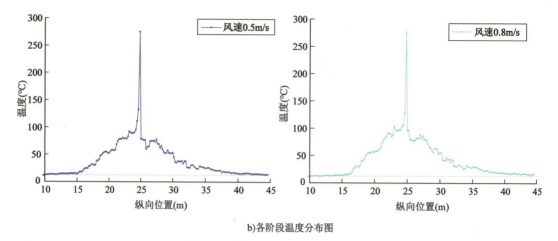

b) 各阶段温度分布图

图 3-51　工况 K20-L75-SC 纵向温度分布图

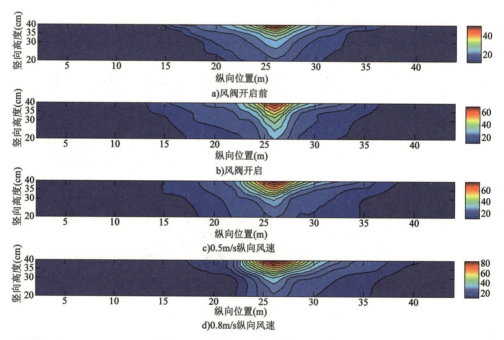

图 3-52　工况 K20-L75-SC 竖向温度分布图

(3) 烟气层高度

风阀开启前,烟气沿隧道纵向自由扩散,烟气层高度除火源位置以外均未下降至安全高度以下,随着烟量的持续增加,烟气在卷吸过程中发生下沉,有少量烟气下沉至安全高度以下。风阀开启后,烟气在排烟道负压作用下被排出主隧道,烟气流动较为紊乱,侧壁排烟系统无法对隧道另一侧烟气进行有效控制,烟气层高度在靠近排烟口位置时较高,在远离排烟口位置时较低,并低于安全高度。在 0.5m/s 纵向风情况下,烟气层稳定状态遭到破坏,上游烟气迅速向下游移动,在火羽流作用下仍有部分烟气沿着隧道顶棚向上游移动,烟气层高度未低于安全高度;下游烟气沿着纵向风向下游移动,部分在排烟口作用下被排出。当纵向风速为 0.8m/s

时,火源处产生的烟气均向下游移动,上游无烟气蔓延,下游烟气较为混乱,无完整烟气层呈现,沿着纵向风方向向下游移动。工况 K20-L75-SC 烟气层高度图见图 3-53。

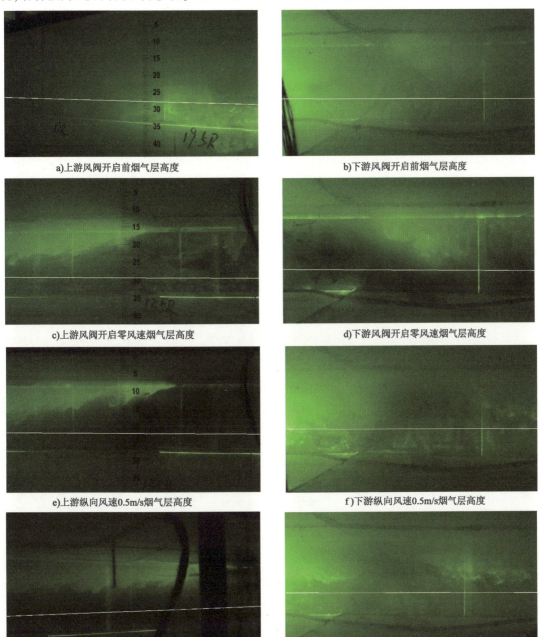

a) 上游风阀开启前烟气层高度  b) 下游风阀开启前烟气层高度

c) 上游风阀开启零风速烟气层高度  d) 下游风阀开启零风速烟气层高度

e) 上游纵向风速0.5m/s烟气层高度  f) 下游纵向风速0.5m/s烟气层高度

g) 上游纵向风速0.8m/s烟气层高度  h) 下游纵向风速0.8m/s烟气层高度

图 3-53　工况 K20-L75-SC 烟气层高度图

(4) 排烟效率

当火灾发生在排烟道(口)下方,间距为 5m(模拟间距为 75m)时,排烟效率受隧道纵向风的影响较显著,纵向风速为0m/s时排烟效率约为75.12%,纵向风速为0.5m/s时排烟效率值为63.67%,纵向风速达到0.8m/s速时的排烟效率值为60.14%(表3-17)。

火灾发生在排烟道(口)下方隧道侧壁排烟效率　　　　表3-17

| 工况名称 | 排烟阀编号 | 0m/s纵向风 | 0.5m/s纵向风 | 0.8m/s纵向风 |
|---|---|---|---|---|
| K20-L75-SC | 2、4、5、6 | 75.12% | 69.67% | 60.14% |

5) 工况H20-L84-SC

(1) 工况概况

工况H20-L84-SC,排烟方式为侧壁排烟,排烟口位于隧道侧壁,横向排烟道间距为5.6m。火源位置位于2号和3号横向排烟道间的中部。排烟阀开启编号为2号、3号、4号、5号排烟阀。实验前模型内空气温度为11℃(图3-54)。

图3-54　工况H20-L84-SC火源位置及排烟阀开启示意图

(2) 温度分布

在未开启排烟阀时,温度分布沿火源两端呈对称分布。开启2号、3号、4号、5号排烟阀后,在排烟道负压作用下,火源上游端温度蔓延速度趋于减缓且呈下降趋势;火源下游端温度蔓延速度增大,分布范围增大但未超过5号横向排烟道。当纵向风速为0.5m/s时,火源上游端温度分布范围逐渐减小;火源下游端温度分布范围逐渐扩大,但分布范围仍未超过5号横向排烟道。当纵向风速为0.8m/s时,火源上游端温度分布范围明显减小,分布范围位于2号横向排烟道与火源之间;火源下游端温度分布范围明显扩大,蔓延至6号横向排烟道,见图3-55和图3-56。

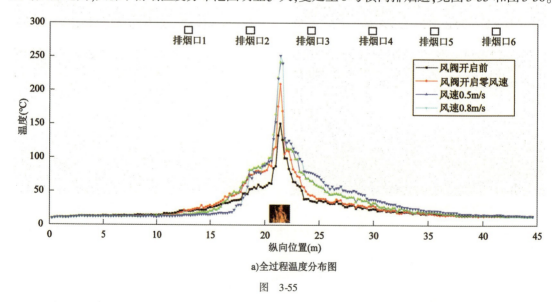

a) 全过程温度分布图

图 3-55

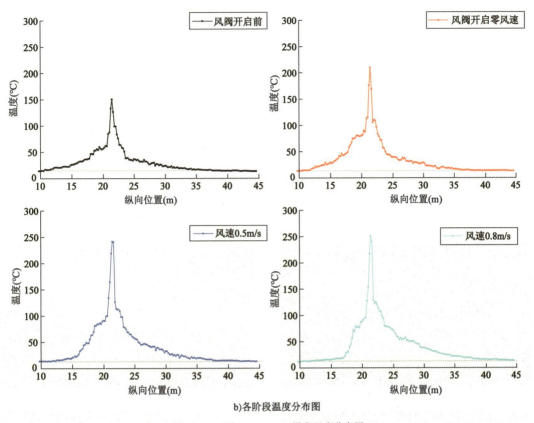

b)各阶段温度分布图

图 3-55 工况 H20-L84-SC 纵向温度分布图

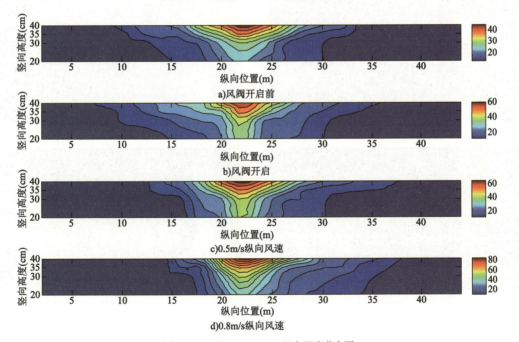

图 3-56 工况 H20-L84-SC 竖向温度分布图

(3) 烟气层高度

风阀开启前,烟气沿隧道纵向自由扩散,烟气层高度除火源位置以外均未下降至安全高度以下,随着烟量的持续增加,烟气在卷吸过程中发生下沉,有少量烟气下沉至安全高度以下。风阀开启后,烟气在排烟道负压作用下被排出主隧道,烟气流动较为紊乱,侧壁排烟系统无法对隧道另一侧烟气进行有效控制,烟气层高度在靠近排烟口位置时较高,在远离排烟口位置时较低,并低于安全高度。在 0.5m/s 纵向风情况下,烟气层稳定状态遭到破坏,上游烟气迅速向下游移动,在火羽流作用下仍有部分烟气沿着隧道顶棚向上游移动,烟气层高度未低于安全高度;下游烟气沿着纵向风向下游移动,部分在排烟口作用下被排出。当纵向风速为 0.8m/s 时,火源处产生的烟气均向下游移动,上游无烟气蔓延,下游烟气较为混乱,无完整烟气层呈现,沿着纵向风方向向下游移动。工况 H20-L84-SC 烟气层高度图见图 3-57。

a) 上游风阀开启前烟气层高度

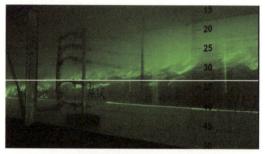
b) 下游风阀开启前烟气层高度

c) 上游风阀开启零风速烟气层高度

d) 下游风阀开启零风速烟气层高度

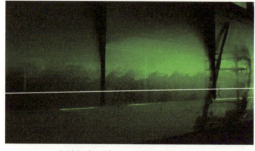
e) 上游纵向风速0.5m/s烟气层高度

f) 下游纵向风速0.5m/s烟气层高度

图 3-57

g)上游纵向风速0.8m/s烟气层高度

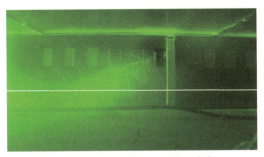
h)下游纵向风速0.8m/s烟气层高度

图 3-57 工况 H20-L84-SC 烟气层高度图

(4) 排烟效率

当火灾发生在相邻排烟阀中部,间距为 5.6m(模拟间距为 84m)时,排烟效率受隧道纵向风的影响较显著,纵向风速为 0m/s 时排烟效率约为 86.33%,纵向风速为 0.5m/s 时排烟效率值为 85.11%,纵向风速达到 0.8m/s 速时的排烟效率值为 75.06%(表 3-18)。

火灾发生在相邻排烟阀中部隧道侧壁排烟效率　　　　　表 3-18

| 工况名称 | 排烟阀编号 | 0m/s 纵向风 | 0.5m/s 纵向风 | 0.8m/s 纵向风 |
| --- | --- | --- | --- | --- |
| H20-L84-SC | 2、3、4、5 | 86.33% | 85.11% | 75.06% |

6) 工况 K20-L84-SC

(1) 工况概况

工况 K20-L84-SC,排烟方式为侧壁排烟,排烟口位于隧道侧壁,横向排烟道间距为 5.6m。火源位置位于 3 号横向排烟道的底部。排烟阀开启编号为 2 号、4 号、5 号、6 号排烟阀。实验前模型内空气温度为 11℃(图 3-58)。

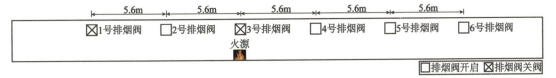

图 3-58 工况 K20-L84-SC 火源位置及排烟阀开启示意图

(2) 温度分布

在未开启排烟阀时,温度分布沿火源两端呈对称分布。开启 2 号、4 号、5 号、6 号排烟阀后,在排烟道负压作用下,火源上游端温度蔓延速度趋于减缓且呈下降趋势;火源下游端温度蔓延速度增大,分布范围增大但未超过 5 号横向排烟道。当纵向风速为 0.5m/s 时,火源上游端温度分布范围逐渐减小;火源下游端温度分布范围逐渐扩大,但分布范围仍未超过 5 号横向排烟道。当纵向风速为 0.8m/s 时,火源上游端温度分布范围明显减小,分布范围位于 2 号横向排烟道与火源之间;火源下游端温度分布范围明显扩大,蔓延至 6 号横向排烟道,见图 3-59 和图 3-60。

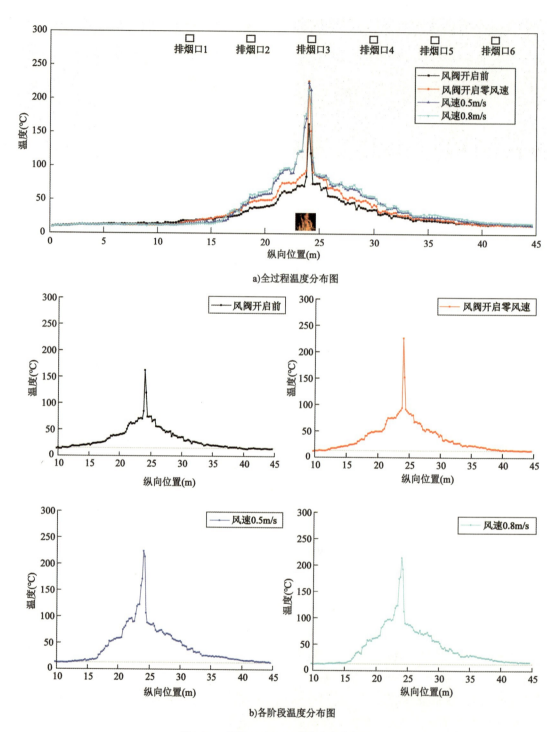

图 3-59 工况 K20-L84-SC 纵向温度分布图

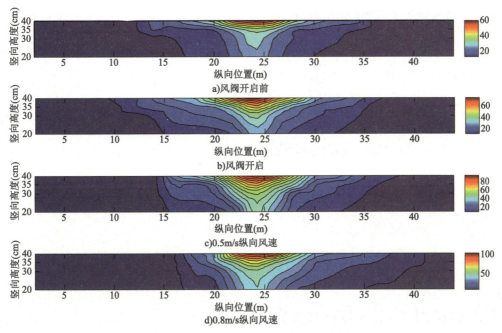

图 3-60　工况 K20-L84-SC 竖向温度分布图

（3）烟气层高度

风阀开启前,烟气层高度除火源位置以外均未下降至安全高度以下,随着烟量的持续增加,烟气在卷吸过程中发生下沉,有少量烟气下沉至安全高度以下。风阀开启后,烟气在排烟道负压作用下被排出主隧道,烟气流动较为紊乱,侧壁排烟系统无法对隧道另一侧烟气进行有效控制,烟气层高度在靠近排烟口位置时较高,在远离排烟口位置时较低,并低于安全高度。在 0.5m/s 纵向风情况下,烟气层稳定状态遭到破坏,上游烟气迅速向下游移动,在火羽流作用下仍有部分烟气沿着隧道顶棚向上游移动,烟气层高度未低于安全高度;下游烟气沿着纵向风向下游移动,部分在排烟口作用下被排出。当纵向风速为 0.8m/s 时,火源处产生的烟气均向下游移动,上游无烟气蔓延,下游烟气较为混乱,无完整烟气层呈现,沿着纵向风方向向下游移动。工况 K20-L84-SC 烟气层高度图见图 3-61。

a)上游风阀开启前烟气层高度

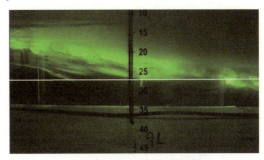
b)下游风阀开启前烟气层高度

图　3-61

c)上游风阀开启零风速烟气层高度

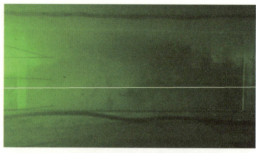
d)下游风阀开启零风速烟气层高度

e)上游纵向风速0.5m/s烟气层高度

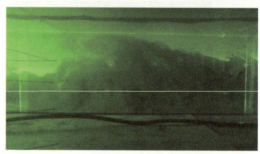
f)下游纵向风速0.5m/s烟气层高度

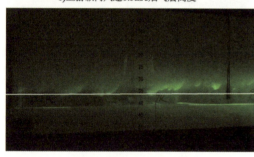
g)上游纵向风速0.8m/s烟气层高度

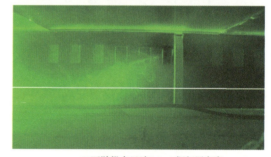
h)下游纵向风速0.8m/s烟气层高度

图 3-61 工况 K20-L84-SC 烟气层高度图

(4) 排烟效率

当火灾发生在排烟道(口)下方,间距为 5.6m(模拟间距为 84m)时,排烟效率受隧道纵向风的影响较显著,纵向风速为 0m/s 时排烟效率约为 80.85%,纵向风速为 0.5m/s 时排烟效率值为 78.09%,纵向风速达到 0.8m/s 时的排烟效率值为 69.20%(表 3-19)。

火灾发生在排烟道(口)下方隧道侧壁排烟效率　　　　表 3-19

| 工况名称 | 排烟阀编号 | 0m/s 纵向风 | 0.5m/s 纵向风 | 0.8m/s 纵向风 |
| --- | --- | --- | --- | --- |
| K20-L84-SC | 2、4、5、6 | 80.85% | 78.09% | 69.20% |

7) 工况 H20-L90-SC

(1) 工况概况

工况 H20-L90-SC,排烟方式为侧壁排烟,排烟口位于隧道侧壁,横向排烟道间距为 6m。火源位置位于 2 号和 3 号横向排烟道间的中部。排烟阀开启编号为 2 号、3 号、4 号、5 号排烟阀。实验前模型内空气温度为11℃(图3-62)。

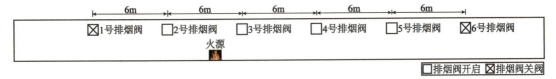

图3-62 工况H20-L90-SC火源位置及排烟阀开启示意图

(2)温度分布

在未开启排烟阀时,温度分布沿火源两端呈对称分布。开启2号、3号、4号、5号排烟阀后,在排烟道负压作用下,火源上游端温度蔓延速度趋于减缓且呈下降趋势;火源下游端温度蔓延速度增大,分布范围增大但未超过5号横向排烟道。当纵向风速为0.5m/s时,火源上游端温度分布范围逐渐减小;火源下游端温度分布范围逐渐扩大,但分布范围仍未超过5号横向排烟道。当纵向风速为0.8m/s时,火源上游端温度分布范围明显减小,分布范围位于2号横向排烟道与火源之间;火源下游端温度分布范围明显扩大,蔓延至6号横向排烟道,见图3-63和图3-64。

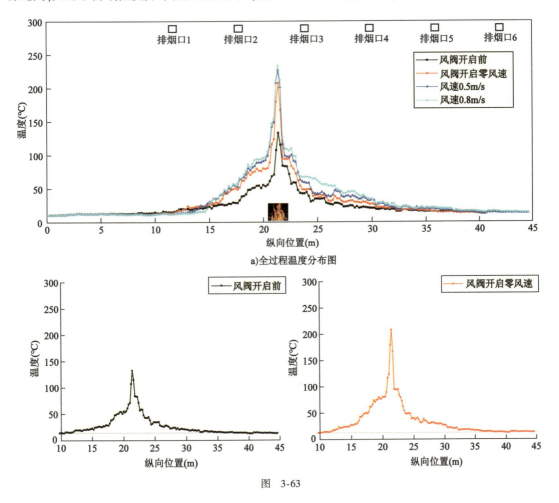

图 3-63

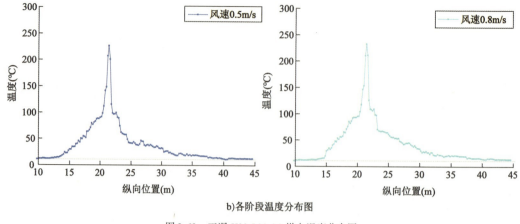

b) 各阶段温度分布图

图 3-63 工况 H20-L90-SC 纵向温度分布图

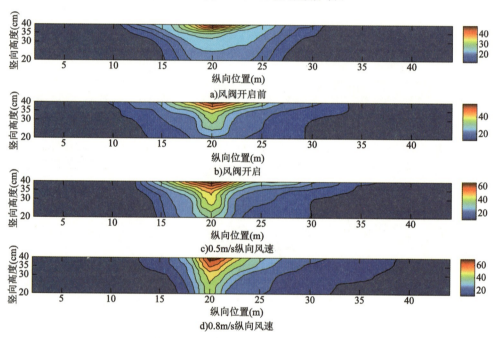

图 3-64 工况 H20-L90-SC 竖向温度分布图

(3) 烟气层高度

风阀开启前,烟气沿隧道纵向自由扩散,烟气层高度除火源位置以外均未下降至安全高度以下,随着烟量的持续增加,烟气在卷吸过程中发生下沉,有少量烟气下沉至安全高度以下。风阀开启后,烟气在排烟道负压作用下被排出主隧道,烟气流动较为紊乱,侧壁排烟系统无法对隧道另一侧烟气进行有效控制,烟气层高度在靠近排烟口位置时较高,在远离排烟口位置时较低,并低于安全高度。在 0.5m/s 纵向风情况下,烟气层稳定状态遭到破坏,上游烟气迅速向下游移动,在火羽流作用下仍有部分烟气沿着隧道顶棚向上游移动,烟气层高度未低于安全高度;下游烟气沿着纵向风向下游移动,部分在排烟口作用下被排出。当纵向风速为 0.8m/s 时,火源处产生的烟气均向下游移动,上游无烟气蔓延,下游烟气较为混乱,无完整烟气层呈现,沿着纵向风方向向下游移动。工况 H20-L90-SC 烟气层高度见图 3-65。

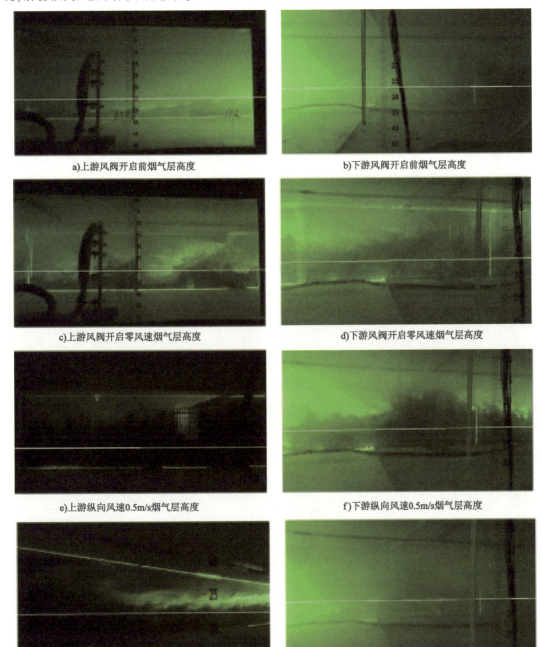

图 3-65 工况 H20-L90-SC 烟气层高度图

(4)排烟效率

当火灾发生在相邻排烟阀中部,间距为 6.0m(模拟间距为 90m)时,排烟效率受隧道纵向风的影响较显著,纵向风速为 0m/s 时排烟效率约为 72.98%,纵向风速为 0.5m/s 时排烟效率值为 63.16%,纵向风速达到 0.8m/s 速时的排烟效率值为 67.94%(表 3-20)。

火灾发生在相邻排烟阀中部隧道侧壁排烟效率 　　表 3-20

| 工况名称 | 排烟阀编号 | 0m/s 纵向风 | 0.5m/s 纵向风 | 0.8m/s 纵向风 |
|---|---|---|---|---|
| H20-L90-SC | 2、3、4、5 | 87.98% | 85.16% | 77.94% |

8)工况 K20-L90-SC

(1)工况概况

工况 K20-L90-SC,排烟方式为隧道侧壁排烟,排烟口位于隧道侧壁,横向排烟道间距为 6m。火源位置位于 3 号横向排烟道的底部。排烟阀开启编号为 2 号、4 号、5 号、6 号排烟阀。实验前模型内空气温度为 11℃(图 3-66)。

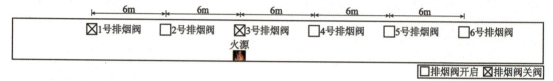

图 3-66　工况 K20-L90-SC 火源位置及排烟阀开启示意图

(2)温度分布

在未开启排烟阀时,温度分布沿火源两端呈对称分布。开启 2 号、4 号、5 号、6 号排烟阀后,在排烟道负压作用下,火源上游端温度蔓延速度趋于减缓且呈下降趋势;火源下游端温度蔓延速度增大,分布范围增大但未超过 5 号横向排烟道。当纵向风速为 0.5m/s 时,火源上游端温度分布范围逐渐减小;火源下游端温度分布范围逐渐扩大,但分布范围仍未超过 5 号横向排烟道。当纵向风速为 0.8m/s 时,火源上游端温度分布范围明显减小,分布范围位于 2 号横向排烟道与火源之间;火源下游端温度分布范围明显扩大,蔓延至 6 号横向排烟道,见图 3-67 和图 3-68。

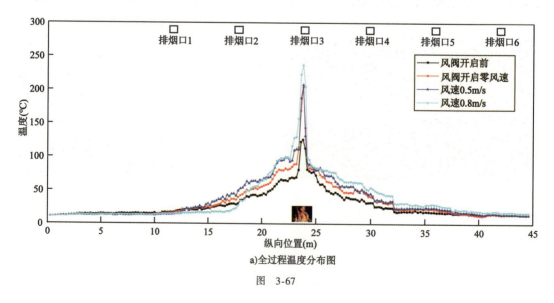

a)全过程温度分布图

图 3-67

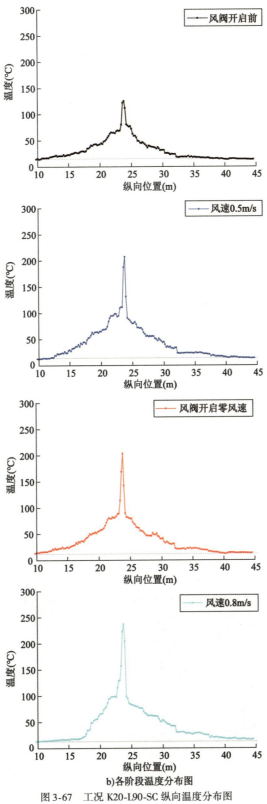

b) 各阶段温度分布图

图 3-67 工况 K20-L90-SC 纵向温度分布图

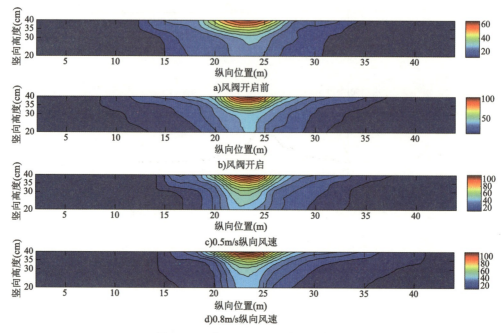

图 3-68　工况 K20-L90-SC 竖向温度分布图

(3) 烟气层高度

风阀开启前,烟气沿隧道纵向自由扩散,烟气层高度除火源位置以外均未下降至安全高度以下,随着烟量的持续增加,烟气在卷吸过程中发生下沉,有少量烟气下沉至安全高度以下。风阀开启后,烟气在排烟道负压作用下被排出主隧道,烟气流动较为紊乱,侧壁排烟系统无法对隧道另一侧烟气进行有效控制,烟气层高度在靠近排烟口位置时较高,在远离排烟口位置时较低,并低于安全高度。在 0.5m/s 纵向风情况下,烟气层稳定状态遭到破坏,上游烟气迅速向下游移动,在火羽流作用下仍有部分烟气沿着隧道顶棚向上游移动,烟气层高度未低于安全高度;下游烟气沿着纵向风向下游移动,部分在排烟口作用下被排出。当纵向风速为 0.8m/s 时,火源处产生的烟气均向下游移动,上游无烟气蔓延,下游烟气较为混乱,无完整烟气层呈现,沿着纵向风方向向下游移动。工况 K20-L90-SC 烟气层高度见图 3-69。

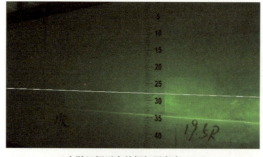

a)上游风阀开启前烟气层高度

图　3-69

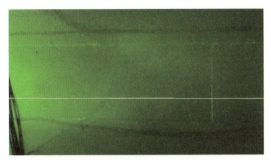

b)下游风阀开启前烟气层高度

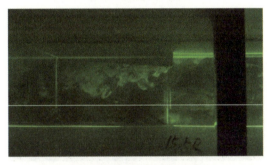

c)上游风阀开启零风速烟气层高度

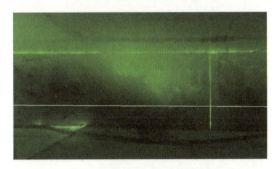

d)下游风阀开启零风速烟气层高度

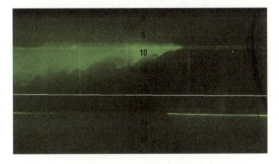

e)上游纵向风速0.5m/s烟气层高度

图 3-69

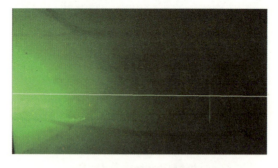

f) 下游纵向风速0.5m/s烟气层高度

g) 上游纵向风速0.8m/s烟气层高度

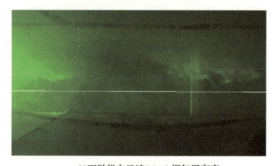

h) 下游纵向风速0.8m/s烟气层高度

图 3-69　工况 K20-L90-SC 烟气层高度图

(4) 排烟效率

当火灾发生在排烟道(口)下方,间距为 6.0m(模拟间距为 90m)时,排烟效率受隧道纵向风的影响较显著,纵向风速为 0m/s 时排烟效率约为 81.62%,纵向风速为 0.5m/s 时排烟效率值为 80.74%,纵向风速达到 0.8m/s 速时的排烟效率值为 70.71%(表3-21)。

火灾发生在排烟道(口)下方隧道侧壁排烟效率　　　　表 3-21

| 工况名称 | 排烟阀编号 | 0m/s 纵向风 | 0.5m/s 纵向风 | 0.8m/s 纵向风 |
| --- | --- | --- | --- | --- |
| K20-L90-SC | 2、4、5、6 | 81.62% | 80.74% | 70.71% |

### 3.3.4　侧壁排烟方式排烟效率分析

1) 不同排烟口组数排烟效率

排烟口间距为 54m、54m、57m,火源位于隧道正中、排烟孔宽度 1m、纵向风速为 0m/s 时,不同排烟口组数排烟效率如图 3-70 所示。

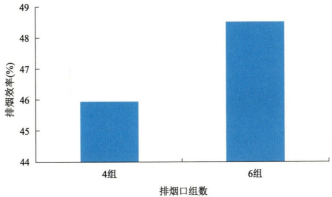

图 3-70　工况 1、工况 2 排烟效率

排烟口间距为 54m、54m、57m，火源位于隧道正中、排烟孔宽度 1.4m、纵向风速为 0m/s 时，不同排烟口组数排烟效率如图 3-71 所示。

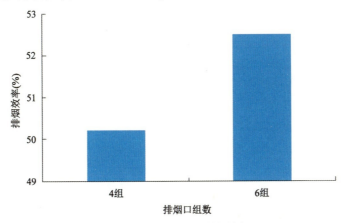

图 3-71　工况 5、工况 6 排烟效率

排烟口间距为 54m、54m、57m，火源位于排烟口远端 16.5m、排烟孔宽度 1m、纵向风速为 0 时，不同排烟口组数排烟效率如图 3-72 所示。

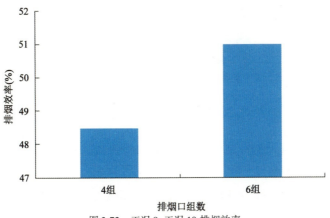

图 3-72　工况 9、工况 10 排烟效率

可以看出,6组排烟口开启时排烟效率大于4组排烟口。

2)不同排烟口间距排烟效率

火源位于隧道正中、排烟孔宽度1m、纵向风速为0m/s时,不同排烟口/孔间距排烟效率如图3-73所示。

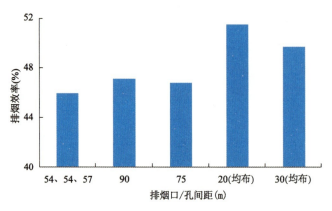

图3-73 排烟效率比较

可以看出,当排烟口组同为4组时,间距90m工况下排烟效率较大;排烟孔均匀分布情况下排烟效率大于排烟孔3个一组布置情况;在排烟孔均匀分布时,间距越小排烟效率越高。

3)不同火源位置排烟效率

排烟口间距为54m、54m、57m,排烟口4组、排烟孔宽度1m、纵向风速为0m/s时,不同火源位置排烟效率如图3-74所示。

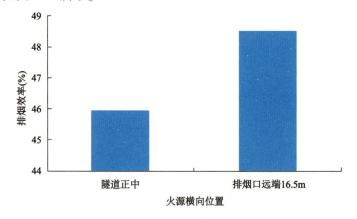

图3-74 工况1、工况9排烟效率比较

排烟口间距为54m、54m、57m,排烟口6组、排烟孔宽度1m、纵向风速为0m/s时,不同火源位置排烟效率如图3-75所示。

排烟孔间距为20m、排烟孔16个均匀分布、排烟孔宽度1m、纵向风速为0m/s时,不同火源位置排烟效率如图3-76所示。

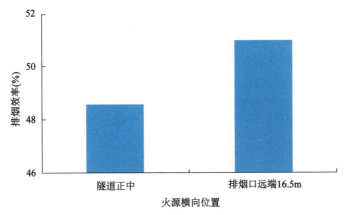

图 3-75　工况 2、工况 10 排烟效率比较

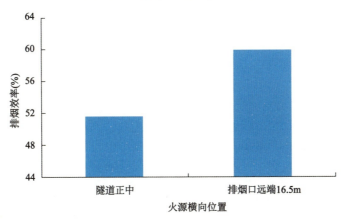

图 3-76　工况 7、工况 11 排烟效率比较

排烟口间距为 30m、排烟孔 10 个均匀分布、排烟孔宽度 1m、纵向风速为 0m/s 时,不同火源位置排烟效率如图 3-77 所示。

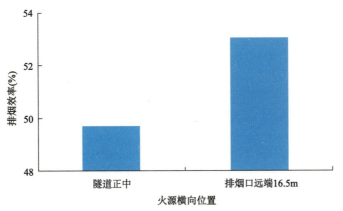

图 3-77　工况 8、工况 12 排烟效率比较

可以看出,不同计算工况下,火源位于排烟孔远端,距排烟孔 16.5m 时,由于热羽流方向更利于排烟,其排烟效率大于火源位于隧道正中时排烟效率。

4）不同纵向风速排烟效率

排烟口间距为54m、54m、57m，排烟口6组、排烟孔宽度1m、火源位于隧道正中、不同纵向风速情况下排烟效率如图3-78所示。

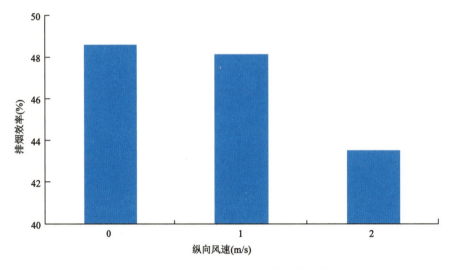

图3-78　工况2、工况13、工况14排烟效率比较

可以看出，纵向风速越大，排烟效率越低。

5）不同排烟孔宽度排烟效率

排烟口间距为54m、54m、57m，排烟口4组、纵向风速为0m/s、火源位于隧道正中、不同排烟孔宽度情况下排烟效率如图3-79所示。

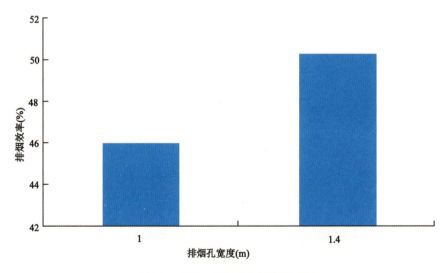

图3-79　工况1、工况5排烟效率比较

排烟口间距为54m、54m、57m，排烟口6组、纵向风速为0m/s、火源位于隧道正中、不同排烟孔宽度情况下排烟效率如图3-80所示。

# 第3章 超宽特长海底沉管隧道火灾排烟技术

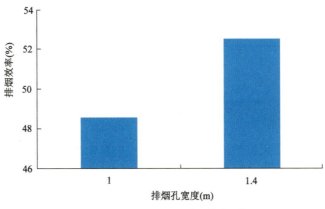

图3-80 工况2、工况6排烟效率比较

可以看出排烟孔宽度1.4m时排烟效率大于排烟孔宽度1m时排烟效率。

## 3.4 超宽特长海底沉管隧道顶部横向联络道排烟方式

依托深中通道项目采用数值计算软件对主线沉管隧道内发生火灾时隧道内烟气扩散情况进行数值模拟计算,同时开启火源两端的横向联络排烟道,进行排烟,模拟隧道内典型的500m范围内烟气运动情况,通过对不同排烟孔布置形式计算结果分析,拟得到不同排烟孔布置情况下的排烟效果。横向联络排烟道设置如图3-81所示。

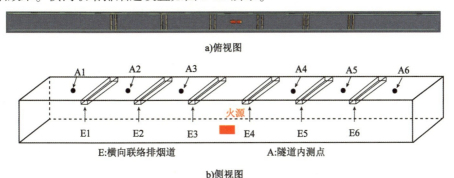

图3-81 隧道内横向联络排烟道示意图

### 3.4.1 火源参数设置

#### 3.4.1.1 火灾热释放速率

对于隧道内火灾,因燃烧车辆的不同,隧道火灾热释放速率 $Q$ 有明显差异。深中通道为客运城市道路隧道,以小客车为主(远期小客车和中巴的比例高达94%)。根据美国国家防火协会(NFPA)、国际道路协会隧道委员会(PIARC)的相关推荐值,以及国内以客运为主的城市道路隧道选用火灾规模的调查结果,根据最新公路隧道消防技术规范,考虑不利工况,设计选用50MW的火灾热释放速率作为设防标准。不同火灾类型及不同车辆情况下的最大热释放速

率 $Q_{max}$ 和隧道内的最高温度如表 3-22 所示。

**不同车辆火灾热释放速率** 表 3-22

| 车辆类型 | 小汽车 | 大型货车 | 载重卡车 | 列车车厢 |
|---|---|---|---|---|
| 火灾最大热释放速率(MW) | 3~5 | 15~20 | 50~100 | 15~20 |
| 隧道内最高温度(℃) | 400~500 | 700~800 | 1000~1200 | 800~900 |

#### 3.4.1.2 火灾发展速率

隧道内火灾场景是对火灾发展过程的描述,火灾并不是在一开始就处于很高的热释放状态,而是经一定时间,按一定规律变化。本次计算火灾按以下曲线发展,0~165s 间 6.12kW/s 的增长率,165~295s 间 516.8kW/s 的增长率,$t=260$s 达到 50MW(图 3-82)。

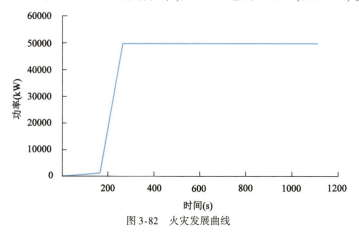

图 3-82 火灾发展曲线

#### 3.4.1.3 火源位置

假定只有一辆汽车燃烧,火源面积为车辆平面积,根据对常见油罐车、载重卡车参数的调研,取火源面积为 $8m \times 2.5m$,火源位置为隧道纵向 $x=0m$,横向 $y=0m$ 处,火源在隧道纵向位置示意图如图 3-83 所示。

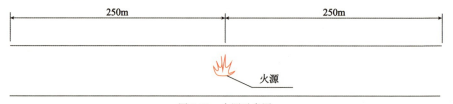

图 3-83 火源示意图

#### 3.4.1.4 火灾危险判据

火灾安全的物理指标在不同资料中略有不同,本研究采用如表 3-23 所示指标。

**火灾安全指标** 表 3-23

| 温度 | 在离地面 1.8m 高处的温度小于 60℃ |
|---|---|
| 毒性气体 | 在离地面 1.8m 高处 CO 体积浓度小于 1500cm³/m³ |
| 烟气层高度 | 2m 以上 |
| 能见度 | 在离地面 1.8m 高处不小于 10m |

## 3.4.2 计算工况模型建立及参数

考虑主线沉管隧道内只有一处发生火灾的情况,着重分析不同排烟孔布置方式时火灾主线沉管隧道内的烟气分布,在建立计算模型时进行以下假设:①不考虑排烟道内的烟气分布;②暂不考虑隧道内导流板的影响;③模型横断面尺寸取隧道实际尺寸,着重考虑火源点300m范围内的烟气分布情况,为缩短计算时间,模型纵向长度取500m。

模型横断面如图3-84所示。

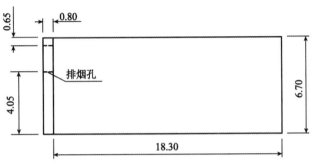

图3-84 模型横断面示意图(尺寸单位:m)

主线隧道两端边界设置为开口边界,相对大气压为0 Pa;排烟孔设置为排风口边界,火灾发生后 $t=90s$ 时刻起进行通风排烟,计算火灾发展至稳定阶段隧道内的烟气分布。

将各计算工况参数情况汇总,见表3-24。

**计算工况汇总表**(排烟道间距81mm、84mm间隔布置) 表3-24

| 工况序号 | 排烟口开启位置 | 排烟口位置 | 排烟口尺寸长(m)×宽(m) | 每组排烟孔数量 | 每组排烟面积(m²) | 排烟孔风速(m/s) | 纵向风速(m/s) |
|---|---|---|---|---|---|---|---|
| 1 | 火源最近4组 | 横向排烟道两侧面 | 2×0.5 | 6 | 6 | 7.875 | 0 |
| 2 | 火源最近4组 | 横向排烟道两侧面 | 2.5×0.8 | 6 | 12 | 3.938 | 0 |
| 3 | 火源最近4组 | 横向排烟道两侧面 | 5×0.8 | 6 | 24 | 1.969 | 0 |
| 4 | 火源最近4组 | 横向排烟道底面 | 2×1.5 | 2 | 6 | 7.875 | 0 |
| 5 | 火源最近4组 | 横向排烟道底面 | 4×1.5 | 2 | 12 | 3.938 | 0 |
| 6 | 火源最近4组 | 横向排烟道底面 | 4×3 | 2 | 24 | 1.969 | 0 |
| 7 | 除火源最近2组之外的4组相邻排烟道 | 横向排烟道两侧面 | 2.5×0.8 | 6 | 12 | 3.938 | 0 |
| 8 | 除火源最近2组之外的4组相邻排烟道 | 横向排烟道底面 | 4×1.5 | 2 | 12 | 3.938 | 0 |

续上表

| 工况序号 | 排烟口开启位置 | 排烟口位置 | 排烟口尺寸 长(m)×宽(m) | 每组排烟孔数量 | 每组排烟面积(m²) | 排烟孔风速(m/s) | 纵向风速(m/s) |
|---|---|---|---|---|---|---|---|
| 9 | 火源最近4组 | 横向排烟道左侧 | 2.5×0.8 | 3 | 6 | 7.875 | 0 |
| 10 | 火源最近4组 | 横向排烟道左侧 | 5×0.8 | 3 | 12 | 3.938 | 0 |
| 11 | 火源最近4组 | 横向排烟道两侧面 | 2.5×0.8 | 6 | 12 | 3.938 | 1 |
| 12 | 火源最近4组 | 横向排烟道两侧面 | 2.5×0.8 | 6 | 12 | 3.938 | 1.5 |
| 13 | 火源最近4组 | 横向排烟道两侧面 | 2.5×0.8 | 6 | 12 | 3.938 | 2 |
| 14 | 火源最近4组 | 横向排烟道两侧 | 2×0.5 | 6 | 6 | 7.875 | 0 |
| 15 | 火源最近4组 | 横向排烟道底面 | 2×1 | 3 | 6 | 7.875 | 0 |

横向联络排烟道纵向间距165m计算工况见表3-25。

计算工况汇总表　　　　表3-25

| 工况序号 | 火源位置 | 排烟口风速(m/s) | 排烟方式 | 排烟道开启数量(编号) | 纵向风速(m/s) |
|---|---|---|---|---|---|
| 5-1 | 顶部排烟道E3、E4中部 | 3.9375 | 顶部 | 4组(E2、E3、E4、E5) | 0 |
| 5-2 | 顶部排烟道E2、E3中部 | 3.9375 | 顶部 | 4组(E2、E3、E4、E5) | 1 |
| 5-3 | 顶部排烟道E2、E3中部 | 5.25 | 顶部 | 3组(E2、E3、E4) | 1 |
| 5-4 | 顶部排烟道E3正下方 | 3.9375 | 顶部 | 4组(E1、E2、E4、E5) | 0 |
| 5-5 | 顶部排烟道E3正下方 | 5.25 | 顶部 | 3组(E2、E4、E5) | 1 |
| 5-6 | 顶部排烟道E2、E3中部 | 3.9375 | 顶部 | 4组(E2、E3、E4、E5) | 1.5 |
| 5-7 | 顶部排烟道E2、E3中部 | 5.25 | 顶部 | 3组(E2、E3、E4) | 1.5 |
| 5-8 | 顶部排烟道E3正下方 | 5.25 | 顶部 | 3组(E2、E4、E5) | 1.5 |

### 3.4.3 顶部横向联络道排烟方式烟雾场与温度场分析

火灾初期,由于热释放速率较小,产生烟气量较少,随着火灾发展,热释放速率不断升高至50MW,隧道内烟气量增加,烟气浓度不断升高(图3-85)。

1)距地面1.8m高度计算结果

(1)距地面1.8m高度平面温度分布

由图3-86温度分布图可知,在1000s时间内,除火源区域外,其他区域的温度没有超过60℃。

# 第3章 超宽特长海底沉管隧道火灾排烟技术

a) $t=300s$

b) $t=500s$

c) $t=700s$

d) $t=1000s$

图 3-85 工况 1 烟气扩散图

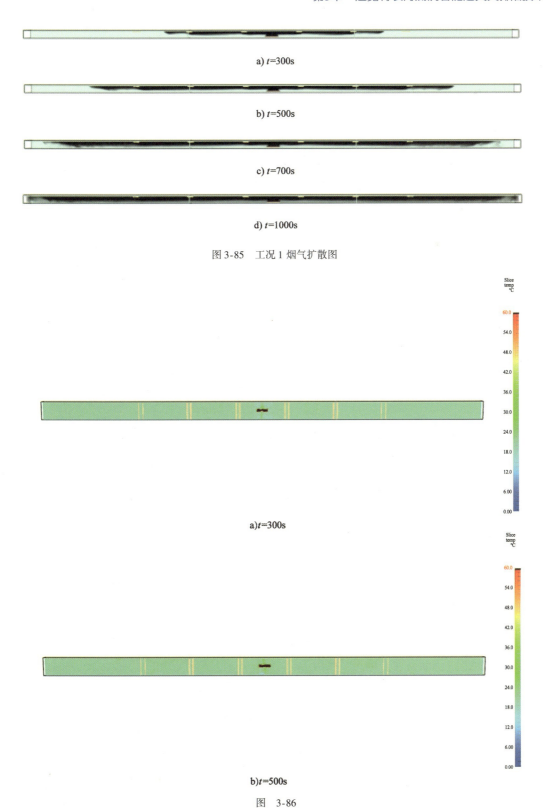

a) $t=300s$

b) $t=500s$

图 3-86

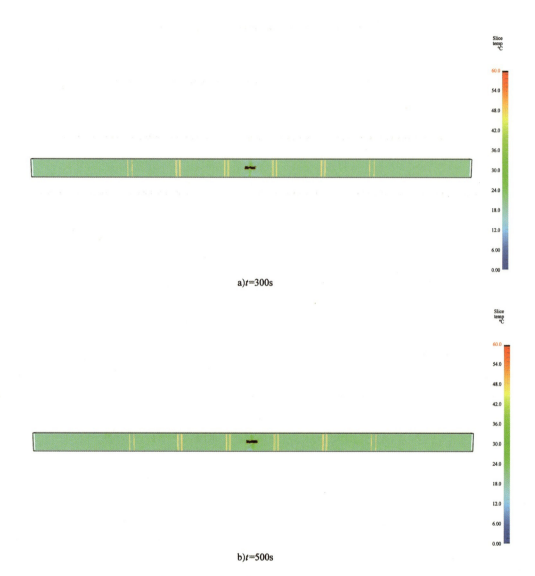

图 3-86　工况 1 距地面 1.8m 高度处温度分布

(2) 距地面 1.8m 高度平面 CO 分布

由图 3-87 可知,除火源区以外,CO 浓度始终较小。

(3) 距地面 1.8m 高度平面可见度分布

由图 3-88 能见度分布图可知,在模拟的 1000s 时间内,除火源区域外,其他区域的能见度都大于 10m。

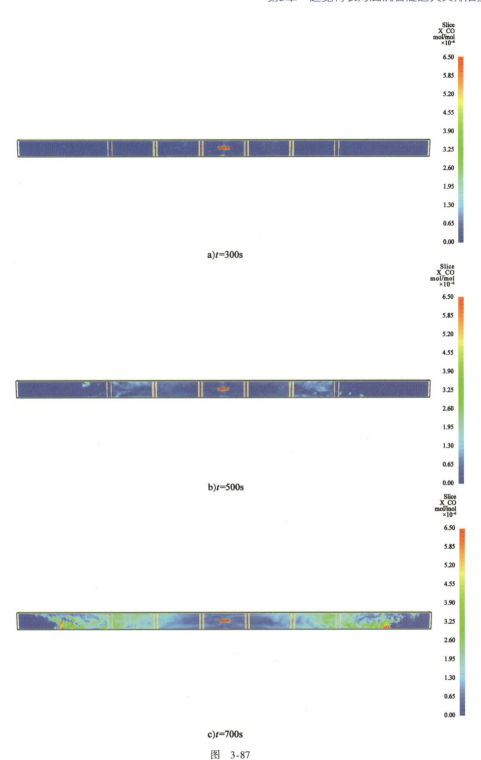

a) $t=300s$

b) $t=500s$

c) $t=700s$

图 3-87

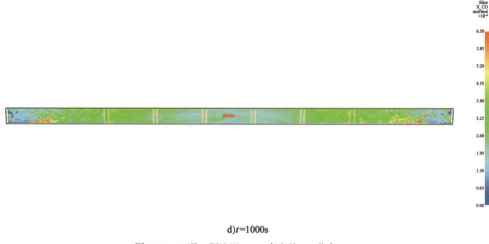

d) $t=1000s$

图 3-87　工况 1 距地面 1.8m 高度处 CO 分布

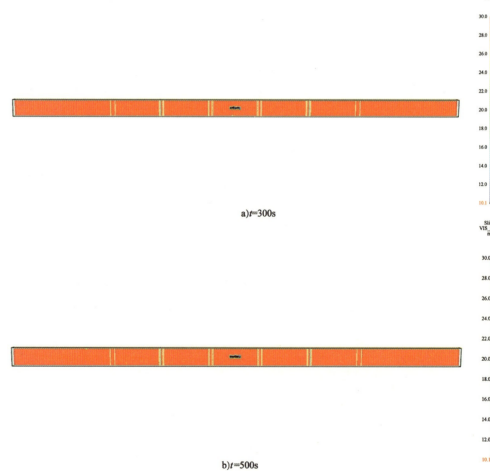

a) $t=300s$

b) $t=500s$

图　3-88

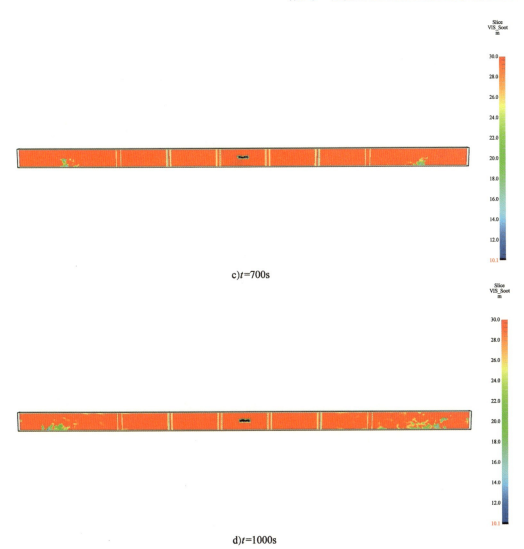

图3-88 工况1距地面1.8m高度处可见度分布

2）距离火源150m处的烟气情况

通过对火源两端150m处CO浓度的监测，可以得知烟气蔓延到火源附近300m范围外的时间，从而反映出各种排烟方案下烟气的蔓延快慢。工况1烟气蔓延到300m范围外的时间如图3-89所示。

由图3-89可知，工况1中隧道左端150m处监测点390s，监测点位置的CO浓度有少许上升，说明烟气在390s左右蔓延到300m范围之外。

3）排烟效率

工况1中四个横向联络排烟道的排烟效率如图3-90所示。

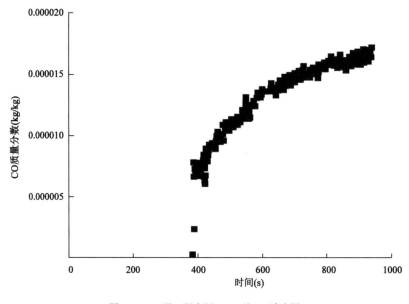

图 3-89 工况 1 距火源 150m 处 CO 浓度图

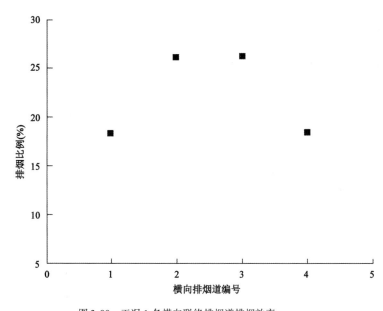

图 3-90 工况 1 各横向联络排烟道排烟效率

距火源较近的横向联络排烟道排烟效率较高,距火源较远的横向联络排烟道排烟效率较低,计算得工况 1 排烟系统总排烟效率为 89.6%。

### 3.4.4 顶部横向联络道排烟方式排烟效率分析

利用横向联络排烟道排烟方式,隧道内无纵向风情况下所有工况的总排烟效率基本大于

80%,增大排烟口的面积可以提高排烟道的排烟效率,在排烟口面积较小时排烟效率增大效果更加明显。当隧道内有纵向风时,在纵向风的上游,纵向风有利于隧道内排烟,在纵向风下游,纵向风不利于隧道内排烟。当排烟口位于横向联络排烟道左侧时,火源左侧的烟气控制效果较好,火源右侧的烟气控制效果较差。

## 3.5 超宽特长海底沉管隧道火灾排烟策略

### 3.5.1 横向联络排烟道参数设置

(1)深中通道主线沉管隧道标准管节段长度为165m,横向联络排烟道沿隧道纵向间距为81m/84m。考虑隧道内只有一处发生火灾的情况,着重分析主线沉管隧道内火灾期间烟气分布。在建立计算模型时模型横断面尺寸取隧道实际尺寸,着重考虑火源点300m范围内的烟气分布情况,为缩短计算时间,模型纵向长度取500m。

(2)横向联络排烟道沿隧道纵向间距为165m。考虑隧道内只有一处发生火灾的情况。在建立计算模型时模型横断面尺寸取隧道实际尺寸,着重考虑火源点500m范围内的烟气分布情况,为缩短计算时间,模型纵向长度取1000m(图3-91和图3-92)。

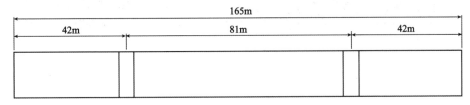

图3-91 主线沉管隧道标准管节段示意图

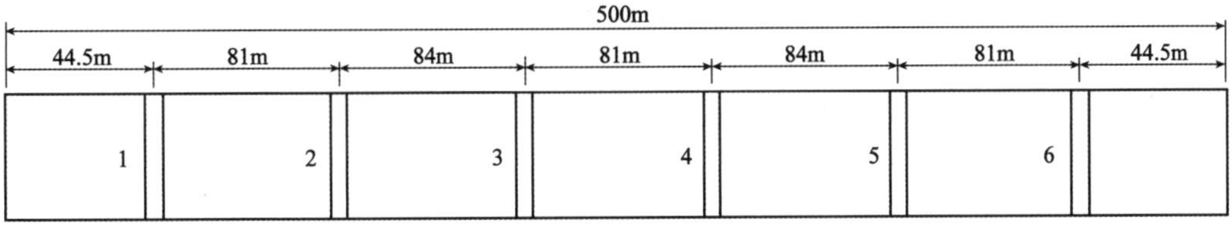

图3-92 横向联络排烟道示意图

排烟孔位于横向联络排烟道两侧时,每侧各3个排烟孔,每个横向联络排烟道共6个 $2m \times 0.5m = 1m^2$ 的排烟孔,每个横向排烟道排烟孔总面积为 $6m^2$;排烟孔位于横向联络排烟道底部时,每组横向联络排烟道共2个 $2m \times 3m = 6m^2$ 的排烟孔,每个横向排烟道排烟孔总面积为 $12m^2$。模型横断面如图3-93所示。

隧道出口边界设置为开口边界,相对大气压为0Pa;排烟孔设置为排风口边界,火灾发生后 $t=90s$ 时刻起进行通风排烟,计算火灾发展至稳定阶段隧道内的烟气分布。

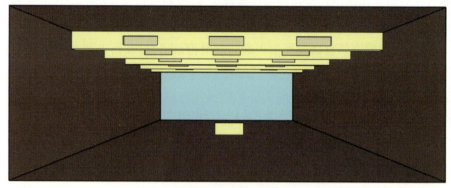

a) 排烟孔位于排烟道侧面

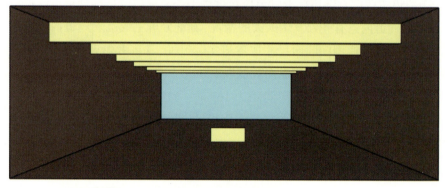

b) 排烟孔位于排烟道底面

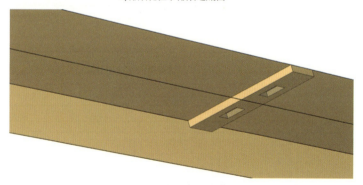

c) 排烟孔位于排烟道底面

图 3-93 模型横断面示意图(尺寸单位:m)

## 3.5.2 超宽特长海底沉管隧道火灾排烟策略计算工况设置

1) 第 1 类工况计算模型

第 1 类计算工况下,横向联络排烟道沿隧道纵向间距为 81m、84m 间隔布置,考虑隧道内只有一处发生火灾的情况,模型纵向长度取 500m。火源位置为模型正中,即隧道纵向 $y = 250$m 处,并位于相邻两排烟道中部。如图 3-94 所示。

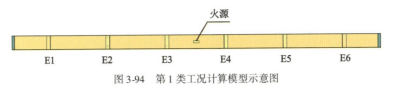

图 3-94 第 1 类工况计算模型示意图

(1) 工况 1-1

主线沉管隧道顶部横向联络道排烟方式下,横向联络排烟道间距为 81m、84m 间隔布置,火源功率 50MW,火源位于横向联络排烟道 E3、E4 中部。排烟孔位于横向联络排烟道底部,每个排烟孔尺寸为 $2m \times 3m = 6m^2$,每组排烟道底部共 2 个排烟孔。火灾发生后 $t=90s$ 时刻开启 E2、E3、E4、E5 四组排烟孔进行排烟,共开启排烟孔面积为 $48m^2$,隧道内纵向风速为 $v=0m/s$。工况 1-1 示意图如图 3-95 所示。

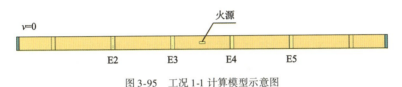

图 3-95 工况 1-1 计算模型示意图

(2) 工况 1-2

主线沉管隧道顶部横向联络道排烟方式下,横向联络排烟道间距为 81m、84m 间隔布置,火源功率 50MW,火源位于横向联络排烟道 E3、E4 中部。排烟孔位于横向联络排烟道两侧面,每侧各 3 个排烟孔,每个排烟孔尺寸为 $2m \times 0.5m = 1m^2$,每组排烟道共 6 个排烟孔。火灾发生后 $t=90s$ 时刻开启 E2、E3、E4、E5 四组排烟孔进行排烟,共开启排烟孔面积为 $24m^2$,隧道内纵向风速为 $v=0m/s$。工况 1-2 示意图如图 3-96 所示。

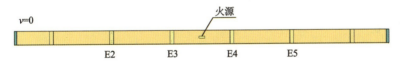

图 3-96 工况 1-2 计算模型示意图

(3) 工况 1-3

主线沉管隧道顶部横向联络道排烟方式下,横向联络排烟道间距为 81m、84m 间隔布置,火源功率 50MW,火源位于横向联络排烟道 E3、E4 中部。排烟孔位于横向联络排烟道两侧面,每侧各 3 个排烟孔,每个排烟孔尺寸为 $2m \times 0.5m = 1m^2$,每组排烟道共 6 个排烟孔。火灾发生后 $t=90s$ 时刻开启 E1、E2、E5、E6 四组排烟孔进行排烟,共开启排烟孔面积为 $24m^2$,隧道内纵向风速为 $v=0m/s$。工况 1-3 示意图如图 3-97 所示。

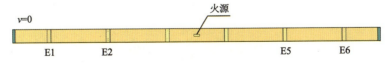

图 3-97 工况 1-3 计算模型示意图

(4) 工况 1-4

主线沉管隧道顶部横向联络道排烟方式下,横向联络排烟道间距为 81m、84m 间隔布置,火源功率 50MW,火源位于横向联络排烟道 E3、E4 中部。排烟孔位于横向联络排烟道两侧面,每侧各 3 个排烟孔,每个排烟孔尺寸为 $2m \times 0.5m = 1m^2$,每组排烟道共 6 个排烟孔。火灾发生后 $t=90s$ 时刻开启 E2、E4、E5、E6 四组排烟孔进行排烟,共开启排烟孔面积为 $24m^2$,隧道内纵向风速为 $v=0m/s$。工况 1-4 示意图如图 3-98 所示。

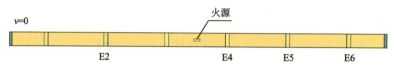

图 3-98 工况 1-4 计算模型示意图

(5) 工况 1-5

主线沉管隧道顶部横向联络道排烟方式下,横向联络排烟道间距为 81m、84m 间隔布置,火源功率 50MW,火源位于横向联络排烟道 E3、E4 中部。排烟孔位于横向联络排烟道两侧面,每侧各 3 个排烟孔,每个排烟孔尺寸为 $2m \times 0.5m = 1m^2$,每组排烟道共 6 个排烟孔。火灾发生后 $t=90s$ 时刻开启 E3、E4、E5、E6 四组排烟孔进行排烟,共开启排烟孔面积为 $24m^2$,隧道内纵向风速为 $v=0m/s$。工况 1-5 示意图如图 3-99 所示。

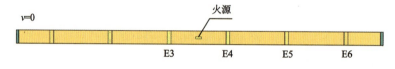

图 3-99 工况 1-5 计算模型示意图

(6) 工况 1-6

主线沉管隧道顶部横向联络道排烟方式下,横向联络排烟道间距为 81m、84m 间隔布置,火源功率 50MW,火源位于横向联络排烟道 E3、E4 中部。排烟孔位于横向联络排烟道两侧面,每侧各 3 个排烟孔,每个排烟孔尺寸为 $2m \times 0.5m = 1m^2$,每组排烟道共 6 个排烟孔。火灾发生后 $t=90s$ 时刻开启 E1、E2、E4、E5、E6 五组排烟孔进行排烟,共开启排烟孔面积为 $30m^2$,隧道内纵向风速为 $v=0m/s$。工况 1-6 示意图如图 3-100 所示。

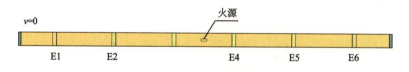

图 3-100 工况 1-6 计算模型示意图

(7) 工况 1-7

主线沉管隧道顶部横向联络道排烟方式下,横向联络排烟道间距为 81m、84m 间隔布置,火源功率 50MW,火源位于横向联络排烟道 E3、E4 中部。排烟孔位于横向联络排烟道两侧面,每侧各3个排烟孔,每个排烟孔尺寸为 $2m \times 0.5m = 1m^2$,每组排烟道共6个排烟孔。火灾发生后 $t = 90s$ 时刻开启 E2、E3、E4、E5、E6 五组排烟孔进行排烟,共开启排烟孔面积为 $30m^2$,隧道内纵向风速为 $v = 0m/s$。工况 1-7 示意图如图 3-101 所示。

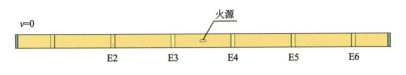

图 3-101　工况 1-7 计算模型示意图

(8)工况 1-8

主线沉管隧道顶部横向联络道排烟方式下,横向联络排烟道间距为 81m、84m 间隔布置,火源功率 50MW,火源位于横向联络排烟道 E3、E4 中部。排烟孔位于横向联络排烟道两侧面,每侧各3个排烟孔,每个排烟孔尺寸为 $2m \times 0.5m = 1m^2$,每组排烟道共6个排烟孔。火灾发生后 $t = 90s$ 时刻开启 E1、E2、E3、E4、E5、E6 六组排烟孔进行排烟,共开启排烟孔面积为 $36m^2$,隧道内纵向风速为 $v = 0m/s$。工况 1-8 示意图如图 3-102 所示。

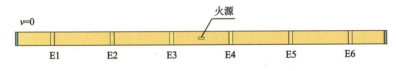

图 3-102　工况 1-8 计算模型示意图

(9)工况 1-9

主线沉管隧道顶部横向联络道排烟方式下,横向联络排烟道间距为 81m、84m 间隔布置,火源功率 50MW,火源位于横向联络排烟道 E3、E4 中部。排烟孔位于横向联络排烟道两侧面,每侧各3个排烟孔,每个排烟孔尺寸为 $2m \times 0.5m = 1m^2$,每组排烟道共6个排烟孔。火灾发生后 $t = 90s$ 时刻开启 E1、E2、E5、E6 四组排烟孔进行排烟,共开启排烟孔面积为 $24m^2$,隧道内纵向风速为 $v = 2m/s$。工况 1-9 示意图如图 3-103 所示。

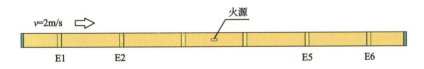

图 3-103　工况 1-9 计算模型示意图

(10)工况 1-10

主线沉管隧道顶部横向联络道排烟方式下,横向联络排烟道间距为 81m、84m 间隔布置,火源功率 20MW,火源位于横向联络排烟道 E3、E4 中部。排烟孔位于横向联络排烟道两侧面,每侧各3个排烟孔,每个排烟孔尺寸为 $2m \times 0.5m = 1m^2$,每组排烟道共6个排烟孔。火灾发生后 $t = 90s$ 时刻开启 E3、E4、E5 三组排烟孔进行排烟,共开启排烟孔面积为 $18m^2$,隧道内纵向风速为 $v = 0m/s$。工况 1-10 示意图如图 3-104 所示。

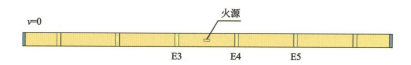

图 3-104 工况 1-10 计算模型示意图

(11) 工况 1-11

主线沉管隧道顶部横向联络道排烟方式下，横向联络排烟道间距为 81m、84m 间隔布置，火源功率 20MW，火源位于横向联络排烟道 E3、E4 中部。排烟孔位于横向联络排烟道两侧面，每侧各 3 个排烟孔，每个排烟孔尺寸为 $2m \times 0.5m = 1m^2$，每组排烟道共 6 个排烟孔。火灾发生后 $t=90s$ 时刻开启 E2、E3、E4、E5 四组排烟孔进行排烟，共开启排烟孔面积为 $24m^2$，隧道内纵向风速为 $v=0m/s$。工况 1-11 示意图如图 3-105 所示。

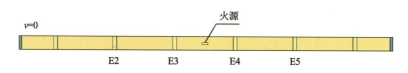

图 3-105 工况 1-11 计算模型示意图

(12) 工况 1-12

主线沉管隧道顶部横向联络道排烟方式下，横向联络排烟道间距为 81m、84m 间隔布置，火源功率 20MW，火源位于横向联络排烟道 E3、E4 中部。排烟孔位于横向联络排烟道两侧面，每侧各 3 个排烟孔，每个排烟孔尺寸为 $2m \times 0.5m = 1m^2$，每组排烟道共 6 个排烟孔。火灾发生后 $t=90s$ 时刻开启 E3、E4、E5、E6 四组排烟孔进行排烟，共开启排烟孔面积为 $24m^2$，隧道内纵向风速为 $v=0m/s$。工况 1-12 示意图如图 3-106 所示。

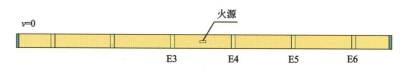

图 3-106 工况 1-12 计算模型示意图

2) 第 2 类工况计算模型

第 2 类计算工况下，横向联络排烟道沿隧道纵向间距为 81m、84m 间隔布置，考虑隧道内只有一处发生火灾的情况，模型纵向长度取 500m。火源位置为模型正中，即隧道纵向 $y=250m$ 处，并位于排烟道正下方。如图 3-107 所示。

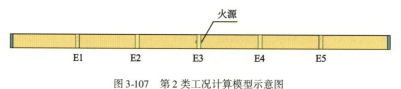

图 3-107 第 2 类工况计算模型示意图

## 第3章 超宽特长海底沉管隧道火灾排烟技术

(1) 工况 2-1

主线沉管隧道顶部横向联络道排烟方式下,横向联络排烟道间距为 81m、84m 间隔布置,火源功率 50MW,火源位于横向联络排烟道 E3 正下方。排烟孔位于横向联络排烟道底部,每个排烟孔尺寸为 $2m \times 3m = 6m^2$,每组排烟道底部共 2 个排烟孔。火灾发生后 $t=90s$ 时刻开启 E1、E2、E4、E5 四组排烟孔进行排烟,共开启排烟孔面积为 $48m^2$,隧道内纵向风速为 $v=0m/s$。工况 2-1 示意图如图 3-108 所示。

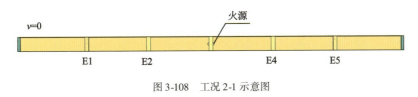

图 3-108　工况 2-1 示意图

(2) 工况 2-2

主线沉管隧道顶部横向联络道排烟方式下,横向联络排烟道间距为 81m、84m 间隔布置,火源功率 50MW,火源位于横向联络排烟道 E3 正下方。排烟孔位于横向联络排烟道两侧面,每侧各 3 个排烟孔,每个排烟孔尺寸为 $2m \times 0.5m = 1m^2$,每组排烟道共 6 个排烟孔。火灾发生后 $t=90s$ 时刻开启 E1、E2、E4、E5 四组排烟孔进行排烟,共开启排烟孔面积为 $24m^2$,隧道内纵向风速为 $v=0m/s$。工况 2-2 示意图如图 3-109 所示。

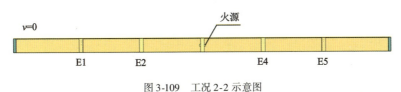

图 3-109　工况 2-2 示意图

(3) 工况 2-3

主线沉管隧道顶部横向联络道排烟方式下,横向联络排烟道间距为 81m、84m 间隔布置,火源功率 50MW,火源位于横向联络排烟道 E3 正下方。排烟孔位于横向联络排烟道两侧面,每侧各 3 个排烟孔,每个排烟孔尺寸为 $2m \times 0.5m = 1m^2$,每组排烟道共 6 个排烟孔。火灾发生后 $t=90s$ 时刻开启 E1、E3、E4、E5 四组排烟孔进行排烟,共开启排烟孔面积为 $24m^2$,隧道内纵向风速为 $v=0m/s$。工况 2-3 示意图如图 3-110 所示。

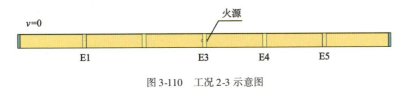

图 3-110　工况 2-3 示意图

(4) 工况 2-4

主线沉管隧道顶部横向联络道排烟方式下,横向联络排烟道间距为 81m、84m 间隔布置,火源功率 50MW,火源位于横向联络排烟道 E3 正下方。排烟孔位于横向联络排烟道两侧面,每侧各3个排烟孔,每个排烟孔尺寸为 2m×0.5m=1m², 每组排烟道共6个排烟孔。火灾发生后 $t=90s$ 时刻开启 E2、E3、E4、E5 四组排烟孔进行排烟,共开启排烟孔面积为 24m²,隧道内纵向风速为 $v=0$m/s。工况 2-4 示意图如图 3-111 所示。

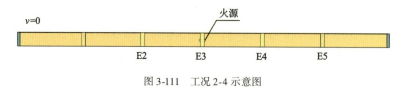

图 3-111　工况 2-4 示意图

(5) 工况 2-5

主线沉管隧道顶部横向联络道排烟方式下,横向联络排烟道间距为 81m、84m 间隔布置,火源功率 50MW,火源位于横向联络排烟道 E3 正下方。排烟孔位于横向联络排烟道两侧面,每侧各3个排烟孔,每个排烟孔尺寸为 2m×0.5m=1m²,每组排烟道共6个排烟孔。火灾发生后 $t=90s$ 时刻开启 E1、E2、E3、E4、E5 五组排烟孔进行排烟,共开启排烟孔面积为 30m²,隧道内纵向风速为 $v=0$m/s。工况 2-5 示意图如图 3-112 所示。

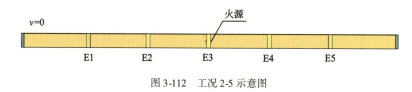

图 3-112　工况 2-5 示意图

(6) 工况 2-6

主线沉管隧道顶部横向联络道排烟方式下,横向联络排烟道间距为 81m、84m 间隔布置,火源功率 20MW,火源位于横向联络排烟道 E3 正下方。排烟孔位于横向联络排烟道两侧面,每侧各3个排烟孔,每个排烟孔尺寸为 2m×0.5m=1m²,每组排烟道共6个排烟孔。火灾发生后 $t=90s$ 时刻开启 E2、E3、E4 三组排烟孔进行排烟,共开启排烟孔面积为 18m²,隧道内纵向风速为 $v=0$m/s。工况 2-6 示意图如图 3-113 所示。

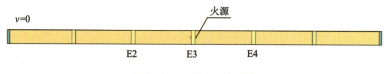

图 3-113　工况 2-6 示意图

(7) 工况 2-7

主线沉管隧道顶部横向联络道排烟方式下,横向联络排烟道间距为 81m、84m 间隔布置,火源功率 20MW,火源位于横向联络排烟道 E3 正下方。排烟孔位于横向联络排烟道两侧面,每侧各3个排烟孔,每个排烟孔尺寸为 2m×0.5m=1m²,每组排烟道共6个排烟孔。火灾发生后 $t=90s$ 时刻开启 E2、E4、E5 三组排烟孔进行排烟,共开启排烟孔面积为 18m²,隧道内纵向风速为 $v=0$m/s。工况 2-7 示意图如图 3-114 所示。

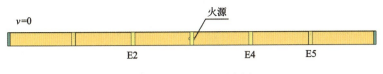

图 3-114 工况 2-7 示意图

(8) 工况 2-8

主线沉管隧道顶部横向联络道排烟方式下,横向联络排烟道间距为 81m、84m 间隔布置,火源功率 20MW,火源位于横向联络排烟道 E3 正下方。排烟孔位于横向联络排烟道两侧面,每侧各 3 个排烟孔,每个排烟孔尺寸为 $2m \times 0.5m = 1m^2$,每组排烟道共 6 个排烟孔。火灾发生后 $t = 90s$ 时刻开启 E1、E2、E4、E5 四组排烟孔进行排烟,共开启排烟孔面积为 $24m^2$,隧道内纵向风速为 $v = 0m/s$。工况 2-8 示意图如图 3-115 所示。

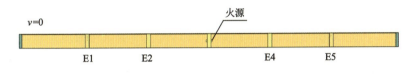

图 3-115 工况 2-8 示意图

(9) 工况 2-9

主线沉管隧道顶部横向联络道排烟方式下,横向联络排烟道间距为 81m、84m 间隔布置,火源功率 20MW,火源位于横向联络排烟道 E3 正下方。排烟孔位于横向联络排烟道两侧面,每侧各 3 个排烟孔,每个排烟孔尺寸为 $2m \times 0.5m = 1m^2$,每组排烟道共 6 个排烟孔。火灾发生后 $t = 90s$ 时刻开启 E2、E3、E4、E5 四组排烟孔进行排烟,共开启排烟孔面积为 $24m^2$,隧道内纵向风速为 $v = 0m/s$。工况 2-9 示意图如图 3-116 所示。

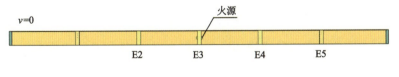

图 3-116 工况 2-9 示意图

3) 第 3 类工况计算模型

第 3 类工况下,横向联络排烟道沿隧道纵向间距为 81m、84m 间隔布置,考虑隧道内只有一处发生火灾的情况,模型纵向长度取 500m。火源位于相邻两排烟道中部,纵向坐标 $y = 170m$ 处,如图 3-117 所示。

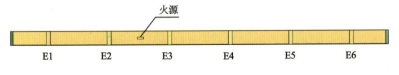

图 3-117 第 3 类工况计算模型示意图

(1) 工况 3-1

主线沉管隧道顶部横向联络道排烟方式下，横向联络排烟道间距为 81m、84m 间隔布置，火源功率 50MW，火源位于横向联络排烟道 E2、E3 中部。排烟孔位于横向联络排烟道底部，每个排烟孔尺寸为 $2m\times3m=6m^2$，每组排烟道底部共 2 个排烟孔。火灾发生后 $t=90s$ 时刻开启 E2、E3、E4、E5 四组排烟孔进行排烟，共开启排烟孔面积为 $48m^2$，隧道内纵向风速为 $v=0m/s$。工况 3-1 示意图如图 3-118 所示。

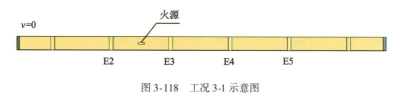

图 3-118  工况 3-1 示意图

(2) 工况 3-2

主线沉管隧道顶部横向联络道排烟方式下，横向联络排烟道间距为 81m、84m 间隔布置，火源功率 50MW，火源位于横向联络排烟道 E2、E3 中部。排烟孔位于横向联络排烟道底部，每个排烟孔尺寸为 $2m\times3m=6m^2$，每组排烟道底部共 2 个排烟孔。火灾发生后 $t=90s$ 时刻开启 E2、E3、E4、E5 四组排烟孔进行排烟，共开启排烟孔面积为 $48m^2$，隧道内纵向风速为 $v=2m/s$。工况 3-2 示意图如图 3-119 所示。

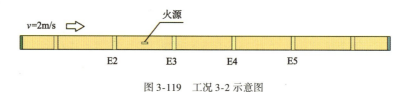

图 3-119  工况 3-2 示意图

(3) 工况 3-3

主线沉管隧道顶部横向联络道排烟方式下，横向联络排烟道间距为 81m、84m 间隔布置，火源功率 50MW，火源位于横向联络排烟道 E2、E3 中部。排烟孔位于横向联络排烟道底部，每个排烟孔尺寸为 $2m\times3m=6m^2$，每组排烟道底部共 2 个排烟孔。火灾发生后 $t=90s$ 时刻开启 E3、E4、E5、E6 四组排烟孔进行排烟，共开启排烟孔面积为 $48m^2$，隧道内纵向风速为 $v=2m/s$。工况 3-3 示意图如图 3-120 所示。

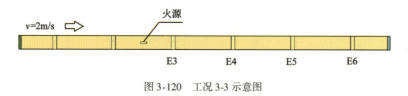

图 3-120  工况 3-3 示意图

(4) 工况 3-4

主线沉管隧道顶部横向联络道排烟方式下，横向联络排烟道间距为 81m、84m 间隔布置，火源功率 50MW，火源位于横向联络排烟道 E2、E3 中部。排烟孔位于横向联络排烟道底部，

每个排烟孔尺寸为 $2m \times 3m = 6m^2$,每组排烟道底部共 2 个排烟孔。火灾发生后 $t=90s$ 时刻开启 E2、E3、E4、E5、E6 五组排烟孔进行排烟,共开启排烟孔面积为 $60m^2$,隧道内纵向风速为 $v=2m/s$。工况 3-4 示意图如图 3-121 所示。

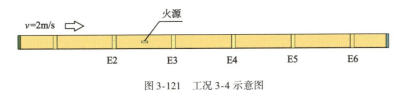

图 3-121　工况 3-4 示意图

(5) 工况 3-5

主线沉管隧道顶部横向联络道排烟方式下,横向联络排烟道间距为 81m、84m 间隔布置,火源功率 50MW,火源位于横向联络排烟道 E2、E3 中部。排烟孔位于横向联络排烟道底部,每个排烟孔尺寸为 $2m \times 3m = 6m^2$,每组排烟道底部共 2 个排烟孔。火灾发生后 $t=90s$ 时刻开启 E1、E2、E3、E4、E5、E6 六组排烟孔进行排烟,共开启排烟孔面积为 $72m^2$,隧道内纵向风速为 $v=2m/s$。工况 3-5 示意图如图 3-122 所示。

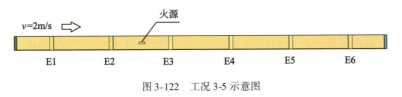

图 3-122　工况 3-5 示意图

(6) 工况 3-6

主线沉管隧道顶部横向联络道排烟方式下,横向联络排烟道间距为 81m、84m 间隔布置,火源功率 20MW,火源位于横向联络排烟道 E2、E3 中部。排烟孔位于横向联络排烟道底部,每个排烟孔尺寸为 $2m \times 3m = 6m^2$,每组排烟道底部共 2 个排烟孔。火灾发生后 $t=90s$ 时刻开启 E2、E3、E4、E5 四组排烟孔进行排烟,共开启排烟孔面积为 $48m^2$,隧道内纵向风速为 $v=1m/s$。工况 3-6 示意图如图 3-123 所示。

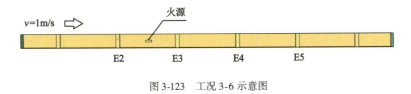

图 3-123　工况 3-6 示意图

(7) 工况 3-7

主线沉管隧道顶部横向联络道排烟方式下,横向联络排烟道间距为 81m、84m 间隔布置,火源功率 20MW,火源位于横向联络排烟道 E2、E3 中部。排烟孔位于横向联络排烟道底部,每个排烟孔尺寸为 $2m \times 3m = 6m^2$,每组排烟道底部共 2 个排烟孔。火灾发生后 $t=90s$ 时刻开启 E2、E3、E4、E5 四组排烟孔进行排烟,共开启排烟孔面积为 $48m^2$,隧道内纵向风速为 $v=2m/s$。工况 3-7 示意图如图 3-124 所示。

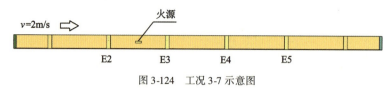

图 3-124 工况 3-7 示意图

(8) 工况 3-8

主线沉管隧道顶部横向联络道排烟方式下，横向联络排烟道间距为 81m、84m 间隔布置，火源功率 20MW，火源位于横向联络排烟道 E2、E3 中部。排烟孔位于横向联络排烟道底部，每个排烟孔尺寸为 $2m \times 3m = 6m^2$，每组排烟道底部共 2 个排烟孔。火灾发生后 $t=90s$ 时刻开启 E3、E4、E5、E6 四组排烟孔进行排烟，共开启排烟孔面积为 $48m^2$，隧道内纵向风速为 $v=1m/s$。工况 3-8 示意图如图 3-125 所示。

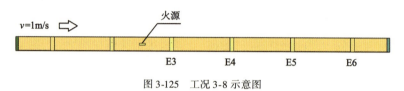

图 3-125 工况 3-8 示意图

(9) 工况 3-9

主线沉管隧道顶部横向联络道排烟方式下，横向联络排烟道间距为 81m、84m 间隔布置，火源功率 20MW，火源位于横向联络排烟道 E2、E3 中部。排烟孔位于横向联络排烟道底部，每个排烟孔尺寸为 $2m \times 3m = 6m^2$，每组排烟道底部共 2 个排烟孔。火灾发生后 $t=90s$ 时刻开启 E3、E4、E5、E6 四组排烟孔进行排烟，共开启排烟孔面积为 $48m^2$，隧道内纵向风速为 $v=2m/s$。工况 3-9 示意图如图 3-126 所示。

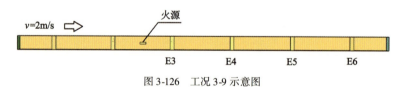

图 3-126 工况 3-9 示意图

(10) 工况 3-10

主线沉管隧道顶部横向联络道排烟方式下，横向联络排烟道间距为 81m、84m 间隔布置，火源功率 20MW，火源位于横向联络排烟道 E2、E3 中部。排烟孔位于横向联络排烟道底部，每个排烟孔尺寸为 $2m \times 3m = 6m^2$，每组排烟道底部共 2 个排烟孔。火灾发生后 $t=90s$ 时刻开启 E2、E3、E4、E5、E6 五组排烟孔进行排烟，共开启排烟孔面积为 $60m^2$，隧道内纵向风速为 $v=1m/s$。工况 3-10 示意图如图 3-127 所示。

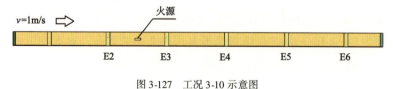

图 3-127 工况 3-10 示意图

(11) 工况 3-11

主线沉管隧道顶部横向联络道排烟方式下,横向联络排烟道间距为 81m、84m 间隔布置,火源功率 20MW,火源位于横向联络排烟道 E2、E3 中部。排烟孔位于横向联络排烟道底部,每个排烟孔尺寸为 $2m \times 3m = 6m^2$,每组排烟道底部共 2 个排烟孔。火灾发生后 $t = 90s$ 时刻开启 E2、E3、E4、E5、E6 五组排烟孔进行排烟,共开启排烟孔面积为 $60m^2$,隧道内纵向风速为 $v = 2m/s$。工况 3-11 示意图如图 3-128 所示。

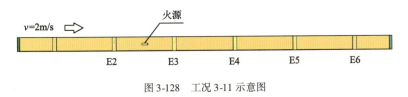

图 3-128 工况 3-11 示意图

(12) 工况 3-12

主线沉管隧道顶部横向联络道排烟方式下,横向联络排烟道间距为 81m、84m 间隔布置,火源功率 20MW,火源位于横向联络排烟道 E2、E3 中部。排烟孔位于横向联络排烟道底部,每个排烟孔尺寸为 $2m \times 3m = 6m^2$,每组排烟道底部共 2 个排烟孔。火灾发生后 $t = 90s$ 时刻开启 E1、E2、E3、E4、E5、E6 六组排烟孔进行排烟,共开启排烟孔面积为 $72m^2$,隧道内纵向风速为 $v = 1m/s$。工况 3-12 示意图如图 3-129 所示。

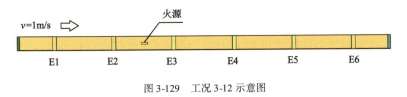

图 3-129 工况 3-12 示意图

4) 第 4 类工况计算模型

第 4 类工况下,横向联络排烟道沿隧道纵向间距为 81m、84m 间隔布置,考虑隧道内只有一处发生火灾的情况,模型纵向长度取 500m。火源位于排烟道 E3 正下方,纵向坐标 $y = 210m$ 处,如图 3-130 所示。

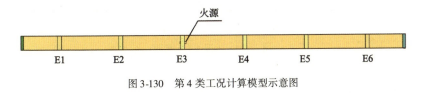

图 3-130 第 4 类工况计算模型示意图

(1) 工况 4-1

主线沉管隧道顶部横向联络道排烟方式下,横向联络排烟道间距为 81m、84m 间隔布置,火源功率 50MW,火源位于横向联络排烟道 E3 正下方。排烟孔位于横向联络排烟道底部,每个排烟孔尺寸为 $2m \times 3m = 6m^2$,每组排烟道底部共 2 个排烟孔。火灾发生后 $t = 90s$ 时刻开启 E2、E4、E5、E6 四组排烟孔进行排烟,共开启排烟孔面积为 $48m^2$,隧道内纵向风速为 $v = 1m/s$。

工况 4-1 示意图如图 3-131 所示。

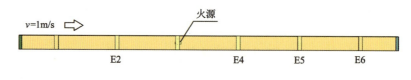

图 3-131　工况 4-1 示意图

(2) 工况 4-2

主线沉管隧道顶部横向联络道排烟方式下,横向联络排烟道间距为 81m、84m 间隔布置,火源功率 50MW,火源位于横向联络排烟道 E3 正下方。排烟孔位于横向联络排烟道底部,每个排烟孔尺寸为 $2m \times 3m = 6m^2$,每组排烟道底部共 2 个排烟孔。火灾发生后 $t=90s$ 时刻开启 E2、E4、E5、E6 四组排烟孔进行排烟,共开启排烟孔面积为 $48m^2$,隧道内纵向风速为 $v=2m/s$。工况 4-2 示意图如图 3-132 所示。

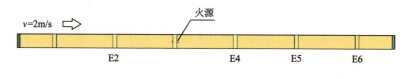

图 3-132　工况 4-2 示意图

(3) 工况 4-3

主线沉管隧道顶部横向联络道排烟方式下,横向联络排烟道间距为 81m、84m 间隔布置,火源功率 50MW,火源位于横向联络排烟道 E3 正下方。排烟孔位于横向联络排烟道底部,每个排烟孔尺寸为 $2m \times 3m = 6m^2$,每组排烟道底部共 2 个排烟孔。火灾发生后 $t=90s$ 时刻开启 E2、E4、E5 三组排烟孔进行排烟,共开启排烟孔面积为 $36m^2$,隧道内纵向风速为 $v=1m/s$。工况 4-3 示意图如图 3-133 所示。

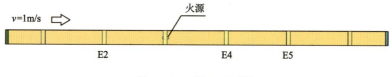

图 3-133　工况 4-3 示意图

(4) 工况 4-4

主线沉管隧道顶部横向联络道排烟方式下,横向联络排烟道间距为 81m、84m 间隔布置,火源功率 50MW,火源位于横向联络排烟道 E3 正下方。排烟孔位于横向联络排烟道底部,每个排烟孔尺寸为 $2m \times 3m = 6m^2$,每组排烟道底部共 2 个排烟孔。火灾发生后 $t=90s$ 时刻开启 E2、E4、E5 三组排烟孔进行排烟,共开启排烟孔面积为 $36m^2$,隧道内纵向风速为 $v=2m/s$。工况 4-4 示意图如图 3-134 所示。

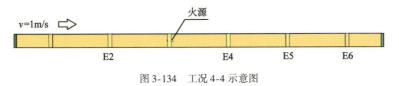

图 3-134　工况 4-4 示意图

(5) 工况 4-5

主线沉管隧道顶部横向联络道排烟方式下,横向联络排烟道间距为 81m、84m 间隔布置,火源功率 20MW,火源位于横向联络排烟道 E3 正下方。排烟孔位于横向联络排烟道底部,每个排烟孔尺寸为 $2m \times 3m = 6m^2$,每组排烟道底部共 2 个排烟孔。火灾发生后 $t=90s$ 时刻开启 E2、E4、E5、E6 四组排烟孔进行排烟,共开启排烟孔面积为 $48m^2$,隧道内纵向风速为 $v=1m/s$。工况 4-5 示意图如图 3-135 所示。

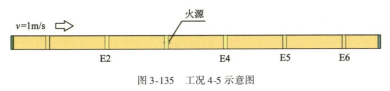

图 3-135　工况 4-5 示意图

(6) 工况 4-6

主线沉管隧道顶部横向联络道排烟方式下,横向联络排烟道间距为 81m、84m 间隔布置,火源功率 20MW,火源位于横向联络排烟道 E3 正下方。排烟孔位于横向联络排烟道底部,每个排烟孔尺寸为 $2m \times 3m = 6m^2$,每组排烟道底部共 2 个排烟孔。火灾发生后 $t=90s$ 时刻开启 E2、E4、E5、E6 四组排烟孔进行排烟,共开启排烟孔面积为 $48m^2$,隧道内纵向风速为 $v=2m/s$。工况 4-6 示意图如图 3-136 所示。

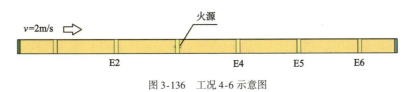

图 3-136　工况 4-6 示意图

(7) 工况 4-7

主线沉管隧道顶部横向联络道排烟方式下,横向联络排烟道间距为 81m、84m 间隔布置,火源功率 20MW,火源位于横向联络排烟道 E3 正下方。排烟孔位于横向联络排烟道底部,每个排烟孔尺寸为 $2m \times 3m = 6m^2$,每组排烟道底部共 2 个排烟孔。火灾发生后 $t=90s$ 时刻开启 E2、E4、E5 三组排烟孔进行排烟,共开启排烟孔面积为 $36m^2$,隧道内纵向风速为 $v=1m/s$。工况 4-7 示意图如图 3-137 所示。

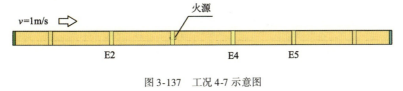

图 3-137　工况 4-7 示意图

(8) 工况 4-8

主线沉管隧道顶部横向联络道排烟方式下,横向联络排烟道间距为 81m、84m 间隔布置,火源功率 20MW,火源位于横向联络排烟道 E3 正下方。排烟孔位于横向联络排烟道底部,每个排烟孔尺寸为 $2m \times 3m = 6m^2$,每组排烟道底部共 2 个排烟孔。火灾发生后 $t=90s$ 时刻开启 E2、E4、E5 三组排烟孔进行排烟,共开启排烟孔面积为 $36m^2$,隧道内纵向风速为 $v=2m/s$。工况 4-8 示意图如图 3-138 所示。

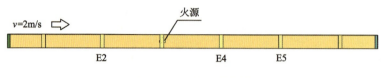

图 3-138 工况 4-8 示意图

5) 第 5 类工况计算模型

第 5 类工况下,横向联络排烟道沿隧道纵向间距为 165m,考虑隧道内只有一处发生火灾的情况,模型纵向长度取 1000m。根据火源不同位置、不同纵向风速情况下进行计算。

(1) 工况 5-1

主线沉管隧道顶部横向联络道排烟方式下,横向联络排烟道间距 165m,火源功率 50MW,火源位于横向联络排烟道 E3、E4 中间。排烟孔位于横向联络排烟道底部,每个排烟孔尺寸为 $2m \times 3m = 6m^2$,每组排烟道底部共 2 个排烟孔。火灾发生后 $t=90s$ 时刻开启 E2、E3、E4、E5 四组排烟孔进行排烟,共开启排烟孔面积为 $48m^2$,隧道内纵向风速为 $v=0m/s$。工况 5-1 示意图如图 3-139 所示。

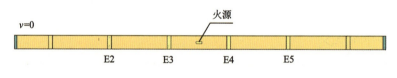

图 3-139 工况 5-1 示意图

(2) 工况 5-2

主线沉管隧道顶部横向联络道排烟方式下,横向联络排烟道间距 165m,火源功率 50MW,火源位于横向联络排烟道 E2、E3 中间。排烟孔位于横向联络排烟道底部,每个排烟孔尺寸为 $2m \times 3m = 6m^2$,每组排烟道底部共 2 个排烟孔。火灾发生后 $t=90s$ 时刻开启 E2、E3、E4、E5 四组排烟孔进行排烟,共开启排烟孔面积为 $48m^2$,隧道内纵向风速为 $v=1m/s$。工况 5-2 示意图如图 3-140 所示。

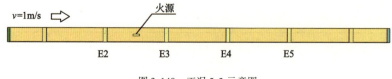

图 3-140 工况 5-2 示意图

(3) 工况 5-3

主线沉管隧道顶部横向联络道排烟方式下，横向联络排烟道间距 165m，火源功率 50MW，火源位于横向联络排烟道 E2、E3 中间。排烟孔位于横向联络排烟道底部，每个排烟孔尺寸为 $2m \times 3m = 6m^2$，每组排烟道底部共 2 个排烟孔。火灾发生后 $t = 90s$ 时刻开启 E2、E3、E4、E5 四组排烟孔进行排烟，共开启排烟孔面积为 $48m^2$，隧道内纵向风速为 $v = 2m/s$。工况 5-3 示意图如图 3-141 所示。

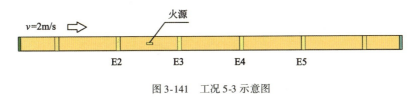

图 3-141　工况 5-3 示意图

(4) 工况 5-4

主线沉管隧道顶部横向联络道排烟方式下，横向联络排烟道间距 165m，火源功率 50MW，火源位于横向联络排烟道 E2、E3 中间。排烟孔位于横向联络排烟道底部，每个排烟孔尺寸为 $2m \times 3m = 6m^2$，每组排烟道底部共 2 个排烟孔。火灾发生后 $t = 90s$ 时刻开启 E2、E3、E4、E5 四组排烟孔进行排烟，共开启排烟孔面积为 $48m^2$，隧道内纵向风速为 $v = 3m/s$。工况 5-4 示意图如图 3-142 所示。

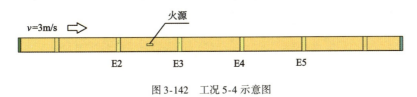

图 3-142　工况 5-4 示意图

(5) 工况 5-5

主线沉管隧道顶部横向联络道排烟方式下，横向联络排烟道间距 165m，火源功率 50MW，火源位于横向联络排烟道 E2、E3 中间。排烟孔位于横向联络排烟道底部，每个排烟孔尺寸为 $2m \times 3m = 6m^2$，每组排烟道底部共 2 个排烟孔。火灾发生后 $t = 90s$ 时刻开启 E2、E3、E4 三组排烟孔进行排烟，共开启排烟孔面积为 $36m^2$，隧道内纵向风速为 $v = 1m/s$。工况 5-5 示意图如图 3-143 所示。

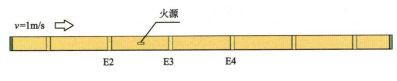

图 3-143　工况 5-5 示意图

(6) 工况 5-6

主线沉管隧道顶部横向联络道排烟方式下，横向联络排烟道间距 165m，火源功率 50MW，火源位于横向联络排烟道 E3、E4 中间。排烟孔位于横向联络排烟道底部，每个排烟孔尺寸为 $2m \times 3m = 6m^2$，每组排烟道底部共 2 个排烟孔。火灾发生后 $t = 90s$ 时刻开启 E3、E4 两组排烟孔进行排烟，共开启排烟孔面积为 $24m^2$，隧道内纵向风速为 $v = 0m/s$。工况 5-6 示意图如图 3-144 所示。

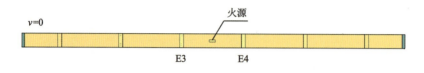

图 3-144　工况 5-6 示意图

（7）工况 5-7

主线沉管隧道顶部横向联络道排烟方式下，横向联络排烟道间距 165m，火源功率 50MW，火源位于横向联络排烟道 E3 正下方。排烟孔位于横向联络排烟道底部，每个排烟孔尺寸为 $2m \times 3m = 6m^2$，每组排烟道底部共 2 个排烟孔。火灾发生后 $t = 90s$ 时刻开启 E1、E2、E4、E5 四组排烟孔进行排烟，共开启排烟孔面积为 $48m^2$，隧道内纵向风速为 $v = 0m/s$。工况 5-7 示意图如图 3-145 所示。

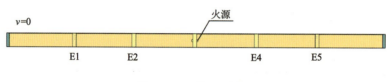

图 3-145　工况 5-7 示意图

（8）工况 5-8

主线沉管隧道顶部横向联络道排烟方式下，横向联络排烟道间距 165m，火源功率 50MW，火源位于横向联络排烟道 E3 正下方。排烟孔位于横向联络排烟道底部，每个排烟孔尺寸为 $2m \times 3m = 6m^2$，每组排烟道底部共 2 个排烟孔。火灾发生后 $t = 90s$ 时刻开启 E2、E4、E5 三组排烟孔进行排烟，共开启排烟孔面积为 $36m^2$，隧道内纵向风速为 $v = 1m/s$。工况 5-8 示意图如图 3-146 所示。

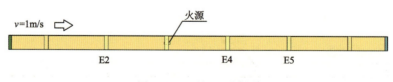

图 3-146　工况 5-8 示意图

（9）工况 5-9

主线沉管隧道顶部横向联络道排烟方式下，横向联络排烟道间距 165m，火源功率 50MW，火源位于横向联络排烟道 E3 正下方。排烟孔位于横向联络排烟道底部，每个排烟孔尺寸为 $2m \times 3m = 6m^2$，每组排烟道底部共 2 个排烟孔。火灾发生后 $t = 90s$ 时刻开启 E2、E4、E5 三组排烟孔进行排烟,共开启排烟孔面积为 36m²,隧道内纵向风速为 $v=2\text{m/s}$。工况 5-9 示意图如图 3-147 所示。

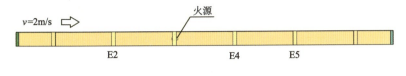

图 3-147　工况 5-9 示意图

(10) 工况 5-10

主线沉管隧道顶部横向联络道排烟方式下,横向联络排烟道间距 165m,火源功率 50MW,火源位于横向联络排烟道 E3 正下方。排烟孔位于横向联络排烟道底部,每个排烟孔尺寸为 $2\text{m}\times 3\text{m}=6\text{m}^2$,每组排烟道底部共 2 个排烟孔。火灾发生后 $t=90\text{s}$ 时刻开启 E2、E4、E5 三组排烟孔进行排烟,共开启排烟孔面积为 36m²,隧道内纵向风速为 $v=3\text{m/s}$。工况 5-10 示意图如图 3-148 所示。

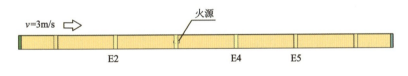

图 3-148　工况 5-10 示意图

(11) 工况 5-11

主线沉管隧道顶部横向联络道排烟方式下,横向联络排烟道间距 165m,火源功率 50MW,火源位于横向联络排烟道 E3 正下方。排烟孔位于横向联络排烟道底部,每个排烟孔尺寸为 $2\text{m}\times 3\text{m}=6\text{m}^2$,每组排烟道底部共 2 个排烟孔。火灾发生后 $t=90\text{s}$ 时刻开启 E2、E4 两组横向联络排烟道进行排烟,共开启排烟孔面积为 24m²,隧道内纵向风速为 $v=0\text{m/s}$。工况 5-11 示意图如图 3-149 所示。

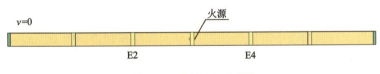

图 3-149　工况 5-11 示意图

(12) 工况 5-12

主线沉管隧道顶部横向联络道排烟方式下,横向联络排烟道间距 165m,火源功率 50MW,火源位于横向联络排烟道 E3 正下方。排烟孔位于横向联络排烟道底部,每个排烟孔尺寸为 $2\text{m}\times 3\text{m}=6\text{m}^2$,每组排烟道底部共 2 个排烟孔。火灾发生后 $t=90\text{s}$ 时刻开启 E2、E4 两组横向联络排烟道进行排烟,共开启排烟孔面积为 24m²,隧道内纵向风速为 $v=1\text{m/s}$。工况 5-12 示意图如图 3-150 所示。

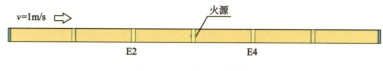

图 3-150　工况 5-12 示意图

(13) 工况 5-13

主线沉管隧道顶部横向联络道排烟方式下,横向联络排烟道间距 165m,火源功率 50MW,火源位于横向联络排烟道 E2、E3 中部。排烟孔位于横向联络排烟道底部,每个排烟孔尺寸为 $2m \times 3m = 6m^2$,每组排烟道底部共 2 个排烟孔。火灾发生后 $t = 90s$ 时刻开启 E2、E3、E4、E5 四组排烟孔进行排烟,共开启排烟孔面积为 $48m^2$,隧道内纵向风速为 $v = 1.5m/s$。工况 5-13 示意图如图 3-151 所示。

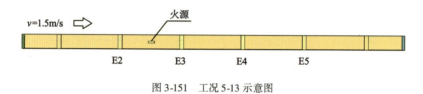

图 3-151　工况 5-13 示意图

(14) 工况 5-14

主线沉管隧道顶部横向联络道排烟方式下,横向联络排烟道间距 165m,火源功率 50MW,火源位于横向联络排烟道 E2、E3 中部。排烟孔位于横向联络排烟道底部,每个排烟孔尺寸为 $2m \times 3m = 6m^2$,每组排烟道底部共 2 个排烟孔。火灾发生后 $t = 90s$ 时刻开启 E2、E3、E4 三组排烟孔进行排烟,共开启排烟孔面积为 $36m^2$,隧道内纵向风速为 $v = 1.5m/s$。工况 5-14 示意图如图 3-152 所示。

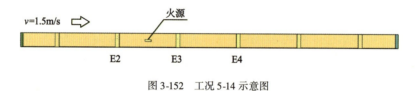

图 3-152　工况 5-14 示意图

(15) 工况 5-15

主线沉管隧道顶部横向联络道排烟方式下,横向联络排烟道间距 165m,火源功率 50MW,火源位于横向联络排烟道 E3 正下方。排烟孔位于横向联络排烟道底部,每个排烟孔尺寸为 $2m \times 3m = 6m^2$,每组排烟道底部共 2 个排烟孔。火灾发生后 $t = 90s$ 时刻开启 E2、E4、E5 三组排烟孔进行排烟,共开启排烟孔面积为 $36m^2$,隧道内纵向风速为 $v = 1.5m/s$。工况 5-15 示意图如图 3-153 所示。

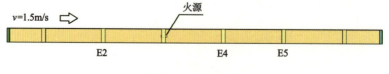

图 3-153　工况 5-15 示意图

(16）工况 5-16

主线沉管隧道顶部横向联络道排烟方式下,横向联络排烟道间距 165m,火源功率 50MW,火源位于横向联络排烟道 E2、E3 中部。排烟孔位于横向联络排烟道底部,每个排烟孔尺寸为 $2m \times 3m = 6m^2$,每组排烟道底部共 2 个排烟孔。火灾发生后 $t = 90s$ 时刻开启 E2、E3、E4 三组排烟孔进行排烟,共开启排烟孔面积为 $36m^2$,隧道内纵向风速为 $v = 1.8m/s$。工况 5-16 示意图如图 3-154 所示。

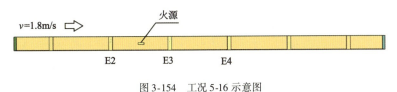

图 3-154　工况 5-16 示意图

(17）工况 5-17

主线沉管隧道顶部 + 侧壁排烟方式下,顶部横向联络排烟道间距 165m,侧壁排烟孔间距 165m,相邻横向联络排烟道与侧壁排烟孔间距为 81/84m,火源功率 50MW,火源位于侧壁排烟孔 C2 与横向联络排烟道 E3 中部。每组横向联络排烟道底部 2 个排烟孔,每个排烟孔尺寸为 $2m \times 3m = 6m^2$,每组横向联络排烟道排烟孔总面积 $12m^2$。每组侧壁排烟孔总面积 $6m^2$。火灾发生后 $t = 90s$ 时刻开启侧壁排烟孔 C2、C3、C4 以及横向联络排烟道 E3、E4 进行排烟,共开启排烟孔面积为 $42m^2$,隧道内纵向风速为 $v = 2m/s$。工况 5-17 示意图如图 3-155 所示。

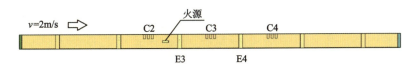

图 3-155　工况 5-17 示意图

(18）工况 5-18

主线沉管隧道顶部 + 侧壁排烟方式下,顶部横向联络排烟道间距 165m,侧壁排烟孔间距 165m,相邻横向联络排烟道与侧壁排烟孔间距为 81/84m,火源功率 50MW,火源位于横向联络排烟道 E3 正下方。每组横向联络排烟道底部 2 个排烟孔,每个排烟孔尺寸为 $2m \times 3m = 6m^2$,每组横向联络排烟道排烟孔总面积 $12m^2$。每组侧壁排烟孔总面积 $6m^2$。火灾发生后 $t = 90s$ 时刻开启侧壁排烟孔 C2、C3、C4 以及横向联络排烟道 E4、E5 进行排烟,共开启排烟孔面积为 $42m^2$,隧道内纵向风速为 $v = 2m/s$。工况 5-18 示意图如图 3-156 所示。

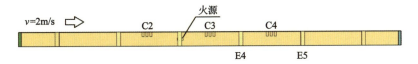

图 3-156　工况 5-18 示意图

第 1 至第 5 类工况见表 3-26 ~ 表 3-30。

表 3-26

**第 1 类计算工况汇总表（火源位于相邻排烟道 E3、E4 中部 y=250m 处）**

| 工况序号 | 火源功率（MW） | 排烟孔位置 | 单个排烟孔尺寸 | 每个烟道排烟孔数量 | 排烟孔风速（m/s） | 排烟道开启数量 编号 | 纵向风速（m/s） |
|---|---|---|---|---|---|---|---|
| 1-1 | 50 | 烟道底部 | 2×3=6m² | 2 | 3.9375 | 4组（E2、E3、E4、E5） | 0 |
| 1-2 | 50 | 烟道两侧面 | 2×0.5=1m² | 6 | 7.875 | 4组（E2、E3、E4、E5） | 0 |
| 1-3 | 50 | 烟道两侧面 | 2×0.5=1m² | 6 | 7.875 | 4组（E1、E2、E5、E6） | 0 |
| 1-4 | 50 | 烟道两侧面 | 2×0.5=1m² | 6 | 7.875 | 4组（E2、E4、E5、E6） | 0 |
| 1-5 | 50 | 烟道两侧面 | 2×0.5=1m² | 6 | 6.3 | 5组（E1、E3、E4、E5、E6） | 0 |
| 1-6 | 50 | 烟道两侧面 | 2×0.5=1m² | 6 | 6.3 | 5组（E2、E3、E4、E5、E6） | 0 |
| 1-7 | 50 | 烟道两侧面 | 2×0.5=1m² | 6 | 5.25 | 6组（E1、E2、E3、E4、E5、E6） | 0 |
| 1-8 | 50 | 烟道两侧面 | 2×0.5=1m² | 6 | 7.875 | 4组（E1、E2、E5、E6） | 2 |
| 1-9 | 50 | 烟道两侧面 | 2×0.5=1m² | 6 | 4.778 | 3组（E3、E4、E5） | 0 |
| 1-10 | 20 | 烟道两侧面 | 2×0.5=1m² | 6 | 3.583 | 4组（E2、E3、E4、E5） | 0 |
| 1-11 | 20 | 烟道两侧面 | 2×0.5=1m² | 6 | 3.583 | 4组（E3、E4、E5、E6） | 0 |
| 1-12 | 20 | 烟道两侧面 | 2×0.5=1m² | 6 | 3.583 | 4组（E3、E4、E5、E6） | 0 |

表 3-27

**第 2 类计算工况汇总表（火源位于排烟道 E3 正下方 y=250m 处）**

| 工况序号 | 火源功率（MW） | 排烟孔位置 | 单个排烟孔尺寸 | 每个烟道排烟孔数量 | 排烟孔风速（m/s） | 排烟道开启数量 编号 | 纵向风速（m/s） |
|---|---|---|---|---|---|---|---|
| 2-1 | 50 | 烟道底部 | 2×3=6m² | 2 | 3.9375 | 4组（E1、E2、E4、E5） | 0 |
| 2-2 | 50 | 烟道两侧面 | 2×0.5=1m² | 6 | 7.875 | 4组（E1、E2、E4、E5） | 0 |
| 2-3 | 50 | 烟道两侧面 | 2×0.5=1m² | 6 | 7.875 | 4组（E1、E2、E3、E4） | 0 |
| 2-4 | 50 | 烟道两侧面 | 2×0.5=1m² | 6 | 7.875 | 4组（E2、E3、E4、E5） | 0 |
| 2-5 | 50 | 烟道两侧面 | 2×0.5=1m² | 6 | 6.3 | 5组（E1、E2、E3、E4、E5） | 0 |
| 2-6 | 20 | 烟道两侧面 | 2×0.5=1m² | 6 | 4.778 | 3组（E2、E3、E4） | 0 |
| 2-7 | 20 | 烟道两侧面 | 2×0.5=1m² | 6 | 4.778 | 3组（E2、E3、E4） | 0 |
| 2-8 | 20 | 烟道两侧面 | 2×0.5=1m² | 6 | 3.583 | 4组（E1、E2、E3、E4） | 0 |
| 2-9 | 20 | 烟道两侧面 | 2×0.5=1m² | 6 | 3.583 | 4组（E2、E3、E4、E5） | 0 |

第3章 超宽特长海底沉管隧道火灾排烟技术

第3类计算工况汇总表（火源位于相邻排烟道 E2、E3 中部 $y=170m$ 处） 表 3-28

| 工况序号 | 火源功率（MW） | 排烟孔位置 | 单个排烟孔尺寸 | 每个烟道排烟孔数量 | 排烟孔风速（m/s） | 排烟道开启数量（编号） | 纵向风速（m/s） |
|---|---|---|---|---|---|---|---|
| 3-1 | 50 | 烟道底部 | $2\times3=6m^2$ | 2 | 3.9375 | 4组(E2,E3,E4,E5) | 0 |
| 3-2 | 50 | 烟道底部 | $2\times3=6m^2$ | 2 | 3.9375 | 4组(E2,E3,E4,E5) | 2 |
| 3-3 | 50 | 烟道底部 | $2\times3=6m^2$ | 2 | 3.9375 | 4组(E3,E4,E5,E6) | 2 |
| 3-4 | 50 | 烟道底部 | $2\times3=6m^2$ | 2 | 3.15 | 5组(E2,E3,E4,E5,E6) | 2 |
| 3-5 | 50 | 烟道底部 | $2\times3=6m^2$ | 2 | 2.625 | 6组(E1,E2,E3,E4,E5,E6) | 2 |
| 3-6 | 20 | 烟道底部 | $2\times3=6m^2$ | 2 | 3.9375 | 4组(E2,E3,E4,E5) | 1 |
| 3-7 | 20 | 烟道底部 | $2\times3=6m^2$ | 2 | 3.9375 | 4组(E2,E3,E4,E5) | 2 |
| 3-8 | 20 | 烟道底部 | $2\times3=6m^2$ | 2 | 3.9375 | 4组(E3,E4,E5,E6) | 1 |
| 3-9 | 20 | 烟道底部 | $2\times3=6m^2$ | 2 | 3.9375 | 4组(E3,E4,E5,E6) | 2 |
| 3-10 | 20 | 烟道底部 | $2\times3=6m^2$ | 2 | 3.15 | 5组(E2,E3,E4,E5,E6) | 1 |
| 3-11 | 20 | 烟道底部 | $2\times3=6m^2$ | 2 | 3.15 | 5组(E2,E3,E4,E5,E6) | 2 |
| 3-12 | 20 | 烟道底部 | $2\times3=6m^2$ | 2 | 2.625 | 6组(E1,E2,E3,E4,E5,E6) | 1 |

第4类计算工况汇总表（火源位于排烟道 E3 正下方 $y=210m$ 处） 表 3-29

| 工况序号 | 火源功率（MW） | 排烟孔位置 | 单个排烟孔尺寸 | 每个烟道排烟孔数量 | 排烟孔风速（m/s） | 排烟道开启数量（编号） | 纵向风速（m/s） |
|---|---|---|---|---|---|---|---|
| 4-1 | 50 | 烟道底部 | $2\times3=6m^2$ | 2 | 3.9375 | 4组(E2,E4,E5,E6) | 1 |
| 4-2 | 50 | 烟道底部 | $2\times3=6m^2$ | 2 | 3.9375 | 4组(E2,E4,E5,E6) | 2 |
| 4-3 | 50 | 烟道底部 | $2\times3=6m^2$ | 2 | 5.25 | 3组(E2,E4,E5) | 1 |
| 4-4 | 50 | 烟道底部 | $2\times3=6m^2$ | 2 | 5.25 | 3组(E2,E4,E5) | 2 |
| 4-5 | 20 | 烟道底部 | $2\times3=6m^2$ | 2 | 3.9375 | 4组(E2,E4,E5,E6) | 1 |
| 4-6 | 20 | 烟道底部 | $2\times3=6m^2$ | 2 | 3.9375 | 4组(E2,E4,E5,E6) | 2 |
| 4-7 | 20 | 烟道底部 | $2\times3=6m^2$ | 2 | 5.25 | 3组(E2,E4,E5) | 1 |
| 4-8 | 20 | 烟道底部 | $2\times3=6m^2$ | 2 | 5.25 | 3组(E2,E4,E5) | 2 |

第 5 类工况，火源功率为 50MW，同一类型排烟道纵向间距 165m。

第 5 类计算工况汇总表

表 3-30

| 工况序号 | 火源位置 | 排烟孔风速 (m/s) | 排烟方式 | 排烟道开启数量（编号） | 纵向风速 (m/s) |
|---|---|---|---|---|---|
| 5-1 | 顶部排烟道 E3、E4 中部 | 3.9375 | 顶部 | 4 组（E2,E3,E4,E5） | 0 |
| 5-2 | 顶部排烟道 E2、E3 中部 | 3.9375 | 顶部 | 4 组（E2,E3,E4,E5） | 1 |
| 5-3 | 顶部排烟道 E2、E3 中部 | 3.9375 | 顶部 | 4 组（E2,E3,E4,E5） | 2 |
| 5-4 | 顶部排烟道 E2、E3 中部 | 3.9375 | 顶部 | 4 组（E2,E3,E4,E5） | 3 |
| 5-5 | 顶部排烟道 E3、E4 中部 | 5.25 | 顶部 | 3 组（E2,E3,E4） | 1 |
| 5-6 | 顶部排烟道 E3、E4 中部 | 7.875 | 顶部 | 2 组（E3,E4） | 0 |
| 5-7 | 顶部排烟道 E3 正下方 | 3.9375 | 顶部 | 4 组（E1,E2,E3,E4,E5） | 1 |
| 5-8 | 顶部排烟道 E3 正下方 | 5.25 | 顶部 | 3 组（E2,E3,E4,E5） | 2 |
| 5-9 | 顶部排烟道 E2、E3 正下方 | 5.25 | 顶部 | 3 组（E2,E3,E4,E5） | 3 |
| 5-10 | 顶部排烟道 E3 正下方 | 5.25 | 顶部 | 3 组（E2,E3,E4,E5） | 3 |
| 5-11 | 顶部排烟道 E3 正下方 | 7.875 | 顶部 | 2 组（E2,E4） | 0 |
| 5-12 | 顶部排烟道 E3 正下方 | 7.875 | 顶部 | 2 组（E2,E4） | 1 |
| 5-13 | 顶部排烟道 E2、E3 中部 | 3.9375 | 顶部 | 4 组（E2,E3,E4,E5） | 1.5 |
| 5-14 | 顶部排烟道 E2、E3 中部 | 5.25 | 顶部 | 3 组（E2,E3,E4,E5） | 1.5 |
| 5-15 | 顶部排烟道 E3 正下方 | 5.25 | 顶部 | 3 组（E2,E4,E5） | 1.5 |
| 5-16 | 顶部排烟道 E3、E4 中部 | 5.25 | 顶部 | 3 组（E2,E3,E4） | 1.8 |
| 5-17 | 侧壁排烟孔 C2 与顶部排烟孔 E3 中部 | 4.5 | 顶部 + 侧壁 | 5 组（顶部排烟道 E3,E4 + 侧壁排烟孔 C2,C3,C4） | 2 |
| 5-18 | 顶部排烟道 E3 正下方 | 4.5 | 顶部 + 侧壁 | 5 组（顶部排烟道 E4,E5 + 侧壁排烟孔 C2,C3,C4） | 2 |
| 5-19 | 顶部排烟道 E3 正下方 | 3.5 | 顶部 + 侧壁 | 6 组（顶部排烟道 E2,E4,E5 + 侧壁排烟孔 C2,C3,C4） | 1.5 |
| 5-20 | 顶部排烟道 E3 正下方 | 3.9375 | 顶部 + 侧壁 | 5 组（顶部排烟道 E2,E4,E5 + 侧壁排烟孔 C3,C4） | 1.5 |
| 5-21 | 顶部排烟道 E3 正下方 | 3.9375 | 顶部 + 侧壁 | 5 组（顶部排烟道 E2,E4,E5 + 侧壁排烟孔 C2,C4） | 1.5 |
| 5-22 | 顶部排烟道 E3 正下方 | 4.5 | 顶部 + 侧壁 | 4 组（顶部排烟道 E2,E4,E5 + 侧壁排烟孔 C4） | 1.5 |
| 5-23 | 侧壁排烟组 C2 处 | 4.5 | 顶部 + 侧壁 | 4 组（顶部排烟道 E2,E3,E4 + 侧壁排烟孔 C3） | 1.5 |
| 5-24 | 侧壁排烟组 C2 与顶部排烟道 E2 之间 | 4.5 | 顶部 + 侧壁 | 4 组（顶部排烟道 E2,E3,E4 + 侧壁排烟孔 C3） | 1.5 |

### 3.5.3 超宽特长海底沉管隧道火灾排烟策略计算结果分析

隧道内烟气分布如图 3-157 所示。

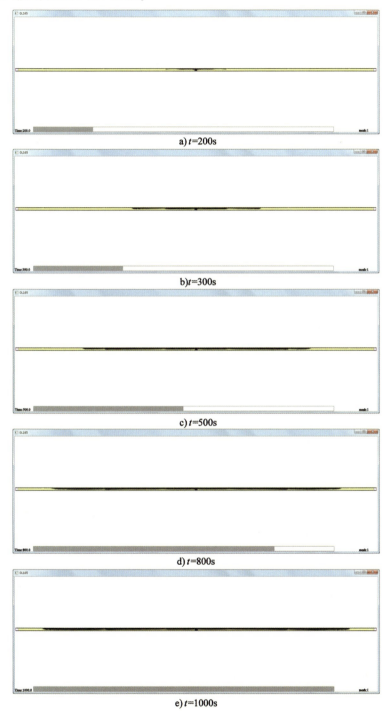

a) $t$=200s

b) $t$=300s

c) $t$=500s

d) $t$=800s

e) $t$=1000s

图 3-157 工况 5-1 烟气扩散图

火灾初期,由于热释放速率较小,产生烟气量较少,随着火灾发展,热释放速率不断升高至50MW,隧道内烟气量增加,烟气浓度不断升高。

距地面1.8m高度处温度、CO浓度、可见度分布情况如下所示。

(1)距地面1.8m高度平面温度分布(图3-158)

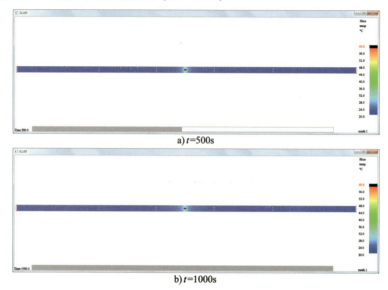

图3-158　工况5-1距地面1.8m高度处温度分布

在计算时间1000s内,除火源附近区域外,隧道内距地面1.8m高度处温度均未超过60℃。

(2)距地面1.8m高度平面CO分布(图3-159)

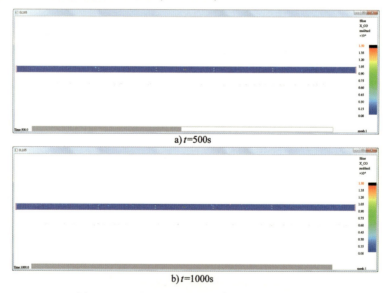

图3-159　工况5-1距地面1.8m高度处CO浓度分布

在计算时间 1000s 内,除火源附近区域外,隧道内距地面 1.8m 高度处 CO 浓度均未超过 1500ppm。

(3) 距地面 1.8m 高度平面可见度分布(图 3-160)

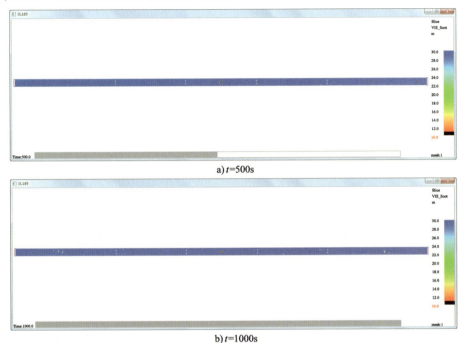

图 3-160 工况 5-1 距地面 1.8m 高度处可见度分布

在计算时间 1000s 内,除火源附近区域外,隧道内距地面 1.8m 高度处可见度均未低于 10m。排烟口的排烟效率按下式进行计算:

$$\eta_{exhaust} = \frac{排烟口排烟量}{烟气产生量} \times 100\%$$

工况 5-1 共开启 4 组排烟道 E2、E3、E4、E5,火源位于排烟道 E2、E3 中间,隧道内纵向风速为 $v=0$m/s,计算得各组横向联络排烟道排烟效率如图 3-161 所示。

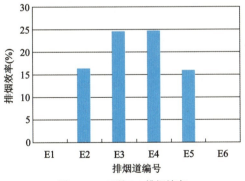

图 3-161 工况 5-1 排烟效率

根据计算结果,隧道内距火源较近的排烟道排烟效率较高,距火源较远的排烟道排烟效率较低,计算得工况 5-1 排烟系统总排烟效率为 81.80%。

## 3.6 小结

通过对主线沉管隧道顶部横向联络道排烟方式下 81/84m 间距、165m 间距两种情况下排烟控制进行研究,对不同工况火灾排烟数值模拟计算,得到不同风速、不同火源位置、不同排烟道开启方式下各工况排烟效率及隧道内达到危险判据的时间,可得出如下结论:

(1)在隧道内无纵向风速的理想状态下,无论火灾发生在任何位置,通过开启离火源最近的 2~6 组横向联络排烟道,均可保证隧道内距地面 1.8m 高度处的温度、CO 浓度、可见度在计算时间内不超过危险判据。其中开启离火源最近的 2~3 组横向联络排烟道可使排烟效率达到 70% 以上,开启离火源最近的 4~6 组横向联络排烟道可使排烟效率达到 80% 以上。由于无纵向风速的理想状态下烟气呈对称分布,因此这种情况下较优的排烟道开启方式为:火源上游开启 2~3 组横向联络排烟道、下游开启 2~3 组横向联络排烟道。

(2)在隧道内有纵向风速的情况下,随着风速的增大,排烟效率降低,烟气下沉速度加快。纵向风速为 1~1.5m/s 情况下,横向排烟道间距为 165m 时,最不利工况出现在火灾发生在排烟道正下方,纵向风速 1.5m/s 时,开启火源上游 1 组、下游 2 组横向联络排烟道,此时排烟效率为 78.87%,距地面 1.8m 高度处达到危险判据的时间为 433s。纵向风速为 1~1.5m/s 情况下,各工况排烟效率均在 78% 以上。根据多种工况计算结果,隧道内纵向风速为 1~1.5m/s 情况下,无论火灾发生在两排烟道中部还是某一组排烟道正下方,较优的排烟道开启方式为:火源上游开启 1 组、火源下游开启 2 组。

(3)横向联络排烟道间距为 81m/84m 时,隧道内纵向风速为 2m/s 的情况下,开启火源上游 1 组 + 下游 3 组横向联络排烟道,排烟效率为 70% 左右。火源位于相邻两排烟道中间时,计算时间内距地面 1.8m 高度处未达到危险判据;火源位于排烟道正下方时,距地面 1.8m 高度处达到危险判据时间为 425s。

横向联络排烟道间距为 165m 时,隧道内纵向风速 1.8m/s、2m/s 情况下,开启火源上游 1 组、火源下游 2 组横向联络排烟道,排烟效率为 65% 左右,距地面 1.8m 高度处达到危险判据的区域出现在火源下游,随着火灾发展下游危险区域不断扩大。达到危险判据的时间仅为 320s,不能满足人员疏散要求。

(4)横向联络排烟道间距为 165m 时,纵向风速 2m/s 情况下,开启 2 组横向联络排烟道 + 3 组侧壁排烟孔,达到危险判据的时间仅为 310s,不能满足人员疏散要求。

(5)横向联络排烟道间距为 165m 时,隧道内纵向风速 3m/s 情况下,开启火源上游 1 组、火源下游 2 组横向联络排烟道,排烟效率为 46% 左右,距地面 1.8m 高度处达到危险判据的区域出现在火源下游,随着火灾发展下游危险区域迅速扩大。达到危险判据的时间仅为 271s,不能满足人员疏散要求。

(6)对于两种不同间距情况下,采用的排烟控制方式基本一致,烟气扩散分布规律相同。

对采用同一种排烟控制方式进行比较:① 排烟效率:81/84m 间距大于 165m 间距;可用疏散时间:81/84m 间距大于 165m 间距。

纵向风速 2m/s 情况下,火源位于相邻两排烟道中间时,开启火源上游 1 组、下游 3 组,横向联络排烟道间距为 81/84m 的排烟效率为 74.05%,间距为 165m 的排烟效率为 66.75%。火源位于排烟道正下方时,开启火源上游 1 组、下游 2 组,横向联络排烟道间距为 81/84m 的排烟效率为 67.42%,间距为 165m 的排烟效率为 65.51%。

(7)横向联络排烟道间距为 165m,纵向风速 1.5m/s 情况下,采用顶部横向联络排烟道 + 侧壁排烟口共同排烟方式下,开启火源下游侧壁排烟口数量为 1~3 组时,排烟效率约 80%,疏散可用时间满足火灾逃生需求。

# 第4章 超宽特长海底沉管隧道火灾排烟模型试验

## 4.1 试验目的

为解决工程实际问题,课题开展1∶15缩尺模型试验和大比尺实体隧道试验,试验目的如下:
(1)确定不同通风排烟模式的烟流流场分布特征、烟雾扩散特性和排烟效果;
(2)确定超宽特长海底沉管隧道火灾排烟方案;
(3)确定超大断面隧道变截面区域火灾排烟方案;
(4)确定机场立交隧道火灾排烟方案;
(5)确定沉管隧道不同火灾工况的排烟策略;
(6)火灾发展[隧道火灾条件下不同时刻区域烟雾浓度、$CO(CO_2)$浓度、能见度分布]与人员逃生的关系及人员逃生有效性分析。

## 4.2 1∶15火灾模型试验

### 4.2.1 概述

1)相似理论介绍

最早出现相似概念是在数学的几何学中,两个图形的对应边成比例,即可说这两个图形是相似的。随着数学学科的发展,相似理论不仅仅是指几何学中的图形相似,更加推广到其他学科领域,尤其是物理学中经常要用到相似理论。本次研究主要涉及的相似概念主要是几何相似、运动相似以及动力相似。

(1)几何相似

若两个研究对象的对应线性变量之间存在固定的比例关系,则称这两个研究对象是几何相似的。原型和模型之间的几何相似可以用式(4-1)表示:

$$\lambda_l = \frac{l_p}{l_m} \tag{4-1}$$

同理可推出原型和模型之间面积比尺和体积比尺:

$$\lambda_A = \frac{A_p}{A_m} = \frac{l_p^2}{l_m^2} = \lambda_l^2 \tag{4-2}$$

$$\lambda_V = \frac{V_p}{V_m} = \frac{l_p^3}{l_m^3} = \lambda_l^3 \tag{4-3}$$

式中：$\lambda_l$——长度比尺；

$\lambda_A$——面积比尺；

$\lambda_V$——体积比尺；

$l_m$——模型几何长度；

$l_p$——原型几何长度。

(2)运动相似

运动相似是指：如果两个系统是运动相似的，则这两个系统内质点沿着几何相似的轨迹运动，且在互成一定比例的时间段内通过一段几何相似的路程。

在流体运动中的运动相似主要是指速度相似，即两个流体系统中对应质点的速度 $v$ 的方向相同，大小成固定比例，如式(4-4)所示：

$$\lambda_v = \frac{v_p}{v_m} \tag{4-4}$$

由于速度是描述物体运动快慢的物理量，在数学上表达式为：$\mathrm{d}v = \mathrm{d}l/\mathrm{d}t$，即 $\mathrm{d}t = \mathrm{d}l/\mathrm{d}v$，因此时间比尺可由式(4-5)表示：

$$\lambda_t = \frac{t_p}{t_m} = \frac{\lambda_l}{\lambda_v} \tag{4-5}$$

由上述思想推导可知两个流体系统中对应质点的加速度比尺为：

$$\lambda_a = \frac{a_p}{a_m} = \frac{\lambda_l^2}{\lambda_v^2} \tag{4-6}$$

(3)动力相似

动力相似是指：若两个系统中对应质点所受同一性质力的方向以及作用点相同，且力的大小成一固定比例，则称这两个系统是动力相似的。同一性质的力指的是如重力、压力、弹力等同一物理性质的力。

在流体系统中，若作用在流体质点上的合力不为零，则根据牛顿第二定律，质点会在力的作用下产生加速度。根据达伦贝尔定理可引进流体质点的惯性力，则质点所受合力与惯性力平衡，在力的图示上形成封闭多边形，因此两流体系统若动力相似，则对应质点上所受力构成的封闭多边形相似。若流体系统中质点所受力有重力 $F_G$、压力 $F_P$、惯性力 $F_I$、弹力 $F_E$、表面张力 $F_T$，则两个流体系统动力相似需满足式(4-7)。

$$\lambda_F = \frac{F_{Gp}}{F_{Gm}} = \frac{F_{Pp}}{F_{Pm}} = \frac{F_{Ip}}{F_{Im}} = \frac{F_{Ep}}{F_{Em}} = \frac{F_{Tp}}{F_{Tm}} \tag{4-7}$$

若果两个流体系统均满足几何相似、运动相似、动力相似以及初始条件和边界条件相似，则称这两个流体系统是相似的。在满足几何相似、运动相似以及动力相似的条件下，两系统中对应质点上的同名物理量都将符合一定的比例关系，如几何尺寸、断面面积、气体压强、气体流速以及所受的各种力等。几何相似是运动相似和动力相似的前提和依据,运动相似是几何相似和动力相似的具体体现,动力相似是决定两系统相似的重要因素。

2) 基本假设

对于模型试验来说,无法做到与实际情况一样的边界条件和初始条件,因此,对一些模型试验与实际情况影响因子很小的因素,可以通过做出基本假设来忽略这些因素对模型试验准确性的影响,具体假设如下:

(1) 流体不可压

在以空气为介质的试验中,当风速小于30m/s时,对气流压缩的影响可以忽略不计,本次试验中遵循的是我国现行的规范标准,在公路隧道通风规范中推荐主隧道内风速为6~8m/s,送风口风速应小于或等于30m/s,因此在本次试验中,可以忽略气流压缩性的影响。

(2) 连续介质假设

本次试验对火灾情况下烟雾流态的研究,遵循流体力学的物理原理。流体运动的研究方法一般分为两种,一种是统计法,从分子、原子等的微观角度出发,采用统计学原理对分子、原子的运动进行统计,建立数学模型,用数学语言描述出流体的运动规律,该方法准确性较高,但实现难度太大,现有的试验仪器无法满足对分子、原子形态物质的测量;另外一种方法是连续介质假设,数学上表达为连续一致性,以此为基础可以建立微分方程对流体进行研究,物理意义在于流体系统中物质占据的空间可以近似地视为被该物质连续地、无空隙地填满,流体中质点的物理性质满足现有的物理定律。大量研究表明以连续介质假设为依据的理论值更加适合对模型试验进行指导和修正。

(3) 稳定流假设

该假设是指在流体运动过程中,系统中任一质点的压力和流速不随时间变化而变化,即压力和流速在边界条件以及初始条件不变的情况下,可以视为常数。这种流动成为稳定流,在本次试验中风流以及烟雾流视为稳定流。

3) 相似准则

正常情况下,隧道内气流可看作不可压缩黏性流体的等温运动,其相似条件可根据实际流体运动微分方程 Navier-Stoke 方程:

$$\left.\begin{array}{l}\dfrac{\partial v_x}{\partial t}+v_z\dfrac{\partial v_x}{\partial x}+v_y\dfrac{\partial v_x}{\partial y}+v_s\dfrac{\partial v_x}{\partial z}=X-\dfrac{1}{\rho}\cdot\dfrac{\partial p}{\partial x}+V\nabla^2 v_x\\[6pt]\dfrac{\partial v_y}{\partial t}+v_x\dfrac{\partial v_y}{\partial x}+v_y\dfrac{\partial v_z}{\partial y}+v_s\dfrac{\partial v_y}{\partial z}=Y-\dfrac{1}{\rho}\cdot\dfrac{\partial p}{\partial y}+V\nabla^2 v_y\\[6pt]\dfrac{\partial v_z}{\partial t}+v_x\dfrac{\partial v_z}{\partial x}+v_y\dfrac{\partial v_z}{\partial y}+v_z\dfrac{\partial v_z}{\partial z}=Z-\dfrac{1}{\rho}\cdot\dfrac{\partial p}{\partial z}+V\nabla^2 v_z\\[6pt]\dfrac{\partial v_x}{\partial x}+\dfrac{\partial vy}{\partial y}+v_y\dfrac{\partial v_z}{\partial z}=0\end{array}\right\} \quad (4\text{-}8)$$

式中:$v_x$、$v_y$、$v_z$——速度分量;

$p$——压力;

$X$、$Y$、$Z$——单位质量上外力的分量,一般情况 $X=0, Y=0, Z=g$。

$$\nabla^2 v_x = \left(\frac{\partial^2}{\partial x^2} + \frac{\partial^2}{\partial y^2} + \frac{\partial^2}{\partial z^2}\right)v_x$$

$$\nabla^2 v_y = \left(\frac{\partial^2}{\partial x^2} + \frac{\partial^2}{\partial y^2} + \frac{\partial^2}{\partial z^2}\right)v_y$$

$$\nabla^2 v_z = \left(\frac{\partial^2}{\partial x^2} + \frac{\partial^2}{\partial y^2} + \frac{\partial^2}{\partial z^2}\right)v_z$$

在满足连续介质假设条件下,流体运动体系一般都服从这一微分方程式。如果流体运动体系满足二阶相似,则该体系中物理量应满足一定比例关系,如式(4-9)所示:

$$\frac{t'}{t''} = \lambda_t, \frac{v'}{v''} = \lambda_v, \frac{l'}{l''} = \lambda_l, \cdots \tag{4-9}$$

将式(4-9)代入方程(4-8)中,可得式(4-10)和式(4-11):

$$\frac{\lambda_v \partial v_z}{\lambda_t \partial t} + \frac{\lambda_v^2}{\lambda_l}\left(v_x \frac{\partial v_x}{\partial x} + v_y \frac{\partial v_x}{\partial y} + v_z \frac{\partial v_z}{\partial z}\right)$$

$$= \lambda_g \cdot g - \frac{\lambda_p}{\lambda_\rho \lambda_l} \cdot \frac{1}{\rho} \cdot \frac{\partial p}{\partial x} + \frac{\lambda_V \lambda_v}{\lambda_l^2}(\nabla^2 v_z) \tag{4-10}$$

$$\frac{\lambda_v}{\lambda_l}\left(\frac{\partial v_x}{\partial x} + \frac{\partial v_y}{\partial y} + v_y \frac{\partial v_z}{\partial z}\right) = 0 \tag{4-11}$$

在上式中,要使等式成立,应满足式(4-12):

$$\frac{\lambda_v}{\lambda_t} = \frac{\lambda_v^2}{\lambda_l} = \lambda_g = \frac{\lambda_p}{\lambda_\rho \lambda_l} = \frac{\lambda_V \lambda_v}{\lambda_l^2} \tag{4-12}$$

将上式各项同除以 $\lambda_v^2/\lambda_l$ 可得到式(4-13)中的结果:

$$\frac{\lambda_l}{\lambda_t \lambda_v} = \frac{\lambda_g \lambda_l}{\lambda_v^2} = \frac{\lambda_p}{\lambda_\rho \lambda_v^2} = \frac{\lambda_V}{\lambda_l \lambda_v} = 1 \tag{4-13}$$

这样就得到了式(4-10)、式(4-11)、式(4-12)以及式(4-13)这四个关系式。在两个流体系统中,主要的变量的相似比均满足上述关系式时,才能说这两个流体系统是相似的。

上式中各关系式都是相似指标,现将指标数改为相似准则系数,如式(4-14)所示:

$$\frac{V \cdot t}{l} = idem, \frac{V^2}{gl} = idem, \frac{V \cdot l}{v} = idem, \frac{p}{\rho v^2} = idem \tag{4-14}$$

不考虑流体表面张力和弹力,根据牛顿普遍相似定律以及因次分析法,可以得到:

$\dfrac{V \cdot t}{l} = St$     谐时准则(Strouhal Number)

$\dfrac{V^2}{gl} = Fr$     重力相似准则(Freud Number)

$\dfrac{V \cdot l}{v} = Re$     内摩擦相似准则(Reynolds Number)

$$\frac{p}{\rho v^2} = Eu \qquad 压力相似准则(Euler\ Number)$$

要保持模型试验与实际情况相似,则试验中的物理量要满足以上准则系数或相似指标。在本次试验中重点研究的是烟雾流态,与正常情况下的气体有所不同,烟气主要由固体小颗粒组成,空气只是运输载体,因此在研究烟气流态的过程中要考虑重力的影响,本模型中流体体系采用的相似准则为重力相似准则。

上述中提到本次研究的烟雾流态需要考虑重力的影响,采用重力相似准则,因此需要对弗洛德数(Freud Number)加以了解。具体表达为:为保持两个流动系统在重力作用下的相似,流体的惯性力与重力之比值必须相等,即弗劳德数相等。由于原型和模型均在同一重力场中,若使用相同的流体进行试验,其密度应相等,因此按弗洛德相似准则选定模型长度比尺 $\lambda_l$ 时,相应得到各物理量的比尺换算关系如表 4-1 所示。

弗洛德准则比尺换算表　　　　　　　　　　　表 4-1

| 比尺名称 | 换算公式 |
| --- | --- |
| 时间比尺 | $\lambda_t = \lambda_l^{1/2}$ |
| 流速比尺 | $\lambda_v = \lambda_l^{1/2}$ |
| 热释放率比尺 | $\lambda_Q = \lambda_l^{5/2}$ |
| 力的比尺 | $\lambda_F = \lambda_l^3$ |

4)模型试验相似条件

模型试验采用的长度比尺为 1:15,因此根据几何相似、运动相似以及动力相似原理,结合弗洛德相似准则可以得出以下主要物理量的相似关系,如表 4-2 所示。

模型相似比例　　　　　　　　　　　表 4-2

| 比尺名称 | 长度比尺 | 面积比尺 | 体积比尺 | 热释放率比尺 | 风速比尺 |
| --- | --- | --- | --- | --- | --- |
| 比尺 | 1:15 | 1:15² | 1:15³ | 1:15^{5/2} | 1:15^{1/2} |

### 4.2.2　试验方案

#### 4.2.2.1　1:15 缩尺模型试验平台建设

1)模型隧道主体

主线隧道沉管段火灾通风排烟试验模型建设在重庆交科院内,隧道模型全长 80m,分为四个防火分区,排烟口若干(位于侧部),两端各设置一台箱式风机,平台上方为排烟风道,如图 4-1 所示。试验段长 78m,由 13 个长 6m 的单元连接而成。试验段采用钢结构框架作为骨架,顶部及侧壁均由防火玻璃作为围护材料,以便于观察烟气流动形态,需要设置排烟口的位置用钢板代替,在钢板上用切割机切出排烟口,如图 4-2 所示。隧道试验台主隧道横断面为矩形宽 1.2m、高 0.5m,下部的支撑钢结构框架高 0.8m,主要几何尺寸见表 4-3。试验台的底部设置人孔,便于人员进入到试验台内部。

## 第4章 超宽特长海底沉管隧道火灾排烟模型试验

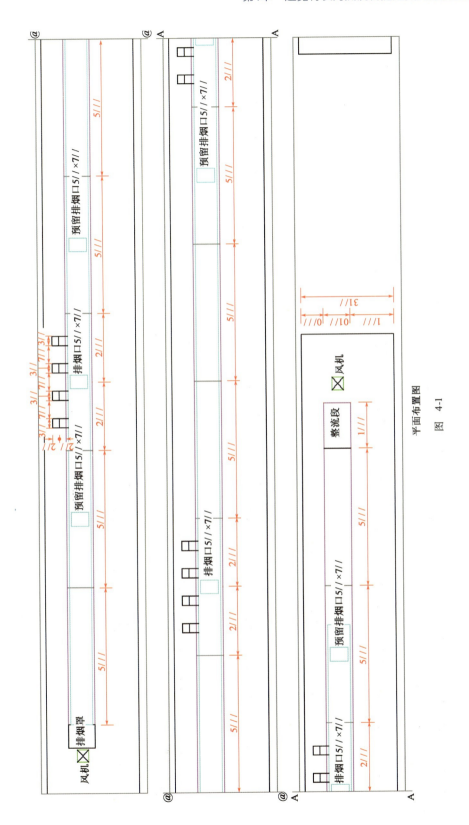

图 4-1 平面布置图

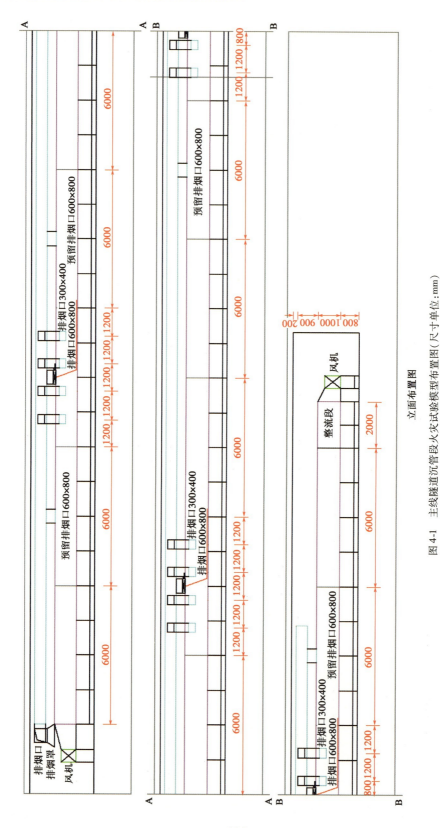

图 4-1 主线隧道沉管段火灾试验模型布置图（尺寸单位：mm）

## 第4章 超宽特长海底沉管隧道火灾排烟模型试验

图4-2 主线隧道沉管段火灾试验模型实物图

原型与模型主要几何尺寸关系表　　　　　　　　表4-3

| 名　称 | | 原　型 | 模　型 |
|---|---|---|---|
| 隧道断面 | 断面高度 | 7.5m | 0.5m |
| | 断面宽度 | 18m | 1.2m |
| | 断面面积 | 135m² | 0.6m² |
| 排烟口尺寸 | 底部排烟口 | 2m×1.5m×2 | 0.13m×0.1m×2 |
| | 侧部排烟口 | 2m×0.5m×6 | 0.13m×0.033m×6 |
| | 侧壁排烟口 | 1m×2m×3 | 0.067m×0.13m×3 |

2)通风排烟系统

模型隧道通风系统由一台纵向送风风机、一台排烟风机组成,每台风机的最大功率为15kW,风量均由数字变频器控制(图4-3),可以根据试验工况连续调节风机频率,从而改变风速大小。排烟风机位于隧道模型右端,与排烟道连接,将烟气抽出烟道并排向室外,如图4-3b)所示。纵向送风机安装于隧道模型左端,与隧道主体用帆布连接,并且设置导流格栅对纵向风进行疏导,如图4-4所示。根据第2章中相似理论可知,模型隧道内送风机提供的纵向风速与实际情况下隧道内的纵向风速应满足弗洛德相似准则,对应关系如表4-4所示。

a)送风机

b)排烟风机

图 4-3

c) 数字变频控制器

图 4-3　风机及数字变频控制器

图 4-4　导流格栅实物图

原型与模型风速换算对照表　　　　　　　　　　　　　　　　　表 4-4

| 实际风速(m/s) | 模拟风速(m/s) |
|---|---|
| 3.5 | 0.90 |
| 3 | 0.80 |
| 2.5 | 0.65 |
| 2 | 0.50 |
| 1.5 | 0.40 |
| 1 | 0.25 |

　　根据工况设计不同的排烟道间距,主体隧道侧壁将设置多处排烟口,排烟口安装排烟阀将主隧道与排烟风道连接。横向联络排烟道设置于隧道内部,采用钢材制作,可拆卸移动,满足不同排烟道设置间距的工况(图 4-5)。排烟道一端开口与隧道侧壁排烟口密封连接,另一端封闭,排烟道的侧部和底部均有排烟口,当作底部排烟口排烟试验时,可将侧部排烟口用钢板封住,反之亦然,横向联络排烟道如图 4-6 所示。

 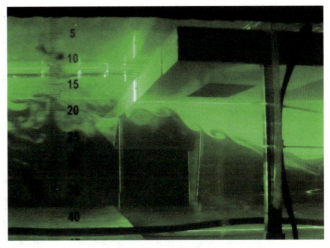

图 4-5 排烟阀及联络管道实物图　　图 4-6 横向联络排烟道

3) 模拟火源系统

考虑到试验的安全性,没有使用明火作为火源。试验平台采用的火源系统分为两个部分:第一部分为发热系统,主要由翅片式发热管组成;第二部分为发烟系统,由发烟量较大的无污染烟饼组成。烟饼燃烧后产生的烟气经发热系统加热向四周扩散,模拟真实火灾场景的同时便于观察和记录。

(1) 热源功率

模型试验主要研究火灾情况下烟雾流态,实际情况下不同规模的火灾通过相似理论确定出模拟火灾功率,由第一节中相似理论介绍可知热源的热释放率也应遵循弗洛德相似准则,对应关系如表 4-5 所示。通过 75kW 大功率变频柜对热源进行变频控制,运用电功率测量仪器对火源功率进行多次测量,得到不同频率情况下匹配火源功率,变频柜如图 4-7 所示。热源采用 W 型翅片式电热管(图 4-8),单根电热管发热功率为 2kW,所需电压 220V。为方便火源的布置,现采用两组分别并联 15 根发热管的方法,共可得到 60kW 的发热功率。

**原型与模型热源功率换算对照表**　　表 4-5

| 实际功率(MW) | 模拟功率(kW) |
| --- | --- |
| 10 | 11.5 |
| 20 | 23 |
| 50 | 57.4 |

通过测试可知,模拟 50MW 规模的火灾时,热源发热功率过大,火源位置正上方的最高温度可达 700℃,耐高温玻璃为构建材料的试验模型难以承受如此高温度的局部加热,易发生变形、炸裂等危险情况。考虑到试验过程中的安全性,本次试验模拟的火灾规模为 20MW,基本达到一般情况下沉管隧道的设防标准。极端情况下的设防标准,将通过数值仿真试验进行模拟。

图 4-7 75kW 大功率变频柜

图 4-8 W 型翅片式电热管

(2) 热源装置

为满足模型相似比,火源的形状大小应根据相似原理进行优化。将 15 根电热管并联在一起,固定到一块带滑轮的钢板上,方便在模型隧道内改变火源位置。钢板与发热管之间铺上一层隔热棉,防止温度过高导致的钢板变形,如图 4-9 所示。钢板底部的电热管接头连接电缆,最终形成长 500mm,宽 250mm,高 350mm 的长方体热源装置,可根据试验需求对装置进行调整。

(3) 发烟装置

模型试验使用的发烟装置为无污染烟饼,计算测量出满足试验需要的发烟量,烟饼燃烧后产生大量无污染白烟,经过热源加热后向隧道两侧扩散,便于观察烟雾流态的同时不给周围环境造成破坏,烟雾效果如图 4-9 所示。

图 4-9　实验用烟饼

4)测量系统

本次火灾模型试验中主要测量的项目包括:

①模型隧道内烟气温度;

②测模型隧道内烟气流速;

③模型隧道内烟雾扩散范围;

④模型隧道内烟气层高度;

⑤排烟道内烟气流速;

⑥排烟道内示踪气体浓度。

主要设备如表 4-6 所示。

模拟实验系统测试设备一览表　　表 4-6

| 仪器名称 | 型号 | 单位 | 数量 |
| --- | --- | --- | --- |
| 中温风速仪 | 加野 Kanomax6162 | 台 | 4 |
| 高精度风速变送器 | EE75 系列 | 台 | 4 |
| 手持风速仪 | TM404 | 台 | 4 |
| 铠装 K 型热电偶 | 直径 2mm | 支 | 192 |
| 温度采集模块 | I-7018 泓格 | 个 | 24 |
| 烟气分析仪 | TESTO 350-XL | 台 | 1 |
| 电功率测量仪 | AWE1611 | 台 | 1 |
| 激光片光源 | EP532-200 | 台 | 3 |
| 照相机 | 尼康 D800 | 台 | 1 |
| 摄像机 | 松下 HC-WXF990M | 台 | 4 |

(1)温度测量系统

模型试验采用的温度传感器为 K 型铠装热电偶,铠装热电偶作为温度测量传感器,通常与温度采集模块配套使用,用以直接测量 0~1800℃ 范围内的流体、蒸汽和气体介质以及固体表面等温度。

沿隧道纵向热电偶主要布设于模型顶板以下 2cm 的位置,火源前后 20m 的区域内每隔 20cm 布设一个探头,20m 以外每隔 25cm 布置一个探头,热电偶安装在模型顶板以下 2cm 处拉伸的钢丝绳上,编好号的热电偶用扎丝依次按照预计间隔固定,如图 4-10 和图 4-11 所示。

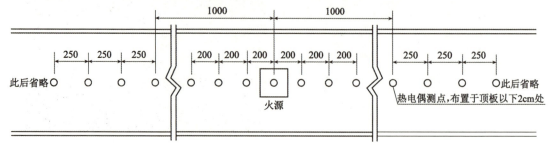

图 4-10　纵向热电偶布置俯视图(尺寸单位:mm)

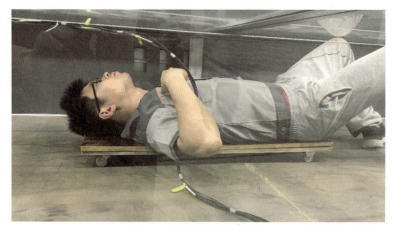

图 4-11　纵向热电偶现场安装

模型隧道内竖向热电偶布置于火源附近 40m 范围内,每隔 2m 布置一排竖向探头,竖向热电偶安装在预先制作好的铁架台上,尾部用陶瓷管保护,探头的间距按照预定值进行调整,如图 4-12 和图 4-13 所示。

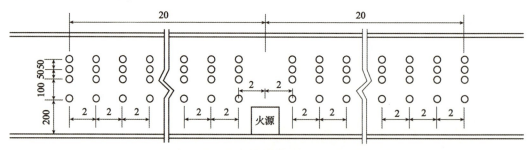

图 4-12　竖向热电偶布置正视图(尺寸单位:m)

热电偶的尾端是传输数据的导线,为防止高温对导线造成伤害,需要在导线上裹石棉带加以保护,保证热电偶的正常工作,如图 4-14 所示。

图 4-13　纵向热电偶现场安装

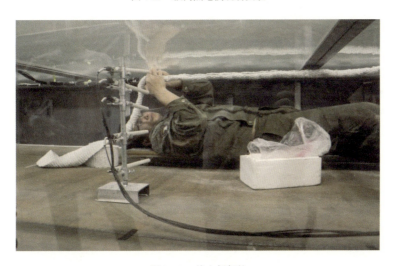

图 4-14　热电偶保护

热电偶测出的数据需用采集模块进行采集,本次试验采用的数据采集模块为 I-7018 泓格温度采集模块,具有内置的微处理器和坚固的工业级塑料外壳,被广泛地应用于各种工业环境,安全性高;使用方便,可以非常容易地和常见的 SCADA/HMI 以及 PLC 软件进行通信;快速组网,仅需要两根通信信号线就可以建立起一个多点的分布式 RS-485 网络。以上优点能够满足本次试验的顺利进行,通过前期调研可知,每个模块可采集 8 根热电偶测出的数据,因此将热电偶每 8 根分为一组,连接在一个模块上,给每个模块按照热电偶的编号写入不同的地址信息,方便后期数据处理;每个采集模块能通过网线进行并列连接,由 RS-485 转接口接入电脑等设备终端,进行数据处理(图 4-15)。本次试验自主研发了一款接收处理模块数据的软件,模块采集的数据经过软件加工处理可以在电脑上直观显示出来,并且能实时保存(图 4-16)。

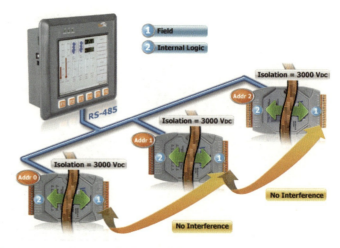

图4-15 I-7018 泓格温度采集模块工作原理图

图4-16 数据采集软件

(2) 风速测量系统

本次试验中,将研究不同纵向风速情况下的烟雾流态,因此对风速的监测是必不可少的。火灾过程中,为了更加深入地研究烟雾流态,烟气流速是其中很关键的因素,但是火灾过程中的烟温较高,为了防止风速仪由于高温发生破坏或者数据误差大,本次试验对烟道内烟气的流速监控采用日本加野 Kanomax6162 智能中高温热式风速仪进行测量,该风速仪最高能测500℃下的风速,并且能实时测出烟气温度,可使用交流电源进行连续测试,测试数据长可保存约11天,输入管道截面积的形状及尺寸可计算出风量(图4-17)。中温风速仪将布设于排烟口后的联络排烟导管以及排烟道内,排烟导管内的中温风速仪将监测每个排烟口的烟气流速以及烟温;排烟道内风速仪将监测排烟道内风速的大小。为保证每个工况的边界条件相同,可根据排烟口的风速调整排烟阀角度,使得每次排烟量相同,排烟道内的风速可由变频排烟风机控制,减小试验误差,保证试验的正确性。

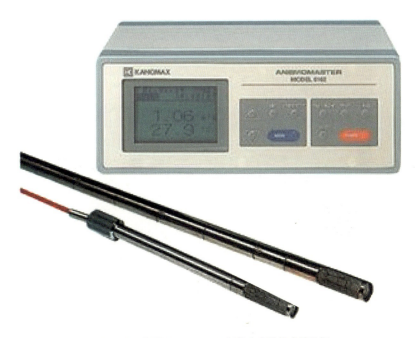

图 4-17　加野 Kanomax6162 智能中高温热式风速仪

隧道两端对机械通风或自然风使用 EE75 系列工业用高精度风速变送器进行测量,能实现在更宽范围精确测量风速和温度,测量灵敏度高。此外创新的探头设计,使其在风速高达 40m/s 时依然保证精确的测量结果。EE75 采用温度补偿技术和可靠的机械设计,可以在 -40~120℃温度范围内工作。除测量风速和温度外,还计算以立方米/小时或立方英尺/分钟表示的风量。管道交叉部分需要以此来确定。风量可以显示,也可指定一路模拟输出。自用随机附带的配置软件可以选择相应的输出参数,自由设定显示范围和两路模拟输出的信号水平。另外,还可以进行风速、温度校准,调整诸如风速测量响应时间、低流动性分离点等关键参数。提供带控制按键的显示器,在显示测量参数之外,还可以用来直接在变送器上修改配置。EE75 系列配置坚固的金属外壳,可有效抵抗恶劣工业环境中可能存在的损害(图 4-18)。风速、风压都将通过传输线路传入电脑并通过多通道风速风压测量分析系统对数据进行实时记录和分析(图 4-19)。

(3)示踪气体浓度测量系统

研究不同工况下各排烟阀的排烟效率,主要采用示踪气体的浓度变化来换算。为防止有害气体对人体和周围环境造成影响,本试验采用的示踪气体为二氧化碳,二氧化碳钢瓶上都装有减压阀和流量计(图 4-20),能实时读出钢瓶内的气压以及二氧化碳的释放量。在排烟风机工作时,将二氧化碳气体放入隧道模型内,排烟过程中会吸入空气,导致烟气量增加,其中的二氧化碳浓度会降低,实际排出烟气的量可以通过排烟前后烟气中二氧化碳的浓度来进行计算,通过测量排出烟气中二氧化碳浓度和无排烟时烟气中的二氧化碳浓度,可以来计算机械排烟的效率。

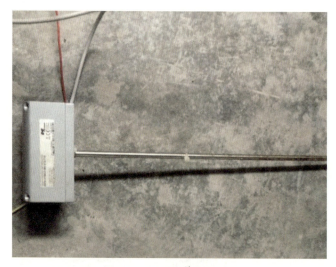

图 4-18　EE75 高精度风速仪

图 4-19　多通道风速、风压测量分析系统

图 4-20　示踪气体发生装置

烟气浓度的测量使用的是 testo350XL 烟气分析仪(图 4-21),该仪器包括手操器、分析箱和烟气探针,可测量包含 $CO_2$ 在内的多种气体,手操器可作为单独的多功能测量仪来使用,可测量温度、风速、差压、相对湿度等。将该仪器探头放置于排烟道内,能直接测量出烟气中二氧化碳的浓度以及烟温,并且能实时记录数据,便于数据采集和分析。

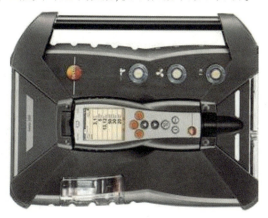

图 4-21 testo350XL 烟气分析仪

(4)烟气蔓延观测系统

对火灾情况下烟雾流态的研究,烟气层高度以及烟气蔓延范围是其中两个关键参数,通过在时间维度上观察烟气层下降高度以及烟气蔓延范围,可以得出烟气发生沉降的时间和蔓延的速度。目前对烟气层高度和蔓延距离的测量方法主要就是目测法,本次试验采用 EP532-200 激光片光源在较暗的空间内打出一个光面,由于烟雾是无污染烟饼燃烧产生的,属于胶体,因此烟雾具有胶体的化学性质,会产生丁达尔效应,通过激光片光源打出的激光光面能更加清楚地观察到烟雾的流态。

激光片光源分别架设在模型隧道内部纵断面以及横断面,纵断面激光片光源打出的光面能清晰地看烟雾流态,横断面激光片光源一般布置于排烟口下方,其打出的光面能更好地看出排烟口排烟效果,如图 4-22 所示。

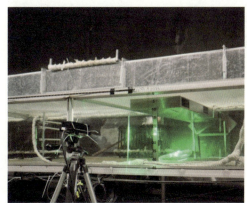

图 4-22 纵向片光源效果图

为方便对烟雾扩散范围以及烟气层高度的记录,模型试验采用摄像机和数码照相机作为辅助手段,通过摄像机和照相机对试验过程中烟气的蔓延过程进行全程实时录像,运用时间截取法处理数据,读取不同时刻的烟气层位置,从而对烟雾流态进行研究和分析。模型试验采用的摄像机松下 HC-WXF990M 双镜头 4K 数码摄像机;照相机为尼康 D800 数码相机,在光线较暗的情况下仍能清晰地排出烟雾的形态,如图 4-23 所示。

图 4-23 烟雾扩散记录仪器

为使摄像机和照相机能更加精确地记录烟气扩散范围一烟气层下降高度,在模型隧道玻璃壁面上贴上了坐标尺,并且在纵向位置每隔 50cm 做一个标记,便于观察和记录,通过竖向和纵向标记的确定,形成了整个模型的坐标系统,如图 4-24 所示。由于本次模型试验的火源位置会发生改变,需要详细记录每个工况下火源对应的坐标位置,再根据烟气蔓延的相对位置进行数据的统计。

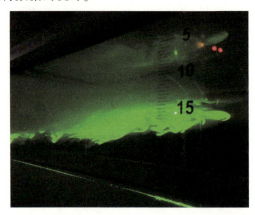 

图 4-24 试验标尺坐标

5)试验过程中安全保障措施

火灾在日常生活中常令人恐惧,特别是在隧道这种狭长封闭的空间里发生火灾,更是具有毁灭性。虽然模型试验中没有使用明火作为火源,但是上述火源系统承担着模拟火源的任务,仍会产生高温和烟气,高温会使模型隧道主体产生变形甚至炸裂的可能,无污染烟气仍会给试验人员呼吸造成困难。总体说来,火灾模型试验存在一定的危险性,为防止试验中可能发生的危险情况给实验人员和试验仪器造成毁灭性伤害,火源附近放有灭火器,试验时要求试验人员佩戴防尘口罩,如图 4-25 所示。

图 4-25 安全保护设施

#### 4.2.2.2 方案设计

(1)缩尺火灾排烟试验流程

本次模型试验充分参考了前人试验研究的经验和不足,根据实际隧道内发生火灾的案例,对试验流程进行了优化和改进。实际情况下,隧道内发生火灾后,会有一个火灾规模增长阶段,隧道内报警装置和排烟系统并非立即响应,需要一段时间来开启排烟阀排烟。前期研究表明,隧道内发生火灾后纵向风速不宜大于 2m/s,以免对烟气层造成破坏以及发生烟气回流,但这些研究均建立在传统的排烟方式上,对于横向联络排烟道排烟方式有一定的借鉴意义,不能过分依赖。

综上,本次模型试验将在火源开启后 3 分钟再开启排烟阀和排烟风机,观察烟气蔓延情况和排烟阀的排烟效果;3 分钟后开启送风机提供纵向风,从 0m/s 到 0.5m/s,由上一章相似理论可知该模型试验中 0.5m/s 的风速(对应实际情况下 2m/s 的风速),观察此时隧道内烟气的运动情况;横向联络排烟道对隧道内的纵向风有一定的阻碍作用,形成沿程阻力,因此本次试验将再次增大纵向风速至 0.8m/s(对应实际情况下 3m/s 的风速),观察此时的烟雾流态;最后关闭火源和各设备并保存数据。试验流程如图 4-26 所示。

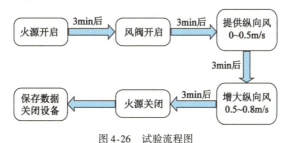

图 4-26 试验流程图

(2)边界条件及参数

为研究不同排烟方式下火灾烟雾流态,除排烟方式不同外,其他边界条件均应相同。模拟火源功率为20MW,按照发烟量相似准则,应设置6个烟饼。火源横向位置位于中间车道,纵向位置有两处:其一为2号排烟道(口)与3号排烟道(口)之间;其二为3号排烟道(口)下方,将分别进行对比。根据前期数值仿真试验结果,隧道内排烟口间距不宜过长也不宜过短,本次试验设计排烟道间距为4.0m、5.0m、5.6m、6.0m(分别模拟60m、75m、84m、90m间距)。

(3)试验工况

本次模型试验运用控制变量法,按照不同排烟方式分别设置了试验工况,模拟火源功率为20MW。隧道侧壁排烟方式共设置了8组工况,分别模拟侧壁排烟口60m、75m、84m、90m间距、火源位于相邻横向联络排烟道/排烟口[即2号排烟道(口)与3号排烟道(口)]之间与横向联络排烟道/排烟口[即3号排烟道(口)]下方、开启相邻4组排烟阀。具体工况设置如表4-7所示。

隧道侧壁排烟方式试验工况设置表　　　表4-7

| 序号 | 工况名称 | 火源纵向位置 | 模拟排烟口间距 | 排烟阀开启编号 |
|---|---|---|---|---|
| 1 | H20-L60-SC | 2号、3号排烟道(口)之间 | 60m | 2号、3号、4号、5号 |
| 2 | K20-L60-SC | 3号排烟道(口)下方 | 60m | 2号、4号、5号、6号 |
| 3 | H20-L75-SC | 2号、3号排烟道(口)之间 | 75m | 2号、3号、4号、5号 |
| 4 | K20-L75-SC | 3号排烟道(口)下方 | 75m | 2号、4号、5号、6号 |
| 5 | H20-L84-SC | 2号、3号排烟道(口)之间 | 84m | 2号、3号、4号、5号 |
| 6 | K20-L84-SC | 3号排烟道(口)下方 | 84m | 2号、4号、5号、6号 |
| 7 | H20-L90-SC | 2号、3号排烟道(口)之间 | 90m | 2号、3号、4号、5号 |
| 8 | K20-L90-SC | 3号排烟道(口)下方 | 90m | 2号、4号、5号、6号 |

横向联络排烟道侧部排烟方式共设置了5组工况,分别模拟横向联络排烟道84m间距、火源位于2号排烟道(口)与3号排烟道(口)之间与3号排烟道(口)下方,以及开启不同组合排烟阀,具体工况设置如表4-8所示。

横向联络排烟道侧部排烟方式试验工况设置表　　　表4-8

| 序号 | 工况名称 | 火源纵向位置 | 模拟排烟口间距 | 排烟阀开启编号 |
|---|---|---|---|---|
| 1 | H20-L84-C-1 | 2号、3号排烟道(口)之间 | 84m | 2号、3号、4号、5号 |
| 2 | H20-L84-C-2 | 2号、3号排烟道(口)之间 | 84m | 3号、4号、5号、6号 |
| 3 | H20-L84-C-3 | 2号、3号排烟道(口)之间 | 84m | 2号、3号、4号、5号、6号 |
| 4 | K20-L84-C-1 | 3号排烟道(口)下方 | 84m | 2号、4号、5号 |
| 5 | K20-L84-C-2 | 3号排烟道(口)下方 | 84m | 2号、4号、5号、6号 |

横向联络排烟道底部排烟方式共设置了13组工况,分别模拟横向联络排烟道60m、75m、84m、90m间距、火源位于2号排烟道(口)与3号排烟道(口)之间与3号排烟道(口)下方,以及开启不同组合排烟阀,具体工况设置如表4-9所示。

横向联络排烟道底部排烟方式试验工况设置表　　　表4-9

| 序号 | 工况名称 | 火源纵向位置 | 模拟排烟口间距 | 排烟阀开启编号 |
|---|---|---|---|---|
| 1 | H20-L60-D | 2号、3号排烟道(口)之间 | 60m | 2号、3号、4号、5号 |
| 2 | K20-L60-D | 3号排烟道(口)下方 | 60m | 2号、4号、5号、6号 |
| 3 | H20-L75-D | 2号、3号排烟道(口)之间 | 75m | 2号、3号、4号、5号 |
| 4 | K20-L75-D | 3号排烟道(口)下方 | 75m | 2号、4号、5号、6号 |
| 5 | H20-L84-D-1 | 2号、3号排烟道(口)之间 | 84m | 不开启排烟阀 |
| 6 | H20-L84-D-2 | 2号、3号排烟道(口)之间 | 84m | 2号、3号、4号、5号 |
| 7 | H20-L84-D-3 | 2号、3号排烟道(口)之间 | 84m | 3号、4号、5号、6号 |
| 8 | H20-L84-D-4 | 2号、3号排烟道(口)之间 | 84m | 2号、3号、4号、5号、6号 |
| 9 | H20-L84-D-5 | 2号、3号排烟道(口)之间 | 84m | 1号、2号、3号、4号、5号、6号 |
| 10 | K20-L84-D-1 | 3号排烟道(口)下方 | 84m | 2号、4号、5号 |
| 11 | K20-L84-D-2 | 3号排烟道(口)下方 | 84m | 2号、4号、5号、6号 |
| 12 | H20-L90-D | 2号、3号排烟道(口)之间 | 90m | 2号、3号、4号、5号 |
| 13 | K20-L90-D | 3号排烟道(口)下方 | 90m | 2号、4号、5号、6号 |

以上各工况火源位置及排烟阀分布情况如图4-27和图4-28所示。

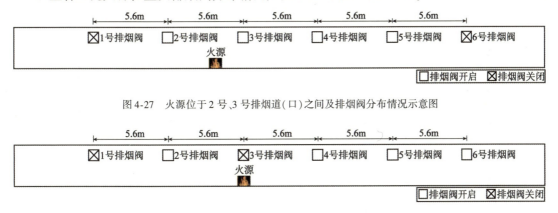

图4-27　火源位于2号、3号排烟道(口)之间及排烟阀分布情况示意图

图4-28　火源位于3号排烟道(口)下方及排烟阀分布情况示意图

### 4.2.3　1∶15火灾模型试验分析

#### 4.2.3.1　不同排烟方式火灾排烟实验结果分析

选取排烟道(口)间距为5.6m(模拟间距为84m)的实验工况作为比较对象,发生火灾时开启相邻4组排烟阀进行排烟,对隧道侧壁排烟、横向联络排烟道侧部排烟、横向联络排烟道底部排烟等三种排烟方式下烟气温度分布、烟气蔓延范围、烟气层高度、排烟效率进行对比分析。具体工况设置如表4-10所示。

**不同排烟方式对比分析工况设置表**　　　　表 4-10

| 工况名称 | 排烟口位置 | 火源位置 | 排烟阀开启编号 |
|---|---|---|---|
| H20-L84-SC(A-1) | 隧道侧壁 | 2号、3号排烟道(口)之间 | 2号、3号、4号、5号 |
| H20-L84-C-1(A-2) | 横向联络道侧部 | | |
| H20-L84-D-2(A-3) | 横向联络道底部 | | |
| K20-L84-SC(B-1) | 隧道侧壁 | 3号排烟道(口)下方 | 2号、4号、5号、6号 |
| K20-L84-C-2(B-2) | 横向联络道侧部 | | |
| K20-L84-D-2(B-3) | 横向联络道底部 | | |

1）不同排烟方式下烟气温度分布

沉管隧道内发生火灾时，高温烟气先向上运动到达隧道顶部，由于隧道结构狭长，高温烟气会沿着隧道纵向往两边蔓延。随着火灾的增长，火焰、热烟气以及高温壁面通过辐射，将大量热量传输给隧道内其他可燃物，造成火势的蔓延，并且对隧道内被困人员造成伤害。烟气在蔓延过程中会发生卷吸现象，这与烟气温度有直接关系。因此，对隧道内发生火灾时的温度分布进行研究，有助于深入了解火灾发展过程和烟气运动特性。

（1）火源位于2号、3号排烟道(口)之间烟气温度分布对比分析

①风阀开启前阶段

在风阀开启前，各工况烟气温度分布沿火源两端近似呈对称分布，因火源上游端设置有风机，故火源上游端烟气温度自由分布范围比火源下游端小。工况 H20-L84-C-1 和 H20-L84-D-2 烟气温度分布范围相近。工况 H20-L84-SC 烟气温度分布范围最大，且下游端已超出试验监测段。

②风阀开启零风速阶段

风阀开启后，当纵向风速为 0.0m/s 时，在横向联络排烟道/排烟口负压作用下，各工况火源上游端烟气温度向上游扩散速度均趋于减缓且分布范围均有所减小，其中工况 H20-L84-D-2 分布范围最小、H20-L84-C-1 次之、H20-L84-SC 分布范围最大。各工况火源下游端烟气温度向下游扩散速度趋于减缓且分布范围呈减小趋势，且减小趋势明显；工况 H20-L84-C-1 和工况 H20-L84-D-2 火源下游端烟气温度分布范围控制在 5 号风阀附近。各工况整个区域烟气温度分布范围较"风阀开启前阶段"有所减小，其中工况 H20-L84-C-1 和 H20-L84-D-2 烟气温度分布范围较为接近。

由此可见，开启排烟阀后，在横向联络排烟道/排烟口负压作用下，能够减缓烟气温度向两端扩散的速度及分布范围。此阶段，横向联络道底部排烟、横向联络道侧部排烟方式的控制效果优于隧道侧壁排烟方式。

③纵向风速为 0.5m/s 阶段

当纵向风速加大到 0.5m/s 时，在横向联络排烟道/排烟口负压和纵向风速共同作用下，各工况火源上游端烟气温度向上游分布范围较"风阀开启零风速阶段"均明显减小，工况 H20-

L84-C-1和工况H20-L84-D-2分布范围接近且减小幅度最明显,工况H20-L84-SC分布范围最大。各工况火源下游端烟气温度向下游扩散速度变化不明显、分布范围均有所增加,工况H20-L84-C-1和工况H20-L84-D-2火源下游端烟气温度分布范围相似;工况H20-L84-SC火源下游端烟气温度分布范围略有增大。各工况整个区域烟气温度分布范围较"风阀开启零风速阶段"各有增减,其中工况H20-L84-C-1和工况H20-L84-D-2减小幅度较为明显、工况H20-L84-C-1略有增加。

由此可见,当纵向风速为0.5m/s时,在横向联络排烟道/排烟口负压和纵向风速共同作用下,工况H20-L84-C-1和工况H20-L84-D-2能够有效地抑制烟气温度向两端扩散的速度及分布范围,工况H20-L84-SC烟气温度分布范围较大、控制效果不理想。

④纵向风速为0.8m/s阶段

当纵向风速加大到0.8m/s时,在纵向风速和横向联络排烟道负压共同作用下,各工况火源上游端烟气温度向上游分布范围较"纵向风速为0.5m/s阶段"有明显减小,工况H20-L84-C-1和工况H20-L84-D-2分布范围最小。各工况火源下游端烟气温度向下游扩散速度趋于增大且分布范围呈增大趋势,变化较为明显。其中,工况H20-L84-D-2火源下游端烟气温度分布范围均控制在5号与6号风阀之间,末端在5号与6号风阀中段附近;工况H20-L84-C-1火源下游端烟气温度分布范围均控制在5号与6号风阀之间,末端在靠近6号风阀一侧。各工况整个区域烟气温度分布范围较"纵向风速为0.5m/s阶段"均有所增大,其中工况H20-L84-D-2分布范围最小、工况H20-L84-C-1次之、工况H20-L84-SC最大。

由此可见,当纵向风速达到0.8m/s时,能够有效地抑制烟气温度向上游分布范围,纵向风速对烟流的控制起主要作用。同时纵向风速过大,加大了烟气温度向下游方向的分布范围,导致排烟效率下降。

(2)火源位于3号排烟道(口)下方烟气温度分布对比分析

①风阀开启前阶段

在风阀开启前,各工况烟气温度分布沿火源两端近似呈对称分布,因火源上游端设置有风机,故火源上游端烟气温度自由分布范围比火源下游端小。工况K20-L84-C-2和工况K20-L84-D-2烟气温度分布范围相近。工况K20-L84-SC烟气温度分布范围最大,且下游端已超出试验监测段。

②风阀开启零风速阶段

风阀开启后,当纵向风速为0.0m/s时,在横向联络排烟道/排烟口负压作用下,各工况火源上游端烟气温度向上游扩散速度均趋于减缓且分布范围明显减小,工况K20-L84-C-2分布范围最小、工况K20-L84-D-2次之、工况K20-L84-SC分布范围最大,其中,工况K20-L84-C-2和工况K20-L84-D-2火源上游端烟气温度分布范围末端略超过1号风阀一侧。各工况火源下游端烟气温度向下游扩散速度趋于减缓且分布范围呈增大趋势,工况K20-L84-C-2和工况K20-L84-D-2火源下游端烟气温度分布范围变化不明显。各工况整个区域烟气温度分布范围均较"风阀开启前阶段"有所减小。

由此可见,开启排烟阀后,在横向联络排烟道/排烟口负压作用下,能够减缓烟气温度向两端扩散的速度及分布范围,隧道侧壁排烟方式控制效果较差一些。此阶段横向联络道底部排烟、横向联络道侧部排烟方式的控制效果比隧道侧壁排烟方式的控制效果好。

③纵向风速为0.5m/s阶段

当纵向风速加大到0.5m/s时,在横向联络排烟道/排烟口负压和纵向风速共同作用下,各工况火源上游端烟气温度向上游分布范围较"风阀开启零风速阶段"均明显减小,工况K20-L84-D-2减少幅度最大、工况K20-L84-C-2分布范围最小。各工况火源下游端烟气温度向下游扩散速度和分布范围变化不明显,工况K20-L84-C-2火源下游端烟气温度分布范围变化不明显,工况K20-L84-D-2火源下游端烟气温度分布范围略有增大。各工况整个区域烟气温度分布范围均较"风阀开启零风速阶段"有明显减小,其中工况K20-L84-C-2减小幅度最大、工况K20-L84-SC和工况K20-L84-D-2次之。

由此可见,当纵向风速为0.5m/s时,在横向联络排烟道负压和纵向风速共同作用下,工况K20-L84-C-2和工况K20-L84-D-2能够有效地抑制烟气温度向两端扩散的速度及分布范围,工况K20-L84-SC烟气温度分布范围较大。

④纵向风速为0.8m/s阶段

当纵向风速加大到0.8m/s时,在纵向风速和横向联络排烟道负压共同作用下,各工况火源上游端烟气温度向上游分布范围较"纵向风速为0.5m/s阶段"有明显减小,工况K20-L84-SC分布范围最大、工况K20-L84-C-2和工况K20-L84-D-2分布范围最小。各工况火源下游端烟气温度向下游扩散速度趋于增大且分布范围呈增大趋势工况K20-L84-C-2和工况K20-L84-D-2火源下游端烟气温度分布范围均超过了6号风阀;工况K20-L84-SC火源下游端烟气温度分布范围较大一些,超出了试验监测范围。各工况整个区域烟气温度分布范围均较"纵向风速为0.5m/s阶段"各有增减,其中工况K20-L84-D-2略有减小、工况K20-L84-C-2和工况K20-L84-SC略有增加。

由此可见,当纵向风速达到0.8m/s时,能够有效地抑制烟气温度向上游分布范围,纵向风速对烟流的控制起主要作用;同时纵向风速过大,加大了烟气温度向下游方向的分布范围,导致排烟效率下降。

2)不同排烟方式下烟气蔓延范围

隧道内发生火灾后,由于隧道内氧气不足导致燃烧不充分,从而产生大量的烟雾,烟雾在热羽流作用下向上蔓延,到达隧道顶部后向隧道两端蔓延。试验各阶段的烟雾蔓延范围可通过现场试验人员以及摄像机辅助拍摄记录下来,分析对比各排烟方式下烟气扩散范围。

在风阀未开启阶段,烟气自由扩散,沿着隧道纵向蔓延,通过激光片光源、摄像机和照相机能捕捉到烟气在自由蔓延阶段的流态,如图4-29所示。横向联络排烟道的设置,对烟气自由蔓延有一定的阻碍作用,减缓烟气的自由蔓延,如图4-30所示。

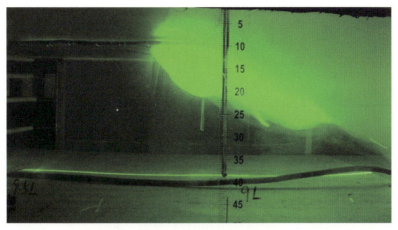

图 4-29　烟气自由蔓延(风阀未开启)

图 4-30　横向排烟道对烟气蔓延的阻碍

当风阀开启后,风阀将烟气迅速排出隧道内,在负压的作用下,烟雾的扩散速度有所减缓甚至发生回流,不同排烟方式下,对烟雾的控制效果不同,如图 4-31～图 4-33 所示。

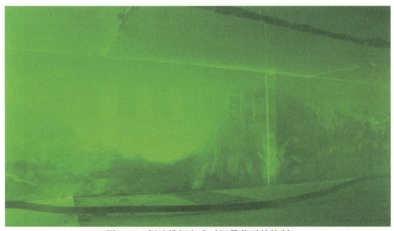

图 4-31　侧壁排烟方式对烟雾蔓延的控制

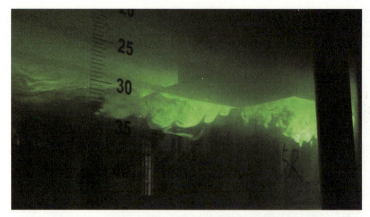

图 4-32　横向联络排烟道侧部排烟方式对烟气蔓延的控制

图 4-33　横向联络排烟道底部排烟方式对烟气蔓延的控制

由于火灾发生后,火源下游的车辆可以顺着隧道往前逃离,但火源上游的人员只能下车逃离,因此需要提供一定的纵向风,控制火源上游的烟气蔓延,如果风速太大则易导致烟气层被破坏,发生沉降等现象,直至火源上游的烟气全部随纵向风往下游运动,在纵向风作用下火源上游烟气蔓延情况如图 4-34 和图 4-35 所示。

图 4-34　0.5m/s 纵向风时火源上游烟气扩散

图4-35 0.8m/s纵向风时火源上游烟气扩散

(1) 火源位于2号、3号排烟道(口)之间烟气蔓延范围

各工况火源上下游以及总的烟气蔓延范围折线图,如图4-36和图4-37所示。

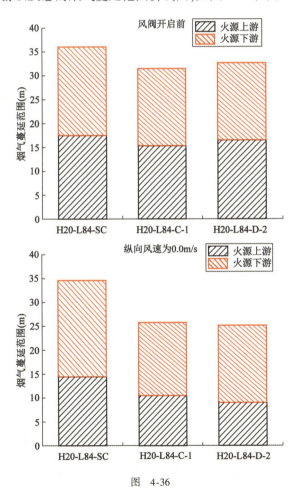

图 4-36

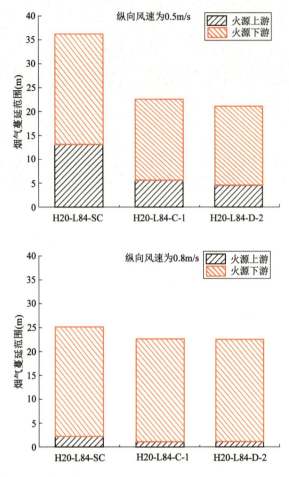

图 4-36　不同排烟方式不同试验阶段烟气蔓延范围(火源位于 2 号、3 号排烟道(口)之间)

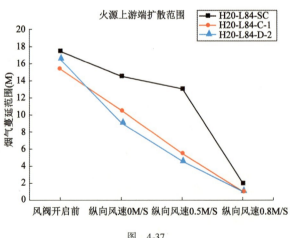

图　4-37

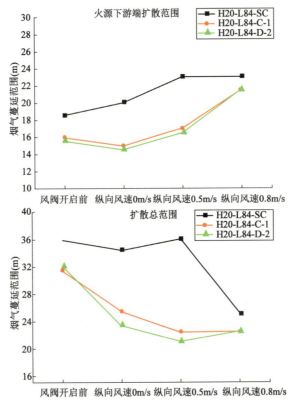

图 4-37 不同排烟方式不同区域烟气蔓延范围变化[火源位于 2 号、3 号排烟道(口)之间]

由图 4-36 和图 4-37 可知，不同排烟方式下在不同试验阶段烟气蔓延范围如下：

①风阀开启前阶段

在风阀开启前，各工况烟气蔓延沿火源两端近似呈对称分布，火源上游端烟气蔓延范围比火源下游端略大。工况 H20-L84-C-1 和工况 H20-L84-D-2 烟气蔓延范围相近。工况 H20-L84-SC 烟气蔓延范围最大，且下游端已超出试验监测段。

②风阀开启零风速阶段

各工况火源上游端烟气向上游扩散速度均趋于减缓且蔓延范围均有所减小，工况 H20-L84-SC 分布范围最大、工况 H20-L84-D-2 分布范围最小。其中，工况 H20-L84-D-2 和工况 H20-L84-C-1 火源上游端烟气蔓延范围末端略超过 1 号风阀一侧；工况 H20-L84-SC 火源上游端烟气蔓延范围减小幅度最大，末端远超过了 1 号风阀。

各工况火源下游端烟气向下游扩散速度趋于减缓且蔓延范围呈减小趋势，工况 H20-L84-SC、工况 H20-L84-C-1 和工况 H20-L84-D-2 减小幅度均较为明显。其中，工况 H20-L84-C-1 和工况 H20-L84-D-2 火源下游端烟气蔓延范围末端略超过 5 号风阀一侧；工况 H20-L84-SC 火源下游端烟气蔓延范围虽有明显减小，但是其分布范围最大，且末端超过了 6 号风阀。

各工况整个区域烟气蔓延范围较"风阀开启前阶段"均有所减小，其中工况 H20-L84-C-1 和工况 H20-L84-D-2 烟气蔓延范围较为接近。

③纵向风速为 0.5m/s 阶段

各工况火源上游端烟气向上游蔓延范围较"风阀开启零风速阶段"均明显减小,工况 H20-L84-C-1 和工况 H20-L84-D-2 蔓延范围接近且减小幅度最明显,工况 H20-L84-SC 分布范围最大。其中,工况 H20-L84-C-1 和工况 H20-L84-D-2 火源上游端烟气蔓延范围控制在 1 号与 2 号风阀之间,末端在 1 号与 2 号风阀中段附近;工况 H20-L84-SC 火源上游端烟气蔓延范围略有减小,末端仍超过了 1 号风阀。

各工况火源下游端烟气向下游扩散速度变化不明显、蔓延范围均有所增加。工况 H20-L84-C-1 和工况 H20-L84-D-2 火源下游端烟气蔓延范围相似;工况 H20-L84-SC 火源下游端烟气蔓延范围最大。其中,工况 H20-L84-C-1 和工况 H20-L84-D-2 火源下游端烟气蔓延范围均控制在 5 号与 6 号风阀之间,且靠近 5 号风阀一侧;工况 H20-L84-SC 火源下游端烟气蔓延范围较大一些,超过了 6 号风阀。

各工况整个区域烟气蔓延范围较"风阀开启零风速阶段"各有增减,其中工况 H20-L84-C-1 和工况 H20-L84-D-2 减小幅度较为明显、工况 H20-L84-C-1 略有增加。

④纵向风速为 0.8m/s 阶段

当纵向风速加大到 0.8m/s 时,各工况火源上游端烟气向上游蔓延范围较"纵向风速为 0.5m/s 阶段"有明显减小,各工况烟气均停止向上游蔓延。

各工况火源下游端烟气向下游扩散速度趋于增大且蔓延范围呈增大趋势,变化较为明显。各工况火源下游端烟气温度分布范围均超过了 6 号风阀。

各工况整个区域烟气温度分布范围较"纵向风速为 0.5m/s 阶段"均有所增大,其中工况 H20-L84-D-2 分布范围最小、H20-L84-C-1 次之、H20-L84-SC 最大。

(2)火源位于 3 号排烟道(口)下方烟气蔓延范围

根据模型隧道纵向和竖向坐标,通过试验现场人工记录和试验录像,获得了当火源位于 3 号排烟道(口)下方时各工况每个试验阶段上下游烟气蔓延距离数据。

各工况火源上下游以及总的烟气蔓延范围折线图,如图 4-38 和图 4-39 所示。

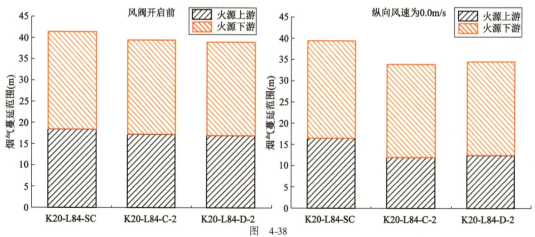

图 4-38

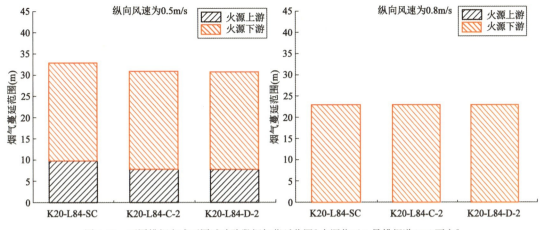

图4-38 不同排烟方式不同试验阶段烟气蔓延范围[火源位于3号排烟道(口)下方]

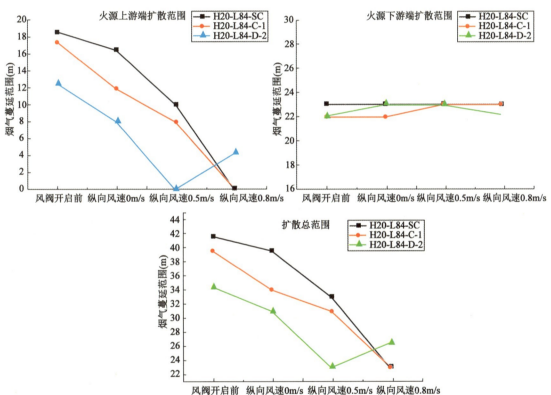

图4-39 不同排烟方式不同区域烟气蔓延范围变化[火源位于3号排烟道(口)下方]

由表4-12、图4-38和图4-39可知,不同排烟方式下在不同试验阶段烟气蔓延范围如下:

①风阀开启前阶段

在风阀开启前,各工况烟气蔓延沿火源两端近似呈对称分布,火源上游端烟气自由蔓延范围比火源下游端小。工况K20-L84-C-2和工况K20-L84-D-2烟气蔓延范围相近。工况K20-L84-SC烟气蔓延范围最大,且下游端已超出试验监测段。

②风阀开启零风速阶段

各工况火源上游端烟气向上游扩散速度均趋于减缓且蔓延范围明显减小,工况 K20-L84-SC 分布范围最大、工况 K20-L84-C-2 分布范围最小。各工况火源上游端烟气蔓延范围均明显超出了 1 号风阀。

各工况火源下游端烟气向下游扩散速度趋于减缓且蔓延范围呈增大趋势,工况 K20-L84-C-2 和工况 K20-L84-D-2 火源下游端烟气蔓延范围变化不明显。其中,工况 K20-L84-C-2 和工况 K20-L84-D-2 火源下游端烟气蔓延范围均超过 6 号风阀;工况 K20-L84-SC 火源下游端烟气蔓延范围较大一些,且已超出试验监测段。

各工况整个区域烟气蔓延范围均较"风阀开启前阶段"有所减小,其中工况 K20-L84-SC 减小趋势较明显,K20-L84-C-2 和工况 K20-L84-D-2 变化不明显。

③纵向风速为 0.5m/s 阶段

各工况火源上游端烟气向上游蔓延范围较"风阀开启零风速阶段"均明显缩小,工况 K20-L84-D-2 减少幅度最大、工况 K20-L84-C-2 分布范围最小。其中,工况 K20-L84-C-2 和 K20-L84-D-2 火源上游端烟气蔓延范围控制在 1 号风阀附近;工况 K20-L84-SC 火源上游端烟气蔓延范围变化较明显,末端略超过 1 号风阀。

各工况火源下游端烟气向下游扩散速度和蔓延范围变化不明显。工况 K20-L84-C-2 火源下游端烟气蔓延范围变化不明显;工况 K20-L84-D-2 火源下游端烟气蔓延范围略有增大。其中,工况 K20-L84-C-2 和工况 K20-L84-D-2 火源下游端烟气蔓延范围均略超过 6 号风阀;工况 K20-L84-SC 火源下游端烟气蔓延范围较大一些,超过了 6 号风阀。

各工况整个区域烟气蔓延范围均较"风阀开启零风速阶段"有明显减小,其中工况 K20-L84-C-2 减小幅度最大、工况 K20-L84-SC 和工况 K20-L84-D-2 次之。

④纵向风速为 0.8m/s 阶段

各工况火源上游端烟气向上游分布范围较"纵向风速为 0.5m/s 阶段"有明显减小,工况 K20-L84-SC 分布范围最大、工况 K20-L84-C-2 和工况 K20-L84-D-2 分布范围最小。工况 K20-L84-C-2 和工况 K20-L84-D-2 火源上游端烟气蔓延范围在 1 号与 2 号风阀之间,末端靠近 2 号风阀一侧;工况 K20-L84-SC 火源上游端烟气蔓延范围减小,末端在 1 号风阀附近。

各工况火源下游端烟气向下游扩散速度趋于增大且蔓延范围呈加大趋势。各工况火源下游端烟气蔓延范围较大一些,超出了试验监测范围。

综上可知,隧道侧壁排烟方式,烟气自由蔓延较快,并且在有纵向风的作用下,无法对烟气的蔓延进行有效的控制;横向联络排烟道排烟方式,在试验各个阶段均将烟气蔓延范围控制在一定范围之内,风阀开启之前,烟气自由蔓延范围较大,随着风阀开启,在负压作用下烟气回流,扩散范围减小。横向联络排烟道底部排烟方式烟气蔓延范围规律与横向联络排烟道侧部排烟方式基本一致,两者均能对烟气的蔓延有较好控制。横向联络排烟道底部排烟方式在纵向风作用下对下游烟气蔓延控制如图 4-40 所示。

图4-40 横向联络排烟道对下游烟气蔓延控制

3）不同排烟方式下烟气层高度

当隧道内发生火灾时，高温气流由于热效应密度较周围冷空气低，会随着热羽流上升，到达隧道顶部后沿隧道纵向蔓延，下方冷空气会向火源处补充，这样就形成了运动方向相反的两股气流，隧道断面上方的气流夹杂着大量燃烧不充分的固体小颗粒，形成烟气层。由于隧道内高温气体与外界空气温度差别很大，形成了压力差，导致烟气不断向隧道洞口处运动，远离火源处，高温烟气不断卷吸下方冷空气，导致自身平均温度下降，热效应减小，并且后方烟气不断补充，相对密度也会增大，在重力作用下产生下沉，伴随着其他外力对烟气层的破坏，隧道内烟气蔓延将变得杂乱无章，甚至最终充满整个隧道，对被困人员造成伤害，因此本节将对本章设置的各组工况火灾情况下烟气层高度进行研究，通过实验人员现场记录以及摄像机全程跟踪拍摄视频回放，得出了在风阀开启前，烟雾自然蔓延阶段隧道纵向不同位置的烟气层高度。

在风阀开启前，烟气处于自由扩散阶段，烟气层贴着隧道顶部沿隧道纵向蔓延，如图4-41所示。随着后方烟气的不断补充，隧道内烟气不断增多，聚集到一起的烟气整体密度增大，在重力作用下下沉，如图4-42所示。在纵向风较大时，烟气层受到外力破坏，烟气流动会显得杂乱无章，充满整个隧道，如图4-43所示。

图4-41 烟气自由蔓延阶段分层现象

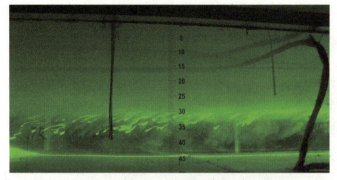

图 4-42 烟气层下沉

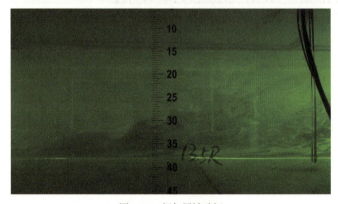

图 4-43 烟气层被破坏

(1) 火源位于 2 号、3 号排烟道(口)之间烟气层高度

由模型隧道竖向标尺可读出烟气层高度,通过对现场试验人员记录的数据和视频资料进行对比处理,用绘图软件画出了当火源位于 2 号、3 号排烟道(口)之间时不同工况下烟气层高度分布图,如图 4-44 所示。

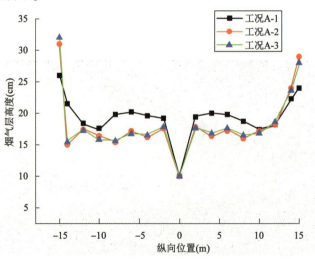

图 4-44 烟气层高度分布[火源位于 2 号、3 号排烟道(口)之间]

由图 4-46 可知,在风阀开启前烟气自由蔓延,火源上下游烟气层高度大致呈对称分布,工况 H20-L84-SC(A-1)的烟气层高度均高于工况 H20-L84-C-1(A-2)和工况 H20-L84-D-2(A-3);横向联络排烟道排烟方式下,由于有横向联络排烟道的阻挡,烟气在蔓延过程中会产生水跃现象,通过横向联络道时要先下降到横向联络排烟道最低点才能继续向前蔓延,因此烟气层高度较工况 A-1 低,并且在横向联络排烟道处的烟气层较其他无横向联络排烟道处低。工况 A-1 的烟气在没有阻挡的情况下蔓延较快,因此在两端的测点处烟气层高度较工况 A-2 和工况 A-3 高。

(2)火源位于 3 号排烟道(口)下方烟气层高度

当火源位于 3 号排烟道(口)下方时不同工况下烟气层高度分布图如图 4-45 所示。

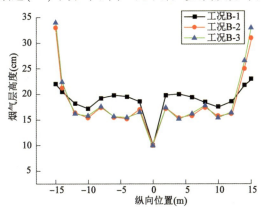

图 4-45 烟气层高度分布[火源位于 3 号排烟道(口)下方]

由图 4-45 可知,当火源位于 3 号排烟道(口)下方时各工况的烟气层高度分布规律与当火源位于 2 号、3 号排烟道(口)之间时基本一致,由于火源位置不同,与横向联络排烟道的距离有所变化,因此各测点的烟气层高度有差异。

4)不同排烟方式下排烟效率

(1)火源位于 2 号、3 号排烟道(口)之间排烟效率

当火灾发生在 2 号、3 号排烟道(口)之间时,不同排烟方式下的排烟效率如图 4-46 所示。

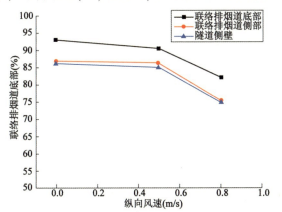

图 4-46 不同排烟方式下排烟效率[火源位于 2 号、3 号排烟道(口)之间]

由图 4-46 可知横向联络排烟道底部排烟方式排烟效率最高,其次为横向联络排烟道侧部排烟和隧道侧壁排烟方式;同一种排烟方式随着隧道纵向风速的逐渐增大,烟道排烟效率曲线呈现减小趋势,当纵向风速大于 0.5m/s(对应实际情况下 2m/s 的风速)时,随着纵向风速增大、烟气分层遭到破坏,烟流加速向下游扩散,导致排烟效率下降明显,降低 10% 左右。

(2)火源位于 3 号排烟道(口)下方排烟效率

当火灾发生在 3 号排烟道(口)下方时,不同排烟方式下的排烟效率图 4-47 所示。

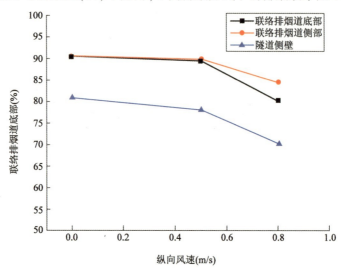

图 4-47 不同排烟方式下排烟效率[火源位于 3 号排烟道(口)下方]

由图 4-47 可知横向联络排烟道侧部排烟方式与横向联络排烟道底部排烟方式排烟效率相近,横向联络排烟道侧部排烟方式排烟效率略高一些,横向联络排烟道底部排烟方式次之。同一种排烟方式随着隧道纵向风速的逐渐增大,烟道排烟效率曲线呈现减小趋势,当纵向风速大于 0.5m/s(对应实际情况下风速 2m/s)时,随着纵向风速增大、烟气分层遭到破坏,烟流加速向下游扩散,导致排烟效率下降明显,降低 10% 左右。

5)不同排烟方式试验分析小结

(1)烟气温度分布

①在火源位于 2 号、3 号排烟道(口)之间的情况下,不同排烟方式下烟气温度分布规律如下:

风阀开启前阶段:因横向联络排烟道设置在隧道顶部具有类似挡烟垂壁的作用,延缓了烟气的扩散,故在排烟阀开启前,工况 H20-L84-SC 的烟气温度分布范围和高温烟气分布范围均大于工况 H20-L84-C-1 和工况 H20-L84-D-2。

风阀开启零风速阶段:开启排烟阀后,在横向联络排烟道/排烟口负压作用下,各工况均能够减缓烟气温度向两端扩散的速度及分布范围。横向联络道底部排烟排烟方式和横向联络道侧部排烟方式烟气温度分布范围较为接近,隧道侧壁排烟方式烟气温度分布范围最大。就各工况烟气温度分布范围而言,横向联络道底部排烟、横向联络道侧部排烟方式对烟气温度分布范围的控制效果优于隧道侧壁排烟方式。

纵向风速为 0.5m/s 阶段:当纵向风速为 0.5m/s 时,在横向联络排烟道/排烟口负压和纵向风速共同作用下,工况 H20-L84-C-1 和工况 H20-L84-D-2 能够有效地抑制烟气温度向两端扩散的速度及分布范围,工况 H20-L84-SC 烟气温度分布范围较大、控制效果不理想。就各工况烟气温度分布范围而言,横向联络道底部排烟、横向联络道侧部排烟方式对烟气温度分布范围的控制效果优于隧道侧壁排烟方式。

纵向风速为 0.8m/s 阶段:当纵向风速达到 0.8m/s 时,各工况均能够有效地抑制烟气温度向上游分布范围,纵向风速对烟流的控制起主要作用。同时纵向风速过大,加大了烟气温度向下游方向的分布范围,导致排烟效率下降。横向联络道底部排烟排烟方式和横向联络道侧部排烟方式烟气温度分布范围较为接近,隧道侧壁排烟方式烟气温度分布范围最大。就各工况烟气温度分布范围而言,横向联络道底部排烟、横向联络道侧部排烟方式对烟气温度分布范围的控制效果优于隧道侧壁排烟方式。

②在火源位于 3 号排烟道(口)下方的情况下,不同排烟方式下烟气温度分布规律如下:

因 3 号排烟道(口)处排烟阀不能开启,开启 2 号、4 号、5 号、6 号四组排烟阀,因此各种排烟方式的烟气温度扩散范围均大于火源位于 2 号、3 号排烟道(口)之间时的烟气温度扩散范围。

风阀开启前阶段:因横向联络排烟道设置在隧道顶部具有类似挡烟垂壁的作用,延缓了烟气的扩散,故在排烟阀开启前,工况 K20-L84-SC 的烟气温度分布范围和高温烟气分布范围均大于工况 K20-L84-C-2 和工况 K20-L84-D-2。

风阀开启零风速阶段:开启排烟阀后,在横向联络排烟道/排烟口负压作用下,能够减缓烟气温度向两端扩散的速度及分布范围,隧道侧壁排烟方式控制效果较差一些。此阶段,横向联络道底部排烟、横向联络道侧部排烟方式的控制效果比隧道侧壁排烟方式的控制效果好。

纵向风速为 0.5m/s 阶段:当纵向风速为 0.5m/s 时,在横向联络排烟道负压和纵向风速共同作用下,工况 K20-L84-C-2 和工况 K20-L84-D-2 能够有效地抑制烟气温度向两端扩散的速度及分布范围,工况 K20-L84-SC 烟气温度分布范围较大。

纵向风速为 0.8m/s 阶段:当纵向风速达到 0.8m/s 时,能够有效地抑制烟气温度向上游分布范围,纵向风速对烟流的控制起主要作用;同时纵向风速过大,加大了烟气温度向下游方向的分布范围,导致排烟效率下降。

(2)烟气蔓延范围

①在火源位于 2 号、3 号排烟道(口)之间的情况下,不同排烟方式下烟气蔓延规律如下:

风阀开启前阶段:在风阀开启前,各工况烟气蔓延沿火源两端近似呈对称分布,火源上游端烟气蔓延范围比火源下游端略大。工况 H20-L84-C-1 和工况 H20-L84-D-2 烟气蔓延范围相近。工况 H20-L84-SC 烟气蔓延范围最大,且下游端已超出试验监测段。

风阀开启零风速阶段:开启排烟阀后,在横向联络排烟道/排烟口负压作用下,各工况均能够减缓烟气向两端扩散的速度及蔓延范围。横向联络道底部排烟排烟方式和横向联络道侧部排烟方式烟气蔓延范围较为接近,隧道侧壁排烟方式烟气蔓延范围最大。就各工况烟气蔓延范围而言,横向联络道底部排烟、横向联络道侧部排烟方式对烟气蔓延范围的控制效果优于隧道侧壁排烟方式。

纵向风速为 0.5m/s 阶段:各工况火源上游端烟气向上游蔓延范围较"风阀开启零风速阶段"均明显减小,各工况火源下游端烟气向下游扩散速度变化不明显、蔓延范围均有所增加。就各工况烟气蔓延范围而言,横向联络道底部排烟、横向联络道侧部排烟方式对烟气蔓延范围的控制效果优于隧道侧壁排烟方式。

纵向风速为 0.8m/s:当纵向风速加大到 0.8m/s 时,各工况火源上游端烟气向上游蔓延范围较"纵向风速为 0.5m/s 阶段"有明显减小,各工况烟气均停止向上游蔓延。各工况火源下游端烟气向下游扩散速度趋于增大且蔓延范围呈增大趋势,变化较为明显。就各工况烟气温度分布范围而言,横向联络道底部排烟、横向联络道侧部排烟方式对烟气温度分布范围的控制效果优于隧道侧壁排烟方式。

②在火源位于 3 号排烟道(口)下方的情况下,不同排烟方式下烟气蔓延规律如下:

隧道侧壁排烟方式,烟气自由蔓延较快,并且在有纵向风的作用下,无法对烟气的蔓延进行有效的控制;横向联络排烟道排烟方式,在试验各个阶段均将烟气蔓延范围控制在一定范围之内,风阀开启之前,烟气自由蔓延范围较大,随着风阀开启,在负压作用下烟气回流,扩散范围减小。横向联络排烟道底部排烟方式烟气蔓延范围规律与横向联络排烟道侧部排烟方式基本一致,两者均能对烟气的蔓延有较好控制。

(3)排烟效率

在火源位于 2 号、3 号排烟道(口)之间的情况下,横向联络排烟道底部排烟方式排烟效率最高,其次为横向联络排烟道侧部排烟和隧道侧壁排烟方式;在火源位于 3 号排烟道(口)下方的情况下,横向联络排烟道侧部排烟方式与横向联络排烟道底部排烟方式排烟效率相近,横向联络排烟道侧部排烟方式排烟效率略高一些,横向联络排烟道底部排烟方式次之。同一种排烟方式随着隧道纵向风速的逐渐增大,烟道排烟效率曲线呈现减小趋势,当纵向风速大于 0.5m/s 时,随着纵向风速增大、烟气分层遭到破坏,烟流加速向下游扩散,导致排烟效率下降明显,降低 10% 左右。

4.2.3.2 横向联络排烟道间距对火灾排烟影响分析

选取横向联络排烟道底部排烟排烟方式,火源位置选取在 2 号、3 号排烟道(口)之间,发生火灾时开启相邻 4 组(2 号、3 号、4 号、5 号)排烟阀进行排烟,对横向联络排烟道间距为

4.0m(模拟间距为60m)、5.0m(模拟间距为75m)、5.6m(模拟间距为84m)、6.0m(模拟间距为90m)等工况进行对比分析。具体工况设置如表4-11所示。

不同间距对比分析工况设置表  表4-11

| 工 况 名 称 | 排烟道间距(m) | 火 源 位 置 | 排烟阀开启编号 |
|---|---|---|---|
| H20-L60-D(C-1) | 4.0 | 2号、3号排烟道(口)之间 | 2号、3号、4号、5号 |
| H20-L75-D(C-2) | 5.0 | | |
| H20-L84-D-2(C-3) | 5.6 | | |
| H20-L90-D(C-2) | 6.0 | | |

1)横向联络排烟道不同间距时烟气温度分布对比分析

(1)风阀开启前

在风阀开启前,各工况烟气温度分布沿火源两端近似呈对称分布,因火源上游端设置有风机,故火源上游端烟气温度自由分布范围比火源下游端小。各工况烟气温度分布范围:H20-L60-D > H20-L75-D > H20-L90-D > H20-L84-D-2。

(2)风阀开启零风速

风阀开启后,当纵向风速为0.0m/s时,在横向联络排烟道负压作用下,各工况火源上游端烟气温度向上游扩散速度均趋于减缓且分布范围均有所减小,就各工况火源上游端烟气温度分布范围与横向联络排烟道相对位置而言,烟气温度分布范围控制效果:H20-L90-D > H20-L84-D-2 > H20-L75-D > H20-L60-D。各工况火源下游端烟气温度向下游扩散速度趋于减缓且分布范围呈减小趋势,就各工况火源上游端烟气温度分布范围与横向联络排烟道相对位置而言,烟气温度分布范围控制效果:H20-L90-D > H20-L84-D-2 > H20-L75-D > H20-L60-D。各工况整个区域烟气温度分布范围较"风阀开启前阶段"均有所减小,其中工况H20-L60-D和H20-L75-D减小幅度均较为明显。

由此可见,开启排烟阀后,在横向联络排烟道负压作用下,能够减缓烟气温度向两端扩散的速度及分布范围。就各工况烟气温度分布范围与横向联络排烟道相对位置而言,烟气温度分布范围控制效果与横向联络排烟道间距成正比,即横向联络排烟道间距越大烟气温度分布范围控制效果越好。

(3)纵向风速为0.5m/s

当纵向风速加大到0.5m/s时,在横向联络排烟道/排烟口负压和纵向风速共同作用下,各工况火源上游端烟气温度向上游分布范围较"风阀开启零风速阶段"均明显减小,就各工况火源上游端烟气温度分布范围与横向联络排烟道相对位置而言,烟气温度分布范围控制效果:H20-L90-D > H20-L84-D-2 > H20-L75-D > H20-L60-D。各工况火源下游端烟气温度向下游扩散速度和分布范围变化不明显,就各工况火源上游端烟气温度分布范围与横向联络排烟道相对位置而言,烟气温度分布范围控制效果:H20-L90-D > H20-L84-D-2 > H20-L75-D > H20-L60-

D。各工况整个区域烟气温度分布范围较"风阀开启零风速阶段"均有所减小,其中工况 H20-L60-D 和 H20-L84-D-2 减小幅度较为明显。

由此可见,当纵向风速为 0.5m/s 时,在横向联络排烟道负压和纵向风速共同作用下,能够有效地抑制烟气温度向两端扩散的速度及分布范围。就各工况烟气温度分布范围与横向联络排烟道相对位置而言,烟气温度分布范围控制效果与横向联络排烟道间距成正比,即横向联络排烟道间距越大烟气温度分布范围控制效果越好。

(4) 纵向风速为 0.8m/s

当纵向风速加大到 0.8m/s 时,在纵向风速和横向联络排烟道负压共同作用下,各工况火源上游端烟气温度向上游分布范围较"纵向风速为 0.5m/s 阶段"有明显减小,工况 H20-L75-D 和 H20-L90-D 分布范围较小。各工况火源下游端烟气温度向下游扩散速度趋于增大且分布范围呈增大趋势,变化较为明显。各工况整个区域烟气温度分布范围较"纵向风速为 0.5m/s 阶段"均有所增大,其中工况 H20-L60-D 分布范围最小、工况 H20-L75-D 和 H20-L84-D-2 次之、工况 H20-L90-D 最大。

由此可见,当纵向风速达到 0.8m/s 时,能够有效地抑制烟气温度向上游分布范围;纵向风速对烟流的控制起主要作用。同时纵向风速过大,加大了烟气温度向下游方向的分布范围,导致排烟效率下降。

2) 横向联络排烟道不同间距时烟气蔓延范围

通过现场试验人员记录和现场试验录像,得出了各工况每个试验阶段上下游烟气蔓延范围,横向联络排烟道底部排烟模式下,由于横向联络排烟道间距不同,在试验的各个阶段,烟气蔓延范围也有所差异,但能对烟气的蔓延做到有效的控制,均能控制在火源附近 32m 范围之内。

将表 4-16 数据进行统计分析,各工况火源上下游以及总的烟气蔓延范围折线图,如图 4-48 和图 4-49 所示。

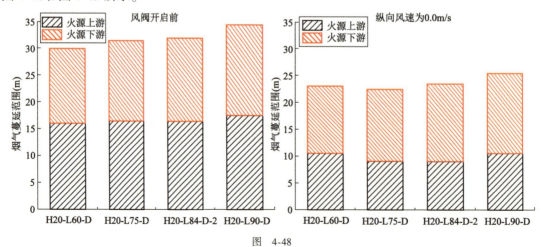

图 4-48

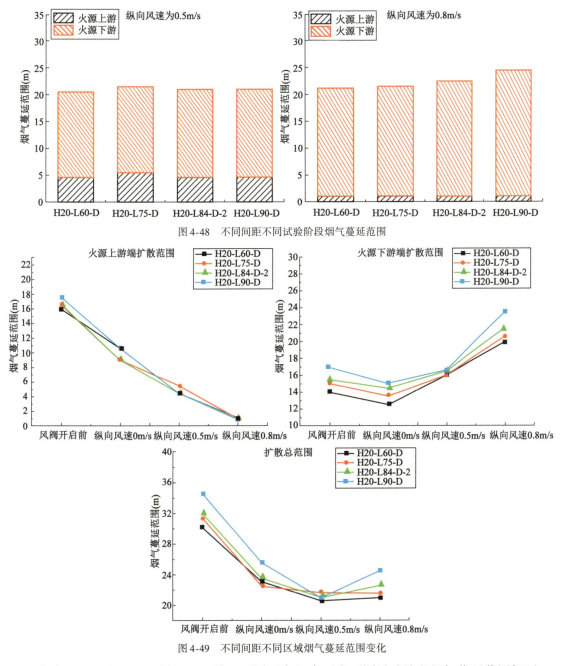

图 4-48　不同间距不同试验阶段烟气蔓延范围

图 4-49　不同间距不同区域烟气蔓延范围变化

由表 4-17、图 4-48 和图 4-49 可知,不同开启组合下在不同试验阶段烟气蔓延范围如下:

①风阀开启前阶段

在风阀开启前,各工况烟气蔓延沿火源两端近似呈对称分布,火源上游端烟气蔓延范围比火源下游端略大。

②风阀开启零风速阶段

各工况火源上游端烟气向上游扩散速度均趋于减缓且蔓延范围均明显减小,工况 H20-

L84-D-2 蔓延范围最大、工况 H20-L60-D 蔓延范围最小。其中,工况工况 H20-L60-D、H20-L75-D、H20-L84-D-2 和 H20-L90-D 火源上游端烟气蔓延范围末端均超过 1 号风阀。

各工况火源下游端烟气向下游扩散速度趋于减缓且蔓延范围呈减小趋势,工况 H20-L60-D 和 H20-L75-D 减小幅度均较为明显。其中,工况 H20-L60-D 火源下游端烟气蔓延范围虽有明显减小,但是其蔓延范围最大,且末端在 6 号风阀附近;工况 H20-L75-D 火源下游端烟气蔓延范围控制在 5 号与 6 号风阀之间,末端靠近 5 号风阀一侧;工况 H20-L84-D-2 和 H20-L90-D 火源下游端烟气蔓延范围控制在 5 号风阀附近。

各工况整个区域烟气蔓延范围较"风阀开启前阶段"均有所减小,且均较为明显。

③纵向风速为 0.5m/s 阶段

当纵向风速加大到 0.5m/s 时,各工况火源上游端烟气向上游蔓延范围较"风阀开启零风速阶段"均有所减小,各工况 H20-L60-D、H20-L84-D-2 和 H20-L90-D 蔓延范围较小,工况 H20-L75-D 分布范围接近且蔓延范围较大。其中,工况 H20-L60-D 和 H20-L75-D 火源上游端烟气蔓延范围控制在 1 号与 2 号风阀之间,末端在 1 号与 2 号风阀中段附近;工况 H20-L84-D-2 和 H20-L90-D 火源上游端烟气蔓延范围控制在 1 号与 2 号风阀之间,末端靠近 2 号风阀一侧。

各工况火源下游端烟气向下游扩散速度变化不明显、蔓延范围呈增大趋势,工况 H20-L90-D 蔓延范围最小,工况 H20-L60-D 蔓延范围最大。其中,工况 H20-L60-D 火源下游端烟气蔓延范围超过了 6 号风阀;工况 H20-L75-D 火源下游端烟气蔓延范围控制在 5 号与 6 号风阀之间,末端靠近 6 号风阀一侧;工况 H20-L84-D-2 火源下游端烟气蔓延范围控制在 5 号与 6 号风阀之间,末端在 5 号与 6 号风阀中段附近;工况 H20-L90-D 火源下游端烟气蔓延范围控制在 5 号与 6 号风阀之间,末端靠近 5 号风阀一侧。

各工况整个区域烟气蔓延范围较"风阀开启零风速阶段"均有所减小,其中工况 H20-L60-D、H20-L84-D-2 和 H20-L90-D 减小幅度较为明显。

④纵向风速为 0.8m/s 阶段

当纵向风速加大到 0.8m/s 时,各工况火源上游端烟气向上游分布范围较"纵向风速为 0.5m/s 阶段"有明显减小,各工况烟气均停止向上游蔓延。

各工况火源下游端烟气温度向下游扩散速度趋于增大且分布范围呈增大趋势,工况 H20-L90-D 增加幅度最大。各工况火源下游端烟气温度分布范围均超过了 6 号风阀。

各工况整个区域烟气温度分布范围较"纵向风速为 0.5m/s 阶段"均有所增大,其中工况 H20-L60-D 分布范围最小、工况 H20-L75-D 和 H20-L84-D-2 次之、工况 H20-L90-D 最大。

3)横向联络排烟道不同间距时烟气层高度

同样对沉管隧道火灾情况下烟气层高度进行研究,横向联络排烟道底部排烟模式下,烟道设置间距不同,对烟气蔓延的阻碍作用也不同,烟气在自由蔓延阶段会发生分层现象(图 4-50),当烟气层下降到一定高度时,会对隧道内被困人员造成伤害。

图 4-50　烟气分层现象

在风阀未开启阶段,烟气自由蔓延,通过现场观察记录和摄像机摄像等辅助手段,可以得到火源开启后同一时刻的烟气层高速分布数据,通过对数据的处理,运用软件画出了工况 H20-L60-D(C-1)、工况 H20-L75-D(C-2)、工况 H20-L84-D-2(C-3)和工况 H20-L90-D(C-4)下烟气层高度分布图,如图 4-51 所示。

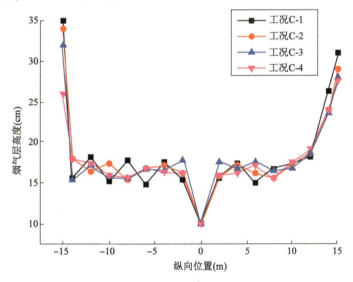

图 4-51　不同工况下烟气层高度分布

由图 4-51 可知,在风阀开启前烟气自由蔓延,火源上下游烟气层高度大致呈对称分布;横向联络排烟道底部排烟方式下,由于有横向联络道的阻挡,烟气在蔓延过程中会产生水跃现象,通过横向联络道时要先下降到横向联络道最低点才能继续向前蔓延,因此烟气层高度在横向联络道处的烟气层较其他无横向联络道处低。由于横向联络排烟道的间距不同,烟气蔓延过程中发生水跃现象的位置有差异,因此烟气层高度呈波浪形分布。总体来看,各工况下烟气层高度分布规律基本一致,均未下降到安全高度以下。

4)横向联络排烟道不同间距排烟效率

火灾发生在相邻排烟阀中部时,排烟效率与排烟口布置间距关系如图4-52所示。

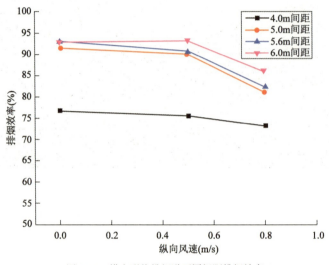

图4-52 横向联络排烟道不同间距排烟效率

图4-52可知,由每种工况均开启相同组数的排烟阀并且相同编号风阀的开启角度保持一致,横向联络排烟道间距为4.0m的烟道排烟效率最差,原因在于烟气蔓延扩散的范围超出风阀组的控制范围区域,一大部分烟气在隧道纵向风的作用下从隧道出口排出;横向联络排烟道间距为5.0m、5.6m、6.0m三种工况时,其烟道排烟效果相差不大,间距与排烟效率成正比,横向联络排烟道间距为6.0m的排烟效率最高。当纵向风速大于0.5m/s时,因纵向风速过大,加大了烟气温度向下游方向的分布范围,导致排烟效率下降。

5)横向联络排烟道不同间距试验分析小结

(1)烟气温度分布

在火源位于2号、3号排烟道(口)之间的情况下,横向联络排烟道不同间距下烟气温度分布规律如下:

风阀开启前阶段:在风阀开启前,各工况烟气温度分布沿火源两端近似呈对称分布,因火源上游端设置有风机,故火源上游端烟气温度自由分布范围比火源下游端小;各工况烟气温度分布范围:H20-L60-D > H20-L75-D > H20-L90-D > H20-L84-D-2。

风阀开启零风速阶段:开启排烟阀后,在横向联络排烟道负压作用下,能够减缓烟气温度向两端扩散的速度及分布范围;就各工况烟气温度分布范围与横向联络排烟道相对位置而言,烟气温度分布范围控制效果与横向联络排烟道间距成正比,即横向联络排烟道间距越大烟气温度分布范围控制效果越好。

纵向风速为 0.5m/s 阶段:当纵向风速为 0.5m/s 时,在横向联络排烟道负压和纵向风速共同作用下,能够有效地抑制烟气温度向两端扩散的速度及分布范围;就各工况烟气温度分布范围与横向联络排烟道相对位置而言,烟气温度分布范围控制效果与横向联络排烟道间距成正比,即横向联络排烟道间距越大烟气温度分布范围控制效果越好。

纵向风速为 0.8m/s 阶段:当纵向风速达到 0.8m/s 时,能够有效地抑制烟气温度向上游分布范围;纵向风速对烟流的控制起主要作用。同时纵向风速过大,加大了烟气温度向下游方向的分布范围,导致排烟效率下降。

(2) 烟气蔓延范围

在火源位于 2 号、3 号排烟道(口)之间的情况下,横向联络排烟道不同间距下烟气蔓延规律如下:

风阀开启前阶段:在风阀开启前,各工况烟气蔓延沿火源两端近似呈对称分布,火源上端烟气蔓延范围比火源下游端略大;各工况烟气蔓延范围相近。

风阀开启零风速阶段:开启排烟阀后,在横向联络排烟道负压作用下,能够减缓烟气向两端扩散的速度及蔓延范围;就各工况火源上游端烟气蔓延范围与横向联络排烟道相对位置而言,烟气蔓延范围控制效果:H20-L90-D > H20-L84-D-2 > H20-L75-D > H20-L60-D。

纵向风速为 0.5m/s 阶段:当纵向风速为 0.5m/s 时,在横向联络排烟道负压和纵向风速共同作用下,能够有效地抑制烟气向两端扩散的速度及蔓延布范围;就各工况烟气蔓延范围与横向联络排烟道相对位置而言,烟气蔓延范围控制效果:H20-L90-D > H20-L84-D-2 > H20-L75-D > H20-L60-D。

纵向风速为 0.8m/s 阶段:当纵向风速达到 0.8m/s 时,能够有效地抑制烟气向上游蔓延;纵向风速对烟流的控制起主要作用。同时纵向风速过大,加大了烟气向下游方向的蔓延范围,导致排烟效率下降。

(3) 排烟效率

横向联络排烟道间距为 4.0m 的烟道排烟效率最低,原因在于烟气蔓延扩散的范围超出风阀组的控制范围区域,一大部分烟气在隧道纵向风的作用下从隧道出口排出;横向联络排烟道间距为 5.0m、5.6m、6.0m 三种工况时,其烟道排烟效果相差不大,间距与排烟效率成正比,横向联络排烟道间距为 6.0m 的排烟效率最高。当纵向大于 0.5m/s 时,纵向风速过大,加大了烟气温度向下游方向的分布范围,导致排烟效率下降。

4.2.3.3　横向联络排烟道开启组合对火灾排烟影响分析

选取横向联络排烟道底部排烟方式,火源位置选取在 2 号、3 号排烟道(口)之间,横向联络排烟道间距为 5.6m(模拟间距为 84m),对不同横向联络排烟道开启组合进行对比分析。具体工况设置如表 4-12 所示。

**不同横向联络排烟道开启组合对比分析工况设置表**　　表4-12

| 工 况 名 称 | 排烟道间距(m) | 火 源 位 置 | 排烟阀开启编号 |
|---|---|---|---|
| H20-L84-D-2(D-1) | 5.6 | 2号、3号排烟道(口)之间 | 2号、3号、4号、5号 |
| H20-L84-D-3(D-2) | 5.6 | | 3号、4号、5号、6号 |
| H20-L84-D-4(D-3) | 5.6 | | 2号、3号、4号、5号、6号 |
| H20-L84-D-5(D-4) | 5.6 | | 1号、2号、3号、4号、5号、6号 |

1) 横向联络排烟道不同开启组合时烟气温度分布对比分析

(1) 风阀开启前

在风阀开启前,各工况烟气温度分布沿火源两端近似呈对称分布,因火源上游端设置有风机,故火源上游端烟气温度自由分布范围比火源下游端小。各工况烟气温度分布范围工况:H20-L84-D-5 > H20-L84-D-4 > H20-L84-D-3 > H20-L84-D-2。

(2) 风阀开启零风速

风阀开启后,当纵向风速为0.0m/s时,在横向联络排烟道负压作用下,各工况火源上游端烟气温度向上游扩散速度均趋于减缓且分布范围各有增减,烟气温度分布范围:H20-L84-D-5 > H20-L84-D-4 > H20-L84-D-3 > H20-L84-D-2。各工况火源下游端烟气温度向下游扩散速度趋于减缓、分布范围各有增减;就各工况火源上游端烟气温度分布范围而言,工况H20-L84-D-2和H20-L84-D-3的烟气温度分布范围控制效果优于工况H20-L84-D-4和H20-L84-D-5。各工况整个区域烟气温度分布范围均较"风阀开启前阶段"各有增减,其中工况H20-L84-D-2和工况H20-L84-D-5变化较为明显。

由此可见,开启排烟阀后,在横向联络排烟道负压作用下,不同开启组合均能够减缓烟气温度向两端扩散的速度及分布范围。就各工况烟气温度分布范围而言,工况H20-L84-D-2和H20-L84-D-3的烟气温度分布范围控制效果优于工况H20-L84-D-4和H20-L84-D-5。

(3) 纵向风速为0.5m/s

当纵向风速加大到0.5m/s时,在横向联络排烟道/排烟口负压和纵向风速共同作用下,各工况火源上游端烟气温度向上游分布范围较"风阀开启零风速阶段"均明显减小,就各工况火源上游端烟气温度分布范围而言,工况H20-L84-D-2和H20-L84-D-4的烟气温度分布范围控制效果优于工况H20-L84-D-3和H20-L84-D-5。各工况火源下游端烟气温度向下游扩散速度变化不明显、分布范围均有所增加;就各工况火源上游端烟气温度分布范围而言,工况H20-L84-D-2的烟气温度分布范围控制效果优于工况H20-L84-D-3、H20-L84-D-4和H20-L84-D-5。各工况整个区域烟气温度分布范围较"风阀开启零风速阶段"各有增减,其中工况H20-L84-D-2和工况H20-L84-D-4变化较为明显。

由此可见,当纵向风速为0.5m/s时,在横向联络排烟道负压和纵向风速共同作用下,能够有效地抑制烟气温度向两端扩散的速度及分布范围。就各工况烟气温度分布范围而言,工况 H20-L84-D-2 和 H20-L84-D-4 的烟气温度分布范围控制效果优于工况 H20-L84-D-3 和 H20-L84-D-5。

(4) 纵向风速为 0.8m/s

当纵向风速加大到 0.8m/s 时,在纵向风速和横向联络排烟道负压共同作用下,各工况火源上游端烟气温度向上游分布范围较"纵向风速为 0.5m/s 阶段"有明显减小,工况 H20-L84-D-2、H20-L84-D-3 和 H20-L84-D-4 分布范围较小。各工况火源下游端烟气温度向下游扩散速度趋于增大且分布范围呈增大趋势,工况 H20-L84-D-3 较为明显;就各工况火源上游端烟气温度分布范围而言,工况 H20-L84-D-2 的烟气温度分布范围控制效果优于工况 H20-L84-D-3、H20-L84-D-4 和 H20-L84-D-5。各工况整个区域烟气温度分布范围较"纵向风速为 0.5m/s 阶段"均各有增减,其中工况 H20-L84-D-2 分布范围最小、工况 H20-L84-D-3 和 H20-L84-D-4 次之、工况 H20-L84-D-5 最大。

由此可见,当纵向风速达到 0.8m/s 时,能够有效地抑制烟气温度向上游分布范围;纵向风速对烟流的控制起主要作用。同时纵向风速过大,加大了烟气温度向下游方向的分布范围,导致排烟效率下降。就各工况火源上游端烟气温度分布范围而言,工况 H20-L84-D-2 的烟气温度分布范围控制效果优于工况 H20-L84-D-3、H20-L84-D-4 和 H20-L84-D-5。

2) 横向联络排烟道不同开启组合时烟气蔓延范围

通过现场试验人员记录和现场试验录像,得出了各工况每个试验阶段上下游烟气蔓延范围,横向联络排烟道底部排烟模式下,由于横向联络排烟道间距不同,在试验的各个阶段,烟气蔓延范围也有所差异,但能对烟气的蔓延做到有效的控制,均能控制在火源附近 32m 范围之内。

数据进行统计分析,各工况火源上下游以及总的烟气蔓延范围折线图,如图 4-53 和图 4-54 所示。

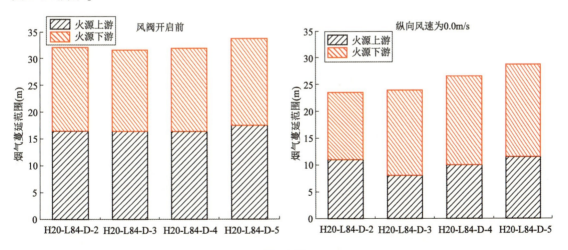

图 4-53

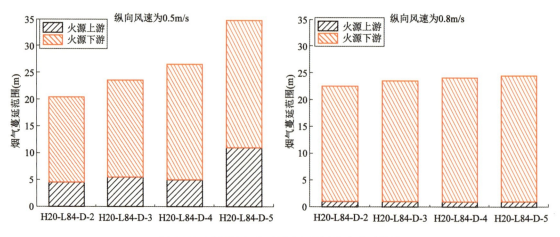

图 4-53 不同开启组合下不同试验阶段烟气蔓延范围

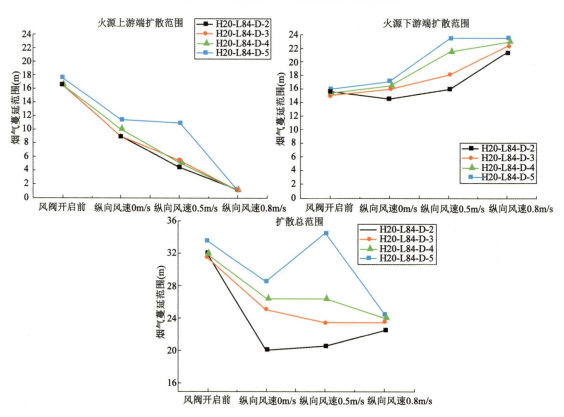

图 4-54 不同开启组合下不同区域烟气蔓延范围变化

由表 4-19、图 4-53 和图 4-54 可知,不同开启组合下在不同试验阶段烟气蔓延范围如下:

①风阀开启前阶段

在风阀开启前,各工况烟气蔓延沿火源两端近似呈对称分布,火源上游端烟气蔓延范围比火源下游端略大。

②风阀开启零风速阶段

各工况火源上游端烟气向上游扩散速度均趋于减缓且蔓延范围均明显减小,工况 H20-L84-D-5 蔓延范围最大、工况 H20-L84-D-2 蔓延范围最小。其中,工况 H20-L84-D-2 和 H20-L84-D-3 火源上游端烟气蔓延范围末端略超过 1 号风阀一侧,工况 H20-L84-D-4 和 H20-L84-D-5 火源上游端烟气蔓延范围末端超过 1 号风阀一侧。

各工况火源下游端烟气向下游扩散速度趋于减缓、蔓延范围各有增减,工况 H20-L84-D-2 蔓延范围有所减小,工况 H20-L84-D-3、H20-L84-D-4 和 H20-L84-D-5 蔓延范围均有所增加。其中,工况 H20-L84-D-2 火源下游端烟气蔓延范围控制在 5 号风阀附近;工况 H20-L84-D-3、H20-L84-D-4 和 H20-L84-D-5 火源下游端烟气蔓延范围均控制在 5 号与 6 号风阀之间,末端在 5 号与 6 号风阀中段附近。

各工况整个区域烟气蔓延范围较"风阀开启前阶段"均明显减小,各工况减小幅度:H20-L84-D-2 > H20-L84-D-3 > H20-L84-D-4 > H20-L84-D-5。

③纵向风速为 0.5m/s 阶段

当纵向风速加大到 0.5m/s 时,各工况火源上游端烟气向上游蔓延范围较"风阀开启零风速阶段"均明显减小,各工况 H20-L84-D-2 和 H20-L84-D-4 蔓延范围减小幅度最为明显,工况 H20-L84-D-3 和 H20-L84-D-5 蔓延范围较大。其中,工况 H20-L84-D-2 和 H20-L84-D-4 火源上游端烟气蔓延范围控制在 1 号与 2 号风阀之间,末端靠近 2 号风阀一侧;工况 H20-L84-D-3 火源上游端烟气蔓延范围控制在 1 号与 2 号风阀之间,末端在 1 号与 2 号风阀中段附近;况 H20-L84-D-5 火源上游端烟气蔓延范围末端超过了 1 号风阀。

各工况火源下游端烟气向下游扩散速度变化不明显、蔓延范围呈增大趋势,工况 H20-L84-D-2 蔓延范围最小,工况 H20-L84-D-5 蔓延范围最大。其中,工况 H20-L84-D-2 火源下游端烟气蔓延范围控制在 5 号与 6 号风阀之间,末端在 5 号与 6 号风阀中段附近;工况 H20-L84-D-3 火源下游端烟气蔓延范围控制在 5 号与 6 号风阀之间,末端靠近 6 号风阀一侧;工况 H20-L84-D-4 和 H20-L84-D-5 火源下游端烟气蔓延范围均超过了 6 号风阀。

各工况整个区域烟气蔓延范围较"风阀开启零风速阶段"各有增减,工况 H20-L84-D-2 蔓延范围最小,工况 H20-L84-D-5 蔓延范围最大。

④纵向风速为 0.8m/s 阶段

当纵向风速加大到 0.8m/s 时,各工况火源上游端烟气向上游分布范围较"纵向风速为 0.5m/s 阶段"有明显减小,各工况烟气均停止向上游蔓延。

各工况火源下游端烟气向下游扩散速度趋于增大且蔓延范围呈增大趋势,工况 H20-L84-D-2 增加幅度最大。各工况火源下游端烟气蔓延范围均超过了 6 号风阀。

各工况整个区域烟气蔓延范围较"纵向风速为 0.5m/s 阶段"均各有增减,其中工况 H20-L84-D-2 蔓延范围最小、工况 H20-L84-D-3 和 H20-L84-D-4 次之、工况 H20-L84-D-5 最大。

3) 横向联络排烟道不同开启组合时排烟效率

火灾发生在相邻排烟阀中部时,排烟效率与排烟口布置间距关系如图 4-55 所示。

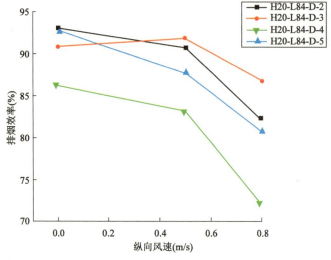

图 4-55　横向联络排烟道不同间距排烟效率

图 4-55 可知,由每种工况开启不同组数的排烟阀并且相同编号风阀的开启角度保持一致,开启 6 组排烟阀工况 H20-L84-D-5 的烟道排烟效率最低,原因在于 1 号和 6 号吸入了部分新鲜空气,导致排烟效率下降;开启 4 组的工况 H20-L84-D-2 和工况 H20-L84-D-3 的烟道排烟效率较高。工况 H20-L84-D-4 的烟道排烟效率居中。当纵向大于 0.5m/s 时,纵向风速过大,加大了烟气温度向下游方向的分布范围,导致排烟效率下降。

4) 横向联络排烟道不同开启组合试验分析小结

(1) 烟气温度分布

在火源位于 2 号、3 号排烟道(口)之间的情况下,横向联络排烟道不同开启组合下烟气温度分布规律如下:

风阀开启前阶段:在风阀开启前,各工况烟气温度分布沿火源两端近似呈对称分布,因火源上游端设置有风机,故火源上游端烟气温度自由分布范围比火源下游端小;各工况烟气温度分布范围:H20-L84-D-5 > H20-L84-D-4 > H20-L84-D-3 > H20-L84-D-2。

风阀开启零风速阶段:开启排烟阀后,在横向联络排烟道负压作用下,能够减缓烟气温度向两端扩散的速度及分布范围;不同开启组合均能够减缓烟气温度向两端扩散的速度及分布范围;就各工况烟气温度分布范围而言,工况 H20-L84-D-2 和 H20-L84-D-3 的烟气温度分布范围控制效果优于工况 H20-L84-D-4 和 H20-L84-D-5。

纵向风速为 0.5m/s 阶段:当纵向风速为 0.5m/s 时,在横向联络排烟道负压和纵向风速共同作用下,能够有效地抑制烟气温度向两端扩散的速度及分布范围;就各工况烟气温度分布范围而言,工况 H20-L84-D-2 和 H20-L84-D-4 的烟气温度分布范围控制效果优于工况 H20-L84-D-3 和 H20-L84-D-5。

纵向风速为 0.8m/s 阶段：当纵向风速达到 0.8m/s 时，能够有效地抑制烟气温度向上游分布范围；纵向风速对烟流的控制起主要作用。同时纵向风速过大，加大了烟气温度向下游方向的分布范围，导致排烟效率下降。就各工况火源上游端烟气温度分布范围而言，工况 H20-L84-D-2 的烟气温度分布范围控制效果优于工况 H20-L84-D-3、H20-L84-D-4 和 H20-L84-D-5。

(2) 烟气蔓延范围

在火源位于 2 号、3 号排烟道（口）之间的情况下，横向联络排烟道不同开启组合下烟气蔓延规律如下：

风阀开启前阶段：在风阀开启前，各工况烟气蔓延沿火源两端近似呈对称分布，火源上游端烟气蔓延范围比火源下游端略大；各工况烟气蔓延范围相近。

风阀开启零风速阶段：开启排烟阀后，在横向联络排烟道负压作用下，能够减缓烟气向两端扩散的速度及蔓延范围；不同开启组合均能够减缓烟气向两端扩散的速度及蔓延范围；就各工况烟气蔓延范围而言，工况 H20-L84-D-2 和 H20-L84-D-3 的烟气温度分布范围控制效果优于工况 H20-L84-D-4 和 H20-L84-D-5。

纵向风速为 0.5m/s 阶段：当纵向风速为 0.5m/s 时，在横向联络排烟道负压和纵向风速共同作用下，能够有效地抑制烟气向两端扩散的速度及蔓延范围；就各工况烟气蔓延范围而言，工况 H20-L84-D-2 和 H20-L84-D-4 的烟气温度分布范围控制效果优于工况 H20-L84-D-3 和 H20-L84-D-5。

纵向风速为 0.8m/s 阶段：当纵向风速达到 0.8m/s 时，能够有效地抑制烟气向上游蔓延；纵向风速对烟流的控制起主要作用。同时纵向风速过大，加大了烟气向下游方向的蔓延范围，导致排烟效率下降。就各工况火源上游端烟气蔓延范围而言，工况 H20-L84-D-2 和 H20-L84-D-4 的烟气蔓延范围控制效果优于工况 H20-L84-D-3 和 H20-L84-D-5。

(3) 排烟效率

横向联络排烟道不同开启组合下，开启 4 组排烟阀的烟道排烟效率＞5 组排烟阀的烟道排烟效率＞6 组排烟阀的烟道排烟效率，即 H20-L84-D-2＞H20-L84-D-3＞H20-L84-D-4＞H20-L84-D-5。

## 4.3 1∶1.2 大比尺火灾模型试验

### 4.3.1 概述

#### 4.3.1.1 试验隧道平台

试验隧道按照深中通道断面尺寸 1∶1.25 搭建，试验隧道长 150m，内空净宽 14.55m，高 7.1m，为钢筋混凝土结构，隧道南侧沿纵向设置 150m 长的排烟风道（2.2m 宽×3m 高）。如图 4-56 和图 4-57 所示。

图 4-56 大比尺实体隧道火灾试验平台全景图

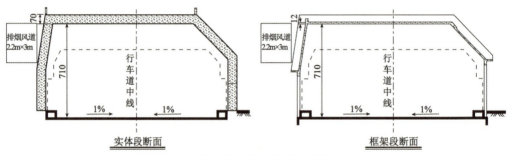

图 4-57 实体隧道横断面图(尺寸单位:cm)

隧道通风排烟系统由排烟风机、纵向排烟风道、侧壁排烟口、顶部横向联络排烟道构成,可实现试验过程中不同工况下隧道的集中排烟(图 4-58)。

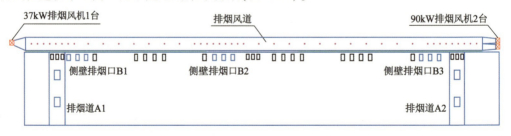

图 4-58 大比尺实体隧道通风排烟系统示意图

独立排烟道长 150m,断面尺寸为 2.2m×3m;右侧两台排烟风机(单台风机风量 60m³/s,功率 90kW,压力 1000Pa);左侧一台排烟风机($\phi$1120,37kW)。排烟道共设 3 组侧壁排烟口 B1、B2、B3,每组侧壁排烟口包括 3 个 1m×2m 的排烟口;另设 2 组横向联络排烟道 A1、A2,横向联络排烟道尺寸为 11.6m(长)×4m(宽)×0.8m(高);每组横向联络排烟道底部设 2 个排烟口,顶部排烟孔尺寸为 1.6m×2.4m(图 4-59 和图 4-60)。

图4-59 排烟风机　　　　　　　　图4-60 隧道内横向联络排烟道

#### 4.3.1.2 测量系统

1)温度测量系统

热电偶布置在隧道横断面、隧道纵向、排烟口。

(1)隧道纵向热电偶

隧道纵向热电偶布置方式为:沿隧道顶部中心线每隔2m设一个热电偶,距隧道顶部距离为10cm,顶部纵向共布置76个热电偶,连接22号~31号共10个模块,模块放置于靠监控室侧电缆沟内(图4-61和图4-62)。

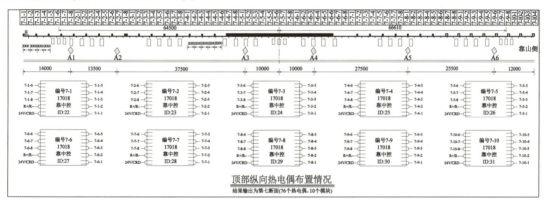

图4-61 隧道内顶部纵向热电偶布置(尺寸单位:mm)

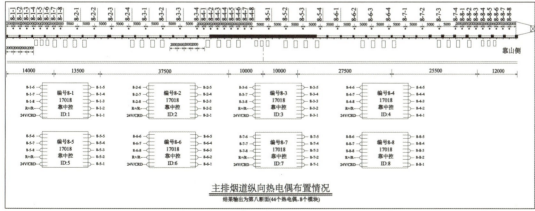

图4-62 隧道内主排烟道纵向热电偶布置(尺寸单位:mm)

(2)隧道内横断面热电偶布置

隧道内布置6个温度监测断面A1、A2、A3、A4、A5、A6,具体位置如图4-63所示。

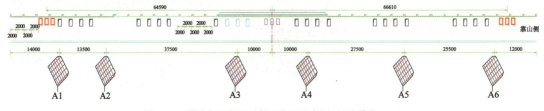

图4-63 隧道内温度监测断面位置示意图(尺寸单位:mm)

其中A1、A3、A6断面,每个断面布置82个热电偶,每个断面11个模块。A2、A4、A5断面,每个断面布置44个热电偶,每个断面6个模块(图4-64)。

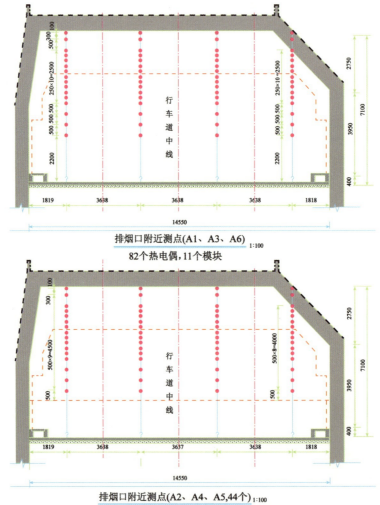

图4-64 隧道横断面热电偶布置(尺寸单位:mm)

(3)排烟口热电偶布置

每个侧壁排烟口尺寸为1m×2m,沿排烟口中线布置5个热电偶,见图4-65。

图4-65 侧壁排烟口热电偶布置(尺寸单位:mm)

每个顶部排烟口尺寸为2.4m×1.6m,沿排烟口中线布置4个热电偶,见图4-66。

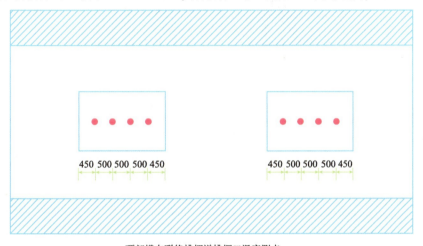

图4-66 顶部横向联络排烟道排烟口热电偶布置(尺寸单位:mm)

2)风速测量系统

风速测量方法:顶部排烟口布置18个风速测点,侧壁排烟口布置21个测点。每个测点测量3分钟,每隔5s读取一次数据,排烟口风速取测点风速平均值(图4-67和图4-68)。

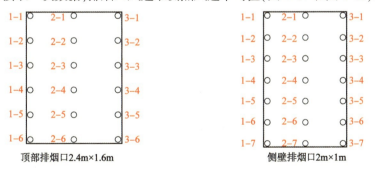

图4-67 排烟口风速测点布置示意图

图 4-68　排烟口风速测试

（1）B1、B2、B3 排烟量

开启侧壁排烟口 B1、B2、B3，开启左侧 37kW 排烟风机，开启右侧 2 台 90kW 排烟风机。如图 4-69 所示。

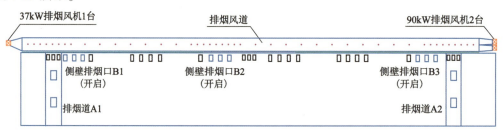

图 4-69　侧壁排烟口 B1、B2、B3 开启方式示意图

经测试，侧壁排烟口 B1 排烟量为 $7.76m^3/s$，侧壁排烟口 B2 排烟量为 $14.68m^3/s$，侧壁排烟口 B3 排烟量为 $51.78m^3/s$，总排烟量为 $74.3m^3/s$。

（2）A1、A2、B2 排烟量

开启横向联络排烟道 A1、A2、侧壁排烟口 B2，开启左侧 37kW 排烟风机，开启右侧 2 台 90kW 排烟风机。如图 4-70 所示。

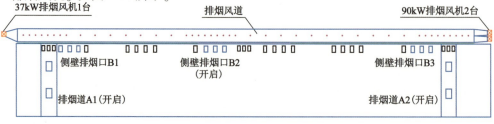

图 4-70　A1、A2、B2 开启方式示意图

经测试,排烟道 A1 排烟量为 31.7m³/s,排烟道 A2 排烟量为 49.51m³/s,侧壁排烟口 B2 排烟量为 38.44m³/s,总排烟量为 119.65m³/s。

(3) A1、A2 排烟量

开启横向联络排烟道 A1、A2,开启左侧 37kW 排烟风机,开启右侧 2 台 90kW 排烟风机。如图 4-71 所示。

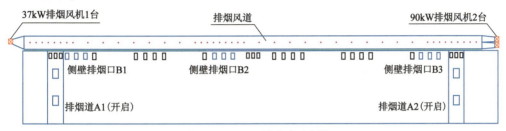

图 4-71　A1、A2 开启方式示意图

经测试,排烟道 A1 排烟量为 32.09m³/s,排烟道 A2 排烟量为 55.57m³/s,总排烟量为 87.66m³/s。

3) 图像记录系统

采用激光片光源观察隧道内横断面烟气状态,隧道内设两个观察断面,如图 4-72 所示。

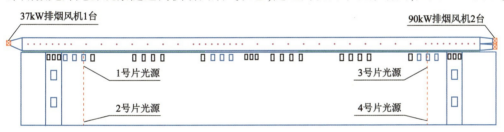

图 4-72　片光源安装位置示意图

为扩大观察范围,在每个断面对向设两台片光源,可观察隧道内距地面 2m 以上范围的烟气状态。如图 4-73 所示。

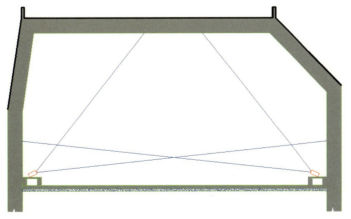

图 4-73　片光源横断面安装示意图

### 4.3.2 试验方案

根据本次试验目的及试验隧道条件,本次试验共设计了 6 组试验工况,具体试验工况见表 4-21。试验火源燃料采用 0 号柴油,并采用一定量 92 号汽油引燃,主要设计 2 种规模火源:①火源面积 2.25m²,实际热释放速率约 2.55MW,模拟热释放速率约 4.55MW(根据相似比计算);②火源面积 9m²,实际热释放速率约 13.61MW,模拟热释放速率约 24.26MW(根据相似比计算)。为了对比侧壁排烟口和横向排烟道的排烟效果,试验中主要考察了 3 种排烟口组合模式:①开启 3 个侧壁排烟口(B1、B2、B3);②开启 2 个横向排烟道 +1 个侧壁排烟口(A1、B2、A2);③仅开启 2 个横向排烟道(A1、A2)。为了减小风机开启对供电设备瞬间冲击,风机采用依次开启的方式,具体开启时间详见表 4-13。

大比尺实体隧道试验工况表　　　　表 4-13

| 序号 | 模拟火源功率(MW) | 燃料数量(L) 92 号汽油 | 燃料数量(L) 0 号柴油 | 油盘尺寸(m²) | 风机开启策略 射流 | 风机开启策略 轴流 1 | 风机开启策略 轴流 2 | 火源位置 | 排烟模式 排烟口编号 | 排烟模式 组合形式 |
|---|---|---|---|---|---|---|---|---|---|---|
| test1 | 5 | 1 | 30 | 1.5×1.5×1 | — | 30s | 60s | 32m 处 | B1、B2、B3 | 3 个侧壁排烟口 |
| test2 | 20 | 4 | 80 | 1.5×1.5×4 | — | 30s | 60s | 32m 处 | B1、B2、B3 | 3 个侧壁排烟口 |
| test3 | 5 | 1 | 30 | 1.5×1.5×1 | 40s | 20s | 60s | 32m 处 | A1、B2、A2 | 2 个横向联络排烟道 +1 个侧壁排烟口 |
| test4 | 20 | 4 | 100 | 1.5×1.5×4 | 38s | 25s | 50s | 32m 处 | A1、B2、A2 | 2 个横向联络排烟道 +1 个侧壁排烟口 |
| test5 | 20 | 4 | 100 | 1.5×1.5×4 | 20s | 40s | 60s | 32m 处 | A1、A2 | 2 个横向联络排烟道 |
| test6 | 5 | 1 | 30 | 1.5×1.5×1 | 20s | 40s | 60s | 32m 处 | A1、A2 | 2 个横向联络排烟道 |

### 4.3.3 1∶1.2 火灾模型试验分析

#### 4.3.3.1 5MW 火灾试验

本次试验采用 4.55MW 模拟火源共设计了 3 组试验工况,分别是 test1、test3、test6。

(1)test1 侧壁排烟(B1、B2、B3)

点火 88s 后烟雾抵达下游排烟口;100s 时烟雾 B3 排烟口烟雾高度已经接近 5m,左、右高度持平,烟雾从侧壁口排出;200s 时烟雾 B3 排烟口烟雾高度已经下降至 4.5m,左、右高度基本持平,240s 时烟雾 B3 排烟口烟雾高度已经下降至 4m,左、右高度基本持平,由于烟雾从侧壁口排出,靠侧壁口烟雾较薄;370s 时烟雾 B3 排烟口烟雾高度下已经降至 2m,左、右高度一致,随后 300s 隧道烟雾迅速充满整个隧道断面,如图 4-74 所示。

a) 点火

b) 88s 烟雾抵达下游排烟口

c) 100s 烟雾高度接近 5m

d) 240s 烟雾高度下降至 4m

e) 270s 烟雾已经下降至 2m

f) 300s 烟雾已经充满整个断面

图 4-74　test1 典型时刻烟层截图（5MW + 全侧壁排烟口）

（2）test3 2 个横向联络排烟道 + 1 个侧壁排烟口（A1、B2、A2）

点火 95s 后烟雾抵达下游排烟口；180s 时烟雾 A3 排烟口烟雾已经淹没排烟口，左、右高度持平，烟雾高度约 5m，烟雾从顶部排烟口 A3 排出；未见烟雾下沉至 2m，如图 4-75 所示。

a) 点火

b) 95s 烟雾抵达下游排烟口

图　4-75

c) 180s 烟雾高度约5m    d) 烟雾从顶部排烟口A3排出

图 4-75　test3 典型时刻烟层截图(5MW + 2 个横向联络排烟道 + 1 个侧壁排烟口)

(3) test6 2 个横向联络排烟道(A1、A2)

点火 85s 后烟雾抵达下游排烟口，烟雾从顶部排烟口 A1、A3 排出，烟雾左右高度持平；180s 烟雾高度约为 5m，烟雾高度左右持平；240s 烟雾高度约为 5m，烟雾高度左右持平，如图 4-76 所示。

a) 85s 烟雾抵达下游排烟口    b) 180s 烟雾高度约为5m

c) 240s 烟雾高度约为5m

图 4-76　test6 典型时刻烟层截图(5MW + 2 个横向联络排烟道)

#### 4.3.3.2　隧道横断面温度分布

图 4-77 给出了 test1、test3、test6 5MW 火灾试验各断面最温度分布云图，图中左侧第一列为 test1(开启侧壁排烟口 B1、B2、B3)断面最高温度分布情况，第二列为 test3(开启横向联络排烟道 A1、A2 + 侧壁排烟口 B2)断面最高温度分布情况，第三列为 test6(开启横向联络排烟道 A1、A2)断面最高温度分布情况。

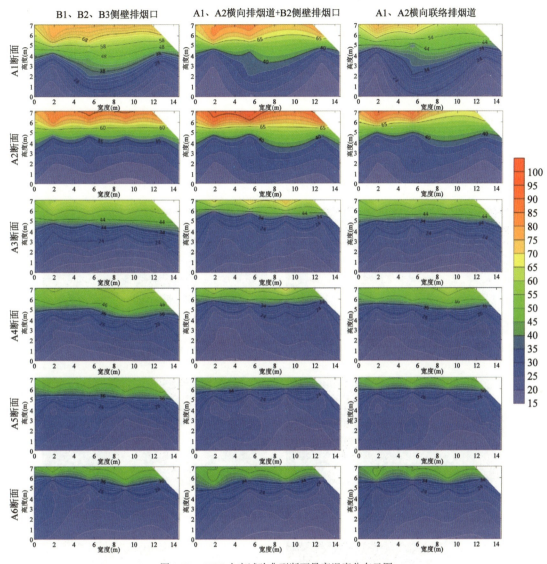

图 4-77 5MW 火灾试验典型断面最高温度分布云图

火灾烟气为高温烟气,密度小于空气密度,通常漂浮于隧道顶部。根据前人的研究成果表明,断面温度分布一定程度上可以反映烟气层分层情况。从 test1(开启侧壁排烟口 B1、B2、B3)各断面温度分布情况可看出,烟气层最高温度出现在断面 A2 处,最高温度约 100℃。火源附近断面(A2)烟气层高度在横向上分布基本一致,离火源较远时(断面 A3、A4、A5、A6)烟气层高度存在一定差异,远离排烟口处烟气层高度低于排烟口附近烟气层高度(排烟口位于图中横断面左侧)。同理可看出,test3 开启横向联络排烟道 A1、A2 + 侧壁排烟口 B2 时,或 test6 开启横向联络排烟道 A1、A2 时,所有断面上烟气层高度基本一致。此外,对比各断面处 3 个工况的温度分布情况可看出,test3、test6 烟气层高度略高于 test1,也就是说采用横向联络排烟道时,烟气控制效果略好于 test1,更有利于人员疏散安全。

#### 4.3.3.3 25MW 火灾试验

本次试验采用 25MW 模拟火源共设计了 3 组试验工况,分别是 test2、test4、test5。

1) 试验现象

(1) test2 侧壁排烟(B1、B2、B3)

点火 75s 后烟雾抵达下游排烟口;100s 时烟雾 B3 排烟口烟雾高度已经 4m,左、右高度持平,由于烟雾从侧壁口排出,靠侧壁口烟雾较薄;200s 时烟雾 B3 排烟口烟雾高度为 4m,左、右高度有相差,靠侧壁口烟雾较薄且烟雾高度较高;随后 260s 隧道烟雾迅速充满整个隧道断面,如图 4-78 所示。

a)点火现场

b)75s 烟雾抵达下游排烟口

c)100s 烟雾高度已经 4m

d)靠排烟口侧烟雾较薄且高度高

e)200s 烟雾高度

f)260s 烟雾已经充满整个断面

图 4-78　test2 典型时刻烟层截图(25MW + 全侧壁排烟口)

(2) test4 2 个横向联络排烟道 +1 个侧壁排烟口(A1、B2、A2)

点火 80s 后烟雾抵达下游排烟口,然后烟雾迅速淹没排烟口,并下沉至 4m,烟雾从顶部排烟口 A1、A3 排出,烟雾左右高度持平;180s 烟雾已经基本充满整个断面;240s 烟雾下沉较多,能见度小于 10m,如图 4-79 所示。

a)点火现场

b)95s烟雾抵达下游排烟口

c)180秒烟雾高度约5m

d)烟雾从顶部排烟口A3排出

图 4-79　test4 典型时刻烟层截图(25MW + 2 个横向联络排类图道 + 1 个侧壁排烟口)

(3)test5 2 个横向联络排烟道(A1、A2)

点火 80s 后烟雾抵达下游排烟口,然后烟雾迅速淹没排烟口,并下沉至 4m,烟雾从顶部排烟口 A1、A2 排出,烟雾左右高度持平;180s 烟雾已经完全充满整个断面,能见度小于 10m;240s 烟雾下沉较多,能见度小于 10m,如图 4-80 所示。

图 4-81 给出了 test2、test4、test5 25MW 火灾试验各断面最温度分布云图,图中左侧第一列为 test2(开启侧壁排烟口 B1、B2、B3)断面最高温度分布情况,第二列为 test4(开启横向联络排烟道 A1、A2 + 侧壁排烟口 B2)断面最高温度分布情况,第三列为 test5(开启横向联络排烟道 A1、A2)断面最高温度分布情况。

a)点火现场

b)80s烟雾抵达下游排烟口

图　4-80

c)烟雾左右持平、迅速下沉

d)180s烟雾基本充满整个断面

e)240s烟雾下沉较多，能见度小于10m

图4-80 test5典型时刻烟层截图(25MW+2个横向联络排烟道)

2)隧道横断面温度分布

从烟气温度横断面分布情况来看，对于25MW的模拟火灾，test2开启侧壁排烟口B1、B2、B3时，烟气层高度在横断面上分布略有差异，靠近排烟口端烟气层高度略高于远离排烟口侧；而test4、test5烟气层高度在横向上基本保持一致。

对比各断面处3个工况的温度分布情况可看出，3个工况的烟气层高度大致为，test4 > test5 > test2，也就是说采用横向联络排烟道+侧壁排烟口时，烟气高度最高，烟气控制效果最好，仅采用横向联络排烟道时次之，仅采用侧壁排烟口时最差。

3)烟气层高度计算

判断烟气层厚度，主要有 $N$-百分比法，积分比法等。其中，$N$-百分比法使用得较为广泛，但对于 $N$ 的取值主观性较强，尤其是当烟气层界面处的温度梯度变化不大时，$N$ 值的较小变化可能对计算得到的烟气层厚度带来较大误差。积分比法对烟气层厚度的预测较准确，在火灾领域广泛使用的 FDS(Fire Dynamics Simulator)程序中就采用了这种方法来计算烟气层界面高度，其基本的原理是：通道中烟气存在分层现象，上下层对应于不同的积分比。

上层烟气温度积分比为：

$$r_u = \frac{1}{(H-H_{int})^2} \int_{H_{int}}^{H} T(z)\,\mathrm{d}z \int_{H_{int}}^{H} \frac{1}{T(z)}\mathrm{d}z \qquad (4\text{-}15)$$

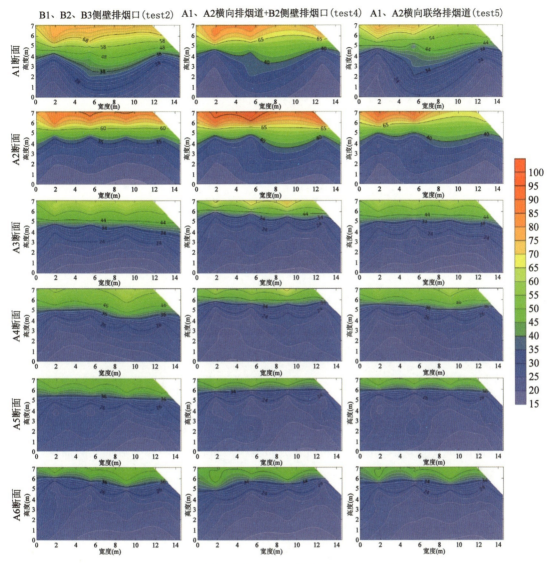

图 4-81 25MW 模拟火灾试验典型断面温度分布云图

下层空气温度积分比为：

$$r_l = \frac{1}{H_{int}^2}\int_0^{H_{int}} T(z)\,\mathrm{d}z \int_0^{H_{int}} \frac{1}{T(z)}\mathrm{d}z \tag{4-16}$$

积分比之和为：

$$r_t = r_u + r_l = f(z) \tag{4-17}$$

式中 $H$ 是地面到顶棚的总高度，$H_{int}$ 是烟气层界面的高度，$T(z)$ 是温度竖向分布函数。当 $r_t$ 最小时对应的 $H_{int}$ 就是烟气层界面高度，烟气层厚度随即可知。这里的温度竖向分布函数 $T(z)$ 将通过对试验测量得到的温度分布曲线进行非线性拟合得到。

图 4-82 给出了 test2 时 A6 断面最高温度竖向分布情况。从试验数据可以看出，温度在竖

直方向上的分布呈 S 形状,因此采用 Sigmoidal 函数对分布曲线进行逼近,将拟合得到的连续函数作为温度积分函数 $T(z)$。

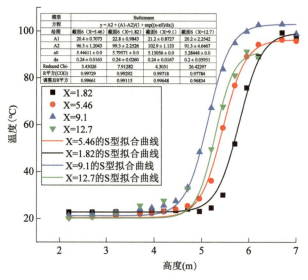

图 4-82　Test2 A6 断面最高温度竖向分布情况

本文通过使用积分比法来计算烟气层厚度,数值积分通过 Python 程序实现。图 4-83、图 4-84、图 4-85 分别给出了 test2、test4、test5 各温度监测断面烟气层高度计算结果。从烟气层高度分布情况可看出,对于 test2 仅开启侧壁排烟口时,远离排烟口端烟气层高度低于靠近排烟口侧,也就是说仅采用侧壁排烟时,对于远离排烟口的区域排烟效果较差。而采用横向联络排烟道时(test4、test5),烟气层在横断面上分布基本一致,即排烟系统对烟气的抽排效果在横断面上区别不大。

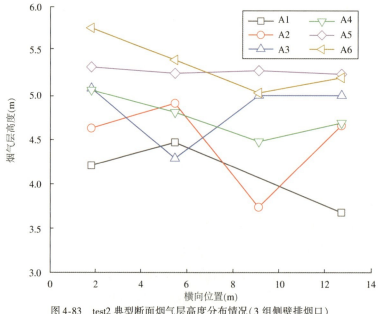

图 4-83　test2 典型断面烟气层高度分布情况(3 组侧壁排烟口)

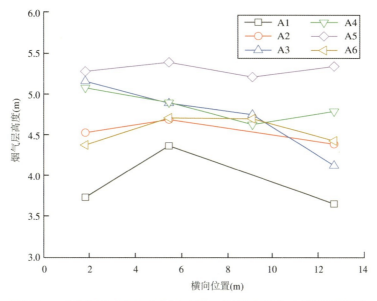

图 4-84 test4 典型断面烟气层高度分布情况(2 处横向排烟道 +1 组侧壁排烟口)

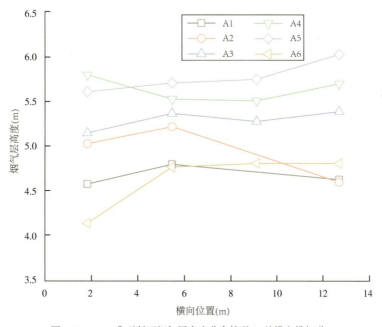

图 4-85 test5 典型断面烟气层高度分布情况(2 处横向排烟道)

## 4.4 小结

1)1∶15 缩尺模型试验结果

依托沉管隧道标准段 1∶15 缩尺模型试验平台,分别进行了沉管隧道标准段烟流流场烟雾扩散特性试验、沉管隧道标准段火灾排烟效率试验和沉管隧道标准段火灾排烟方案对比试验。试验结果表明：

(1) 从烟气温度分布、烟气蔓延范围、排烟效率等几方面分析了隧道侧壁排烟、横向联络排烟道侧部排烟、横向联络排烟道底部排烟等三种排烟方式的控烟效果。总体而言，横向联络排烟道底部排烟方式和横向联络排烟道侧部排烟方式对烟气扩散的控制优于隧道侧壁排烟排烟方式，横向联络排烟道底部排烟方式略优于横向联络排烟道侧部排烟方式；在"纵向风速为0.8m/s阶段"，能够有效地抑制烟气温度向上游分布范围，纵向风速对烟流的控制起主要作用；但当纵向风速大于0.5m/s时，随着纵向风速增大，烟气分层遭到破坏，烟流加速向下游扩散，导致排烟效率下降明显，降低约10%左右，因此纵向风速不宜大于0.5m/s(对应实际情况下2m/s的风速)。

(2) 横向联络排烟道底部排烟排烟方式，在火源位置选取在2号、3号排烟道(口)之间、火灾时开启相邻4组(2号、3号、4号、5号)排烟阀的情况下从烟气温度分布范围、烟气蔓延范围、排烟效率等几方面分析了不同横向联络排烟道间距的控烟效果。总体而言，烟气分布范围控制效果与横向联络排烟道间距成正比，即横向联络排烟道间距越大烟气分布范围控制效果越好。工况H20-L90-D横向联络排烟道间距为6.0m(模拟间距为90m)的控烟效果最佳，工况H20-L80-D横向联络排烟道间距为5.6m(模拟间距为84m)，H20-L75-D横向联络排烟道间距为5.0m(模拟间距为75m)的控烟效果最佳次之，工况H20-L60-D横向联络排烟道间距为4.0m(模拟间距为60m)的控烟效果较差。

(3) 横向联络排烟道底部排烟方式，在火源位置选取在2号、3号排烟道(口)之间、横向联络排烟道间距为5.6m(模拟间距为84m)的情况下，从烟气温度分布范围、烟气蔓延范围、排烟效率等几方面分析了横向联络排烟道排烟阀不同开启组合的控烟效果。总体而言，工况H20-L84-D-2(开启2号、3号、4号、5号共4组横向联络排烟道)的控烟效果最佳，工况H20-L84-D-4(开启2号、3号、4号、5号、6号共5组横向联络排烟道)的控烟效果和工况H20-L84-D-3(开启3号、4号、5号、6号共4组横向联络排烟道)的控烟效果次之，工况H20-L84-D-5(开启1号、2号、3号、4号、5号、6号共6组横向联络排烟道)的控烟效果较差。

2) 1∶1.25的大比尺实体隧道火灾排烟试验试验结果

本项目通过1∶1.25的大比尺实体隧道火灾排烟试验，对仅开启侧壁排烟口、开启横向联络排烟口+侧壁排烟口、仅开启横向联络排烟道3种模式的排烟效果进行了对比分析。试验结果表明：

(1) 仅开启侧壁排烟口时，烟气层高度在横断面上分布存在一定差异，远离排烟口侧的烟气层高度略低于排烟口附件烟气层高度。

(2) 从整体效果看，采用横向联络排烟道+侧壁排烟口时，烟气高度最高，烟气控制效果最好，仅采用横向联络排烟道时次之，仅采用侧壁排烟口时最差。

# 第5章 超宽特长海底沉管隧道火灾应急疏散及救援技术

## 5.1 事故致灾机理及事故分级判定标准

### 5.1.1 事故致灾机理分析

#### 5.1.1.1 概述

隧道事故类型主要为交通事故、火灾事故。事故损失主要为人员死伤、财产损失、隧道结构的破坏和车辆的损坏以及由于交通堵塞导致人们的出行效率降低。隧道事故致灾机理是指诱导事故发生的各因素之间的逻辑关系。

事故机理是安全原理的内容之一,主要用于解释事故的成因、过程、结果以及针对事故成因采取怎样的措施来防止事故的发生,因此又称为事故致因理论或事故模型。事故机理从事故的角度出发来研究事故的组成因素和成因因素,分析其致因模型及静态和动态发展过程,阐述事故的预防机制及其应急措施,它是指导预防事故发生的基本理论事故机理抽象概括的考虑构成系统的人、机、物、环境,因此它是进行危险分析、安全评价、制定策略、管理监控以及调查分析事故的重要措施。

根据人机工程学原理,运用人—机—环境系统安全性分析方法,从控制事故发生原因的角度进行分析,将公路隧道事故表示为人、车辆、隧道环境以及管理四个致因因素的多元联合效用函数。分析收集到的一些国内外公路隧道事故案例,结合以上点找出发生隧道事故及导致人员死伤的根本原因。

#### 5.1.1.2 交通事故

隧道特殊的空间结构决定了事故发生的特点,近几年来通过对一些隧道事故案例的研究分析发现:隧道交通事故的发生,不仅与人(主要是驾驶人)的不安全行为、车的不安全状态和隧道环境的不安全因素等相关,同时,约束这三种因素的管理原因对其也有很大的影响。隧道交通事故的致因分析如表5-1所示。

采用事故树分析法中的条件或门的逻辑关系来表示人、车辆、隧道环境和管理之间的关系,如图5-1所示。

尽管发生隧道事故的原因是多样、复杂的,但是对其原因综合分析。可知,高速公路隧道事故是人、车、隧道条件以及管理四个要素之间关系不协调导致发生的出乎意料的和不希望发生的破坏性事件,其关系如图 5-2 所示。

**隧道交通事故致因分析** 表 5-1

| 致因因素 | 致 因 分 析 |
|---|---|
| 人的原因<br>主要是<br>驾驶人 | 道路司驾驶人的误操作是诱发道路事故最主要的原因,约占发生事故的 60%～70%,这些误操作包括:<br>1. 隧道内车辆行车间距太小,导致发生紧急情况时不能迅速停车而追尾;<br>2. 驾驶人在驶入隧道和驶出隧道时视觉上不能马上适应而造成事故;<br>3. 在隧道内行驶紧张导致非正常操作等引起交通事故;<br>4. 由于隧道内车辆行驶中扬起的灰尘、产生的浓烟等导致隧道内能见度下降而发生事故;<br>5. 驾驶人在车辆出现故障后没有迅速采取正确的措施导致事故 |
| 车辆的原因 | 在隧道内,车辆本身的故障引起的交通事故是不可忽视的。通常容易引起事故的车辆自身故障有以下几点:<br>1. 车辆本身设计如油箱位置或刹车部件油管的走向等布置不合理;发动机突然熄火或过热起火;<br>2. 轮胎爆裂或制动失灵,车辆超载或货物堆放凌乱 |
| 隧道条件<br>原因 | 隧道条件主要是指隧道主体结构、路面、水沟、横洞以及隧道外、隧道内的监控设施、安全设施等。有较多隧道事故是由于隧道硬件配置不合理以及不完善引起的。一般有如下原因:<br>1. 隧道内路面材料不合理,没有考虑到在不同环境下的使用情况,如水泥路面,在雨天或路面灰尘多时由于路面摩擦系数减小而引起交通事故比较多;<br>2. 隧道内主体工程的材料使用不合理,如易燃、有毒、抗温不高、抗爆裂不强的材料的使用;<br>3. 长隧道或者特长隧道内坡度不宜过长、过大,否则会导致上坡段行驶的车辆释放大量的烟和有毒气体,而下坡段行驶的车辆会出现超速或刹车失灵的危险情况;<br>4. 隧道内设备设置位置不完善,如紧急电话应尽量设置在紧急停车带处,应在横洞、避难逃生通道等增设摄像机;<br>5. 隧道内设施不完善,如紧急疏散标志、车行及人行横洞指示标志以及紧急情况下需使用的各种设备的指示标志等;<br>6. 隧道内通风、照明设备设置不够完善,如风力不够、风向不定、照明亮度不够等 |
| 隧道管理<br>原因 | 隧道运营管理是一个较为复杂的系统工程,涉及很多方面的因素,例如各个部门、先进的技术、各种型号的设备等。隧道运营管理的好坏直接影响着隧道事故发生率、隧道事故扩大程度、事故损失大小等。运营管理导致隧道事故发生的原因主要有以下几方面:<br>1. 隧道内疏散引导、指示设备故障产生交通事故;<br>2. 隧道内设备延误、故障导致事故扩大;<br>3. 消防、交警、抢救等部门协调不及时、响应不迅速导致事故后果更为严重;<br>4. 使用自动灭火消防设备不当引发事故 |

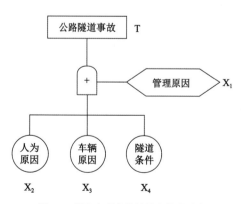

图 5-1 隧道交通事故的基本构成要素

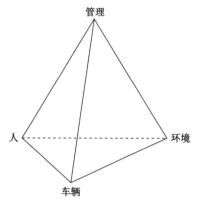

图 5-2 公路隧道事故管理的基本要素结构

四个致因因素分别为四面体的四个顶点，它们是共同影响着公路隧道事故发生的条件。公路隧道事故的致灾机理可以由这四个要素所形成的平面投影进行描述，如图 5-3 所示。

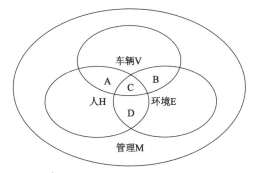

图 5-3　公路隧道交通事故致灾机理模型图

由图 5-3 中的 A、B、C、D、V、H、E、M 八个区域可以表示隧道交通事故的致灾机理。V 区表示车辆自身设计缺陷导致的事故；H 区表示人为因素引起的事故；E 区表示隧道条件单方面造成的事故；M 区表示管理不善而造成的事故，管理因素包括对人、车辆和隧道环境以及交叉区域的管理；A 区表示人为操纵失误和车辆性能不好而导致的事故；B 区表示车辆对隧道条件的破坏以及由隧道环境所造成的事故；C 区表示人、车辆、隧道环境三者综合因素所导致的事故；D 区表示由人错误行为和隧道的不良条件共同造成的事故。

根据上述分析可以得出，公路隧道交通事故是由一个或多个致因因素共同作用的结果，其中任何一种要素受阻都会引发隧道事故。在引发事故的 4 个要素中，决定隧道事故发生的重要因素是管理因素。隧道安全状况不仅要从根本上提高人的操作水平、车辆的结构性能以及隧道环境的硬件水平，主要取决于对人、车辆和隧道环境的管理要素。所以，决定事故大小和事故多少的首要条件是隧道安全管理要素。

#### 5.1.1.3　火灾事故

本节引入安全系统工程中的事故树分析法（FTA）来分析隧道火灾事故的致灾特性。FTA 以顶上事件作为分析目标，即系统不希望发生的较大或重大事件，通过逐层分析得出引发火灾事故的各种因素。通过逻辑门符号将特定的事故和各层原因（危险因素）连接起来，将表达其逻辑关系的逻辑图形，称为事故树。以"隧道火灾"为顶上事件建立隧道火灾事故树如图 5-4 所示，对隧道火灾事故的致灾特征进行描述。

图 5-4 中：T 表示隧道火灾；$A_1$ 表示隧道中的可燃烧物品；$A_2$ 表示隧道外界带入的可燃烧物品；$A_3$ 表示车辆运输的可燃烧物品；$B_1$ 表示隧道中的火源；$B_2$ 表示隧道中的电气设备起火；$B_3$ 表示人为因素纵火；$B_4$ 表示车辆发生交通事故起火；$Y_1$ 表示空气；$Y_2$ 表示隧道内装的可燃烧物；$Y_3$ 表示机动车辆的燃料；$Y_4$ 表示行人带入的可燃烧物；$Y_5$ 表示一般可燃烧物；$Y_6$ 表示易燃易爆物；$Y_7$ 表示车辆发动机起火；$Y_8$ 表示雷击起火；$Y_9$ 表示电气设备短路起火；$Y_{10}$ 表示电线电负荷过大起火；$Y_{11}$ 表示故意纵火，$Y_{12}$ 表示非故意纵火；$Y_{13}$ 表示车辆对撞起火；$Y_{14}$ 表示车辆追尾起火；$Y_{15}$ 表示车辆碰撞中隧道内结构物起火。

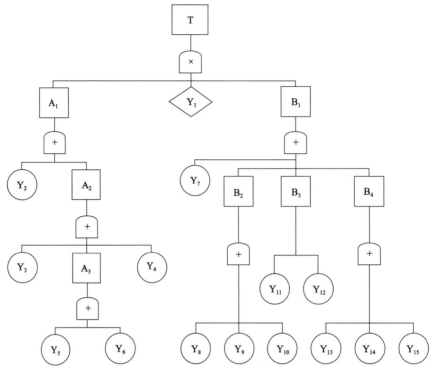

图 5-4 隧道火灾事故树

隧道火灾事故树由与门和或门组成,所有的基本事件包含重复事件,但这些事件都是互相独立统计的。首先运用布尔代数表示各个事件之间的逻辑关系然后求出事故树的最小割集,即隧道火灾致灾事故模型。因为系统的全部事故模式可以由最小割集反映,故而最小割集的集合又称为系统的事故谱。通过对隧道火灾事故谱的分析,找出导致事故发生的基本因素,对隧道事故紧急救援预案编制具有很大作用。其全部最小割集的计算如下:

$$T = A_1 Y_1 B_1$$
$$= (Y_2 + A_2) Y_1 (B_2 + B_3 + B_4 + Y_7)$$
$$= (Y_2 + Y_3 + Y_4 + Y_5 + Y_6) Y_1 (Y_7 + Y_8 + Y_9 + Y_{10} + Y_{11} + Y_{12} + Y_{13} + Y_{14} + Y_{15})$$

结合对国内外公路隧道火灾事故案例分析及表可知,引发火灾事故的原因主要分为以下几种。

①车辆自身故障造成的火灾。车辆故障引发火灾的原因主要有部件相互摩擦起火、线路短路和燃油泄漏等引发火灾。

②车辆碰撞起火。由于隧道可视度低,车辆超速行驶很容易发生车辆与车辆之间、车辆与隧道内设备碰撞或擦剐等从而导致火灾。

③运输车辆装载的货物引发的火灾。隧道内行驶的车辆可能因为所载的货物含有易燃易爆物品导致火灾。

④因施工人员操作不当引起火灾。隧道施工维护中进行切割、焊接作业以及车辆运行时产生的电弧等都可能引燃隧道内的可燃物而造成火灾。

⑤隧道内的设备起火。隧道变电所的工作环境潮湿、通风散热不好、粉尘较多等都有可能导致设备故障而引发火灾。

### 5.1.2 现行事故分级

1)《关于修订道路交通事故等级划分标准的通知》关于道路交通事故分级标准

根据公安部《关于修订道路交通事故等级划分标准的通知》(公通字〔1991〕113 号,颁布日期:1991.12.02),道路交通事故分为以下 4 类:

①轻微事故,是指一次造成轻伤 1 至 2 人,或者财产损失机动车事故不足 1000 元,非机动车事故不足 200 元的事故。

②一般事故,是指一次造成重伤 1 至 2 人,或者轻伤 3 人以上,或者财产损失不足 3 万元的事故。

③重大事故,是指一次造成死亡 1 至 2 人,或者重伤 3 人以上 10 人以下,或者财产损失 3 万元以上不足 6 万元的事故。

④特大事故,是指一次造成死亡 3 人以上,或者重伤 11 人以上,或者死亡 1 人,同时重伤 8 人以上,或者死亡 2 人,同时重伤 5 人以上,或者财产损失 6 万元以上的事故。

2)《火灾统计管理规定》关于火灾事故分级标准

根据公安部、劳动部、国家统计局于 1996 年颁布的《火灾统计管理规定》,将火灾事故分为三级,见表 5-2。

火 灾 事 故 分 级　　　　表 5-2

| 严重等级 | 火灾严重度 |
| --- | --- |
| 特大事故 | 死亡 10 人以上;重伤 20 人以上;死亡、重伤 20 人以上;受灾 50 户以上;烧毁财物损失 50 万元以上 |
| 重大事故 | 死亡 3 人以上;重伤 10 人以上;死亡、重伤 10 人以上;受灾 30 户以上;烧毁财物损失 30 万元以上 |
| 一般事故 | 不具有前列两种情形的燃烧事故 |

3)《生产安全事故报告和调查处理条例》关于事故等级的规定

2007 年 3 月 28 日国务院第 172 次常务会议通过《生产安全事故报告和调查处理条例》,自 2007 年 6 月 1 日起施行。根据生产安全事故(以下简称事故)造成的人员伤亡或者直接经济损失,事故一般分为以下等级:

①特别重大事故,是指造成 30 人以上死亡,或者 100 人以上重伤(包括急性工业中毒,下同),或者 1 亿元以上直接经济损失的事故。

②重大事故,是指造成 10 人以上 30 人以下死亡,或者 50 人以上 100 人以下重伤,或者 5000 万元以上 1 亿元以下直接经济损失的事故。

③较大事故,是指造成 3 人以上 10 人以下死亡,或者 10 人以上 50 人以下重伤,或者 1000 万元以上 5000 万元以下直接经济损失的事故。

④一般事故,是指造成 3 人以下死亡,或者 10 人以下重伤,或者 1000 万元以下直接经济

损失的事故。

4)《公路交通突发事件应急预案》关于事故等级的规定

2009年5月12日交通运输部发布了《公路交通突发事件应急预案》(交公路发〔2009〕226号)。按照突发事件的性质、可控性、严重程度和影响范围等因素把突发事件分为了四个级别,按照影响严重程度由高到低的顺序,分别为Ⅰ级(特别重大)、Ⅱ级(重大)、Ⅲ级(较大)和Ⅳ级(一般),但预案中并没有直接给出各类突发事件的划分指标,而是根据突发事件发生时对公路交通的影响和需要的运输能力划分预警级别。预警级别同样分为四个级别,见表5-3,分别与四级事件相对应,以此将突发事件划分为不同的级别。2009年新版预案与2005年版相比,在预警级别的描述上进行了修改,去除了原有描述中突发事件处置结束后才能最终确定的指标,如事件伤亡人数、财产损失等。

**公路隧道交通事故分级标准及初步应急措施** 表5-3

| 预警级别 | 级别描述 | 颜色标示 | 应急控制 |
| --- | --- | --- | --- |
| Ⅰ级 | 特别重大 | 红色 | 因突发事件可能导致国家干线公路交通毁坏、中断、阻塞或者大量车辆积压、人员滞留,通行能力影响周边省份,抢修、处置时间预计在24小时以上时;<br>因突发事件可能导致重要客运枢纽运行中断,造成大量旅客滞留,恢复运行及人员疏散预计在48小时以上时;<br>发生因重要物资缺乏、价格大幅波动可能严重影响全国或者大片区经济整体运行和人民正常生活,超出省级交通运输主管部门运力组织能力时;<br>其他可能需要由交通运输部提供应急保障时 |
| Ⅱ级 | 重大 | 橙色 | 因突发事件可能导致国家干线公路交通毁坏、中断、阻塞或者大量车辆积压、人员滞留,抢修、处置时间预计在12小时以上时;<br>因突发事件可能导致重要客运枢纽运行中断,造成大量旅客滞留,Ⅱ级恢复运行及人员疏散预计在24小时以上时;<br>发生因重要物资缺乏、价格大幅波动可能严重影响省域内经济整体运行和人民正常生活时;<br>其他可能需要由省级交通运输主管部门提供应急保障时 |
| Ⅲ级 | 较大 | 黄色 | Ⅲ级预警分级条件由省级交通运输主管部门负责参照Ⅰ级和Ⅱ级预警等级,结合地方特点确定 |
| Ⅳ级 | 一般 | 蓝色 | Ⅳ级预警分级条件由省级交通运输主管部门负责参照Ⅰ级、Ⅱ级和Ⅲ级预警等级,结合地方特点确定 |

### 5.1.3 沉管隧道事故分级

1)港珠澳大桥沉管隧道

港珠澳大桥沉管隧道将火灾事故分级划分为特别重大(Ⅰ级)、重大(Ⅱ级)、较大(Ⅲ级)、一般(Ⅳ级)四个等级,与《生产安全事故报告和调查处理条例》中将火灾等级划分的四个等级相对应,并结合车辆火灾蔓延和火灾荷载分析结果,提出了可能导致发生火灾的车辆类型和数量。

(1)特别重大火灾事件(Ⅰ级)

特别重大火灾事件是指港珠澳海底隧道火灾发生后,仅仅依靠港珠澳大桥管理局的救援力量无法满足隧道火灾扑灭及救援的需求,需向香港、珠海和澳门三地的消防力量请求支援。

只要超出重大火灾事件预警级别时即为特别重大火灾事件。

(2)重大火灾事件(Ⅱ级)

重大火灾事件是指港珠澳海底隧道火灾发生后,仅仅依靠东、西人工岛救援站的消防力量无法满足隧道火灾扑灭及救援的需求,需向珠澳口岸人工岛救援站请求支援。

a. 可能导致 1 辆重型货车发生火灾;

b. 可能导致 2、3 辆小型货车发生火灾;

c. 可能导致 5~6 辆小汽车发生火灾;

d. 可能导致 2 辆公共汽车发生火灾。

(3)较大火灾事件(Ⅲ级)

较大火灾事件是指港珠澳海底隧道火灾发生后,依靠东、西人工岛救援站的消防力量进行火灾扑灭及救援。

a. 可能导致 1 辆公共汽车发生火灾;

b. 可能导致 1 量小货车发生火灾;

c. 可能导致 2~4 辆小汽车发生火灾。

(4)一般火灾事件(Ⅳ级)

一般火灾事件是指港珠澳海底隧道火灾发生后,仅需要动用隧道一侧救援站的消防力量。保险起见,另一侧的消防人员应轻装(乘坐轻快的车辆)从非着火隧道赶至离着火位置最近的上游的安全门,进入着火隧道利用隧道内设置的消防设施展开救援。

a. 可能导致 1 辆小汽车发生火灾;

b. 其他火灾,如电缆隧道火灾、电气线路火灾等。

2)青岛胶州湾隧道

青岛市人民政府办公厅 2016 年 1 月 21 日发布了《青岛胶州湾隧道突发事件应急预案》(青政办字〔2016〕11 号)。按照突发事件的性质、危害程度、可控性、影响范围等因素,隧道突发事件由低到高划分为一般(Ⅳ级)、较大(Ⅲ级)、重大(Ⅱ级)和特别重大(Ⅰ级)4 个级别。

一般隧道突发事件(Ⅳ级):造成 3 人以下("以下"不含本数,下同)死亡,或 10 人以下重伤,或 1000 万元以下直接经济损失的事故;隧道遭受破坏、因灾严重损毁、交通事故拥堵造成行车中断,经抢修 3 小时内无法恢复通车。

较大隧道突发事件(Ⅲ级):造成 3 人以上("以上"含本数,下同)、10 人以下死亡,或 10 人以上、50 人以下重伤,或造成 1000 万元以上、5000 万元以下直接经济损失的事故;隧道遭受破坏、因灾严重损毁、交通事故拥堵造成行车中断,经抢修 10 小时内无法恢复通车。

重大隧道突发事件(Ⅱ级):造成 10 人以上、30 人以下死亡,或 50 人以上、100 人以下重伤,或 5000 万元以上、1 亿元以下直接经济损失的事故;隧道遭受破坏、因灾严重损毁、交通事故拥堵造成行车中断,经抢修 24 小时内无法恢复通车。

特别重大隧道突发事件（Ⅰ级）：造成30人以上死亡，或100人以上重伤，或1亿元以上直接经济损失的事故；隧道遭受破坏、因灾严重损毁、交通事故拥堵造成行车中断，经抢修48小时内无法恢复通车。法律、行政法规和上级规范性文件另有规定的，从其规定。

## 5.2 沉管隧道火灾人员疏散技术

### 5.2.1 人员疏散场景设计

#### 5.2.1.1 模型设置

考虑隧道内发生交通事故，后车追尾碰撞引发火灾。结合本项目其他分册隧道火灾烟气运动模拟计算模型，考虑火灾时人员疏散的最不利情况，即隧道内车辆阻塞，同时发生火灾，人员紧急疏散。模型计算长度500m，车辆堵塞距离500m，计算模型如图5-5和图5-6所示。

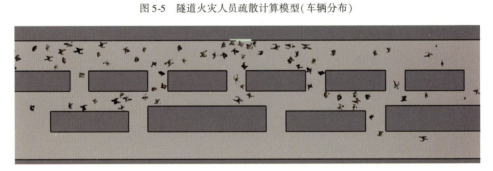

图5-5　隧道火灾人员疏散计算模型（车辆分布）

图5-6　隧道火灾人员疏散计算模型（人员分布）

#### 5.2.1.2 人员荷载

考虑隧道内全部车道均阻塞，车辆根据《公路工程技术标准》（JTG B01—2014）规定的车辆外轮廓尺寸进行取值。阻塞车辆之间间距按3m考虑，根据工可报告预测交通量车型比，确定各类车辆数量。那么在500m隧道中最不利工况下，隧道内的人员数量为(500/10)×11×4＝2200人。经计算，确定隧道内受阻塞需疏散人数如表5-4所示。

隧道火灾需疏散人数计算　　　表5-4

| 项　　目 | 小货 | 中货 | 大货 | 拖挂 | 小客 | 大客 |
|---|---|---|---|---|---|---|
| 2037年预测交通量 | 16.7% | 14.7% | 4.0% | 3.9% | 48.5% | 8.5% |
| 各型车辆数量（辆） | 36 | 28 | 8 | 8 | 100 | 20 |
| 车辆总数量（辆） | 200 ||||||
| 单车平均人数（人） | 11 ||||||
| 隧道疏散总人数（人） | 2200 ||||||

### 5.2.1.3 人员组成及移动速度

根据文献调研及相关工程客流观测数据,确定人员组成及移动速度如表 5-5 所示。

**人员组成及移动速度** 表 5-5

| 人　　员 | 比　　例 | 移动速度(m/s) |
|---|---|---|
| 小孩 | 8% | 0.9 |
| 老人 | 15% | 0.8 |
| 中青年男性 | 42% | 1.2 |
| 中青年女性 | 35% | 1.1 |

### 5.2.1.4 计算工况

本次人员隧道计算工况主要验证疏散通道间距及疏散通道门的尺寸时人员疏散情况（表 5-6），考虑火灾发生位置为疏散通道处,此时,火灾发生位置的疏散通道无法正常使用。

**通道内人员疏散计算工况** 表 5-6

| 工况序号 | 疏散人数（人） | 疏散通道间距（m） | 疏散通道宽度（m） | 火灾规模（MW） | 备　　注 |
|---|---|---|---|---|---|
| 1 | 2200 | 81、84 | 2.0 | 50 | 火灾发生点距就近疏散口较近,不能用于人员疏散 |
| 2 | 2200 | 81、84 | 1.8 | 50 | |
| 3 | 2200 | 81、84 | 1.5 | 50 | |
| 4 | 2200 | 100 | 2.0 | 50 | |
| 5 | 2200 | 100 | 1.8 | 50 | — |
| 6 | 2200 | 100 | 1.5 | 50 | — |

## 5.2.2 人员疏散仿真分析

### 5.2.2.1 人员疏散模拟软件

Pathfinder 是由美国 Thunderhead engineering 公司开发的一款基于 agent 的疏散仿真软件。Pathfinder 利用人工智能方法,对每个个体进行智能判定,赋予人物思维,在紧急疏散状况下,预测个体的路径选择和拥堵等实际思维,自动计算每个个体独立运动的时间,并赋予了一套独特的参数,如最高速度、出口的选择等。Pathfinder 可以导入 DXF 等格式的图形文件进行快速建模。同时,Pathfinder 可以通过 3D Results Viewer 三维动画视觉效果展示人员疏散场景,直接描绘疏散开始后各时刻的人员分布和人员逃生路径。本文将采用 Pathfinder 软件模拟人员疏散运动的时间。

Pathfinder 可导入 FDS 模型,保证火灾模拟结果与人员疏散同步进行,最直观、可靠地分析出人员疏散的最佳时间,减少人员死伤。并且可以进行三维动画视觉效果展示火灾发生时的场景、分解建筑物区域即时展示人员逃生路径等优点。

Pathfinder 人员运动模式包括 SFPE 模式和 Steering 模式。SFPE 模式是基于 SFPE 消防手册和工程指南,人员不会相互影响,该模式下人员会根据人流量的大小自动选择路线,从而转移至最近的路线;Steering 模式是线路指导、计算机制、人员接触、碰撞处理等技术共同结合而成的模式,若实际中人群之间的距离和规划的路线长度超过了某一范围,就会重新生成新的路径,使得人员在疏散时达到最优路线。在实际中,Steering 模式更接近实际情况,故模拟采用 Steering 模式进行计算。

5.2.2.2  计算工况

1)工况 1

图 5-7、图 5-8 分别给出了 200s、300s 时隧道内纵断面能见度及人员分布情况。图 5-9、图 5-10 分别给出了 200s、300s 时隧道内 1.7m 高处平面能见度及人员分布情况。

从能见度情况看,火灾烟气主要分布在上层,对人员疏散直接影响不大,在 300s 时隧道入口附近的烟气略有下沉。从人员分布情况看,200s 时人员主要从隧道各部位向疏散通道汇集,300s 时主要在各疏散通道入口处排队等候通过,445s 时隧道内人员疏散完毕。

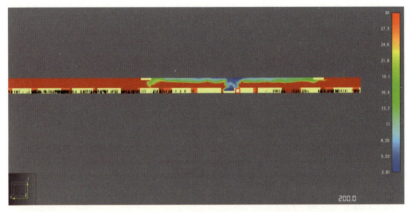

图 5-7  200s 时隧道内纵断面能见度及人员分布情况

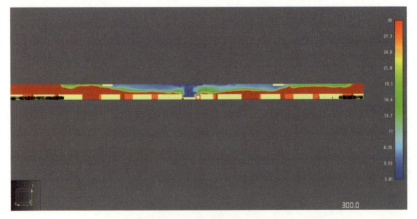

图 5-8  300s 时隧道内纵断面能见度及人员分布情况

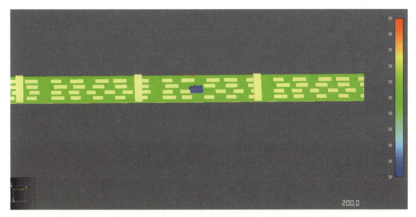

图 5-9  200s 时隧道内 1.7m 高处平面能见度及人员分布情况

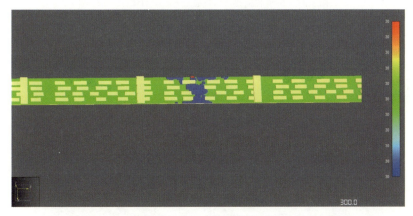

图 5-10  300s 时隧道内 1.7m 高处平面能见度及人员分布情况

图 5-11、图 5-12 分别给出了隧道内疏散通道间距为 81m、84m,疏散通道门宽 2.0m 时,各疏散通道累积疏散人数和通过率随时间的变化曲线。从时间变化曲线可看出,火灾点附近 4 号疏散通道无疏散记录,4 号疏散通道相邻 3 号、5 号疏散通道利用效率较高,其他各疏散通道利用效率基本相当。

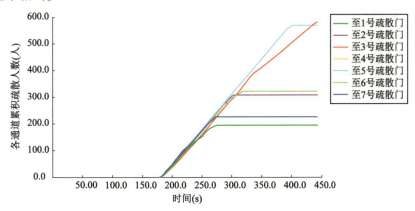

图 5-11  隧道各疏散通道出口累积疏散人数时间曲线(工况 1)

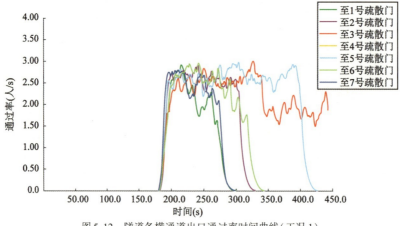

图 5-12　隧道各横通道出口通过率时间曲线（工况1）

2）工况2

图 5-13、图 5-14 分别给出了 200s、300s 时隧道内纵断面能见度及人员分布情况。图 5-15、图 5-16 分别给出了 200s、300s 时隧道内 1.5m 高处平面能见度及人员分布情况。

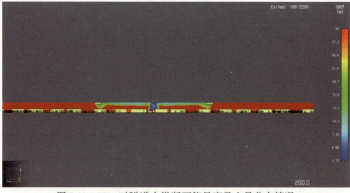

图 5-13　200s 时隧道内纵断面能见度及人员分布情况

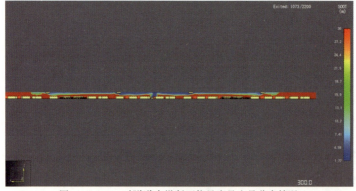

图 5-14　300s 时隧道内纵断面能见度及人员分布情况

从能见度情况看，火灾烟气主要分布在上层，对人员疏散直接影响不大，在 300s 时隧道入口附近的烟气略有下沉。从人员分布情况看，200s 时人员主要从隧道各部位向疏散通道汇集，300s 时主要在各疏散通道入口处排队等候通过，515s 时隧道内人员疏散完毕。

## 第5章 超宽特长海底沉管隧道火灾应急疏散及救援技术

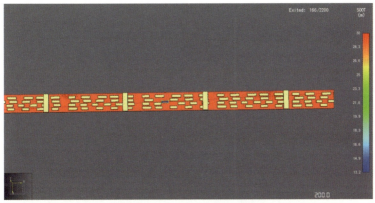

图 5-15　200s 时隧道内 1.5m 高处平面能见度及人员分布情况

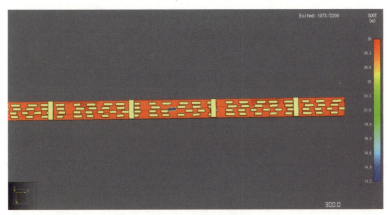

图 5-16　300s 时隧道内 1.5m 高处平面能见度及人员分布情况

图 5-17、图 5-18 分别给出了隧道内疏散通道间距为 100m，疏散通道门宽 1.8m 时，各疏散通道累积疏散人数和通过率随时间的变化曲线。从时间变化曲线可看出，火灾点附近 4 号疏散通道无疏散记录，4 号疏散通道相邻 3 号、5 号疏散通道利用效率较高，其他各疏散通道利用效率基本相当。

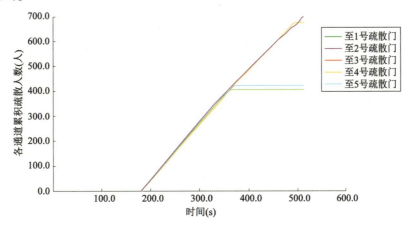

图 5-17　隧道各疏散通道出口累积疏散人数时间曲线（工况 5）

303

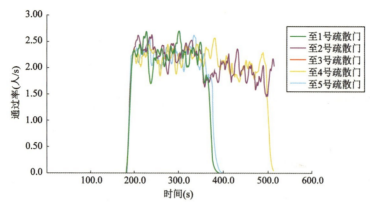

图 5-18　隧道各横通道出口通过率时间曲线（工况 5）

## 5.3　沉管隧道火灾交通疏散技术

### 5.3.1　火灾事故分区

深圳至中山跨江通道工程岛隧部分总长度由两部分组成，即介于东人工岛和西人岛之间总长度约 6km 的沉管隧道段，西人工岛和东人工岛及其与三围互通收费广场之间的敞开段总长度达 2km 左右，故岛隧全长约 8km。为保证在运营管理期间发生突发事件时能够最大可能地提高救援效率、降低灾害损失，火灾区段划分的合理性尤为重要。根据东人工岛、西人工岛以及三围互通收费广场在火灾工况下所配备救援力量的差异性，结合考虑火灾工况下消防救援力量顺向抵达和逆向抵达事故点开展救援的实际情况，建议深中通道主线及匝道隧道在事故时最有保障的救援策略应以逆向救援为主。

仿真模型中将深中通道沉管隧道主线部分和匝道隧道段在火灾工况下共分为 8 个区域，分区基本以考虑救援路线差异和交通状态差异为原则，区域分界以交通合流点终点和交通分流点起点为界线，沉管隧道主线部分用 M-1、M-2、M-3、M-4 代号表示，匝道部分用代号 R-1、R-2、R-3、R-4 表示，各火灾区域平面图见图 5-19，各火灾工况区域内道路几何参数见表 5-7。

各火灾区域内道路几何参数　　　　　表 5-7

| 地理位置 | 区域代号 | 行驶方向 | 区段长度(m) | 车道数 |
|---|---|---|---|---|
| 隧道主线 | M-1 | 往中山 | 5410 | 4 |
|  | M-2 | 往中山 | 730 | 4 |
|  | M-3 | 往深圳 | 730 | 4 |
|  | M-4 | 往深圳 | 5410 | 4 |
| 入口匝道 E、F | R-1 | 往中山 | 1580 | 2 |
|  | R-2 | 往中山 | 400 | 2 |
| 出口匝道 G、H | R-3 | 往深圳 | 1540 | 2 |
|  | R-4 | 往深圳 | 320 | 2 |

# 第5章 超宽特长海底沉管隧道火灾应急疏散及救援技术

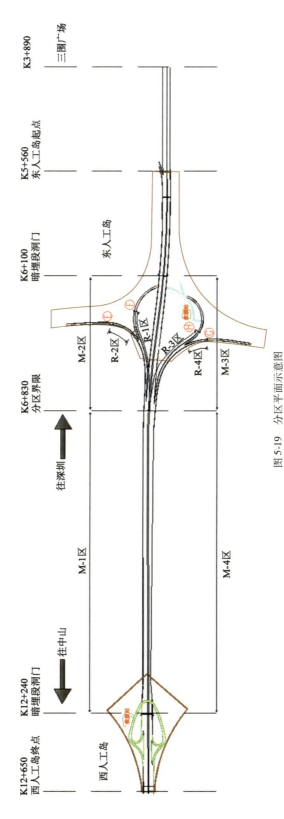

图 5-19 分区平面示意图

注：分区基本原则：同一区域内救援路线一致，相邻区域边界处救援路线可能相同。

### 5.3.2 交通量参数设定

根据《深圳至中山跨江通道工程可行性研究》报告中交通量分析及预测的相关内容,通过对深中通道上下游相关跨江通道工程(上游:莲花山通道、虎门二桥、虎门轮渡、虎门大桥、公铁两用桥,下游:港珠澳大桥)远景年交通量的分析,最终确定深中通道设计车速为100km/h。

远景年交通量预测见表5-8,其中东人工岛交通量的分配情况为:往深圳市方向流量占比42%、往深圳中部及粤东方向流量占比36%、往深圳北部方向流量占比9%;中山市登陆岛交通量分配情况为:往中山市区方向、江门方向、珠海澳门方向、粤西及海南省方向流量占比依次为24%、22%、18%、13%。

**预测年限日交通量**(单位:pcu/d)　　　　表5-8

| 位置方向 | 预测年限 | | | | | | |
|---|---|---|---|---|---|---|---|
| | 2022年 | 2025年 | 2032年 | 2037年 | 2042年 | 2047年 | 2052年 |
| 机场互通—万顷沙互通 | 44914 | 59553 | 69119 | 81596 | 93006 | 102114 | 109679 |
| 万顷沙互通—机场互通 | 43712 | 57407 | 66632 | 78739 | 89829 | 98864 | 106672 |
| 平均日交通量 | 44723 | 59211 | 68724 | 81142 | 92501 | 101597 | 109201 |

根据《公路工程技术标准》(B01-2014)条文说明中高速公路通行能力计算公式 $AADT = (C_d \times N)/(K \times D)$ 得出单向设计小时平均交通量计算公式为:$DDHV = AADT \times K \times D$,通过查阅规范并结合深中通道实际情况可知 $K$ 值可取8.5%,方向不均匀系数 $D$ 值可取为0.51,故仿真模型中单向平均设计小时车流量输入总量为4734pcu/h,路段设计小时流量如表5-9所示,所有路段中仿真交通量数据取2052年预测值。

**东人工岛设计小时交通量(DDHV)OD表**　　　　表5-9

| 交通方向 | | 预测年限 | | | | | | |
|---|---|---|---|---|---|---|---|---|
| | | 2022年 | 2025年 | 2032年 | 2037年 | 2042年 | 2047年 | 2052年 |
| 往中山方向 | 入口匝道F(9%) | 174 | 231 | 268 | 317 | 361 | 396 | 426 |
| | 入口匝道E(36%) | 698 | 924 | 1073 | 1266 | 1444 | 1586 | 1704 |
| | 主线(42%) | 814 | 1078 | 1251 | 1477 | 1684 | 1850 | 2603 |
| 往深圳方向 | 出口匝道G(9%) | 174 | 231 | 268 | 317 | 361 | 396 | 426 |
| | 出口匝道H(36%) | 698 | 924 | 1073 | 1266 | 1444 | 1586 | 1704 |
| | 主线(42%) | 814 | 1078 | 1251 | 1477 | 1684 | 1850 | 2603 |

### 5.3.3 应急资源配置分析

应急资源配置是对交通突发事件所需的相关救援资源进行配备、布置,即在交通预测和规划的基础上,进行固定交通资源的建设,然后根据路网中交通事故发生的区域概率、事故数和事故等级配置各类救援资源,以保证救援的及时性。因此,资源配置指救援资源如何分配于不同的配置点,其合理性表示每一种配置的资源均能有效地适用于救援使用。

5.3.3.1 应急资源配置特点

1)突发性

应急救援资源的使用是因为突发事故引起的,因此具有突发性和不可预见性。对于沉管隧道而言,事故造成的后果往往非常严重,事故发生后需要在最短的时间内,以最快的方式和途径来保障应急救援需要。因此,应急救援的时效性要求很高。

2)不确定性

由于突发事故的不确定性,无法准确估计事故的持续时间、强度大小、事故的影响范围等各种因素,这决定了应急资源的数量、结构及调运路径的不确定性。

3)不可替代性

应急资源往往都有特殊用途,在特定的环境下使用,清障车、消防救援车等都是不可替代的。

4)滞后性

应急资源的启用是在突发事件发生后,根据事故的大小、影响范围、性质等启用,因此具有滞后性。

5.3.3.2 应急资源配置分类

应急资源按照不同的性质有不同的分类方法,按对象分类,可分为人力资源、物资资源、信息资源及技术资源(图5-20)。

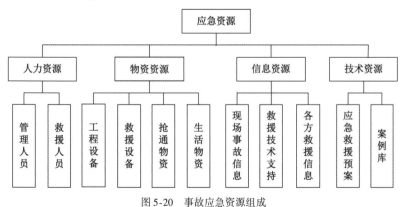

图5-20 事故应急资源组成

(1)人力资源

公路事故应急救援中的人力资源分布在救援各阶段的各类人员,包括指挥人员、监控人员、警力人员、救援人员、技术专家等。主要分为两类,一类为事故发生后的现场及相应影响路段管理、控制的应急管理人员,一类为直接在从事应急救援的专业事故处理的人员即应急救援人员。

（2）物资资源

公路事故应急救援中的物资资源主要指进行救援所需要的工具、设备资源材料、备件等，按隧道应急救援的用途可分为四类，见表5-10。

物 质 种 类　　　　　　　　　　　　　　　　　表 5-10

| 资 源 分 类 | 资 源 列 表 |
|---|---|
| 工程设备 | 道路抢修车辆、发电机、移动式水泵、常用维修工具等 |
| 救援设备 | 应急救援车辆、救护车、医疗设备、防护装备等 |
| 抢通物资 | 沥青、碎石、砂石、水泥、钢板、编织袋等 |
| 生活物资 | 方便食品、救灾帐篷、棉被、毛毯、瓶装水等 |

（3）信息资源

应急救援中的信息资源不仅包括事故本身的信息，也包括事故救援过程中相关的动态信息等，具体包括以下几方面：

事故本身信息，包括事故现场车辆信息、事故现场人员信息、危险品基本信息、事故现场交通信息等；

事故救援信息，包括应急救援信息、救援部门信息、救援点到事故点的路径信息等；

救援技术支持，包括现场专家组提供的救援方案、救援建议等。

（4）技术资源

应急救援中的信息资源包括用于事故应急救援的法律法规体系、案例库系统、现场救援技术、应急预案等。技术资源是影响事故应急救援成效的关键，事故应急救援的相关法律法规影响事故应急救援的流程，案例库系统对事故救援的决策起辅助作用；应急预案对事故应急救援有指导作用；先进的现场救援技术能有效减小事故损失。

5.3.3.3　应急资源需求分析

根据相关研究，在交通事故中，对于伤势同等的重伤员，如果能在30min内得到救助，可以有80%的伤员存活下来，如果能在60min内得到救助，可以有40%的伤员存活下来，但是如果救援时间超过了90min，则仅有10%的伤员能够存活下来，可以明显地看出，随着救援响应时间的不断延长，人员伤亡情况会越来越严重。如何合理配置资源，减少救援响应时间，使救援力量发挥更好的作用，需要在构建应急救援力量配置模型时充分考虑救援物资的价格、成本、响应救援需要的时间及应急人员的分布。

1）救援车辆及人员

为减少人员伤亡和财产损失，防止二次事故发生，控制事态发展，降低事件影响范围，救援处置工作应在事件发生后迅速启动，救援处置力量应尽快到达事故地点，为保证应急救援的时效性，各救援站救援范围的划分应遵守以下原则：

（1）就近原则

救援站救援范围的划定应遵照距离就近原则，覆盖以本站所在地为中心，以一定距离为半径的一个有限地域范围。除了考虑空间就近原则外,还应根据道路交通条件等实际情况,根据时间就近原则对救援范围进行调整,保证救援人员和车辆能够在最短时间内到达现场。

根据《城市消防站建设标准》关于消防站的布局,应以接到报警后5min消防队可到达责任区边缘为原则确定。

(2)便于进入

深中通道交通量大,且沉管隧道未设置车行横通道,加之隧道通风排烟模式采用的顶部排烟模式,逆向救援相对风险较小,因此,建议逆向救援距离较近时,救援车辆尽可能采用逆行驶入隧道,根据实际情况与顺行救援联合使用。同时,救援站可配备消防摩托车等小型车辆及便携式救援设备,当发生小型事故时,救援人员在保证自身安全的情况下,可就近顺向或逆向通行抵达事故点。

(3)统一调度指挥

应急指挥中心集信息综合、力量调集、作战指挥、决策等功能于一身,充分融合各种技术和信息资源,依据明确的职责权限和处置预案进行火灾事故的统一调度指挥。按照相关规定、流程,指挥救援队伍开展灭火抢险救援,通过统一、及时、规范的调度和协同,将指挥、调度、处置、反馈等各个环节有序衔接,有效解决令出多头、各自为战、未能形成合力等问题,从而提高程序化指挥水平,使得统一指挥、逐级指挥得以真正落实。同时还要充分调动和利用社会资源,不断提高综合处置和协同作战能力。

2)应急资源需求分级

结合事故灾害对物资需求的具体情况和物资本身的特性,应对实际需要的各类应急物资需求进行分级。

第一,在应急过程中物资是存在优先等级的,在紧急状况出现后,所需物资不可能同时到达应急现场,要使整个应急工作有条不紊、有重点的实施,必须在第一时间将最需要的物资送达现场。这样不仅提高了效率,也减少了应急现场不必要的物资积压。

第二,优先级是按照应急的一般流程设定的,在紧急状况处理的过程中第一时间到达现场的是优先级最高的物资,即应急现场最需要的物资。

第三,按照应急物资的优先级对应急物资进行分类,更有利于整个应急方案有条不紊地实施。按照优先级对应物资分类后,相关部门在得知紧急状态后的第一项工作是召集、采购、派发优先级最高的应急物资,确保这些物资能在最佳时间到达应急现场,然后就可以相应准备、派发第二级、第三级应急物资。

从目前应急物资分级的研究现状看,多是依靠救援决策人员和专家的直觉和经验来确定物资的级别,主观性和随意性较强,不能全面、客观反映需求物资的级别特征,迫切需要根据物资需求的特点,建立能反映实际的应急物资分级模型,辅助应急决策人员对救援物资进行科学分级。应急物资需求分级的科学性直接决定着应急物资的需求分类管理和应急事件处理效果,在应急资源有限的情况下,这种分级管理的思想和方式极为重要。

通过研究分析和大量文献发现,目前对应急物资分级的方法倾向于选择综合评价方法,即对原始指标数据进行多步处理的基础上进行进一步测算和评价。使用最频繁的几种算法,包括层次分析法、模糊综合评判方法、人工神经网络模型、混合应用等。

3)应急资源配置目标及功能(图5-21)

高速公路应急资源的合理配置是减少事故响应时间、提高应急救援效率,且避免资源浪费的基础。因此,应急资源配置的目标是资源以最短时间到达,并生成最优配置方案,实现的功能是判断现有资源合理性,并为资源配置提供参考。

深中通道水下隧道里程长度超过7km,属于特长隧道。由于隧道是一个相对封闭的空间,一旦发生交通事故并得不到及时处置,将造成车辆阻塞难以疏散。隧道内火灾事故则具有蔓延快、有毒有害气体浓度高、温度高、能见度低等特点,且由于人员、车辆疏散困难,如果不能第一时间有效控制,极易造成巨大的灾害损失,如果危及隧道主体结构及防水设施,损失难以估量。

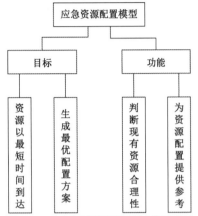

图5-21 应急资源配置目标及功能示意图

因此,水下隧道是深中通道全线通行安全保障的重点区段,需要有针对性的配置管理设施、配备应急物质装备,以提高应急响应速度,加强现场应急处置能力。

#### 5.3.3.4 应急资源配置标准

1)参数的选择

高速公路的交通状况、事故发生点、所需救援资源等各不相同,相应的配置模型参数也有所不同,且参数的选择需要统一的标准。

(1)事故节点权重

事故节点权重不但要考虑事故是否发生,还要考虑事故的严重程度(表5-11)。

不同事故等级和事故相对概率设置的事故节点权重参考值　　表5-11

| 相对事故率 | 事故等级 | | | |
|---|---|---|---|---|
| | 一级(特大) | 二级(重大) | 三级(较大) | 四级(一般) |
| 1.00 | 1 | 1/2 | 1/4 | 1/6 |
| 0.75 | 1/2 | 1/4 | 1/6 | 1/9 |
| 0.50 | 1/4 | 1/6 | 1/9 | 1/16 |
| 0.25 | 1/6 | 1/9 | 1/16 | 1/25 |

(2)配置点到事故点的权值

从配置点到事故点的权值可视为交通阻抗,是行程时间与费用、舒适、便利和安全等综合度量。

(3)配置点到事故点的时间

配置点到事故点的时间主要受道路长度、路面状况、道路等级、车道数、路段分隔情况、交通量等因素的影响。不同等级的事故引起的交通状况、互通、匝道等对救援车辆运行速度的影响,使得救援车辆行程时间不只与距离有关,需要对行程时间进行修正。实际救援过程中,主要考虑设计车速、换道、事故等级、活动护栏对救援时间的影响。

(4)救援服务水平

救援服务水平高,救援效果好,但可能导致资源闲置浪费;反之,无法满足救援要求,救援服务水平一般取 0.6~0.8。

(5)所需救援资源

根据历史事故资料,确定高速公路隧道事故发生概率和相应的事故等级,从而确定事故节点所需救援资源的总数。

2)配置方案

根据北京交科公路勘察设计研究院有限公司提供的《深中通道运营保障及沿线设施功能需求与布局规划研究》研究成果,在三围互通、东人工岛、西人工岛、横门北设置消防救援站,综合管理功能区设置应急指挥中心。东人工岛、西人工岛设置海上救援及物资配送点,综合管理功能区设置海上救援及物资配送中心(图 5-22)。

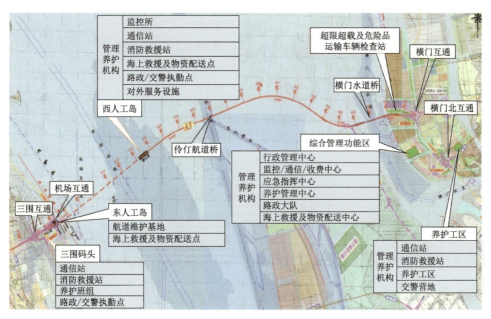

图 5-22 管理设置功能布局图

根据《城市地下道路工程设计规范》(CJJ 221—2015)对于应急救援的相关规定,地下道路发生火灾事故后,发展迅速,一般事故应急响应的最佳时间为 5~15min。深中通道沉管隧道长约 6.8km,西人工岛救援站设置在西人工岛回转车道附近,东人工岛救援站设置在 H 匝道附近。若隧道内发生火灾,按逆向救援车辆车速 60km/h,顺向救援车辆 30km/h,可满足救援相关时间要求(图 5-23)。

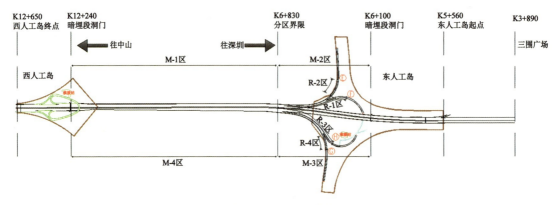

图 5-23 救援站布局图

西人工岛和东人工岛救援站距离深中通道沉管隧道较近,可快速响应,第一时间赶赴现场进行救援,救援站应急资源列表见表 5-12。

救援站应急资源列表　　　　　表 5-12

| 资源分类 | 设　　施 | 数　　量 |
| --- | --- | --- |
| 救援设备(一级) | 消防水罐车 | 2 |
| | 泡沫—干粉联用消防车 | 2 |
| | 消防摩托车 | 4 |
| | 清障车 | 1 |
| | 抢险救援车 | 1 |
| | 医疗车 | 1 |
| | 防护装备 | 若干 |
| 工程设备(二级) | 发电机 | 1 |
| | 移动式水泵 | 1 |
| | 常用维修工具 | 1 |
| 抢通物资(二级) | 沥青、碎石、砂石、水泥、钢板、编织袋等 | 若干 |
| 生活物资(三级) | 方便食品、救灾帐篷、棉被、毛毯、瓶装水等 | 若干 |

### 5.3.4　沉管隧道疏散及救援仿真分析

#### 5.3.4.1　模型参数说明

VISSIM 是由德国 PTV(Planung Transport Verkehr)公司开发的微观交通仿真软件,它是一个微观的、随机的、基于驾驶员行为和时间步长的仿真建模工具,可以用来仿真和评价不同交通条件下的城市交通、高速公路等的运行状况,能够直观、形象而详细地反映实际路网中车辆、道路、联络道等随时间变化的三维动画状态,对于隧道交通疏散救援预案实施动态仿真,其评估模块是反映预案实施效果的有力工具,因此运用 Vissim 对深中通道沉管隧道火灾工况下疏散及救援路网建模。

前提假设:仿真车辆输入随机,最小车头间距2m;事故确认、交通信号灯动作、车道指示器动作时间为事故后40s;顺向救援力量接警时间为事故后75s;逆向救援力量出动时刻为下游车辆清空时;逆向救援车辆车速60km/h,顺向救援车辆30km/h;每个救援站配备7辆救援车;逆向救援力量抵达事故现场指救援车辆到达事故点下游5m内,顺向救援力量抵达事故现场指救援车辆到达事故点上游20m范围内,下文中的救援车辆达到时间均是基于此而求得。

路网建立:仿真模型中沉管主线隧道路网断面为双向8车道,单向道路横断面总宽度18m;西人工岛U型回转线每个方向均为2车道,回转线采用正交上跨主线形式,纵坡为1.7%,上跨西人工岛主线高度为20m,路网模型如图5-24所示;东人工岛出入口匝道纵坡采用1.0%和0.9%,其余路网路段参数如表5-13所示。

图5-24 西人工岛U型回转线路网模型

**路网路段参数一览表** 表5-13

| 位置 | 路段号码 | 路 段 名 称 | 起点高度(m) | 终点高度(m) | 路段长度(m) | 坡度(%) | 车道 |
|---|---|---|---|---|---|---|---|
| 往深圳主线 | 1 | 西进口引道 | 0 | −20 | 1124 | −1.78 | 4 |
| | 3 | m-4 | −20 | −20 | 4209 | 0.00 | 4 |
| | 5 | m-3 | −20 | −20 | 1883 | 0.00 | 4 |
| | 7 | 东出口引道 | −20 | 0 | 1110 | 1.80 | 4 |
| | 9 | 东出口平道 | 0 | 0 | 1838 | 0.00 | 4 |
| 往中山主线 | 2 | 西出口引道 | −20 | 0 | 1124 | 1.78 | 4 |
| | 4 | m-1 | −20 | −20 | 4206 | 0.00 | 4 |
| | 6 | m-2 | −20 | −20 | 1892 | 0.00 | 4 |
| | 8 | 东进口引道 | 0 | −20 | 1110 | −1.80 | 4 |
| | 10 | 东进口平道 | 0 | 0 | 1838 | 0.00 | 4 |

续上表

| 位置 | 路段号码 | 路 段 名 称 | 起点高度(m) | 终点高度(m) | 路段长度(m) | 坡度(%) | 车道 |
|---|---|---|---|---|---|---|---|
| 匝道 | 11 | 出口匝道 | -20 | -8 | 985 | 1.22 | 2 |
| | 12 | 出口匝道 H | -8 | 0 | 802 | 1.00 | 2 |
| | 13 | 出口匝道 G | -8 | 0 | 769 | 1.04 | 2 |
| | 14 | 进口匝道 | -8 | -20 | 1089 | -1.10 | 2 |
| | 15 | 进口匝道 F | 0 | -8 | 740 | -1.08 | 2 |
| | 16 | 进口匝道 E | 0 | -8 | 1020 | -0.78 | 2 |
| | 17 | 往中山回转出口 | -7.9 | 0 | 465 | 1.70 | 2 |
| | 18 | 往中山回转匝道 | 0 | 0 | 1025 | 0.00 | 2 |
| | 19 | 往中山回转入口 | 0 | -7.9 | 496 | -1.59 | 2 |
| | 20 | 往深圳回转出口 | -17.8 | 0 | 611 | 2.91 | 2 |
| | 21 | 往深圳回转匝道 | 0 | 0 | 696 | 0.00 | 2 |
| | 22 | 往深圳回转入口 | 0 | -17.8 | 666 | -2.67 | 2 |

流量输入:仿真模型中所有道路分流点的车流量比例按照表 5-13 比例设置,逆向救援力量出动的前提是事故点下游车辆全部驶出事故隧道;顺向救援力量可在接警后立即出动救援车辆;事故发生时刻至隧道管理人员通过监控或者现场确认火灾区域及规模大小、洞口交通信号机转换为红灯禁止车辆驶入、洞内车道指示器、交通广播等动作的时间在 40s 内;西人工岛、东人工岛以及三围广场救援力量所在地接警至救援车辆出动等系列动作的反应时间在 30s 内;因此仿真模型中一小时车流量的输入依据上游救援力量出动时刻、下游救援力量出动时刻为节点分为三个时间段输入,如图 5-25 所示。

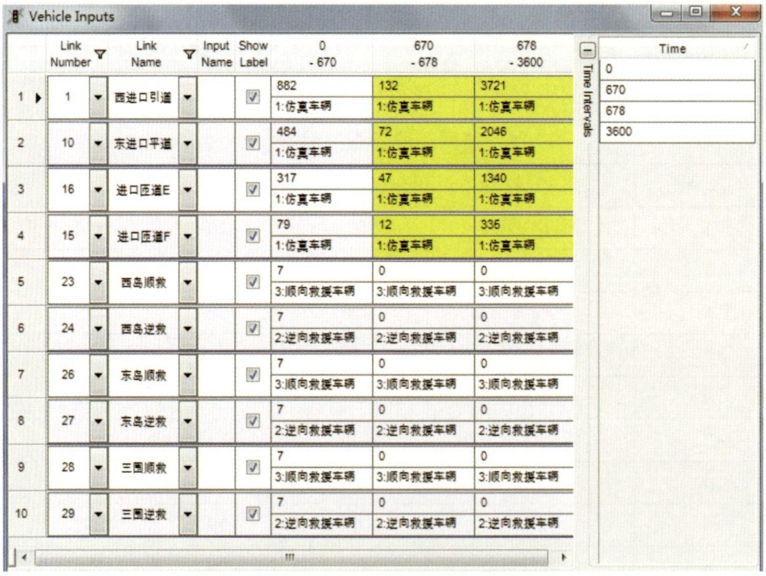


| | Link Number | Link Name | Input Name | Show Label | 0 - 670 | 670 - 678 | 678 - 3600 |
|---|---|---|---|---|---|---|---|
| 1 | 1 | 西进口引道 | | ☑ | 882 1:仿真车辆 | 132 1:仿真车辆 | 3721 1:仿真车辆 |
| 2 | 10 | 东进口平道 | | ☑ | 484 1:仿真车辆 | 72 1:仿真车辆 | 2046 1:仿真车辆 |
| 3 | 16 | 进口匝道E | | ☑ | 317 1:仿真车辆 | 47 1:仿真车辆 | 1340 1:仿真车辆 |
| 4 | 15 | 进口匝道F | | ☑ | 79 1:仿真车辆 | 12 1:仿真车辆 | 336 1:仿真车辆 |
| 5 | 23 | 西岛顺救 | | ☑ | 7 3:顺向救援车辆 | 0 3:顺向救援车辆 | 0 3:顺向救援车辆 |
| 6 | 24 | 西岛逆救 | | ☑ | 7 2:逆向救援车辆 | 0 2:逆向救援车辆 | 0 2:逆向救援车辆 |
| 7 | 26 | 东岛顺救 | | ☑ | 7 3:顺向救援车辆 | 0 3:顺向救援车辆 | 0 3:顺向救援车辆 |
| 8 | 27 | 东岛逆救 | | ☑ | 7 2:逆向救援车辆 | 0 2:逆向救援车辆 | 0 2:逆向救援车辆 |
| 9 | 28 | 三围顺救 | | ☑ | 7 3:顺向救援车辆 | 0 3:顺向救援车辆 | 0 3:顺向救援车辆 |
| 10 | 29 | 三围逆救 | | ☑ | 7 2:逆向救援车辆 | 0 2:逆向救援车辆 | 0 2:逆向救援车辆 |

图 5-25　西人工岛 U 型回转线路网模型

设备安装及参数:仿真模型中的交通信号灯、排队长度计数器均安装在主线入口及匝道入口处,具体路段名称为西人工岛西进口引道、东人工岛东进口平道、东人工岛入口匝道E和东人工岛入口匝道F,该四条路段隧道敞开段起点上游30m处为信号灯安装具体位置(图5-26);车辆信息采集器在西人工岛西进口引道、西人工岛西出口引道、东人工岛匝道EFGH、东人工岛东进口平道、东人工岛东出口平道以及火灾事故点上游5/10/15m、下游5m等位置安装,主要作用为获得事故点下游车辆驶出隧道的时间,救援力量抵达事故点的时间及车辆在事故点上游排队长度等信息。

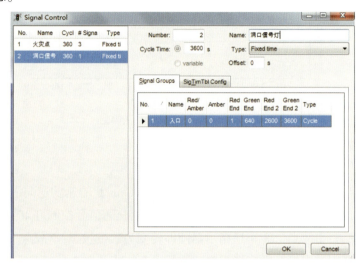

图5-26 信号灯配时参数设置示意图

#### 5.3.4.2 主线段救援疏散仿真

1)火灾烟气扩散情况

沉管隧道主线路段救援疏散的可用时间计算,运用火灾动态仿真模拟(Fire Dynamic Simulation,FDS)建立单向隧道宽度为四车道,纵向长度为500m的模型,同时以火源(或事故点)为中心分别向上下游测量烟气抵达距离火源40m、50m、100m、120m、150m以及200m位置处的蔓延时间,同时将烟气蔓延到每个测量断面的所用时间与Vissim仿真获得的救援力量抵达事故点的时间进行对比,通过拟合得到实际工程应用中当采用横向联络道底部集中排烟方案时事故隧道下游车辆疏散及上游人员疏散撤离的可用时间,见表5-14和图5-27。

FDS仿真烟气扩散距离与烟气扩散时间　　表5-14

| 距离火源位置(m) | 烟气抵达时长(s) | 距离火源位置(m) | 烟气抵达时长(s) |
| --- | --- | --- | --- |
| -200 | 358 | 40 | 91 |
| -150 | 389 | 50 | 100 |
| -120 | 263 | 100 | 203 |
| -100 | 201 | 120 | 263 |
| -50 | 100 | 150 | 389 |
| -40 | 92 | 200 | 360 |

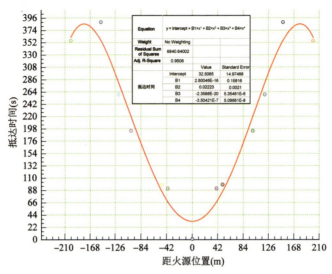

图 5-27　烟气距火源位置与抵达时间关系

2）火灾事故发生在 M-1 区域两边界处

（1）M-1 区（大）边界工况

火灾事故发生在图 5-28 所示位置时，救援车辆以 60km/h 的速度逆向沿疏散及救援路线（见图 5-28）行驶，匝道 E、F 及沉管隧道两条主线的四处交通信号控制灯 40s 内反应为禁止车辆进入沉管隧道状态；事故点上游车道指示器随即转变为禁行状态；事故点下游车辆继续行驶驶离事故隧道，直至下游车辆疏散完毕后隧道内所有车道指示器为禁行状态；事故点上游车辆停车、人员立即就近从最近疏散口疏散撤离；三围收费广场救援人员及救援车辆沿沉管隧道主线顺向救援；西人工岛救援站人员及救援车辆待下游车辆疏散完毕后随即逆向沿沉管隧道右洞抵达事故点进行救援。

通过仿真可知该工况下事故点下游社会车辆清空至少需要 45s，逆向救援力量（以西人工岛救援站为主）到达事故点的时间为火灾发生后不少于 504s；顺向救援力量（三围广场救援站为主）是否能够及时抵达事故地点视实际交通量决定；当在火灾发生后的 143s 内车辆的排队长度达到 85m，由图 5-26 看出烟气在事故隧道上下游蔓延至与排队长度相同距离时的时间约为 176s，此时上游弃车人员在横向联络道底部集中排烟基本控制方案下可以安全逃生。

（2）M-1 区（小）边界工况

火灾事故发生在图 5-29 所示位置时，救援车辆以 60km/h 的速度逆向沿疏散及救援路线（见图 5-29）行驶，匝道 E、F 及沉管隧道两条主线的四处交通信号控制灯在 40s 内反应为禁止车辆进入沉管隧道状态；事故点上游车道指示器随即转变为禁行状态；事故点下游车辆继续行驶驶离事故隧道，直至下游车辆疏散完毕后隧道内所有车道指示器为禁行状态；事故点上游车辆停车、人员立即就近从最近疏散口疏散撤离；三围收费广场/东人工岛救援人员及救援车辆沿沉管隧道主线顺向救援；西人工岛救援站人员及救援车辆待下游车辆疏散完毕后随即逆向沿沉管隧道右洞抵达事故点进行救援。

# 第5章 超宽特长海底沉管隧道火灾应急疏散及救援技术

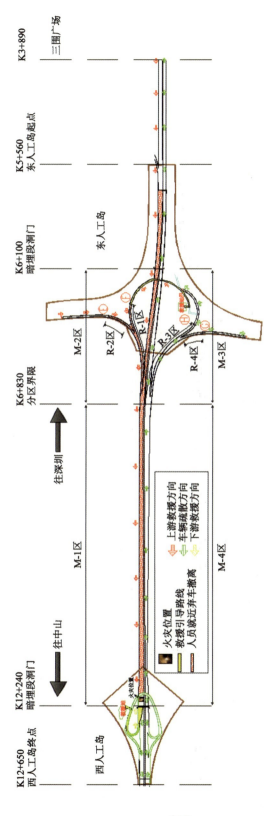

图 5-28 M-1 区（大）救援疏散图

注："大"是指火灾工况位于同一区域内的大桩号边界，"小"是指火灾工况位于同一区域内的小桩号边界，以下图内均为此意。

预案说明：火灾发生在主线沉管隧道右线 M-1 区（大）边界时，匝道 E、F 及沉管隧道两条主线的四处交通信号控制灯第一时间反应为禁止车辆进入沉管隧道状态；事故点上游车道指示器随即转变为禁止车辆继续行驶驶离事故隧道，直至下游车辆疏散完毕后隧道内所有车道指示器为禁行状态；事故点上游车辆停车，人员立即就近从最近疏散口疏散撤离；三围收费广场救援人员及救援车辆沿沉管隧道顺向救援；西人工岛救援站人员及救援车辆待下游车辆疏散完毕后随即逆向沿沉管隧道右洞抵达事故点进行救援。

# 超宽特长海底沉管隧道通风排烟及防灾救援关键技术

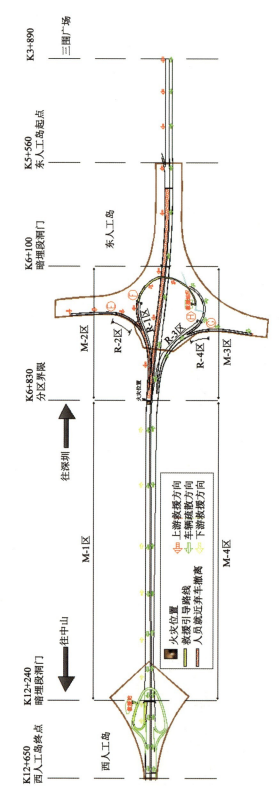

图 5-29 M-1 区（小）救援疏散图

预案说明：火灾发生在主线沉管隧道右线 M-1 区（小）边界时，应道 E、F 及沉管隧道两条主线的四处交通信号控制灯第一时间反应为禁止车辆进入沉管隧道状态；事故点上游车道指示器随即转变为禁行状态，直至下游车辆疏散完毕后车道指示器为禁行状态；事故点上游车辆停车，人员立即就近从最近疏口疏散离车辆继续行驶离事故隧道，直至下游车辆疏散完毕后隧道内所有车道指示器为禁行状态；事故点上游救援车辆沿沉管隧道主线顺向救援；西人工岛救援人员及救援车辆待下游车辆疏散完毕后随即逆向沿沉管隧道右洞抵达事故点进行救援；东人工岛救援人员及救援车辆沿沉管隧道主线顺向救援；三周收费广场及救援车辆顺向救援；三周收费广场疏散疏离；三周就近从最近疏口疏散离车撤离。

318

由仿真结果可知该工况下事故点下游社会车辆清空时间不少于186s,逆向救援力量(以西人工岛救援站为主)到达事故点的时间为火灾发生后不少于892s;顺向救援力量(三围广场救援站/东人工岛救援站为主)抵达事故现场的时间为火灾发生后不少于773s(顺向救援力量能否及时抵达事故现场需视上游排队情况而定);上游顺向救援力量抵达事故点的时间较早,主要原因在于此工况下事故点上游车辆阻塞长度较短,并且在火灾发生后148s内达到73m的排队长度,由图5-24看出烟气在事故隧道上下游蔓延至排队长度相同距离时的时间约为149s,上游弃车人员在横向联络道底部集中排烟基本控制方案下可以安全逃生。

3)火灾事故发生在M-2区域两边界处

(1)M-2区(大)边界工况

火灾事故发生在图5-30所示位置时,救援车辆以60km/h的速度逆向沿疏散及救援路线(图5-30)行驶,匝道E、F及沉管隧道两条主线的四处交通信号控制灯40s内反应为禁止车辆进入沉管隧道状态;事故点上游车道指示器随即转变为禁行状态;事故点下游车辆继续行驶驶离事故隧道,直至下游车辆疏散完毕后隧道内所有车道指示器为禁行状态;事故点上游车辆停车、人员立即就近从最近疏散口疏散撤离;三围收费广场救援人员及救援车辆沿沉管隧道主线顺向救援;东人工岛救援力量从匝道F顺向进入抵达右线主线时逆向进行救援;西人工岛救援站人员及救援车辆待下游车辆疏散完毕后随即逆向沿沉管隧道右洞抵达事故点进行救援。

仿真结果表明M-2区域内该工况下事故点下游社会车辆清空时间不少于272s,逆向救援力量(以西人工岛救援站为主)和顺向救援力量(三围广场救援站/东人工岛救援为主)到达事故点的时间分别为火灾发生后不少于1121s和763s(顺向救援力量能否及时抵达事故现场需视上游交通状况而定);此时上下游救援力量抵达事故点的时间差距逐渐增大,下游救援抵达时间主要花费在清空社会车辆阶段,上游顺向救援力量抵达事故点的时间主要花费在清理事故点上游阻塞车辆,并且在火灾发生后157s内上游达到71m的排队长度,由图5-24看出烟气在事故隧道上下游蔓延至排队长度相同距离时的时间约为124s,在横向联络道底部集中排烟基本的控制方案下上游弃车人员逃生可用时间较紧张,因此当火灾发生在M-2区域内时基本的排烟方案应做加强处置。

(2)M-2区(小)边界工况

火灾事故发生在图5-31所示位置时,救援车辆以60km/h的速度逆向沿疏散及救援路线(图5-31)行驶,匝道E、F及沉管隧道两条主线的四处交通信号控制灯40s内反应为禁止车辆进入沉管隧道状态;事故点上游车道指示器随即转变为禁行状态;事故点下游车辆继续行驶驶离事故隧道,直至下游车辆疏散完毕后隧道内所有车道指示器为禁行状态;事故点上游车辆停车、人员立即就近从最近疏散口疏散撤离;三围收费广场救援人员及救援车辆沿沉管隧道主线顺向救援;东人工岛救援力量从匝道F顺向进入抵达右线主线时逆向进行救援;西人工岛救援站人员及救援车辆待下游车辆疏散完毕后随即逆向沿沉管隧道右洞抵达事故点进行救援。

# 超宽特长海底沉管隧道通风排烟及防灾救援关键技术

图 5-30 M-2 区（大）救援疏散图

预案说明：火灾发生在主线沉管隧道右线 M-2 区（大）边界时，匝道 E、F 及沉管隧道两条主线的四处交通信号控制灯第一时间反应为禁止车辆进入沉管隧道状态；事故点上游车道指示器随即转变为禁行状态；事故点下游车辆继续行驶离事故隧道，直至下游车辆疏散完毕后隧道指示器为禁行状态；事故点上游车辆停车，人员立即就近从最近疏散口疏散撤离；三围收费广场救援人员及救援车辆沿沉管隧道主线顺向救援；西人工岛救援站人员及救援车辆待下游车辆疏散完毕后随即逆向沿沉管隧道右线抵达事故点；东人工岛救援力量从匝道 F 顺向进入抵达右线主线时逆向进行救援。

320

# 第5章 超宽特长海底沉管隧道火灾应急疏散及救援技术

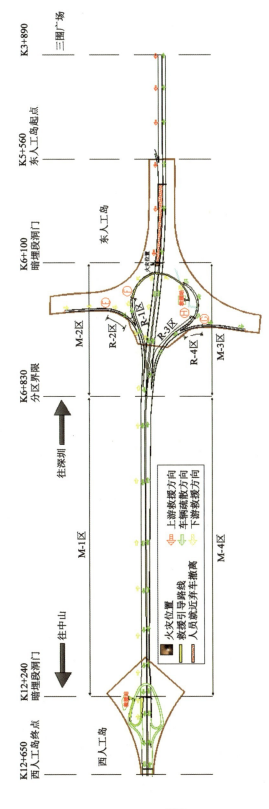

图 5-31 M-2 区(小)救援疏散图

预案说明:火灾发生在主线沉管隧道右线 M-2 区(小)边界时,匝道 E、F 及沉管隧道两条主线的四处交通信号控制灯第一时间反应应为禁止车辆进入沉管隧道状态;事故点上游车道指示器随即转变为禁行状态;事故点下游车道指示器为禁行状态,隧道内所有车道指示器为禁行状态;事故点上游车辆停车,人员立即就近即从最近疏散口疏散撤离;三园收费广场救援人员及救援车辆沿沉管隧道主线顺向救援;西人工岛救援站人员及救援车辆待下游车辆疏散完毕后随即逆向沿沉管隧道右洞抵达事故点;东人工岛救援力量从匝道 F 顺向进入抵达右线主线时逆向进行救援。

321

仿真结果可知 M-2 区域内该工况下事故点下游社会车辆清空时间至少需要 283s,逆向救援力量(以西人工岛救援站为主)和顺向救援力量(三围广场救援站/东人工岛救援为主)到达事故点的时间分别为火灾发生后不少于 1124s 和 599s(顺向救援力量能否及时抵达事故现场需视上游交通状况而定);此时顺向救援力量先抵达事故点,下游时间主要花费在清空社会车辆阶段,上游顺向救援力量花费在清理事故点上游阻塞车辆的时间并不多,火灾发生后 103s 内上游达到 38m 的排队长度,由图 5-26 看出烟气在事故隧道上下游蔓延至排队长度相同距离时的时间约为 60s,在横向联络道底部集中排烟基本的控制方案下上游弃车人员逃生可用时间比较紧张,因此当火灾发生在 M-2 区域内时在基本排烟方案基础上应做加强处置,以控制烟气向上游蔓延的速度。

4) 火灾事故发生在 M-3 区域两边界处

(1) M-3 区(小)边界工况

火灾事故发生在图 5-32 所示位置时,救援车辆以 60km/h 的速度逆向沿疏散及救援路线(图 5-32)行驶,匝道 E、F 及沉管隧道两条主线的四处交通信号控制灯 40s 内反应为禁止车辆进入沉管隧道状态;事故点上游车道指示器随即转变为禁行状态;事故点下游车辆继续行驶驶离事故隧道,直至下游车辆疏散完毕后隧道内所有车道指示器为禁行状态;事故点上游车辆停车、人员立即就近从最近疏散口疏散撤离;三围收费广场救援人员及救援车辆沿沉管隧道主线待下游车辆疏散完毕后逆向救援;西人工岛救援站人员及救援车辆接警后随即顺向沿沉管隧道左洞抵达事故点进行救援工作。

仿真结果表明 M-3 区域内该工况下事故点下游社会车辆清空时间不少于 110s,逆向救援力量(以三围广场救援站为主)和顺向救援力量(以西人工岛救援站为主)到达事故点的时间分别为火灾发生后不少于 689s 和 1350s(顺向救援力量能否及时抵达事故现场需视上游交通状况而定);此时上游救援力量由于车辆阻塞基本难以及时抵达事故现场,在火灾发生后 148s 内上游达到 83m 的排队长度,由图 5-26 可知烟气在事故隧道上下游蔓延至排队长度相同距离时的时间约为 170s,上游弃车人员在横向联络道底部集中排烟基本的控制方案下可以安全逃生。

(2) M-3 区(大)边界工况

火灾事故发生在图 5-33 所示位置时,救援车辆以 60km/h 的速度逆向沿疏散及救援路线(图 5-33)行驶,匝道 E、F 及沉管隧道两条主线的四处交通信号控制灯 40s 内反应为禁止车辆进入沉管隧道状态;事故点上游车道指示器随即转变为禁行状态;事故点下游车辆继续行驶驶离事故隧道,直至下游车辆疏散完毕后隧道内所有车道指示器为禁行状态;事故点上游车辆停车、人员立即就近从最近疏散口疏散撤离;三围收费广场救援人员及救援车辆沿沉管隧道主线待下游车辆疏散完毕后逆向救援;东人工岛救援站待匝道社会车辆疏散完毕后逆向进入匝道 H 抵达事故现场开展救援;西人工岛救援站人员及救援车辆接警后随即顺向沿沉管隧道左洞抵达事故点进行救援工作。

第5章 超宽特长海底沉管隧道火灾应急疏散及救援技术

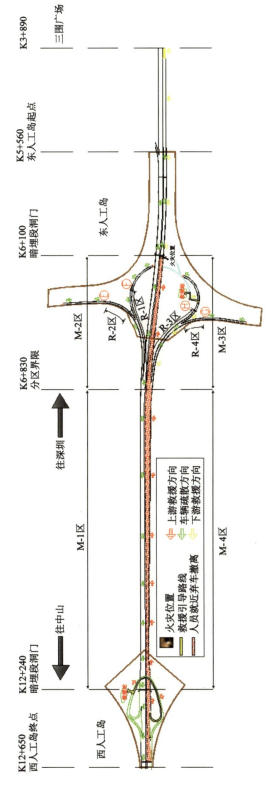

图 5-32 M-3 区（小）救援疏散图

预案说明：火灾发生在主线沉管隧道左线 M-3 区（小）边界时，匝道 E、F 及沉管隧道两条主线的四处交通信号控制灯第一时间反应为禁止车辆进入沉管隧道状态；事故点上游车道指示器随即转变为禁行状态；事故点下游车道指示器为禁行状态；事故点上游车辆停车，人员立即就近从最近疏散口疏散撤离；三围收费广场救援人员及救援车辆接警后沿沉管隧道主线逆向救援；西人工岛救援站人员及救援车辆接警后随即顺向沿沉管隧道左洞抵达事故点开展救援。

323

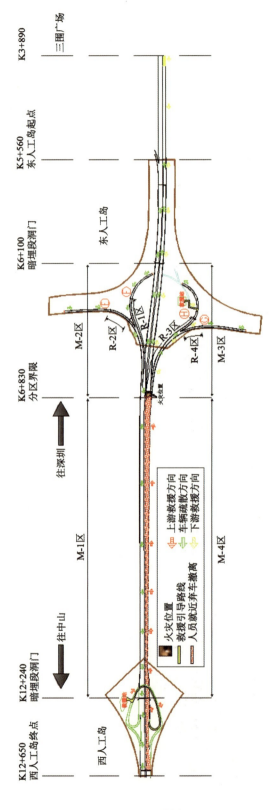

图 5-33 M-3 区（大）救援疏散图

预案说明：火灾发生在主线沉管隧道左线 M-3 区（大）边界时，匝道 E、F 及沉管隧道两条主线的四处交通信号控制灯第一时间反为禁止车辆进入沉管隧道状态；事故点上游车道指示器随即转变为禁行状态，直至下游车辆疏散离开事故隧道，事故点下游车道指示器为车道指示器为禁行状态；事故点上游隧道内所有车道指示器为车道指示器为禁行状态；事故点上游车辆停车，人员立即就近从最近疏散口疏散撤离；三围收费广场救援人员及救援车辆待下游车辆疏散完毕后沿沉管隧道主线逆向救援；西人工岛救援站人员及救援车辆接警后随即顺向沿沉管隧道左洞抵达事故点；东人工岛救援站可在匝道上游社会车辆疏散完毕后逆向进入匝道 H 抵达事故现场开展救援。

仿真结果表明在 M-3 区域内该工况下事故点下游社会车辆清空时间至少需要 159s,逆向救援力量(以三围广场救援站为主)和顺向救援力量(以西人工岛/东人工岛救援站为主)到达事故点的时间分别为火灾发生后不少于 820s 和 860s(顺向救援力量能否及时抵达事故现场需视上游交通状况、车辆排队长度而定);此时理论计算出上下游几乎同一时间抵达事故现场,但考虑到上游救援力量由于车辆阻塞难以及时抵达事故现场,在火灾发生后 102s 内上游达到 68m 的排队长度,由图 5-26 可知烟气在事故隧道上下游蔓延至排队长度相同距离时的时间约为 110s,上游弃车人员在横向联络道底部集中排烟基本方案控制下可以安全逃生。

5)火灾事故发生在 M-4 区域两边界处

(1)M-4 区(小)边界工况

火灾事故发生在图 5-34 所示位置时,救援车辆以 60km/h 逆向沿疏散及救援路线(图 5-34)行驶,匝道 E、F 及沉管隧道两条主线的四处交通信号控制灯 40s 内反应为禁止车辆进入沉管隧道状态;事故点上游车道指示器随即转变为禁行状态;事故点下游车辆继续行驶驶离事故隧道,直至下游车辆疏散完毕后隧道内所有车道指示器为禁行状态;事故点上游车辆停车、人员立即就近从最近疏散口疏散撤离;三围收费广场救援人员及救援车辆沿沉管隧道主线待下游车辆疏散完毕后逆向救援;东人工岛救援站待匝道社会车辆疏散完毕后逆向进入匝道 H 抵达事故现场开展救援;西人工岛救援站人员及救援车辆接警后随即顺向沿沉管隧道左洞抵达事故点进行救援工作。

仿真结果表明,在 M-4 区域内该工况下事故点下游社会车辆清空时间至少需要 160s,逆向救援力量(以三围广场救援站为主)和顺向救援力量(以西人工岛/东人工岛救援站为主)到达事故点的时间分别为火灾发生后不少于 820s 和 870s(顺向救援力量能否及时抵达事故现场需视上游车辆排队长度、具体交通状况而定);此时理论计算出上下游几乎同一时间抵达事故现场,但考虑到上游救援力量由于车辆阻塞很难抵达事故现场,在火灾发生后 110s 内上游达到 71m 的排队长度,由图 5-26 可知烟气在事故隧道上下游蔓延至排队长度相同距离时的时间约为 132s,上游弃车人员在横向联络道底部集中排烟基本的控制方案下可以安全逃生。

(2)M-4 区(大)边界工况

火灾事故发生在图 5-35 所示位置时,救援车辆以 60km/h 的速度逆向沿疏散及救援路线(图 5-35)行驶,匝道 E、F 及沉管隧道两条主线的四处交通信号控制灯 40s 内反应为禁止车辆进入沉管隧道状态;事故点上游车道指示器随即转变为禁行状态;事故点下游车辆继续行驶驶离事故隧道,直至下游车辆疏散完毕后隧道内所有车道指示器为禁行状态;事故点上游车辆停车、人员立即就近从最近疏散口疏散撤离;三围收费广场救援人员及救援车辆沿沉管隧道主线待下游车辆疏散完毕后逆向救援;东人工岛救援站待匝道社会车辆疏散完毕后逆向进入匝道 H 抵达事故现场开展救援;西人工岛救援站人员及救援车辆接警后随即顺向沿沉管隧道左洞抵达事故点进行救援工作。

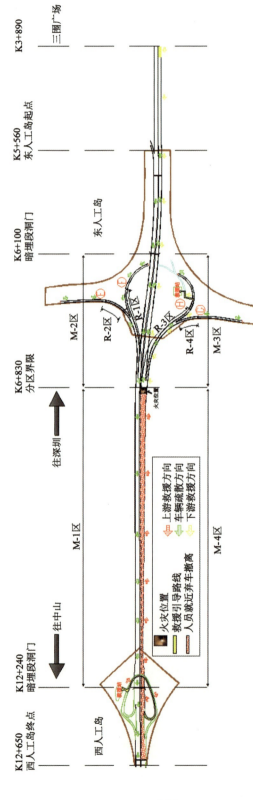

图 5-34 M-4 区（小）救援疏散图

预案说明：火灾发生在主线沉管隧道左线 M-4 区（小）边界时，匝道 E,F 及沉管隧道两条主线的四处交通信号控制灯第一时间反应应为禁止车辆进入沉管隧道状态；事故点上游车道指示器随即转变为禁行状态；事故点下游车辆继续行驶离离隧道，直至下游车辆疏散完毕后沉管隧道内所有车道指示器为禁车行状态；事故点上游车辆停车，人员立即就近从最近疏散口疏散撤离；三围收费广场救援人员及救援车辆待下游车辆疏散完毕后沿沉管隧道主线逆向救援；西人工岛救援站人员及救援车辆接警后随即顺向沿沉管隧道左洞抵达事故点；东人工岛救援站可在匝道上游社会车辆疏散完毕后匝道 H 抵达事故现场开展救援。

第5章 超宽特长海底沉管隧道火灾应急疏散及救援技术

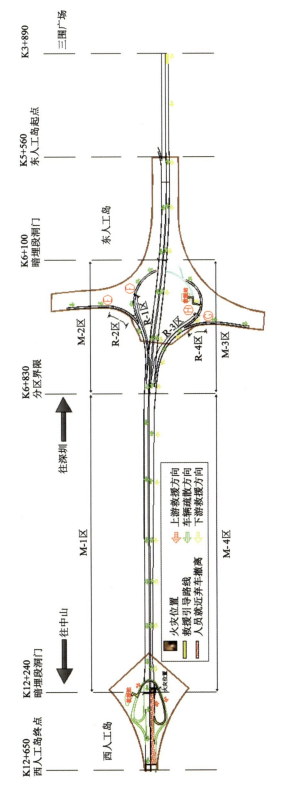

图 5-35 M-4 区(大)救援疏散图

预案说明:火灾发生在主线沉管隧道左线 M-4 区(大)边界时,匝道 E、F 及沉管隧道两条主线的四处交通信号控制灯第一时间反应为禁止车辆进入沉管隧道状态;事故点上游车道指示器随即转变为禁行状态,事故点下游车辆继续驶离隧道,直至下游车辆疏散完毕后隧道内所有车道指示器为禁停状态;事故点上游车辆停车,人员立即就近从最近疏散口疏散撤离;三围收费广场救援人员及救援站下沿沉管隧道主线逆向救援;西人工岛救援站人员及救援车辆接警后随即顺向沿沉管隧道左洞抵达事故点;东人工岛救援站可在匝道上游社会车辆疏散完毕后匝道 H 抵达现场开展救援。

327

仿真结果表明在 M-4 区域内该工况下事故点下游社会车辆清空时间至少需要 203s,逆向救援力量(以三围广场/东人工岛救援站为主)和顺向救援力量(以西人工岛救援站为主)到达事故点的时间分别为火灾发生后不少于 937s 和 682s(顺向救援力量能否及时抵达事故现场需视上游交通具体状况而定);此时上游救援力量先抵达事故点,在火灾发生后 111s 内上游达到 40m 的排队长度,由图 5-26 可知烟气在事故隧道上下游蔓延至排队长度相同距离时的时间约为 60s,上游弃车人员在横向联络道底部集中排烟基本方案控制下安全逃生有困难,因此当火灾发生在 M-4 区域内时在基本的排烟方案基础上应做加强处置,以控制烟气向上游蔓延的速度。

#### 5.3.4.3 匝道段救援疏散仿真

(1) 火灾发生在 R-1 区域内

匝道路段的可用疏散时间比主线隧道较短,由于匝道纵坡较大,在烟囱效应影响下烟气蔓延迅速并且不对称扩散,导致上游人员疏散可用时间较短。当救援车辆以 60km/h 沿疏散及救援路线(图 5-36、图 5-37)行驶,主线清空社会车辆至少需要 355s,逆向救援力量(以西人工岛为主)和顺向救援力量(以东人工岛救援/三围广场救援站为主)到达事故点的理论时间分别不少于 1343s 和 385s(顺向救援力量能否及时抵达事故现场需视上游交通状况、车辆排队长度而定),火灾发生 74s 内事故点上游车辆排队长度为 63m,上游人员疏散需要有效地通风排烟策略做保证。

(2) 火灾发生在 R-2 区域内

匝道路段 R-2 区域内发生火灾的可用疏散时间比主线隧道较短,由于匝道纵坡较大,在烟囱效应影响下烟气蔓延迅速并且不对称扩散,上游人员疏散需更加迅速有效。当救援车辆以 60km/h 沿疏散及救援路线(图 5-38)行驶,主线清空社会车辆至少需要 355s,逆向救援力量(以西人工岛为主)和顺向救援力量(以东人工岛救援/三围广场救援站为主)到达事故点的理论时间分别不少于 1423s 和 303s(顺向救援力量能否及时抵达事故现场需视上游交通状况、车辆排队长度而定),火灾发生 89s 内事故点上游匝道段车辆排队长度为 11m,上游人员疏散撤离需要有效地通风排烟策略做保证。

(3) 火灾发生在 R-3 区域边界

匝道路段的可用疏散时间比主线隧道较短,由于匝道纵坡较大,在烟囱效应影响下烟气蔓延迅速并且不对称扩散,导致上游人员疏散可用时间较短。当救援车辆以 60km/h 沿疏散及救援路线(图 5-39、图 5-40)两种工况行驶救援时,匝道事故点下游清空社会车辆平均需要 145s,逆向救援力量(以东人工岛为主)和顺向救援力量(以西人工岛救援/三围广场救援站为主)到达事故点的理论时间分别不少于 497s 和 571s(顺向救援力量能否及时抵达事故现场需视上游交通状况、车辆排队长度而定),火灾发生 260s 内事故点上游匝道段车辆排队长度为 85m,上游人员疏散撤离需要有效地通风排烟策略做保证。

(4) 火灾发生在 R-4 区域内

匝道路段的可用疏散时间比主线隧道较短,由于匝道纵坡较大,在烟囱效应影响下烟气蔓延迅速并且不对称扩散,上游人员疏散需更加迅速有效。当救援车辆以 60km/h 沿疏散及救援路线(图 5-41)

# 第5章 超宽特长海底沉管隧道火灾应急疏散及救援技术

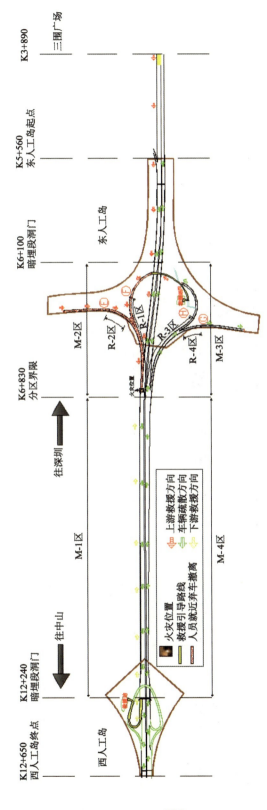

图 5-36 R-1 区(大)边界处救援疏散图

预案说明:火灾发生在入口匝道合流段 R-1 区边界时,匝道 E、F 及沉管隧道两条主线的四处交通信号控制灯第一时间反应为禁止车辆进入沉管隧道状态;事故点上游车道指示器随即转变为禁行状态;事故点上游车辆停车,人员立即疏散从就近疏散口疏散撤离;西人工岛救援人员沿逆向救援车道逆向驶离事故隧道,直至右线隧道内车辆全部疏散完毕后疏散完毕后沉管隧道右线逆向救援;三囲广场救援站人员及救援车辆接警后顺向沿沉管隧道右线顺向抵达匝道合流路段后逆向通过入口匝道 F 抵达事故现场开展救援。

329

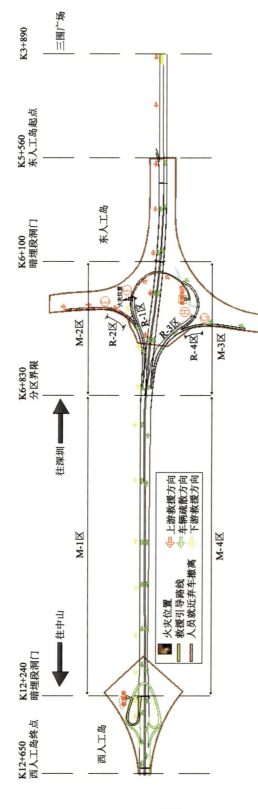

图 5-37 R-1 区(小)边界处救援疏散图

预案说明:火灾发生在入口匝道合流段 R-1 区边界时,匝道 E、F 及沉管隧道两条主线处的四处交通信号控制灯第一时间反应为禁止车辆进入沉管隧道状态;事故点上游车道指示器随即转变为禁行状态;事故点下游车辆继续行驶离开事故隧道,直至右线隧道内车辆全部疏散完毕后隧道内所有车道指示器为禁行状态;事故点上游停车人员立即疏散就近从入口匝散撤离;西人工岛救援人员及救援车辆待主隧道车辆疏散完毕后沿沉管隧道右线逆向救援;三围广场救援站人员及救援车辆接警后随即顺向沿沉管隧道右线抵达匝道合流路段后逆向抵达事故点;东人工岛救援站接警后立即通过入口匝道 F 抵达事故现场开展救援。

## 第5章 超宽特长海底沉管隧道火灾应急疏散及救援技术

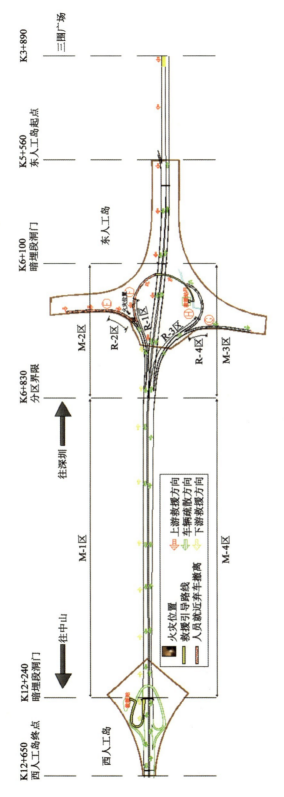

图 5-38 R-2 区内救援疏散图

预案说明：火灾发生在人口匝道 R-2 区内时，匝道 E、F 及沉管隧道两条主线的四处交通信号控制灯第一时间反应为禁止车辆进入沉管隧道状态；事故点上游车道指示器随即转变为禁行状态，事故点下游车辆继续行驶离事故隧道，直至右线隧道内所有车辆全部疏散完毕后隧道为禁行车道指示器状态；事故点上游车辆停车，人员立即就近疏散口疏散撤离；西人工岛救援人员及救援车辆待主隧道车辆疏散完毕后沿沉管隧道右线逆向救援；三甬广场救援站人员及救援车辆接警后随即顺向沿沉管隧道右线抵达匝道合流路段逆向抵达事故点；东人工岛救援站接警后立即通过入口匝道 F 抵达事故现场开展救援。

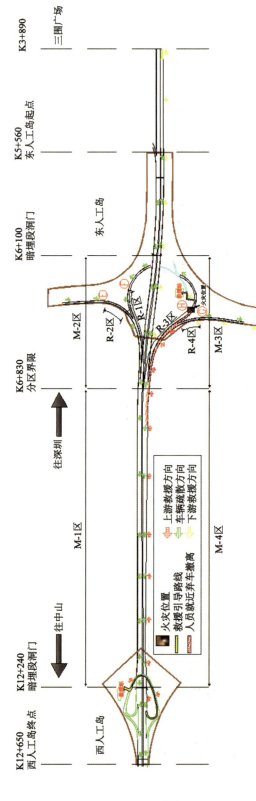

图 5-39 R-3 区（小）救援疏散图

预案说明：火灾发生在出口匝道 R-3 区（小）时，匝道 E、F 及沉管隧道两条主线的四处交通信号控制灯应第一时间反应为禁止车辆进入沉管隧道状态；事故点上游车道指示器随即转变为禁止车辆行驶状态；事故点下游车辆和主线隧道内车辆继续行驶离事故隧道，直至左线隧道内所有车辆全部疏散完毕后隧道指示器后车道指示器为禁行状态；事故点上游车辆停车，人员立即就近从最近疏散出口疏散撤离；三甲救援站人员及救援车辆待主隧道车辆疏散完毕后沿沉管隧道左线逆向抵达出口匝道处沿匝道顺向救援；西人工岛救援站人员及救援车辆接警后随即顺向沿沉管隧道左线抵达事故点；东人工岛待匝道下游车辆清空后会车辆清空后由出口匝道 H 逆向进入抵达事故点开展救援。

第5章 超宽特长海底沉管隧道火灾应急疏散及救援技术

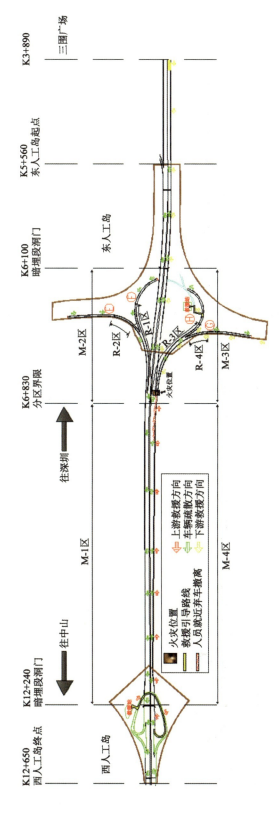

图 5-40 R-3 区（大）救援疏散图

预案说明：火灾发生在出口匝道 R-3 区（大）时，匝道 E、F 及沉管隧道两条主线的四处交通信号灯管控第一时间反应为禁止车辆进入沉管隧道状态；事故点上游车道指示器随即转变为禁行状态，事故点下游主线隧道内车辆继续驶离隧道，直至左线隧道内车辆全部疏散完毕后隧道内所有车道指示器为禁行状态；事故点上游车辆停车，人员立即就近从最近疏散口疏散撤离；三围救援站人员及救援车辆待主隧道车辆疏散完毕后沿沉管隧道左线逆向抵达出口匝道处沿匝道顺向救援；西人工岛救援站人员及救援车辆接警后随即顺向沿沉管隧道左线抵达事故点；东人工岛待命车辆清空完毕后由出口匝道下游匝道出口匝道 H 逆向进入事故点开展救援。

333

# 超宽特长海底沉管隧道通风排烟及防灾救援关键技术

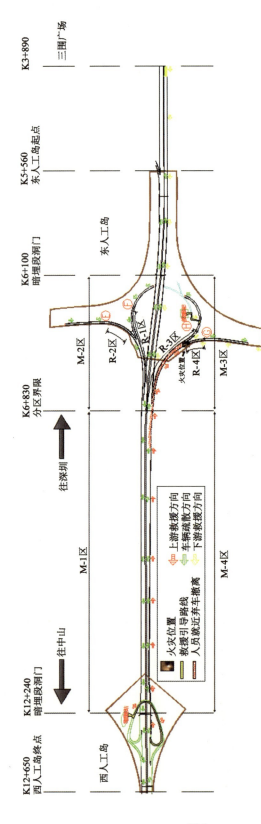

图 5-41 R-4 区内救援疏散图

预案说明:火灾发生在出口匝道 R-4 区内时,匝道 E、F 及沉管隧道两条主线的四处交通信号控制灯第一时间反应为禁止车辆进入沉管隧道状态;事故点上游车道指示器随即转变为禁行状态,人员立即就近从最近疏散口疏散撤离;直至左线隧道内车辆和主线隧道内车辆继续行驶驶离事故隧道,直至左线隧道内车辆全部疏散完毕后疏散完毕后所有车道指示器为禁行状态;事故点上游救援车人员及救援站人员就近从最近疏散口疏散撤离;三甬救援站人员及救援车辆待主隧道车辆疏散完毕后沿沉管隧道左线逆向抵达事故点,西人工岛救援站人员及救援车辆接警后随即顺向沿沉管隧道左线抵达事故点;东人工岛待匝道下游社会车辆清空完毕后由出口匝道 H 逆向进入到 R-4 区内顺向抵达事故点开展救援。

334

行驶,匝道事故点下游清空社会车辆平均需要20s,逆向救援力量(以东人工岛为主)和顺向救援力量(以西人工岛救援/三围广场救援站为主)到达事故点的理论时间分别不少于164s和352s(顺向救援力量能否及时抵达事故现场需视上游交通状况、车辆排队长度而定),火灾发生270s内事故点上游匝道段车辆排队长度为102m,上游人员疏散撤离需要有效地通风排烟策略做保证。

## 5.4 小结

(1)结合现行事故分级规定,并借鉴类似隧道的事故分级标准,提出了深中通道沉管隧道火灾事故分级及对应级别的初步响应措施。

(2)结合深中通道沉管隧道的具体情况,分析了隧道救援站设置位置的合理性,并提出了相应的应急物资配置建议方案。

(3)从疏散时间看,随着安全疏散通道间距的增加,隧道人员安全疏散必需时间(RSET)也相应增加。理论上,在火灾规模50MW,安全疏散通道间距为100m时,隧道人员安全疏散必需时间(RSET)满足基本疏散需求。

(4)深中通道火灾分区共分为8个区域,其中主线以K6+830(ZK6+830)为界分为4个区域;入口匝道EF以合流点为界,出口匝道GH以分流点为界,合计分为4个区域;仿真结果表明,随着各区域内火灾事故发生位置的改变,事故点下游车辆清空的时间范围依次为:M-1区域内时间45~186s,M-2区域内时间272~283s,M-3区域内时间110~159s,M-4区域内时间160~203s;匝道隧道段发生火灾时,由于匝道路段的坡度较主线路段大,火灾工况下烟囱效应明显,加之匝道隧道曲率半径较小,匝道上游人员疏散撤离需要更加有效地通风排烟策略做保证。

(5)构建了隧道火灾应急救援体系,提出了深中通道沉管隧道发生火灾时的应急处置原则,并列举了隧道火灾应急救援预案演习方案。

# 第 6 章 结 论

参考国外针对重型货车火灾开展的全尺寸实体隧道火灾试验成果,在火灾自由发展的情况下,深中通道特长隧道存在发生 50MW 以上火灾的可能。结合消防设施对火灾规模的控制效果分析认为,实际运营过程中,合理使用火灾自动报警系统和自动灭火系统,能够有效地将隧道火灾规模控制在 50MW 内。在禁止通行危化品车辆且配备完备的火灾自动报警系统和自动灭火系统的情况下,在火灾早期采取措施控制火灾规模,深中通道隧道火灾设计规模可取 50MW。

针对深中通道海底沉管隧道工程火灾排烟难点,通过工程调研、理论分析、数值模拟计算、火灾排烟试验等方法,开展超宽特长海底沉管隧道火灾排烟技术研究。在传统侧壁排烟方式不能满足排烟需求的情况下,创新性提出"顶部横向联络排烟道重点排烟 + 中间管廊纵向排烟"新技术。隧道结构如图 6-1 所示。

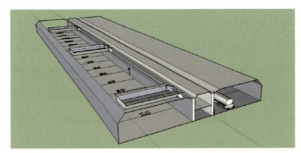
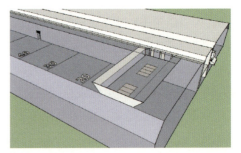

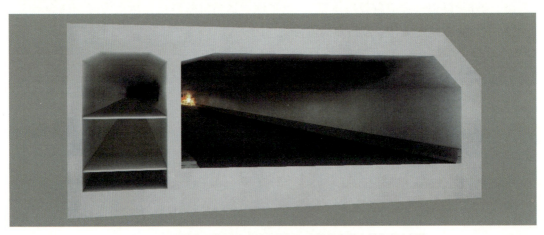

图 6-1 "顶部横向联络排烟道重点排烟 + 中间管廊纵向排烟"示意图

"顶部横向联络排烟道重点排烟 + 中间管廊纵向排烟"方式下,隧道火灾排烟效率显著提高,人员疏散可用时间大幅度增加,满足深中通道超宽特长海底沉管隧道火灾排烟和人员疏散要求,为深中通道工程运营安全提供保障。主要研究结论如下:

(1) 从烟气温度分布、烟气蔓延范围、排烟效率等几方面分析了隧道侧壁排烟、"顶部横向联络排烟道重点排烟+中间管廊纵向排烟"排烟方式的控烟效果。总体而言,"顶部横向联络排烟道重点排烟+中间管廊纵向排烟"对烟气扩散的控制优于隧道侧壁排烟排烟方式,排烟口宜设置于横向排烟道底部。

(2) 由主线沉管隧道内人员疏散研究成果可知,当疏散门间距为81/84m,疏散门的净宽度为1.2m时,人员疏散必需时间 $T_{RSET}$ 为388s,而采用侧壁排烟方式各工况的可用疏散时间 $T_{ASET}$ 均小于人员疏散必需时间 $T_{RSET}$。因此,采用侧壁排烟方式不能满足人员疏散的要求,存在安全风险。

(3) 采用"顶部横向联络排烟道重点排烟+中间管廊纵向排烟"方式,当横向联络排烟道间距81/84m时,各工况均满足人员疏散的要求;当横向联络排烟道间距165m时,主线隧道内纵向风速不大于1.5m/s,各工况均满足人员疏散的要求。

(4) 根据主线隧道纵向沿程烟气温度研究结果,火源处于两横向联络排烟道之间时,由于顶部横向联络排烟道对烟气向两端的蔓延起到一定的阻碍作用和蓄烟功能,隧道内高温区域集中在火源附近的两排烟道之间,除此之外的区域温度均未超过280℃;当火源处于横向联络排烟道正下方时,火源上方横向联络排烟道处温度远大于400℃,其余横向联络排烟道处温度均未超过280℃。

(5) 通过1:15火灾模型试验和1:1.25的大比尺实体隧道火灾排烟试验,对仅开启侧壁排烟口、开启横向联络排烟口+侧壁排烟口、仅开启横向联络排烟道3种模式的排烟效果进行了对比分析。试验结果表明:仅开启侧壁排烟口时,烟气层高度在横断面上分布存在一定差异,远离排烟口侧的烟气层高度略低于排烟口附件烟气层高度。从整体效果看,仅采用侧壁排烟口时烟气控制效果最差,仅采用横向联络排烟道时烟气控制效果较好,采用横向联络排烟道+侧壁排烟口时,烟气高度最高,烟气控制效果最好。

结合现行事故分级规定,并借鉴类似隧道的事故分级标准,提出了深中通道沉管隧道火灾事故分级及对应级别的初步响应措施。结合深中通道沉管隧道的具体情况,分析了隧道救援站设置位置的合理性,并提出了相应的应急物资配置建议方案。构建了隧道火灾应急救援体系,提出了深中通道沉管隧道发生火灾时的应急处置原则,并列举了隧道火灾应急救援预案演习方案。

# 参 考 文 献

[1] KIRLAND C J. The fire in the Channel Tunnel [J]. Tunneling and Underground Space Technology. 2002,17: 129-132.

[2] VAUQUELIN O, MÉGRET O. Smoke extraction experiments in case of fire in a tunnel[J]. Fire Safety Journal, 2002, 37(5):525-533.

[3] LEE S R, RYOU H S. A numerical study on smoke movement in longitudinal ventilation tunnel fires for different aspect ratio[J]. Building and Environment, 2006, 41(6):719-725.

[4] VAUQUELIN O, WU Y. Influence of tunnel width on longitudinal smoke control[J]. Fire Safety Journal, 2006, 41(6):420-426.

[5] ROH J S, YANG S S, RYOU H S, et al. An experimental study on the effect of ventilation velocity on burning rate in tunnel fires-heptane pool fire case[J]. Building and Environment, 2008, 43(7):1225-1231.

[6] TANAKA F, MAJIMA S, KATO M, et al. Performance validation of a hybrid ventilation strategy comprising longitudinal and point ventilation by a fire experiment using a model-scale tunnel [J]. Fire Safety Journal, 2015, 71(1):287-298.

[7] INGASON H, LI Y Z. Model scale tunnel fire tests with point extraction ventilation[J]. Journal of Fire Protection Engineering, 2011, 21(1):5-36.

[8] BARBATO L, CASCETTA F, MUSTO M, et al. Fire safety investigation for road tunnel ventilation systems—An overview [J]. Tunnelling and Underground Space Technology, 2014, 43: 253-265.

[9] ALVA W U R, JOMAAS G, DEDERICHS A S. The influence of vehicular obstacles on longitudinal ventilation control in tunnel fires [J]. Fire Safety Journal, 2017, 87:25-36.

[10] LEE Y P, TSAI K C. Effect of vehicular blockage on critical ventilation velocity and tunnel fire behavior in longitudinally ventilated tunnels [J]. Fire Safety Journal, 2012, 53:35-42.

[11] LEE D H, PARK W H, HWANG J, et al. Full-scale fire test of an intercity train car[J]. Fire Technology, 2015, 52(5): 1559-1574.

[12] CHAABAT F, SALIZZONI P, CREYSSELS M, et al. Smoke control in tunnel with a transverse ventilation system: An experimental study [J]. Building and Environment, 2020, 167: 106480.1-106480.13.

[13] 蒋树屏,田堃,徐湃.沉管隧道火灾温度场分布规律研究——以港珠澳大桥沉管隧道为

例[J].隧道建设(中英文),2018,38(5):719-729.

[14] 曹正卯,刘晓,牛柏川.超大跨度水下隧道侧部集中排烟适用性研究[J].公路交通技术,2018,34(S1):1-5.

[15] 孙茂贵.海底沉管隧道火灾烟气控制与疏散救援研究[D].西安:长安大学,2022.

[16] 戴麟权.沉管隧道火灾疏散必需安全时间模型研究[D].重庆:重庆交通大学,2022.

[17] 侯晓彤.基于风险评估的沉管隧道火灾预警及应急救援研究[D].沈阳:沈阳航空航天大学,2020.

[18] 张震.基于流场分析的沉管隧道火灾与人员安全疏散研究[D].重庆:重庆大学,2020.

[19] 黄芳.超宽断面沉管隧道集中排烟模式下火灾烟气控制优化设计[D].武汉:武汉理工大学,2019.

[20] 汪光裕.八车道特长沉管隧道火灾烟雾流态试验研究[D].重庆:重庆交通大学,2018.

[21] 王宇轩.沉管隧道火灾集中排烟模式下烟流特性研究[D].西安:长安大学,2017.

[22] 徐湃,蒋树屏,周健,等.沉管隧道火灾热释放速率试验研究[J].地下空间与工程学报,2016,12(6):1516-1523.

[23] 田堃.离岸特长沉管隧道火灾排烟试验研究[D].重庆:重庆交通大学,2015.

[24] 王冲.特长海底沉管隧道火灾应急救援研究[D].长沙:中南大学,2014.

[25] 杨秀军,颜静仪,顾思思.基于运营安全性的沉管隧道火灾场景设计[C]//中国公路学会隧道工程分会,重庆市交通委员会.2013年全国公路隧道学术会议论文集.重庆:重庆大学出版社,2013:326-331.

[26] 李俊梅,涂登凯,李炎锋,等.隧道火灾中重点排烟的排烟量及排烟口布置[J].北京工业大学学报,2023,49(3):363-370.

[27] 陈琛.水下公路隧道拥堵工况的火灾通风控制与逃生优化研究[D].北京:北京建筑大学,2022.

[28] 梁园,刘邱林,徐志胜,等.水下隧道排烟阀尺寸对侧向排烟系统烟气蔓延特性影响[J].安全与环境学报,2023,23(3):748-755.

[29] 赵超峰,谢宝超,于子涵,等.大跨径隧道不同车道火灾对侧向集中排烟效率影响研究[J].安全与环境学报,2022,22(6):3066-3074.

[30] 邓小华,宋神友,曹正卯,等.深中通道海底隧道排烟系统总体方案[J].隧道建设(中英文),2020,40(8):1176-1184.

[31] 陈蕾.纵向通风与侧向集中排烟协同作用下隧道火灾顶棚射流特征参数分布和排烟控制研究[D].合肥:合肥工业大学,2020.

[32] 王骏横.顶部排烟与纵向通风协同作用下的隧道火灾回流烟气蔓延特性研究[D].武汉:武汉大学,2019.

[33] 王东伟,戴新,李国江.南昌红谷水下互通立交隧道通风排烟组织研究[J].隧道建设(中

英文),2018,38(6):992-999.

[34] 吴超鹏.典型水下公路隧道火灾烟气蔓延特性及排烟设计研究[D].合肥:合肥工业大学,2018.

[35] 朱凯强.海底隧道火灾应急救援关键技术的研究[D].大连:大连交通大学,2016.

[36] 高君鹏,潘一平,徐志胜,等.多匝道城市公路隧道火灾应急救援方案研究[J].中国安全生产科学技术,2014,10(9):119-124.

[37] 刘琪,姜学鹏,蔡崇庆,等.排烟风量变化对隧道集中排烟效率的影响[J].安全与环境学报,2012,12(6):177-180.

[38] 潘一平,赵红莉,吴德兴,等.隧道火灾集中排烟模式下的排烟效率研究[J].安全与环境学报,2012,12(2):191-196.